一个半世纪的美国与泰国关系史

刘莲芬 ◎ 著

科学出版社
北京

内 容 简 介

本书分九章研究了19世纪30年代至20世纪80年代美国与泰国关系的演变历史。认为一个半世纪的美泰关系可分为19世纪30年代至19世纪末、20世纪初至20世纪20年代、第二次世界大战期间及战后初期，以及20世纪50至80年代等阶段，集中展现了美国如何在20世纪崛起为亚洲和太平洋地区的大国和强国，以及泰国如何在变幻莫测的地区局势中利用外交来维护国家独立和国家利益的历史。

本书可供世界史领域的学者和学生，以及对世界史感兴趣的广大读者阅读与参考。

图书在版编目（CIP）数据

一个半世纪的美国与泰国关系史/刘莲芬著.—北京：科学出版社，2019.3
ISBN 978-7-03-060874-1

Ⅰ.①一⋯ Ⅱ.①刘⋯ Ⅲ.①国际关系史-研究-美国、泰国 Ⅳ.①D871.29②D833.69

中国版本图书馆 CIP 数据核字（2019）第 049909 号

责任编辑：范鹏伟 / 责任校对：韩 杨
责任印制：张 伟 / 封面设计：黄华斌
编辑部电话：010-64011837
E-mail：yangjing@mail.sciencep.com

科 学 出 版 社 出版
北京东黄城根北街 16 号
邮政编码：100717
http://www.sciencep.com

北京盛通商印快线网络科技有限公司 印刷
科学出版社发行 各地新华书店经销
*

2019 年 3 月第 一 版　开本：720×1000　B5
2019 年 9 月第二次印刷　印张：18 1/2
字数：310 000
定价：89.00 元
（如有印装质量问题，我社负责调换）

序

李世安

刘莲芬教授长期致力于美泰关系史的研究，造诣深，成就斐然。即将出版的《一个半世纪的美国与泰国关系史》一书，是她在2005年博士学位论文《冷战时期的美泰关系》的基础上，经过12年的深入研究而成，可谓"十年磨一剑"，是一本集美泰外交关系史研究之大成的学术巨著。本书以丰富的史料、深入的分析，追溯了美泰关系的历史渊源，分析了泰国外交的特色，剖析了美国对泰国外交的实质，再现了1833—1990年美泰关系发展的历史，在美泰外交史研究上，取得了突破性进展。这些进展表现在以下几方面：

深入研究了当代美泰关系发展的历史渊源。

泰国是一个历史悠久的东南亚大国，古称暹罗。泰国与中国的关系渊源深、源远流长，在文化、民族、人口等方面与中国有割不断的联系。但在近代，泰国与美国关系却比较密切。其原因是中国近代落后了，泰国转而学习西方。在英、法殖民主义侵入东南亚的过程中，泰国为维护国家独立进行了不懈的斗争。在斗争中，美国出于新殖民主义的利己动机，与英、法争夺东南亚殖民地，在泰国与英、法等国修订不平等条约、收回国家主权的斗争中，客观上帮助了泰国。这就为美泰关系的发展奠定了深厚的感情与坚实的历史基础。这种基础影响了现当代美泰关系的发展。但是已有的研究恰好缺乏这方面的内容。本书首次系统研究了这一问题，弥补了这方面的缺陷。这一研究成果不仅有学术价值，而且有现实意义，有助于理解当代美泰关系发展的多样性和泰国对外关系的复杂性。

泰国有亲美的传统，第二次世界大战后，泰国是美国在东南亚的主要军事盟国。在 1990 年前，美泰关系非常密切。从朝鲜战争到越南战争期间，泰国都是美国的重要军事基地。1990 年后，国际局势发生变化，和平与发展成为时代潮流，美军退出东南亚。冷战结束后，泰国在美国亚洲政策和东南亚政策中的地位大幅下降，美国放弃了与泰国的安全结盟政策，两国关系有所疏远。两国关系的中心转向发展贸易和科技合作。与此同时，泰国开始与中国改善关系。但是作为美国的传统盟国，泰国仍然一直保持着与美国较好的关系，历史上美国帮助过泰国的事实是美泰关系中不能忽视的问题。作者说，历史上"美国对泰国的支持和帮助，为冷战期间两国建立密切关系奠定了重要基础"，"在今天，泰国与美国还是保持着较好关系"。这些观点是客观而有启发性的，对中国处理与泰国和美国的关系、预测今后美泰关系的发展很有帮助。

近年来，为了遏制中国，美国奥巴马政府推行"亚太再平衡战略"，在南海地区不断挑衅、制造混乱。而特朗普政府则进一步推行"印太战略"以遏制中国，从而保持美国在印太地区的主导地位。南海作为连接印度洋和太平洋的重要地区，显现出其重要性。美国为达其控制南海的目的开始寻找新的合作国家遏制中国。而泰国是美国传统盟国，经济相对发达，是东南亚举足轻重的国家，是东盟的创始国之一，也是"一带一路"上的重要国家，在东南亚地区事务上有很大发言权，是美国要拉拢的"合作伙伴"。这种情况将影响今后美泰关系的发展，也会影响到中泰关系的发展。

第二，开启了通史体例泰国对外关系史研究的先河。

在泰国历史研究中，泰国通史类著述极其匮乏。国内外目前关于泰国历史的研究比较简单。大多数著述集中在研究现当代泰国历史，特别是集中在冷战时期泰国历史的研究上，缺乏对早期泰国历史的研究，更缺乏泰国通史类的著作。《一个半世纪的美国与泰国关系史》的出版扩大了美泰关系史的研究范围，在泰国对外关系史研究中取得重大突破性进展，也为泰国通史的研究作出了贡献。

第三，分析了近代泰国对美外交的特色。

从 16 世纪起，泰国先后遭到葡萄牙、荷兰、英国和法国殖民主义者的侵略，命运多舛。为了保持国家的独立，在列强争夺东南亚的狂潮中，泰国政府利用本国所处的地缘优势，利用帝国主义国家之间的矛盾，在牺牲部分主权的情况下，保持了国家的独立。在美国企图染指东南亚，取代英、法等帝国主义的背景下，泰国又借助美国的帮助，收回失去的一些国家主权。泰国近代的对美外交非常成功，很有特色。暹罗成功利用了欧美列强矛盾来制衡英、法侵略暹罗的野心。对此，作者评价说："近代暹罗外交成功维护了国家独立，符合暹罗人民的根本利益，值得肯定"。第二次世界大战后，泰国奉行亲美国的政策，但冷战后，却改变策略，推行务实外交，发展与中国的关系。这种审时度势、顺应时代潮流的政策，作者认为也是值得肯定的。

第四，指出美国对泰国外交政策的实质。

在泰国对英、法殖民主义保持国家独立的斗争中，美国曾经给予泰国帮助。但在如何历史地、客观地看待美国动机的问题上却存在分歧。西方学者美化美国，鼓吹美国帮助泰国是出于"反殖民主义"政策；由于美国顾问帮助，特别是美国率先修订了与暹罗的不平等条约，才迫使其他殖民主义国家与暹罗修订不平等约，恢复了暹罗的主权。但却很少有人提到美国对暹罗的侵略。现有的许多西方著作充斥着西方中心论的观点。

如赫斯所著《1940—1950年美国崛起为东南亚强国》大肆鼓吹美国的"东南亚反殖民政策"，对美国为了自己的利益奉行新殖民主义政策的动机讳莫如深，只字不提。对此，作者明确指出，美国新殖民主义的动机是为了美国利益。

作者论述道，美国是殖民主义国家之一，美国与暹罗也订有不平等条约，在暹罗享有治外法权等。泰国在与英、法等国签约和修约的斗争中，特别是在收复被法国割让的领土的斗争中得到美国支持，但是美国只是为了自己在东南亚的利益而行事。第二次世界大战后，美国排挤英、法等殖民主义国家，企图以新殖民主义取代英、法殖民主义。这种政策是完全利己主义的，是"美国战后在东南亚地区利益的需要"，是为了"泰国市场"。

作者援引时任美国国务院官员肯尼思·兰登的话来证明自己的观点。肯尼思·兰登说："独立的泰国作为东南亚唯一没有被殖民关系所牵连的市场，对美国来说尤其重要"，如果泰国"丧失战前的领土或者其主权遭到胜利者的侵犯"，那么"美国在整个亚洲的威信将受到严重损害"。在冷战期间，美国政策的出发点是利用泰国反苏反共，美国对泰国的政策服务于其冷战政策。越战后，美军撤出东南亚，美泰关系开始疏远。冷战结束后，军事对抗消除，美国在东南亚的利益是贸易。因此，美国对泰政策随之变化，从军事上转为经济、科技和贸易等方面的合作等。这些分析非常客观和贴切。

  本书还有许多优点，全书资料丰富、信息量大、谋篇布局合理，文风朴实，文章深入浅出、易读易懂等。总之，刘莲芬教授《一个半世纪的美国与泰国关系史》一书弥补了美泰关系史研究的薄弱环节，是一本美泰关系史研究的佳作。该书的出版，一定会促进我国美泰关系史的研究和泰国通史的研究。

2018 年 1 月

前　言

本书是以笔者的博士学位论文《冷战时期的美泰关系》为基础进行修改的。该论文于2005年10月完成，集中研究冷战时期美泰关系建立和发展变化的来龙去脉。在历时12年的修改过程中，笔者收集了大量研究成果、网络资源以及最新出版的档案资料。本书在研究的时间和内容上都作了大量扩展和充实，系统地梳理了近代泰国外交的特点及其在维护国家独立的过程中所起的作用，研究了19世纪30年代至20世纪80年代美国与泰国关系的演变历史。

本书共九章。

第一章研究美国与暹罗修订不平等条约的斗争。笔者系统地梳理了19世纪后半叶暹罗如何在西方列强扩张的狂潮中保住国家独立，以及暹罗外交在此过程中发挥的作用。从20世纪初开始，暹罗为修订不平等条约、收回主权而进行斗争，由美国法学家担任的暹罗外交顾问发挥了积极作用。20年代初，美国率先放弃《美暹条约》中的不平等条款，推动了法国、英国等大国与暹罗修订新约。

第二章研究第二次世界大战后泰国与英国、法国的谈判和美国的介入。第二次世界大战期间，泰国成为东南亚战场的战略要地。泰国在战争初期从法国维希政权手中收回部分失地，在太平洋战争爆发后与日本结盟，允许日军假道侵略英国殖民地，向英国和美国宣战。战争结束后，泰国必须与英国媾和，解决它与法国之间的领土纠纷。美国介入泰英和泰法谈判，给予泰国大力支持，使它顺利实现和平。

第三章研究美国确立东南亚冷战政策与援助泰国的开始。在亚洲冷战格局形成的过程中，美国改变对东南亚的忽视，确立了东南亚冷战政策，成为冷战期间美泰两国关系的基础。与此同时，以披汶·颂堪为首的军人集团发动政变，在泰国重新执政，为巩固政权而急需美国的军事援助。由于披汶·颂堪政府支持美国在东亚推行的反共政策，美国开始向泰国提供经济和军事援助。

第四章研究20世纪50年代美泰结盟与两国关系的波动。50年代前半期，泰国坚定地支持美国的印度支那政策，两次向联合国控诉越南民主共和国侵略的威胁，通过签订《东南亚集体防御条约》（又称《马尼拉条约》）与美国结盟。50年代中期，东亚形势出现缓和，中泰关系在亚非会议后得到改善，短暂地冲击了美泰关系。1958年，由于泰国政局变化以及中国外交政策的改变，美泰关系恢复如前。

第五章研究1960年老挝危机与美国对泰国的新保证。由于老挝所处的重要地理位置，它在冷战期间成为东南亚共产党和非共产党国家之间的缓冲地带，卷入了两次印度支那战争。泰国一直担心中国和越南民主共和国通过老挝入侵自己，把老挝作为抵御共产主义势力扩张的前线。1960年老挝危机及其发展，使老挝成为世界主要大国关注的焦点，造成东南亚条约组织的内部危机，促使美国单独对泰国作出新的安全保证。

第六、七、八章研究越南战争期间的美泰关系。

第六章研究约翰逊政府升级越南战争与泰国的全力支持。日内瓦会议结束后，美国支持吴庭艳破坏《日内瓦协定》规定的越南统一选举，支持吴庭艳在越南南方镇压共产党活动并介入其"平叛"行动。约翰逊政府采取战争升级的政策，由美军全面接手越南南方的"戡乱"行动。泰国军人政权全力支持美国的越南战争政策，泰国成为侵越战争的重要基地并派兵赴越南南方作战。美、泰两国还制订联合干涉老挝的"第22号计划"（Project 22）。美国也大力支持泰国政府镇压国内共产党的"戡乱"行动。

第七章研究"越南化"政策与泰国对越南战争的最后支持。尼克松上台后，对亚洲政策作出重大调整，出台"尼克松主义"，采取战争"越南化"政策并逐步从越南南方撤军，迫切需要泰国的支持。同时，美国反战运动波及泰国，参议院外交委员会审查美泰关系尤其是两国之间的秘密军事协定。在如此复杂的形势下，泰国军人政权为越南战争提供最后的支持，泰国再次成为美国空军的重要基地，与美国一起扶持柬埔寨朗诺伪政权，武装干涉老挝的战事。

第八章研究越南战争后美泰关系的调整与美国的撤军。1973年1月《关于在越南结束战争、恢复和平的协定》的签订以及10月泰国军人政权垮台，严重影响了美国的东南亚政策和美泰关系。泰国文人政府调整外交政策的需要以及泰国民众强烈的反美情绪，迫使美国逐步裁减驻泰美军。1975年5月，美国无视泰国政府的反对，利用驻泰基地营救被民主柬埔寨政府扣押的"马亚克斯"号船员，引发了美泰之间的严重交涉，推动泰国政府要求撤走全部美军。

第九章研究越南侵柬期间美国与泰国的安全与经济合作。美国退出东南亚后，泰国在美国的亚洲和东南亚政策中的地位大幅度下降。两国都放弃了安全结盟的政策，两国关系的重心转为发展贸易和科技合作。越南侵略柬埔寨，对地区和平与稳定尤其是泰国的安全构成严重威胁。美国以支持东盟解决柬埔寨问题的立场来支持泰国，向泰国提供军事物资援助，帮助泰国解决印度支那难民造成的巨大压力，但是没有直接介入这场冲突。

笔者在撰写本书的过程中得到很多师长、前辈和同学的帮助，尤其要感谢我的导师云南大学徐康明教授，云南师范大学吴群教授，中国世界近代现代史研究会会长、中国人民大学李世安教授，著名东南亚学学者、云南省社会科学院贺圣达研究员，云南师范大学李有江副教授。

目 录

序 i
前言 v

导论 关于泰国与美泰关系史研究的述评 1
  一、国外关于泰国历史的研究 2
  二、国外关于暹罗近代外交与修约斗争、美国贡献的研究 4
  三、国外关于第二次世界大战期间美、英两国东南亚政策
    与泰国外交的研究 6
  四、国外关于冷战时期美泰关系的研究 8
  五、国内学者的相关研究 15

第一章 美国与暹罗修订不平等条约的斗争 17
 第一节 暹罗主动开放国门与签订不平等条约 17
  一、16 世纪初以来西方列强与暹罗的交往 17
  二、暹罗主动开放国门与签订不平等条约的过程 19
 第二节 暹罗以土地换和平与维护独立的灵活外交 22
  一、法国的领土野心与暹罗以土地换和平 22
  二、法国制造事端与暹罗寻求新的外交制衡 25
 第三节 美国与暹罗修订条约的斗争历程 28
  一、美国外交顾问与暹罗收回部分司法主权 28

二、巴黎和会修约受挫与暹美条约的修订 33
三、暹美新约推动下的成功修约 38

第二章 第二次世界大战后泰国与英国、法国的谈判和美国的介入 42

第一节 第二次世界大战期间泰法领土争端与泰国对英国宣战 42
一、泰法领土争端与1941年泰法条约的签订 42
二、泰国对英国、美国宣战与英国、美国的回应 46

第二节 1945年英泰和谈与美国的干预 50
一、1945年泰英和谈与美国对泰国的强力支持 50
二、美、英两国关于《协议要点》及其附件《军事协定》的谈判 53

第三节 战后初期泰法领土谈判与美国的作用 56
一、泰国对归还印度支那领土的消极态度 56
二、美国的介入与泰法领土争端的解决 58

第三章 美国确立东南亚冷战政策与援助泰国的开始 61

第一节 冷战向亚洲扩展与美国插手东南亚民族独立运动 61
一、冷战向亚洲扩展与美国东亚战略重心的变化 61
二、美国由忽视到关注东南亚地区的转变 63
三、插手印度尼西亚和印度支那民族独立运动 66

第二节 亚洲冷战形成与美国东南亚冷战政策的确立 70
一、中华人民共和国成立与美国加强东南亚非共产党力量的举措 70
二、朝鲜战争爆发与美国东南亚冷战政策的确立 73

第三节 披汶·颂堪政府的反共外交与美国援助泰国的开始 76
一、"自由泰"政府的困境、1947年政变与美国承认披汶·颂堪政府 76

二、披汶·颂堪政府的政治危机与美国对泰军事援助的
　　　　考虑 ··· 82
　　三、承认保大伪政权、参加朝鲜战争与美国援助泰国的开始 ··· 86

第四章　20世纪50年代美泰结盟与两国关系的波动 ············ 90

第一节　印度支那战争与泰国向联合国的申诉 ················ 90
　　一、越南人民军入侵老挝与美国支持的泰国申诉 ············ 90
　　二、日内瓦会议的僵局与泰国再次向联合国申诉 ············ 96

第二节　《东南亚集体防御条约》与美泰结盟 ················ 99
　　一、美国军事干涉印度支那的考虑 ································ 99
　　二、1954年《日内瓦协定》与美国的不满 ···················· 103
　　三、《东南亚集体防御条约》的签订与美泰结盟 ············ 107

第三节　亚非会议后中泰关系的改善与美泰摩擦 ············ 112
　　一、亚非会议与中泰关系的改善 ································ 112
　　二、亚非会议后美泰两国之间的摩擦 ···························· 115

第五章　1960年老挝危机与美国对泰国的新保证 ············ 119

第一节　动荡的老挝政局与1959年危机 ······················ 119
　　一、老挝首届联合政府的失败 ···································· 119
　　二、1959年老挝危机与美国、泰国通过联合国的解决 ······ 122

第二节　1960年老挝危机与美国和平解决的抉择 ············ 130
　　一、贡勒政变与老挝内战的爆发 ································ 130
　　二、肯尼迪政府和平解决老挝危机的抉择 ···················· 135

第三节　美国对泰国的新保证与老挝危机的和平解决 ······ 141
　　一、泰国寻求美国的安全保证与《腊斯克—他纳公报》的
　　　　发表 ··· 141
　　二、南塔失陷与美军进驻泰国 ···································· 149
　　三、泰国支持老挝联合政府的建立与日内瓦会议结束 ······ 151

第六章 约翰逊政府升级越南战争与泰国的全力支持 …………… 156

第一节 日内瓦会议后的越南局势与美国干涉的升级 ………… 156
一、美国支持吴庭艳破坏统一与越南战争的开始 ………… 156
二、美国干涉的不断升级与泰国军人政权的支持 ………… 161

第二节 泰国成为美国侵越战争的重要基地 ………………… 163
一、驻泰美军及其活动 ……………………………………… 163
二、驻泰美军的地位与美国确保泰国基地的对策 ………… 167

第三节 老挝局势的发展与"第22号计划"的出台 ………… 170
一、1962年日内瓦会议后的老挝局势与美、泰两国军事干涉的考虑 ……………………………………………… 170
二、联合干涉老挝的"第22号计划" …………………… 172

第四节 泰国派兵赴越南南方参战 …………………………… 175
一、美国反战运动与泰国首次出兵越南南方 …………… 175
二、要求泰国增兵与美国付出的代价 …………………… 177

第五节 泰国共产党武装活动与美国对泰国政府"戡乱"的支持 …………………………………………………… 180
一、泰国共产党的武装活动 ……………………………… 180
二、美国帮助泰国政府"戡乱"的举措 ………………… 181

第七章 "越南化"政策与泰国对越南战争的最后支持 ……… 186

第一节 "尼克松主义"的出台与美国对泰国的安抚 ……… 186
一、国内外形势的变化与"尼克松主义"的出台 ……… 186
二、对泰国的安抚与尼克松访泰 ………………………… 189

第二节 参议院外交委员会对美泰关系的审查 ……………… 192
一、参议院外交委员会审查"达信计划" ……………… 192
二、赛明顿委员会关于美泰关系的听证 ………………… 194

第三节 驻泰美军的撤减与泰国再度成为美军的重要基地 … 198
一、美国主动裁撤驻泰美军 ……………………………… 198

二、泰国再度成为美军的重要基地 ································ 200
第四节　美、泰两国对柬埔寨和老挝的联合干涉 ··············· 203
一、美、泰两国对柬埔寨朗诺的支持 ································ 203
二、美、泰两国对老挝的联合军事干涉 ···························· 207

第八章　越南战争后美泰关系的调整与美国的撤军 ············ 214
第一节　越南战争后的美泰关系与美国逐步撤军 ··············· 214
一、越南战争结束及其对美国东南亚政策的影响 ················ 214
二、泰国军人政权的垮台与美国的逐步撤军 ······················ 217
第二节　从泰国武力营救"马亚克斯"号船员 ···················· 222
一、"马亚克斯"号商船被扣与福特政府武力营救的决定 ··· 222
二、美国从泰国实施的武装营救行动 ······························ 225
第三节　泰美之间的严重交涉与美军撤出泰国 ··················· 228
一、泰国政府就营救事件与美国的严重交涉 ······················ 228
二、驻泰美军全部撤离 ··· 232

第九章　越南侵柬期间美国与泰国的安全与经济合作 ········ 235
第一节　东南亚地区形势与泰、美两国对外政策的调整 ····· 235
一、东南亚地区的美国、苏联、中国三角关系 ··················· 235
二、泰国改善与中国和印度支那邻国的关系 ······················ 237
三、美国对东南亚和泰国政策的调整 ······························ 240
第二节　越南侵柬与美国在东南亚国家联盟框架下对泰国的
　　　　支持 ·· 242
一、越南侵略柬埔寨与美国支持东南亚国家联盟反对越南的
　　霸权 ·· 242
二、美国对泰国的直接支持 ·· 247
三、美国支持泰国等东南亚国家联盟国家解决难民问题 ······ 250
四、支持民主柬埔寨联合政府与柬埔寨问题的最后解决 ······ 254
第三节　20世纪80年代美泰之间的经贸合作与摩擦 ············ 258

一、经贸合作成为20世纪80年代美泰关系的重要内容…… 258
二、美、泰两国之间的贸易摩擦…………………………… 260

结语………………………………………………………… 263

参考文献………………………………………………… 267

导论
关于泰国与美泰关系史研究的述评

泰国位于中南半岛中部，与缅甸、老挝、柬埔寨和马来西亚接壤，既是东南亚半岛国家与海岛国家连接的枢纽，又是越南、中国的近邻①。

古代东亚国际关系由以中国为核心的朝贡体系所维系。作为这个体系的一员，泰国与中国尤其是云南的关系历史悠久，十分密切。新航路开辟后，欧洲殖民主义者向东南亚海岛地区扩张，到19世纪20年代基本上征服了这一地区。在列强的扩张目标转向远东地区之后，东亚国际关系体系逐步瓦解，泰国等东南亚半岛地区的弱小国家艰难求存。

到19世纪末，泰国成为东南亚地区唯一保持独立的国家。其中，灵活外交作出了重大贡献。泰国主动开放国门，在1855—1868年间与以英国为首的列强签订了一系列不平等的所谓友好通商条约，19世纪90年代和20世纪初向法、英两国割让部分领土，最终保住了独立。

1833年，美国与泰国签订通商条约，两国关系由此开启。到20世纪80年代中期，美、泰两国交往150余年，对20世纪尤其是冷战期间亚洲与东南亚的国际关系、美国的亚洲和东南亚政策、泰国的内政和外交都产生了重要影响。研究一个半世纪的美泰关系史，需要了解泰国历史尤其是近现代史，了解近现代泰国外交的特点以及它为维护国家独立所作的贡献，了解20世纪初叶、第二次世界大战到冷战期间的美泰关系。国外和

---

① 即暹罗，1939年6月24日改名为泰国，1945年9月7日恢复为暹罗，1948年8月再度改称泰国。

国内学者已经取得重要成就。笔者就英文和中文的著述进行评述。

一、国外关于泰国历史的研究

有关泰国通史的著作不多，如龙的《泰国史》、邦齐编辑的《泰国——一个国家研究》、因索的《泰国政治、社会与经济分析》、布兰查德等著的《泰国人民、社会与文化》以及怀亚特的《泰国简史》。①

如龙的著作从泰人的起源和迁徙写到1971年政变，对泰国历史的叙述过于简单。然而，这是泰国学者用英语呈献给外国读者的泰国史。邦齐、因索和布兰查德的著作，是了解20世纪70年代末以前泰国自然环境、政治和经济、传统与文化等概况的普及性读物。怀亚特的著作系统地叙述了从泰族历史开启到20世纪80年代初泰国政治发展的历史，尽管该著作面向普通读者和入门学生，作者的精辟分析却十分有助于深入理解泰国历史。

就笔者的了解，从历史学视角研究20世纪下半叶泰国历史的著作几乎阙如。研究20世纪上半叶泰国历史的著作有韦拉的《万岁！瓦栖拉兀国王与泰国民族主义的发展》、巴特森的《暹罗专制君主制的终结》、兰登的《变化中的暹罗》、斯托的《暹罗到泰国的转变》以及布雷里的《泰国与新加坡的陷落》。②

韦拉利用泰国的档案资料和著述、西方资料，系统研究了1910—1925年瓦栖拉兀国王时期泰国民族主义的发展史。作者认为，蒙固王和朱拉隆功国王为维护国家独立而进行的现代化改革，到20世纪初引发了西化与泰化的矛盾。瓦栖拉兀国王继位前在英国留学9年并在英军中服过役，

---

① M. A. Rong Syamananda. *A History of Thailand*, Bangkok: Thai Watana Panich Co. Ltd., 2nd ed., 1973; Frederica M. Bunge. *Thailand, A Country Study*, Arlington: United States Department of the Army, 5th ed., 1981; D. Insor. *Thailand: A Political, Social, and Economic Analysis*, New York: Frederick A. Praeger Publisher, 1963; Wendell Blanchard. *Thailand: Its People, Its Society, Its Culture*, New Haven: Hraf Press, 1958; David K. Wyatt. *Thailand: A Short History*, London: Yale University Press, 1984.

② Walter F. Vella. *Chaiyo! King Vajiravudh and the Development of Thai Nationalism*, Honolulu: The University Press of Hawaii, 1978; Benjamin A. Batson. *The End of the Absolute Monarchy in Siam*, Oxford: Oxford University Press, 1984; Kenneth Perry Landon. *Siam in Transition: A Brief Survey of Cultural Trends in Five Years Since the Revolution of 1932*, New York: Greenwood Press Publishers, 1968; Judith A. Stowe. *Siam Becomes Thailand: A Story of Intrigue*, Honolulu: University of Hawaii Press, 1991; Nigel J. Brailey. *Thailand and the Fall of Singapore*, Boulder: Westview Press, 1986.

十分熟悉以英国为代表的西方民族主义。为维护泰国的民族性与价值观,瓦栖拉兀国王着力打造泰国民族主义,成为泰国现代民族主义的奠基人。

巴特森利用拉玛七世的档案、英国和美国的外交档案以及泰语和西文的著述,系统研究了1925—1935年泰国最后的专制君主巴差铁扑国王时期的历史。巴差铁扑国王进行的经济、社会和政治改革的结果,加上20世纪30年代初世界经济大危机对泰国的冲击,导致泰国发生1932年政变,结束了君主专制制度。

兰登的著作在1939年出版,记述了1932年政变后暹罗在政治、经济、族群、社会文化和宗教等方面发生的变化。斯托利用泰国和美国、英国的档案资料,研究了从1932年政变到1945年第二次世界大战结束这段时间泰国的政治演变,包括新精英阶层合法化、军人的崛起、追求民族主义与收复领土,太平洋战争期间的泰国等内容。布雷里则研究了第二次世界大战末期至20世纪50年代末沙立·他纳叻政府建立期间的泰国政治,十分有助于了解和研究这个时期泰国内政的变化。

关于重要政治人物的传记和研究,有助于理解相应时段的历史。

《朱拉隆功大帝》是丹龙亲王撰写的拉玛五世传记,由巴春选译为英文。该著介绍了朱拉隆功国王进行的政治、经济、社会和国防改革①。

科咯著的《泰国不倒的总理》,是研究披汶·颂堪的力作。从1932年政变到1957年下台,披汶·颂堪在泰国政坛沉浮20多年,担任总理的时间共计15年,是一个颇有争议的政治人物,泰国内外的评价以否定居多。作者利用美国档案等资料所作的客观研究颇有价值②。

他庚的博士学位论文《沙立政权》研究了沙立·他纳叻的一生,尤其是1947年政变后沙立·他纳叻如何在泰国政坛崛起并在20世纪50年代的权力斗争中胜出,沙立·他纳叻的泰式威权治国理念如何形成及其在1958—1963年任总理期间的践行③。

瑞编辑的《泰国政治画像》收录了泰国政治家他威·汶耶吉、社

---

① Prachoom Chomchai. *Chulalongkorn The Great*,Tokyo:The Centre for East Asian Cultural Studies,1965.
② Kobkua Suwannathat-Pian. *Thailand's Durable Premier:Phibun Through Three Decades,1932-1957*,Oxford:Oxford University Press,1995.
③ Thak Chaloemtiarana. *The Sarit Regime,1957-1963:The Formative Years of Modern Thai Politics*,PhD. Dissertation of Cornell University,1974.

尼·巴莫及披汶夫人关于第二次世界大战末期至 20 世纪 60 年代末泰国重大政治事件的回忆。由于他们是这段历史的参与者或见证人,该著成为研究这个时期泰国历史的重要资料①。

普拉格撰写的《泰国为民主而斗争》是关于社尼·巴莫的传记②。

此外,韦拉著的《西方对泰国政府的影响》简要概述了从 19 世纪后半叶到 20 世纪前半叶泰国政治制度在西方影响下的变化③。里格斯的《泰国官僚政治的现代化》、利基的《半民主:泰国政治制度的演变》与颂萨编辑的《泰国政府与政治》是研究现代泰国政治体制的重要著作④。孔莉莎著的《19 世纪泰国经济社会史》着重研究了 19 世纪泰国经济与社会的发展变化⑤。英格拉姆著的《1850—1970 年泰国经济的演变》是研究近现代泰国经济史的力作⑥。

二、国外关于暹罗近代外交与修约斗争、美国贡献的研究

19 世纪后半叶,为了在列强扩张的夹缝中求生存,暹罗主动开放国门,签订了一系列不平等条约,以部分主权和领土换取和平,成为东南亚地区唯一保住独立的国家。到 19 世纪末 20 世纪初,随着现代化进程的发展和民族意识的觉醒,暹罗试图修改不平等条约,收回关税和司法主权。在漫长的修约斗争中,担任暹罗政府外交顾问的美国法学家出谋划策,同时美国在 20 世纪 20 年代初率先放弃《美暹条约》中的不平等条款,推动了法国和英国修订不平等条约。这方面的研究成果较多。

英泰关系方面有琼赛的《英泰关系史》、南格的博士学位论文《1825—

---

① Jayanta Kumar Ray. *Portraits of Thai Politics*,New Dehli:Orient Longman,1972.
② David Van Praagh. *Thailand's Struggle for Democracy: The Life and Times of M. R. Seni Pramoj*,New York:Holmes & Meier,1996.
③ Walter F. Vella. *The Impact of the West on Government in Thailand*,Berkeley,Los Angeles:University of California Press,1955.
④ Fred W. Riggs. *Thailand: The Modernization of a Bureaucratic Polity*,Honolulu:East-West Center Press,1966;Likhit Dhiravegin. *Demi Democracy: The Evolution of the Thai Political System*,Singapore:Times Academic Press,1992;Somsakdi Xuto. *Government and Politics of Thailand*,Singapore:Oxford University Press,1987.
⑤ Hong Lysa. *Thailand in the Nineteenth Century: Evolution of the Economy and Society*,Singapore:Institute of Southeast Asian Studies,1984.
⑥ James C. Ingram. *Economic Change in Thailand,1850-1970*,Stanford:Stanford University Press,1971.

1855年英泰关系》和威功的博士学位论文《1855—1938年英国外交政策中的暹罗》。琼赛的《英泰关系史》从英国与暹罗的最初接触，写到第二次世界大战结束时的两国关系，特点是大框架、粗线条。南格利用英语和泰语资料，研究了1826年《伯尼协定》到1855年《鲍林条约》期间英、暹两国的对外政策及其互动关系。作者强调，英属印度和海峡殖民地由于直接与暹罗来往，它们在英国对泰政策的制定过程中发挥了重要作用。威功系统研究了英国在暹罗如何攫取治外法权以及如何放弃它，其中涉及几任美国顾问为暹罗收回治外法权所作的贡献①。

法泰关系方面有塔克的《法国恶狼与暹罗羔羊》。塔克利用印度支那殖民政府档案中有关暹罗的大量资料及英国档案资料，系统地研究了法国如何制定在暹罗扩张的政策和这些政策给暹罗独立带来的严重威胁，以及法国外交部和殖民部与它们在印度支那和暹罗代表之间的关系。这是系统研究法国如何侵略暹罗的力作。《暹罗为生存而斗争》是暹罗首任外交顾问、比利时法学家古斯塔夫·罗兰·雅克曼的日记，由蒂普斯翻译为英文。该著记述了古斯塔夫·罗兰·雅克曼亲历的1893年湄南河事件，即法国以武力威逼暹罗割让老挝土地，他作为暹罗政府总顾问为捍卫暹罗领土所作的努力②。

美泰关系方面有两篇博士学位论文，翁伦的《19世纪的暹美关系》和他威西的《1833—1940年美泰关系》。翁伦从比较文化的视角研究19世纪的暹美关系。由于两国在19世纪的交往并不密切，翁伦研究的重点是处于两国关系核心的美国传教士在传教、医疗、教育和外交上作出的贡献。他以美国第二次大觉醒运动和天定命运论为背景，研究美国传教士的自身文化传统以及他们如何找到通向暹罗文化的途径，以利于理解暹、美两国文化的异同。他威西以1833—1903年、1903—1915年、1916—1940

---

① M. L. Manich Jumsai. *History of Anglo-Thai Relations*, Bangkok: Chalermnit, 1970; Namngern Boonpiam. *Anglo-Thai Relations, 1825-1855: A Study in Changing of Foreign Policies*, PhD. Dissertation of the University of Nebraska, 1979; Vikrom Koompirochana. *Siam in British Foreign Policy 1855-1938: The Acquisition and the Relinquishment of British Extraterritorial Rights*, PhD. Dissertation of Michigan State University, 1972.

② Patrick Tuck. *The French Wolf and the Siamese Lamb: The French Threat to Siamese Independence, 1858-1907*, Bangkok: White Lotus Press, 1995; Walter E. J. Tips. *Siam's Struggle for Survival: The Gunboat Incident at Paknam and the Franco-Siamese Treaty of October 1893*, Bangkok: White Lotus Press, 1996.

年这三个时段东亚地区列强力量的变化为背景,研究了美国在东亚的地位与美泰关系。两位作者都探讨了如何培养泰国学生的批判性思维能力①。

关于泰国的外交,利基的《1855—1909年暹罗与殖民主义》与斯特森的博士学位论文《1855—1909年暹罗独立的外交》都研究了1855年签订首个不平等条约至1909年最后一次割让土地期间的暹罗外交史。利基认为,暹罗之所以能够保住独立,是因为其位于英、法两国利益缓冲地带的地理位置以及蒙固和朱拉隆功两位国王的远见卓识和外交策略。两位国王还为暹罗现代化打下了坚实的基础,对外适应世界形势,倚重有影响力的大国。斯特森系统研究了1855—1868年蒙固王签订一系列开放暹罗的条约的远见卓识,暹罗对英国和法国从西、东两个方向向它推进的反应,以及它以领土换取法国和英国放弃治外法权。斯特森认为,朱拉隆功国王改革的成功,使英、法等国相信暹罗能够充分保护其利益②。

关于修约斗争的研究,有奥布拉斯的博士学位论文《拉玛六世时期暹罗修改不平等条约的斗争》。作者利用西方资料和泰国档案资料,系统研究了暹罗外交部与暹罗政府内部支持修约的政治联盟,如何制定修约策略以及如何与列强谈判,强调了美国外交顾问的作用及美暹新约的签订对法国和英国修约的影响③。

三、国外关于第二次世界大战期间美、英两国东南亚政策与泰国外交的研究

第二次世界大战影响了东南亚地区的历史进程。太平洋战争爆发后,日本迅速占领南洋地区,即美、英、荷等国的东南亚殖民地。美国的军事重心是消灭太平洋上的日军,政治上准备在战后给予菲律宾独立,期望东南亚其他地区非殖民化。英国则力保印度,企图在缅甸、马来亚、新加坡

---

① Wongduen Narasuj. *Siamese-American Relations in the Nineteenth Century*, Master Dissertation of Illinois State University, 1988; Thaveesilp Subwattana. *The United States and Thailand, 1833-1940*, Master Dissertation of Illinois State University, 1987.

② Likhit Dhiravegin. *Siam and Colonialism (1855-1909): An Analysis of Diplomatic Relations*, Bangkok: Thai Watana Panich Co. Ltd., 1974; Richard Shaw Stetson. *Siam's Diplomacy of Independence, 1855-1909: In the Context of Anglo-French Interests*, PhD. Dissertation of New York University, 1969.

③ Peter Brian Oblas. *Siam's Efforts to Revise the Unequal Treaty System in the Sixth Region (1910-1925)*, PhD. Dissertation of the University of Michigan, 1974.

等地重建殖民统治，支持荷兰和法国重返荷属东印度和印度支那的立场。在泰国，披汶·颂堪政府与日本结为城下之盟，对英、美两国宣战。同时，摄政比里·帕侬荣秘密领导"自由泰"抵抗运动，这对战后初期的泰国历史和美泰关系都具有重要影响。

赫斯的《1940—1950年美国崛起为东南亚强国》系统研究了第二次世界大战期间美国酝酿的东南亚反殖民政策及其同战后初期东南亚国家反殖民斗争的关系，是研究美国东南亚反殖民政策的力作①。

小马丁的论文《第二次世界大战中的泰美关系》、差里瓦的博士学位论文《1932—1946年泰国对外政策》、奥尔德里奇的《1929—1942年南进的关键——太平洋战争来临时的英国、美国与泰国》、索恩的《一种盟友：1941—1945年美国、英国与对日战争》和雷诺兹的《1940—1945年泰国与日本的南进》等著作，研究了第二次世界大战期间美国、英国、法国、日本的东南亚政策以及它们与泰国的关系②。

里禄在1941—1965年间多次出任泰国外长和驻外大使，参加过"自由泰"抵抗运动。他的回忆录《泰国与第二次世界大战》于1967年出版，由简·凯斯编辑的英文版在1978年出版，2008年修订。该书记述了从1940年泰国与法、英、日等国签订互不侵犯条约到1948年6月他所亲历的重大外交事件，以及战争期间泰国的财政状况。其中还有三位重要的"自由泰"人士撰写的回忆录③。

黑斯曼的《第二次世界大战期间泰国的抵抗运动》是研究泰国抵抗运动的力作④。

---

① Gary R. Hess. *The United States' Emergence as a Southeast Asian Power, 1940-1950*, New York: Columbia University Press, 1987.

② James V. Martin Jr. Thai-American Relations in World War II, *The Journal of Asian Studies*, Vol. 22, No. 4, 1963, pp. 451-467; Charivat Santaputra. *Thai Foreign Policy 1932-1946*, Bangkok: Thai Khadi Research Institute, Thamasat University, 1985; Richard J. Aldrich. *The Key to the South: Britain, the United States, and Thailand During the Approach of the Pacific War, 1929-1942*, Oxford: Oxford University Press, 1993; Christopher Thorne. *Allies of a Kind: The United States, Britain and the War Against Japan, 1941-1945*, Oxford: Oxford University Press, 1978; E. Bruce Reynolds. *Thailand and Japan's Southern Advance, 1940-1945*, Houndmills: the Macmillan Press Ltd., 1994.

③ Direk Jayanama. *Thailand and World War II*, Revised English Edition, Chiang Mai: Silkworm Books, 2008.

④ John B. Haseman. *The Thai Resistance Movement During World War II*, Chiang Mai: Silkwrom Books, 2002.

四、国外关于冷战时期美泰关系的研究

冷战期间美国把苏联视为全球竞争的对手,但就亚洲的冷战而言,美国认为中国比苏联更"危险",构筑起遏制中国的包围圈。这样,亚洲成为错综复杂的双边和多边国际关系交织的地区。其中,美苏关系、美中关系、美日关系、美国与东南亚国家关系、美欧关系、苏联与东南亚国家关系以及中国与东南亚国家关系,都对美泰关系产生了影响。由于涉及诸多大国,加上档案资料的解密,关于冷战时期美泰关系研究的成果十分丰富。

(一)美国东亚冷战政策的起源及美国与东南亚的关系

布卢姆的《划线——美国东亚遏制政策的起源》和沙勒的《美国占领日本——亚洲冷战的起源》探讨了美国亚洲冷战政策是如何形成的。布卢姆根据美国国会保存的资料,研究了1949—1950年美国对华、对东南亚政策形成的过程。沙勒从1945—1950年美国占领日本与美国东亚政策的关系的角度,探讨了亚洲冷战的起源[①]。罗特的《通向越南之路——美国对东南亚义务的起源》研究了美国的欧洲和亚洲冷战政策对其东南亚政策的影响[②]。

1973—1976年,日本文部省资助名为"国际形势的基础研究"项目,由东京大学主持,近200名日本历史学者和其他社会科学工作者参加。1975年11月,该项目在日本京都举行题为"战后亚洲国际形势"的国际学术研讨会,有100余名来自日本、美国和英国的专家和学者出席,最后出版论文集《亚洲冷战的起源》。其中,《1945—1950年苏联远东政策——斯大林在朝鲜的目标》、《1945—1950年美国政治、战略和外交中的朝鲜》、《谁为东南亚冷战创造了条件》、《1945—1950年美国与东南亚反殖民革命》和《共产党情报局与东南亚》等论文,有助于研究亚洲尤其是东南亚冷战起源[③]。

---

① Robert M. Blum. *Drawing the Line: The Origin of the American Containment Policy in East Asia*, New York: W. W. Norton & Company, 1982; Michael Schaller. *The American Occupation of Japan: The Origins of the Cold War in Asia*, Oxford: Oxford University Press, 1985.

② Andrew J. Rotter. *The Path to Vietnam: Origins of the American Commitment to Southeast Asia*, Ithaca: Cornell University Press, 1987.

③ Yonosuke Nagai, Akira Iriye. *The Origins of the Cold War in Asia*, New York, Tokyo: Columbia University Press, University of Tokyo Press, 1977.

鲁塞尔·法菲尔德的三部著作《1945—1958年东南亚外交史》、《美国人在东南亚——承诺的根源》和《美国政策中的东南亚》，系统研究了1945年到20世纪60年代初美国与东南亚关系、亚太各国对美国与东南亚关系的影响。《1945—1958年东南亚外交史》研究了东南亚各国争取民族独立、实现独立外交的过程，两大阵营国家对东南亚国家的政策以及东南亚国家参与国际活动的情况。《美国人在东南亚——承诺的根源》以全球国际关系的发展变化为背景，研究了美国与东南亚各国民族主义的关系，通过对中华人民共和国建立、朝鲜战争、旧金山对日媾和会议以及第一次印度支那战争的研究，探讨了1950—1954年美国、中国与东南亚的关系。作者把1954年日内瓦会议和《东南亚集体防御条约》的签订，视为美国东南亚政策的分水岭，美国因强调国际安全而卷入东南亚事务①。不过，由于这些著作成文的时间过早，有些内容、观点和资料显得过时。

（二）1954年日内瓦会议、《东南亚集体防御条约》与美泰结盟

1954年法国在印度支那战争的失败和解决印度支那问题的日内瓦会议，对此后的美国东南亚政策产生了重大影响。在日内瓦会议前，艾森豪威尔政府企图以"联合行动"干涉印度支那的军事态势，因无法获得美国国会和英国、法国的支持而放弃。会后，美国与英国、法国、澳大利亚、新加坡、菲律宾、泰国和巴基斯坦签订《东南亚集体防御条约》，成立东南亚条约组织，以遏制共产主义在东南亚的扩张。

凯布尔的《1954年关于印度支那问题的日内瓦会议》，从英国、法国、美国等西方阵营的角度，系统地研究了解决印度支那问题的日内瓦会议召开的背景、会议上的斗争以及美、英、法三国立场的协调、英国发挥的作用等②。

布斯齐斯基著的《东南亚条约组织——联盟战略的失败》，从联盟战略的角度，系统研究了美国策划和签订《东南亚集体防御条约》并成立东南亚条约组织的过程，以及该组织在冷战期间实际发挥的作用。结论是，

---

① Russell H. Fifield. *The Diplomacy of Southeast Asia: 1945-1958*, New York: Harper & Brothers Publishers, 1958; Russell H. Fifield. *Americans in Southeast Asia: The Roots of Commitment*, New York: Thomas Y. Crowell Company, 1973; 〔美〕鲁塞尔·法菲尔德:《美国政策中的东南亚》，群力译，北京:世界知识出版社，1965年。

② James Cable. *The Geneva Conference of 1954 on Indochina*, Houndmills: Macmillan Press, 1986.

这是个失败的联盟。莫德尔斯基编辑的《东南亚条约组织——六个案例研究》以个案的形式研究了东南亚条约组织的功能、组织与活动，澳大利亚、泰国、菲律宾和巴基斯坦参加这个组织的考虑，中国、印度和其他亚洲国家对这个组织的态度，以及该组织的成员与亚洲的经贸关系等[1]。

研究20世纪50年代上半期美、泰两国如何实现结盟的成果，有内尔的《联盟的前奏》、差立的《美泰军事联盟的形成与1954年东南亚集体防御条约》、瓦尼达的《1950—1954年泰美关系》、阿披乍的《泰国寻求保护：1947—1954年与美国联盟的形成》等博士学位论文，以及法恩曼的著作《特殊关系：1947—1958年美国与泰国军人政权》[2]。

《联盟的前奏》利用美国国务院档案、驻曼谷的领事档案及战略情报局档案，从经济的视角研究20世纪40年代美、泰两国关系如何变得愈来愈密切，从美国的角度探讨了40年代美国对泰政策及其动因，尤其重视美国中层外交官和政策执行者的行为。《美泰军事联盟的形成与1954年东南亚集体防御条约》利用决策框架，系统地研究了泰国对外政策由中立到与西方结盟的转变。《1950—1954年泰美关系》利用美国解密文件，以冷战为背景，从美、泰两国的视角，系统研究了两国结盟的动机与过程。《泰国寻求保护：1947—1954年与美国联盟的形成》利用美、英、泰三国的官方文件，从泰国的视角，研究了1947—1954年泰国为何及如何寻求与美国缔结保护性联盟。

法恩曼的《特殊关系：1947—1958年美国与泰国军人政权》从泰国政治发展的视角，探讨了第二次世界大战后军人通过政变重新执政到军人专制建立期间泰、美两国之间的互动关系。为巩固政治地位，以披汶·颂堪为首的军人政权寻求美国的军事和经济援助。随着亚洲冷战的形

---

[1] Leszek Buszynski. *SEATO: The Failure of Alliance Strategy*, Singapore: Singapore University Press, 1983; George Modelski. *SEATO: Six Studies*, Canberra: F. W. Cheshire Pty Ltd., 1962.

[2] Arlene Becker Neher. *Prelude to Alliance: The Expansion of American Economic Interest in Thailand During the 1940s*, PhD. Dissertation of Northern Illinois University, 1980; Chatri Ritharom. *The Making of the Thai-U. S. Military Alliance and the SEATO Treaty of 1954: A Study in Thai Decision-Making*, PhD. Dissertation of Claremont Graduate School, 1976; Vanida Trongyounggoon Tuttle. *Thai-American Relations, 1950-1954*, PhD. Dissertation of Washington State University, 1982; Apichart Chinwanno. *Thailand's Search for Protection: The Making of the Alliance With the United States, 1947-1954*, PhD. Dissertation of University of Oxford, 1985; Daniel Fineman. *A Special Relationship: The United States and Military Government in Thailand, 1947-1958*, Honolulu: University of Hawaii Press, 1997.

成，美国也在东南亚寻找盟友。因此，披汶·颂堪政府放弃近代以来的灵活外交，采取亲美反共的立场，不仅获得了美国的援助，还与它结盟。美泰关系的不断加强，有助于泰国军人政权的巩固，直至建立军人专制。这是研究 20 世纪 50 年代美泰结盟动因和过程的力作。

（三）老挝危机期间的美泰关系

1960—1962 年老挝危机期间，美泰关系经受了严峻的考验。这个问题引起了研究者的浓厚兴趣，相关成果有努切莱的《泰国与东南亚的斗争》、占巴塞的《老挝的风暴》、多门的《老挝的冲突——中立政治》、戈尔茨坦的《美国的老挝政策》等著作，以及素拉畿的《1960—1962 年老挝危机期间的泰美关系》、他纳沙立的《1959—1962 年老挝危机期间的泰美联盟》等博士学位论文[①]。

努切莱研究了东南亚条约组织成员在老挝危机中的立场以及由此导致的该组织危机。泰、美两国在如何处理老挝危机的问题上发生分歧，泰国对美国向英、法两国妥协并和平解决的立场十分不满。为安抚泰国，美国通过《腊斯克—他纳公报》，单独向泰国提供安全保证，并在巴特寮（Pathet Lao，即寮国战斗部队）占领老挝南塔后向泰国派兵。素拉畿的论文利用 1975 年解密的泰国国务院外交文件和对亲历这场危机的泰国高官的访谈，研究了老挝危机如何影响泰美关系。他纳沙立的论文把这场危机中的泰美关系作为联盟中的小国如何与大国讨价还价的典型案例来研究。论文的重点是两国达成妥协的谈判过程，以此展示小国对大国盟友的谈判力。

（四）冷战期间美泰关系的系统研究

较早的有达林的《泰国与美国》和威尔逊的《美国与泰国的未来》等著作，20 世纪 80 年代有素拉差的《1947—1977 年美国对外政策与泰国军

---

① Donald E. Nuechterlein. *Thailand and the Struggle for Southeast Asia*, Ithaca: Cornell University Press, 1965; Sisouk Na Champassak. *Storm Over Laos: A Contemporary History*, New York: Frederick A. Praeger Publisher, 1961; Arthur J. Dommen. *Conflict in Laos: The Politics of Neutralization*, New York: Praeger Publishers, 1971; Martin E. Goldstein. *American Policy Toward Laos*, Rutherford: Fairleign Dickinson University Press, 1973; Surachai Sirikrai. *Thai-American Relations in the Laotian Crisis of 1960-1962*, PhD. Dissertation of State University of New York at Binghamton, 1979; Dhanasarit Satawedin. *Thai-American Alliance During the Laotian Crisis, 1959-1962: A Case Study of the Bargaining Power of a Small State*, PhD. Dissertation of Northern Illinois University, 1984.

人政权》、伦道夫的《1950—1985 年的美国与泰国——联盟的动力》等著作，以及阿杜亚萨的《1945—1975 年美泰关系的兴起》、沙迈洛的《泰国的生存战略：1969—1976 年重评和调整其联盟》、布拉达哈顺的《克立·巴莫领导下的泰国对外政策》等博士学位论文①。

  1986 年出版的伦道夫著作，是研究冷战期间美、泰两国之间政治与军事关系的力作。其重点是 1965—1976 年"越南时代"及其前后美泰关系的发展变化及其动因。由于担任过美国国会和国务院对外政策的顾问和官员，伦道夫使用了大量档案资料，该书至今仍然被相关研究者引用。

  素拉差利用大量泰文资料，研究了 1947 年政变到 1977 年江萨·差玛南将军走上政治舞台这 30 年间美国的对外政策对泰国军人政权的影响。结论是，美国的对外政策显著地影响了泰国政治的发展。泰国政府把美国视为保护者。美国能够提供军事和政治援助，从而将泰国纳入美国的势力范围。由于泰国的决策是在泰国的政治体制下实施的，作者认为不能忽视泰国政治的推动力，必须把美国在泰国的政策与当代泰国政治发展放在一起研究。两国关系是两国政府之间的互利关系。

  阿杜亚萨使用英语和泰语资料、泰国报纸发表的政府声明和报告，从历史学视角，研究了冷战期间的美泰关系。作者从泰、美两国视角阐释它们之间的关系，这种关系使双方都受益。《东南亚集体防御条约》是美泰联盟的基础，《腊斯克—他纳公报》的发表使两国关系度过了老挝危机的冲击。此后美国向泰国派兵并不断干涉老挝，泰国向老挝派游击队并从 1970 年开始援助柬埔寨。泰国从美国获得大量军事和非军事援助，经济和军事实力得到加强，但泰国社会深受美国文化的影响。

  沙迈洛的《泰国的生存战略》，研究了"尼克松主义"出台后泰国对

---

① Frank Darling. *Thailand and the United States*, Washington: Public Affairs Press, 1965; David A. Wilson. *The United States and the Future of Thailand*, New York: Praeger Publishers, 1970; Surachart Banrungsuk. *United States Foreign Policy and Thai Military Rule, 1947-1977*, Bangkok: D. K. Book House, 1988; R. Sean Randolph. *The United States and Thailand: Alliance Dynamics, 1950-1985*, Berkeley: Institute of East Asian Studies, University of California, 1986; Adulyasak Soonthornrojana. *The Rise of United States-Thai Relations, 1945-1975*, PhD. Dissertation of the University of Akron, 1986; Smairob Suthiwart-Narueput. *A Strategy for Survival of Thailand: Reappraisal and Readjustment in Her Alliance (1969-1976)*, PhD. Dissertation of the University of Oklahoma, 1980; M. L. BLadahansoon Ladavalya. *Thailand's Foreign Policy Under Kukrit Pramoj: A Study in Decision-making*, PhD. Dissertation of Northern Illinois University, 1980.

外政策的调整,涉及泰国对 1969—1976 年国际形势发展的反应。布拉达哈顺则研究了 20 世纪 70 年代上半期泰国对外政策的调整。

(五)越南战争期间的美泰关系

对越南战争期间美泰关系的研究,除了上述著述涉及外,还有汤普森的《不平等的伙伴》和布莱克本的《雇佣军与林登·约翰逊的"更多旗帜"》等著作,以及基斯连科的《风中之竹:1961—1969 年肯尼迪和约翰逊政府时期美国的对外政策与泰国》和弗林的《保护中心:1961—1976 年越南战争期间的美泰关系》等博士学位论文①。

《不平等的伙伴》和《雇佣军与林登·约翰逊的"更多旗帜"》研究了泰国为何应美国的要求两次向越南南方派兵以及两国之间的谈判,美国为此向泰国提供武器装备,支付驻越泰军的训练、给养、工资和各种津贴。两位作者认为,泰国出兵越南南方,更多的考虑是尽量获取美国的军事和经济援助。美国某些媒体和国会议员在 20 世纪 60 年代后期不断指责驻越泰军为美国的雇佣军。这些研究似乎证实了这些指责。

《风中之竹:1961—1969 年肯尼迪和约翰逊政府时期美国的对外政策与泰国》和《保护中心:1961—1976 年越南战争期间的美泰关系》都利用了近期解密的大量美国档案资料,从美国的视角,更为系统和扎实地研究了越南战争期间的美泰关系。

《风中之竹:1961—1969 年肯尼迪和约翰逊政府时期美国的对外政策与泰国》研究了肯尼迪和约翰逊两任总统时期美国政府的对泰关系,重点是美国对泰外交政策的动因及后果,同时尽力展现泰国的立场。作者认为,泰国尽管处于弱势地位,却经常能够推动美国采取有利于它的外交政策。泰国与美国的结盟,使泰国经济发展和国家安全都获益匪浅,但是也造成军人长期执政等负面影响。作者研究了影响美泰关系的政治和外交问题,尤其是政府重要部门以及双边关系中的重要人物所发挥的作用。作者

---

① W. Scott Thompson. *Unequal Partners: Phipippine and Thai Relations With the United States, 1965-1975*, Lexington: D. C. Heath and Company, 1975; Robert M. Blackburn. *Mercenaries and Lyndon Johnson's "More Flags": The Hiring of Korean, Filipino and Thai Soldiers in the Vietnam War*, Jefferson: McFarland, 1994; Arne Kislenko. *Bamboo in the Wind: United States Foreign Policy and Thailand During the Kennedy and Johnson Administrations, 1961-1969*, PhD. Dissertation of University of Toronto, 2000; Robert James Flynn. *Preserving the Hub: U.S.-Thai Relations During the Vietnam War, 1961-1976*, PhD. Dissertation of University of Kentucky, 2001.

认为，美国对印度支那尤其是越南的关注，严重影响了它的泰国政策，这种政策经常是临时性的权宜之计。美国政府部门之间在对泰国和东南亚政策上的分歧，经常导致两国之间的矛盾。

《保护中心：1961—1976年越南战争期间的美泰关系》从国家安全的视角，研究了越南战争期间泰美伙伴关系的兴衰。作者认为，美、泰两国出于对共产主义威胁其安全的共同担心而结盟，泰国成为越南战争期间美国最稳定和最重要的盟友。作者驳斥了流行看法，即泰国对美国地区目标的支持，主要目的是让庇护它的超级大国承担义务并获得额外的经济和军事援助。作者认为，泰国及美国的其他发展中国家盟友，是在积极地追求自己的政策，而非迎合美国需要的依附国，强调反共的共同立场决定了越南战争期间的美泰关系以及其对泰国共产党游击战的回应。

（六）美国对泰援助与20世纪80年代两国关系的变化

美国的军事和经济援助是冷战期间美泰关系的重要内容。1950年2月至4月，格里芬考察团赴东南亚考察泰国等国家的经济状况，以便为美国的经济援助计划提供建议。考察的结果体现为海斯编辑的《美国援助东南亚的开始——1950年格里芬考察团报告》。考德威尔的《美国对泰国的经济援助》和马斯喀特的《泰国和美国——发展、安全与对外援助》研究了1950—1970年、20世纪50—80年代美国对泰国的经济援助以及其对泰国经济发展和国内安全的影响。洛贝的《美国的国家安全政策与对泰国警察的援助》专门研究了美国对泰国警察的援助[①]。

到20世纪80年代，在亚太地区形势大为缓和的背景下，长期占据美泰关系首要位置的安全问题被经贸合作问题取代，两国之间不断发生贸易摩擦。美、泰两国学者和专家为此三次召开讨论会。1985年3月，第一次讨论会在加利福尼亚大学伯克利分校举行，出版了杰克逊和威瓦编的论文集《美国与泰国关系》。1986年11月，第二次讨论会在泰国举行，出版了拉姆齐和威瓦编的论文集《泰国和美国关系——变动中的政治、战略

---

① Samuel P. Hayes. *The Beginning of American Aid to Southeast Asia: The Griffin Mission of 1950*, Lexington: Heath Lexington Books, 1971; J. Alexander Caldwell. *American Economic Aid to Thailand*, Lexington: Lexington Books, 1974; Robert J. Muscat. *Thailand and the United States: Development, Security, and Foreign Aid*, New York: Columbia University Press, 1990; Thomas Lobe. *United States National Security Policy and Aid to the Thailand Police*, Denver: University of Denver, 1977.

与经济因素》。1989年4月,第三次讨论会在旧金山举行,出版了内尔和威瓦编的论文集《新国际形势下的美国与泰国关系》①。

这三次会议的内容较广,除了安全问题,还有美、泰两国国内因素变化对两国关系的影响,泰国与亚太大国的关系,美泰之间的贸易投资、科学技术、服务等经贸关系,泰国与东南亚国家联盟关系等内容,反映了新的亚太形势对美泰关系的影响以及两国关系内容的变化。

素林的博士学位论文《理解泰美贸易争端——对1985—1990年国际知识产权争端的案例研究》,以20世纪80年代中后期发展经济和开展国际贸易为主旨的国际环境为背景,以泰美之间的知识产权争端为案例研究了泰、美两国的贸易争端②。

五、国内学者的相关研究

近年来,国内学者在东南亚史、泰国史和泰国政治、中泰关系史、美泰关系史等领域有一些研究成果。

在东南亚史方面,如梁英明的《东南亚史》、梁志明主编的《殖民主义史·东南亚卷》、贺圣达等著的《战后东南亚历史发展,1945—1994》、贺圣达著的《东南亚文化发展史》、余定邦的《东南亚近代史》、覃主元等著的《战后东南亚经济史》、聂德宁的《近现代中国与东南亚经贸关系史研究》、何平的《东南亚民族史》、温广益的《二战后东南亚华侨华人史》、李晨阳等主编的《〈剑桥东南亚史〉评述与中国东南亚史研究》③。

---

① Karl D. Jackson, Wiwat Mungkandi. *United States-Thailand Relations*, Berkeley: Institute of East Asian Studies, University of California, 1986; Ansil Ramsay, Wiwat Mungkand. *Thailand-U. S. Relations: Changing Political, Strategic, and Economic Factors*, Berkeley: Institute of East Asian Studies, University of California, 1988; Clark D. Neher, Wiwat Mungkandi. *U. S-Thailand Relations in a New International Era*, Berkeley: Institute of East Asian Studies, University of California, 1990.
② Surin Maisrikrod. *Understanding Thai-U. S. Trade Disputes: A Case Study of the Disputes on International Preoperty Rights Protection, 1985-1990*, PhD. Dissertation of University of Hawaii, 1991.
③ 梁英明:《东南亚史》,北京:人民出版社,2010年;梁志明主编:《殖民主义史·东南亚卷》,北京:北京大学出版社,1999年;贺圣达、王文良、何平:《战后东南亚历史发展,1945—1994》,昆明:云南大学出版社,1995年;贺圣达:《东南亚文化史》,昆明:云南人民出版社,1995年;余定邦:《东南亚近代史》,贵阳:贵州人民出版社,2003年;覃主元等:《战后东南亚经济史》,北京:民族出版社,2007年;聂德宁:《近现代中国与东南亚经贸关系史研究》,厦门:厦门大学出版社,2001年;何平:《东南亚民族史》,昆明:云南大学出版社,2012年;温广益:《二战后东南亚华侨华人史》,广州:中山大学出版社,2000年;李晨阳、祝湘辉主编:《〈剑桥东南亚史〉评述与中国东南亚史研究》,广州:广东世界图书出版公司,2010年。

在泰国史和泰国政治方面，如中山大学东南亚研究所编写的《泰国史》、段立生的《泰国通史》、任一雄的《东亚模式中的威权政治：泰国个案研究》和周方冶的《王权·威权·金权——泰国现代化进程》等著作[①]。

在中泰关系史方面，如余定邦、陈树森的《中泰关系史》[②]。

美泰关系方面尚无专著，主要是一些博士和硕士学位论文，以及发表的期刊论文。

---

① 中山大学东南亚研究所编：《泰国史》，广州：广东人民出版社，1987年；段立生：《泰国通史》，上海：上海社会科学院出版社，2014年；任一雄：《东亚模式中的威权政治：泰国个案研究》，北京：北京大学出版社，2002年；周方冶：《王权·威权·金权——泰国现代化进程》，北京：社会科学文献出版社，2011年。

② 余定邦、陈树森：《中泰关系史》，北京：中华书局，2009年。

第一章

美国与暹罗修订不平等条约的斗争

英、法等西方列强从 19 世纪初向远东扩张,促使以中国为核心的东亚朝贡体系走向崩溃,东南亚地区国家逐渐沦为殖民地。为了在列强扩张的夹缝中生存,暹罗在 19 世纪后半叶主动开放国门,签订了一系列不平等条约,以部分主权和领土换取和平,成为东南亚地区唯一保住独立的国家。19 世纪末 20 世纪初,随着现代化进程的发展和民族主义意识的觉醒,暹罗试图修改与列强签订的不平等条约,收回主权。在这场漫长的修约斗争中,美国法学家担任暹罗政府的外交顾问,为修约谈判出谋划策。20 世纪 20 年代初,美国率先放弃《美暹条约》中的不平等条款,为暹罗废除不平等条约和收回主权作出了重要贡献。

第一节 暹罗主动开放国门与签订不平等条约

一、16 世纪初以来西方列强与暹罗的交往

古代暹罗属于以中国为中心的东亚国际关系体系。在古代东亚地区,由于中国在政治、经济和文化上的强大地位,形成了以中国为中心的"华夷秩序"。其表现为,藩属国定期向中国朝贡,请求中国皇帝册封以确立其政权的合法地位。古代暹罗地区的国家,自东汉起与中国开展政治交往。素可泰王国、阿瑜陀耶王国、吞武里王朝和曼谷王朝(前期)都先后

向中国朝贡。两国使节往来频繁，经济文化联系密切①。然而，在19世纪40年代初中英鸦片战争中，清政府战败求和，同英国签订《南京条约》，被迫割地、赔款、开放通商口岸、给予英国领事裁判权和最惠国待遇等。中国自此国势式微，开启了半殖民地化进程，"华夷秩序"逐步解体。在1852年向中国朝贡之后，暹罗实际终止了与中国的朝贡关系。

欧洲对东南亚地区的侵略始于葡萄牙人。1511年，葡萄牙人武力攻占马六甲，开启了欧洲殖民者对东南亚的征服。此后，西班牙人、荷兰人、英国人和法国人先后侵入东南亚。

葡萄牙人和西班牙人在16世纪抵达暹罗。17世纪初，荷兰人和英国人相继到暹罗开设商馆。1662年，法国传教士抵达暹罗。17世纪80年代，荷兰人控制了暹罗的经济。纳雷国王（1657—1688年在位）试图借助法国人来制约荷兰人，遣使赴法求援。法国则欲乘机控制暹罗。1687年9月，法国使节率6艘军舰和636名士兵组成的军队抵暹。这些法军给暹罗的国家安全造成新的威胁，暹罗宫廷出现了亲法派和反法派的斗争。翌年，反法派赶走法军并处死一批法国传教士②。这是暹罗利用一个欧洲国家反对另一个欧洲国家的尝试。其后果是，暹罗断绝了与欧洲国家的往来。这种针对欧洲国家的闭关政策一直持续到19世纪20年代。

英国最先尝试打开暹罗的国门。

18世纪末以来，英国以印度为基地向东南亚扩张。到19世纪20年代，它成为在马来半岛上扩张的唯一欧洲国家。出于通商和政治的考量，英国两次向暹罗遣使。

1822年，东印度公司派约翰·克劳福德出使暹罗，提出自由贸易、协商关税、保障英国人的生命和财产安全、设立商业机构等要求，遭到暹罗的断然拒绝。

1824年拉玛三世国王继位之际，英国发动第一次对缅战争。在取得对缅甸的胜利之后，英印政府于1826年2月派遣亨利·伯尼赴暹罗谈判。6月，双方达成的协定（即《伯尼协定》）是：英国承认暹罗在马来半岛的宗主国地位；暹罗禁止进口鸦片和出口大米、稻谷，进口的火器只

---

① 邹启宇：《中泰关系史简述》，《东南亚》1985年第2期，第2—12页。
② 段立生：《泰国通史》，上海：上海社会科学院出版社，2014年，第78—85页；〔英〕D. G. E. 霍尔：《东南亚史》（上），中山大学东南亚历史研究所译，北京：商务印书馆，1982年，第443—450页。

卖给暹罗政府；英方只能在曼谷港以及获批的马来半岛国家进行贸易；暹罗按照商船的宽度征税（即尺寸税）；暹罗拒绝了英方关于领事裁判权的要求①。

可见，暹罗在《伯尼协定》中给予英国的通商权十分有限。这个协定推动了两国之间的贸易往来，然而在一定程度上限制了暹罗朝廷的贸易垄断权，造成其收入减少。暹罗朝廷又逐步恢复限制贸易的措施，如对出口产品征收多种税。

1850年8月，英国外交部派詹姆斯·布鲁克赴暹交涉。其要求是：英商有权居住和买地，英国委派拥有治外法权的领事；暹罗降低尺寸税，取缔有关出口大米和进口鸦片的禁令，在曼谷和其他港口的贸易自由等。这些要求超出了《伯尼协定》的内容，遭到拒绝。暹方尤其反对建立领事馆和拥有治外法权②。然而，这是暹罗最后一次拒绝英国。

二、暹罗主动开放国门与签订不平等条约的过程

此时东亚国际形势发生了巨大变化。英、法、美等列强利用坚船利炮，武力打开东亚各国闭关自守的大门。中国被迫开放国门，日本被迫与美国签订不平等的《神奈川条约》。在中南半岛上，英国经两次对缅战争征服了下缅甸，法国加紧侵略越南。在这样的地区形势下，东南亚诸国要么被征服，要么向列强开放国门。霍尔评论道："对于19世纪中叶东南亚各国来说，其最普遍和最典型的特点就是不得不放弃本国的闭关自守政策。"③

在暹罗，1851年蒙固登基为国王。他知识渊博，十分了解西方，充分意识到东亚国际形势巨变对暹罗的影响。强大的中国屈服于西方列强的

---

① Vikrom Koompirochana. *Siam in British Foreign Policy 1855-1938：The Acquisition and the Relinquishment of British Extraterritorial Rights*，PhD. Dissertation of Michigan State University，1972，pp. 23，28-30.

② Vikrom Koompirochana. *Siam in British Foreign Policy 1855-1938：The Acquisition and the Relinquishment of British Extraterritorial Rights*，PhD. Dissertation of Michigan State University，1972，pp. 34-37，42-44；〔美〕约翰·F. 卡迪：《东南亚历史发展》（上），姚楠、马宁译，上海：上海译文出版社，1988年，第418页；〔英〕D. G. E. 霍尔：《东南亚史》（上），中山大学东南亚历史研究所译，北京：商务印书馆，1982年，第422—423页。

③ 〔苏〕B. 波将金等编：《外交史》第1卷，史源译，北京：生活·读书·新知三联书店，1979年，第966页。

武力，强邻缅甸两次被英国打败，令暹罗极为震动。作为一个小国，暹罗无力与西方列强对抗，只能依靠灵活的外交在大国的夹缝中求生存。暹罗谚语说："顺风倒的小树在大树倒下时仍活着。"① 蒙固王及其继任者朱拉隆功王把这种精神作为处理暹罗与欧美列强关系的基本原则。

在 1864 年给暹罗驻法公使素里旺·瓦耶瓦达那的信中，蒙固王解释道："英国人和法国人彼此怀有的感情正是伙伴式的人类之间的相互尊重，他们只把我们这类野蛮人视为动物。……我认为，现在是英国实施把暹罗置于其保护的政策的机会，因为暹罗正在被法国人和英国殖民地两面骚扰。……我们得决定我们打算怎么办，是游到河流上游与鳄鱼交朋友，还是游到海中求助于大鲸。""假如说，我们在国内发现了金矿，使我们有几百万斤金子，足够买几百艘军舰。但是即使有金子我们也不能抵御它们，因为我们必须向它们购买军舰和装备。目前我们自己不能制造这些东西。即使我们有足够的钱购买这些东西，这些国家一旦了解我们武装起来的目的是要对抗它们，它们随时可以停止出售。唯一的、我们现在有且将来也可以使用的武器，是我们的一张嘴和我们充满健全思想与智慧的一颗心；只有这些东西能保护我们。"②

在这种外交理念的指导下，暹罗决定主动开放国门。1854 年 7 月，蒙固王致信英国驻香港总督约翰·鲍林爵士，表示愿意与他会晤，考虑同英国签订贸易条约，请他通报英方的条约草案。

1855 年，英、暹两国签订友好通商条约，暹方在贸易和主权上作出重大让步。其中，英国商品的进口税为其价格的 3%，免税进口鸦片，允许英国人在曼谷附近买卖或租用土地。英国在曼谷建领事馆，对在暹罗的英国臣民行使领事裁判权③。

暹罗的让步换来了和平，因为约翰·鲍林后来表示："如果我能签订一项条约，很好；如果不能，我不会同意推迟，仅仅表示我不能在这个问

---

① Likhit Dhiravegin. *Siam and Colonialism*（1855-1909）: *An Analysis of Diplomatic Relations*, Bangkok: Thai Watana Panich Co. Ltd., 1974, p. 17.
② Noel Busch. Thailand: An Introduction to Modern Siam, In Likhit Dhiravegin. *Siam and Colonialism* (1855-1909): *An Analysis of Diplomatic Relations*, Bangkok: Thai Watana Panich Co. Ltd., 1974, p. 22;〔苏〕尼·瓦·烈勃里科娃:《泰国近代史纲（1768—1917）》，王易今、裘辉、康春林译，北京：商务印书馆，1974 年，第 226—227 页。
③〔英〕D. G. E. 霍尔:《东南亚史》（下），中山大学东南亚历史研究所译，北京：商务印书馆，1982 年，第 762—763 页。

题上花更多的时间。但是，我将在同法国和美国的同事以及英国海军司令协商之后重返暹罗。"①也就是说，如果暹罗不作出让步，英国有可能联合法、美两国用武力逼它就范。

同时，暹罗试图利用对外开放来抑制英国的野心，"尽可能地鼓励所有的强国而不仅仅是其中的某一个国家前来泰国进行贸易，以便在任何一国企图用武力控制它时，其他国家就有足够的力量进行干预，从而达到势力的均衡"②。到1868年，暹罗与美国、法国、丹麦、汉萨城市同盟、葡萄牙、荷兰、普鲁士、比利时、意大利、挪威和瑞典等国家和组织签订了通商条约。

暹罗还希望利用美国、法国和普鲁士来牵制英国。

在同美国进行条约谈判时，暹罗因担心遭遇缅甸的命运而向美国寻求过保护。美国谈判代表汤森·哈里斯在发回国的报告中说："在我和暹罗大臣们秘密会谈中，他们表示对英国既怕且恨。他们从缅甸的历史中看到也许在等着他们的那种命运……他们亟想托庇于美国的保护之下。……如果我肯缔结一项同盟条约，他们将不惜给予我们以所能要求的一切，甚至贸易垄断权也可同意。"③汤森·哈里斯判断，暹罗把英国人视为"正在掠夺整个亚洲的贪婪的暴君"④。美国因在暹罗的利益不多而拒绝了。

1861年，普鲁士派往中国、日本和暹罗缔结"友好、通商、航海"条约的代表团抵暹。次年，暹、普两国签订通商条约，但暹罗指望普鲁士"成为英国，也可能成为法国在印度支那进一步扩张的障碍"的愿望没有实现⑤。

---

① John Bowring. The Kingdom and People of Siam, In Likhit Dhiravegin. *Siam and Colonialism（1855-1909）: An Analysis of Diplomatic Relations*, Bangkok: Thai Watana Panich Co. Ltd., 1974, pp. 15-16.

② 〔泰〕姆·耳·马尼奇·琼赛:《泰国与柬埔寨史》, 厦门大学外文系翻译小组译, 福州: 福建人民出版社, 1976年, 第162页。

③ 〔美〕马士、宓亨利:《远东国际关系史》, 姚曾廙等译, 上海: 上海书店出版社, 1998年, 第347页;〔美〕泰勒·丹涅特:《美国人在东亚》, 姚曾廙译, 北京: 商务印书馆, 1959年, 第300页; Russell H. Fifield. *Americans in Southeast Asia: The Roots of Commitment*, New York: Thomas Y. Crowell Company, 1973, p. 13.

④ 〔美〕约翰·F. 卡迪:《东南亚历史发展》(上), 姚楠、马宁译, 上海: 上海译文出版社, 1988年, 第436页。

⑤ 〔苏〕尼·瓦·烈勃里科娃:《泰国近代史纲（1768—1917）》, 王易今、裘辉、康春林译, 北京: 商务印书馆, 1974年, 第224—225页。

除了主动向列强开放国门，暹罗还派遣使团出使欧洲，在国外设立外交机构。1857年，暹罗派使团出使欧洲各国首都，亲自了解欧洲。暹罗在伦敦和巴黎设立使馆，在纽约和汉堡派驻总领事，在加尔各答、里斯本、槟榔屿、仰光、西贡、新加坡、巴达维亚（即今雅加达）、波尔多等地设领事馆[①]。

此外，蒙固王聘请欧洲人担任暹罗政府顾问，朱拉隆功国王继承和发扬了此项政策。到20世纪初，暹罗政府的总顾问及后来的外交顾问是美国人，财政顾问是英国人，法律顾问是法国人或比利时人。蒙固王为王室子弟聘请英国家庭教师，朱拉隆功国王和王室其他成员将子弟送到欧洲国家学习，为贵族和中等家庭子弟开办西式学校，增进暹罗对西方的了解。这些措施推动了暹罗的现代化进程。

由蒙固王开启的灵活外交和现代化改革为维护泰国的独立作出了重要贡献。霍尔给予了高度评价："19世纪末叶，当所有的其他东南亚国家都处于欧洲人控制之下时，暹罗仍能保持其独立，其功劳应该首先归于蒙固，这样说也许并不为过。因为在他的人民当中，几乎只有他一个人能够清楚地认识到：如果中国不能保持其对欧洲压力的隔离作用，那么暹罗就得屈服于威胁着它的外来势力，就得开始使自己适应那个亚洲传统观念仿佛已经过时和失去作用的新世界。"[②]

第二节　暹罗以土地换和平与维护独立的灵活外交

一、法国的领土野心与暹罗以土地换和平

如果说英国从暹罗攫取的主要是商业利益，法国攫取的则主要是土地。

英国通过其远东贸易中心新加坡和中国香港地区与暹罗贸易，控制暹罗北部的柚木采伐，垄断曼谷的大部分外贸生意并成为暹罗最大的投

---

① 〔苏〕尼·瓦·烈勃里科娃：《泰国近代史纲（1768—1917）》，王易今、裴辉、康春林译，北京：商务印书馆，1974年，第225—226页。
② 〔英〕D. G. E. 霍尔：《东南亚史》（下），中山大学东南亚历史研究所译，北京：商务印书馆，1982年，第761页。

资者①。

而法国自19世纪60年代起，为建立印度支那殖民地、打通到中国西南地区的贸易通道，不断夺占暹罗藩属国的领土，到90年代成为暹罗独立的最大威胁。

中南半岛上位于暹罗和越南之间的柬埔寨和老挝，是相对强大的暹罗和越南反复争夺的对象。法国对暹罗领土的侵略从柬埔寨开始。

1845年，暹罗与越南成为柬埔寨的共同宗主国，而且其地位比越南还要高一些。

1862年，法国割占了越南交趾支那东部三省。为建立以西贡为中心的湄公河贸易区，法国把侵略目标指向位于湄公河下游的柬埔寨。1863年8月，法国强迫柬埔寨签订了将其置于法国保护之下的密约，遭到暹罗的抗议。1864年，法军占领柬埔寨王宫并升起法国国旗，迫使诺罗敦国王放弃前往暹罗举行加冕礼的打算。此后，暹、法两国就柬埔寨问题举行多次谈判。1867年，双方达成的协议是：暹罗承认法国对柬埔寨的保护，完全放弃它对柬埔寨的宗主权；法国保证不直接占领柬埔寨并将其并入交趾支那殖民地，承认马德望和暹粒属于暹罗②。暹罗放弃对柬埔寨的宗主权，换取了马德望和暹粒。蒙固王在3月14日致暹罗驻法国公使的信中表示："我们让自己拥有房屋和家园就足够了；可能必要的是我们放弃从前的某些权力和影响。"③然而，法国殖民扩张分子对这两个失去的省耿耿于怀，一直伺机夺回。

到19世纪80年代初，暹罗拥有柬埔寨西北地区以及对老挝的宗主权，并得到法国的承认④。

不过，此时法、英两国在中南半岛北部的扩张形成竞争态势，有可能越过暹罗伸入对方的势力范围。1883年6月，法国驻曼谷领事朱尔·阿

---

① 〔英〕D. G. E. 霍尔：《东南亚史》（下），中山大学东南亚历史研究所译，北京：商务印书馆，1982年，第762—763页。

② Patrick Tuck. *The French Wolf and the Siamese Lamb: The French Threat to Siamese Independence, 1858-1907*, Bangkok: White Lotus Press, 1995, pp. 20-21, 287, 289；〔英〕D. G. E. 霍尔：《东南亚史》（下），中山大学东南亚历史研究所译，北京：商务印书馆，1982年，第745页。

③ Likhit Dhiravegin. *Siam and Colonialism (1855-1909): An Analysis of Diplomatic Relations*, Bangkok: Thai Watana Panich Co. Ltd., 1974, p. 17.

④ 〔英〕D. G. E. 霍尔：《东南亚史》（下），中山大学东南亚历史研究所译，北京：商务印书馆，1982年，第744—746、778页。

尔芒建议争取暹罗中立，使之成为法、英两国扩张的界线。法国外交部为此作了两次尝试。1885年10月，英国向上缅甸推进的态势，促使法国外交部决定同英国谈判暹罗中立化的协定。然而，法国的计划因英国发动第三次对缅战争并迅速占领上缅甸而流产。1889年，法国外交部再次谋求暹罗中立，要求英国放弃掸邦并退至萨尔温江，由暹罗控制掸邦北部、英法两国殖民地与中国之间的老挝领土。英国的回应是，法国应先解决它与暹罗之间的所有边界争端①。此后，随着殖民扩张派的势力不断增强，法国放弃此项政策考虑。其领土野心成为暹罗生存的最大威胁。

老挝由位于湄公河上游和中游的数个地区组成，大多臣属暹罗。1885年法国占领安南和东京后，把扩张目标指向这些地区。法国进行地理勘察，寻找支持其领土要求的文献材料。暹罗的对策是，加强对这些地区的控制，派驻拥有财权和司法权的驻扎官，修缮防御工事，建立军事据点。

1893年3月，法国要求暹罗割让湄公河左岸的老挝领土，并以武力威逼。4月，法军兵分三路侵入老挝。7月，法国军舰不顾暹罗军队的阻拦，兵临曼谷，封锁暹罗海岸。

起初，暹罗在比利时外交顾问古斯塔夫·罗兰·雅克曼的帮助下，寻求英国的支持，请求它调解暹法危机，同时坚决抵制法国的蛮横要求。随着事态的升级，英国力图避免与法国在东南亚发生冲突，向法国保证不卷入此争端，劝说暹罗放弃某些领土主张。孤立无援的暹罗只得屈服。

1893年10月签订的《暹法条约》包含条约和协定②。

条约规定：①暹罗放弃湄公河左岸（即东岸）所有领土及湄公河上的岛屿；②在马德望和暹粒两省以及湄公河右岸（即西岸）25千米的区域

---

① Patrick Tuck. *The French Wolf and the Siamese Lamb: The French Threat to Siamese Independence, 1858-1907*, Bangkok: White Lotus Press, 1995, pp. 67, 77-79, 90-91.
② 世界知识出版社编辑：《国际条约集（1872—1916）》，北京：世界知识出版社，1986年，第140—142页；United States Department of State. *Papers Relating to the Foreign Relations of the United States*, Washington: Government Printing Office, 1893, pp. 549-558; Kenneth Bourne, D. Cameron Watt, Michael Partridge. *British Documents on Foreign Affairs: Reports and Papers From the Foreign Office Confidential Print*, Part I, Vol. 27, Bethesda: University Publications of America, 1995, p. 87;〔泰〕姆·耳·马尼奇·琼赛：《泰国与柬埔寨史》，厦门大学外文系翻译小组译，福州：福建人民出版社，1976年，第305，307—320页；Patrick Tuck. *The French Wolf and the Siamese Lamb: The French Threat to Siamese Independence, 1858-1907*, Bangkok: White Lotus Press, 1995, pp. 291, 293, 295.

内不得修建要塞或军事据点，由地方政府根据习惯以切实必要的治安队维持治安，不得保留正规或非正规武装力量，两国在6个月内谈判解决该区域的海关和商业协定并修改1856年条约，在签订协定之前不得征收关税。

协定规定暹罗拆除湄公河东岸、湄公河西岸非军事区以及马德望和暹粒两省的军事据点和工事。其中，第4条规定"暹罗政府必须将所有法国人、来自湄公河东岸的安南人和老挝人以及无论因何种理由被扣的柬埔寨人交由驻曼谷的法国公使或法国边境部门管理，不得阻止其返回东岸以前的居住地"。法军占领尖竹汶以保证协定的实施。

对于法国来说，割占湄公河东岸土地，已经实现了它挑起这场危机的目标。其余规定实则是有意为今后挑起事端、进一步吞并非军事区和其他领土做铺垫。

面对法国的领土野心和武力威逼，暹罗只得以领土换和平，放弃对柬埔寨西北地区的宗主权，割让湄公河东岸的老挝领土。

二、法国制造事端与暹罗寻求新的外交制衡

1893年事件的一个积极后果是，英国意识到法国的胜利对其殖民利益造成了威胁，谋求暹罗中立化。1896年1月，英、法两国发表共同声明，保证湄南河谷地暹罗王国核心部分的独立和完整，不在暹罗谋取独占权益[①]。这意味着事先未经英国同意，法国无法侵吞暹罗中部。对于虎视眈眈的法国来说，此协议成为它武力侵暹的重大障碍。法国遂放弃武力胁迫，转而利用1893年条约来谋取利益。

首先，它利用1893年协定第4条的规定，滥用治外法权，大规模地将在暹的亚洲人登记为法国人或它的被保护人。此举十分奏效。法国公使阿尔贝·德弗朗斯估计，在暹罗约有9万华人，法国教会控制约2.7万亚洲天主教徒，还有大量柬埔寨人、越南人、老挝人（多是来自湄公

---

① 世界知识出版社编辑：《国际条约集（1872—1916）》，北京：世界知识出版社，1986年，第145—146页；[苏] 尼·瓦·烈勃里科娃：《泰国近代史纲（1768—1917）》，王易今、裘辉、康春林译，北京：商务印书馆，1974年，第331页；[英] D. G. E. 霍尔：《东南亚史》（下），中山大学东南亚历史研究所译，北京：商务印书馆，1982年，第793页；Patrick Tuck. *The French Wolf and the Siamese Lamb: The French Threat to Siamese Independence, 1858-1907*, Bangkok: White Lotus Press, 1995, pp. 164-165.

河东岸的非自愿移民及其后代)。法国领事馆的登记不仅会令他们免于暹罗的司法管辖,还会威胁到暹罗对军队的控制,因为暹罗陆海军中有大量老挝人和柬埔寨人服役。登记从1896年7月开始,到1904年,法国领事馆每年登记两次。其后果是,法国保护函成为公开买卖的商品,可以多次转手倒卖,甚至有劫匪手持法国保护函实施抢劫。1898年,300名被拘押的法国被保护人获赦免,其中70余人是士兵。英国公使乔治·格雷维尔表示,甚至出现暹罗陆军中有人手持法国保护函抗命的现象①。

法国领事馆的登记确实成为困扰暹罗的重大外交问题。

其次,法国利用对1893年条约中有关湄公河西岸非军事区的解释制造争端。暹、法两国对非军事区"地方政府"的解释不同。前者认为它是指暹罗政府,而非老挝地方当局,坚持其传统权力。法国则以为它是指当地老挝政权,否认暹罗行政机构的权力,鼓励琅勃拉邦国王驱赶暹罗官员,印度支那总督保罗·杜梅甚至送枪给琅勃拉邦国王进行自卫。双方各持己见,不断交涉。法国指责暹罗没有切实执行条约,拒绝从尖竹汶撤兵②。

1893年条约造成的困境尤其是它对暹罗独立的威胁,迫使暹罗寻求新的外交制衡,利用欧美列强在东亚的矛盾来维护国家独立。

暹罗与俄国的关系有助于缓和暹法之间的紧张。由于俄、法两国于1894年结为同盟,暹罗求助于俄国调解暹法矛盾,支持它的独立。而俄国出于在亚洲与英国争夺势力范围的考量,在道义上同情并支持暹罗。俄国外交代表指出:"与暹罗发生最亲近的关系是有益的,这种关系不会损害我们对法国的关系。暹罗为了得到对其独立地位充分的认可而寻求我们的支持,因为它指望我们同法国的友好关系将帮助它同法国接近。"③

---

① 〔美〕马士、宓亨利:《远东国际关系史》,姚曾廙等译,上海:上海书店出版社,1998年,第348—349页;Kenneth Bourne, D. Cameron Watt, Michael Partridge. *British Documents on Foreign Affairs: Reports and Papers From the Foreign Office Confidential Print*, Part 1, Vol. 27, Bethesda: University Publications of America, 1995, pp. 90-91; Patrick Tuck. *The French Wolf and the Siamese Lamb: The French Threat to Siamese Independence, 1858-1907*, Bangkok: White Lotus Press, 1995, pp. 179-180.

② Patrick Tuck. *The French Wolf and the Siamese Lamb: The French Threat to Siamese Independence, 1858-1907*, Bangkok: White Lotus Press, 1995, pp. 183, 187, 194.

③ 〔苏〕尼·瓦·烈勃里科娃:《泰国近代史纲(1768—1917)》,王易今、裴辉、康春林译,北京:商务印书馆,1974年,第404—405页。

1897年朱拉隆功国王出访欧洲，首站是俄国首都圣彼得堡。他敦促俄国在暹设立公使馆，向暹提供道义支持，调停暹法纠纷。俄国作出积极回应。俄国的斡旋使朱拉隆功国王得以访问法国。

　　1898年，俄国在暹罗设领事馆，指示驻暹罗代办兼总领事A.E.奥拉罗夫斯基："您的活动在可能范围内应该带有殷切关怀的特点……应该迎合那种作为暹俄关系基础的真诚友谊，同样也应该消除一切私念与夺取任何利益的意图。总之，应该符合该国的期望：欢迎俄国对暹罗利益的亲切关注，并在它同强大邻国进行的力量悬殊的斗争中向俄国寻求必需的道义上的支持。"俄外交部还指示其驻法大使乌鲁索夫敦促法国政府注意暹罗的不满[①]。

　　俄国外交部不仅促成法国驻印度支那总督杜梅访暹，而且在他与暹罗的谈判中发挥重要作用[②]。俄国对抑制法国的侵略发挥了一定作用。

　　此外，德国和日本也成为暹罗外交中的两支重要平衡力量。德国同英国在经济领域展开竞争，向暹罗提供贷款，加强机器、棉布等工业品输入，在航运业取得成功，打击了英国在贸易方面的优势[③]。日本1897年在暹罗设领事馆，与暹罗建立起政治和商业联系。由于日本在甲午战争中打败中国，在日俄战争中战胜俄国，暹罗出现强烈的亲日情绪，甚至派贵族子弟到日本海军学校求学。俄国公使报告说："除了国王和两个亲王外，暹罗每一个人都成了亲日的人。"[④]日本商人和律师、养蚕技师、教师、军人等赴暹罗，在其政府部门任职，"在许多场合取代了欧洲人"。俄国公使认为，"日本现有的政治实力及其在暹罗建立的情谊无可非议地首屈一指"[⑤]。

　　总之，自19世纪50年代至20世纪初，暹罗主动开放国门，以领土换生存，娴熟运用灵活外交。它利用英法矛盾，使自己成为两国殖民地之间的缓冲地带，为外交斡旋提供了至为关键的前提条件；利用俄法同盟，

---

① 《十九世纪至二十世纪初俄泰关系——沙俄外交文件选译》，中山大学东南亚历史研究所译，广州：中山大学东南亚历史研究所，1980年，第26、34页。
② 《十九世纪至二十世纪初俄泰关系——沙俄外交文件选译》，中山大学东南亚历史研究所译，广州：中山大学东南亚历史研究所，1980年，第48页。
③ 《十九世纪至二十世纪初俄泰关系——沙俄外交文件选译》，中山大学东南亚历史研究所译，广州：中山大学东南亚历史研究所，1980年，第56页。
④ 〔苏〕尼·瓦·烈勃里科娃：《泰国近代史纲（1768—1917）》，王易今、裘辉、康春林译，北京：商务印书馆，1974年，第416页。
⑤ 《十九世纪至二十世纪初俄泰关系——沙俄外交文件选译》，中山大学东南亚历史研究所译，广州：中山大学东南亚历史研究所，1980年，第78页。

以俄制法；利用德国和日本制约英、法、俄等国，终于保住了国家形式上的独立，是弱小的东南亚国家中的一个奇迹。

学术界对此褒贬不一。赞赏者认为："泰国外交家享有高超谈判的崇高声誉，泰国的外交政策更倾向于通过谈判和策略而不是武力和恐吓来达到目的。挑动外国互相对抗以及同更强大的国家保持良好关系的能力，在保持国家完整的同时成为泰国的特长。"① "泰国的独立是由于它的某些领导人适应新的国际形势的高超外交和英国与法国的政策，它们宁愿把该王国保留为它们的殖民地之间的缓冲区。为了保卫国家利益，泰国人在制定外交政策时成为机会主义者。……在许多方面，这个王国经常成为亚洲权力变化的政治晴雨表。"②

负面评价是："暹罗人自视为一个小国成员，本质上是非侵略的人民。对于他们来说，只存在一种可以想象的政策：在和平时期对所有国家一视同仁和友好，战时安全中立或与胜利者结盟。他们承担不起'原则'这个奢侈品，他们说因为任何大国都能在几天内踩躏和打垮他们。他们必须成为所有国家的朋友或者是胜利者的朋友。……这个政策虽然可以理解，明显的指责是它必然不分是非。除去措辞修饰，它意味着战时暹罗只能获得最终的胜利者的信任；如果坚持这个政策，暹罗必然偶尔会遭到和平时期某些朋友的严厉指责。"③

笔者认为，近代暹罗外交成功地维护了国家独立，符合暹罗人民的根本利益，值得肯定。

第三节　美国与暹罗修订条约的斗争历程

一、美国外交顾问与暹罗收回部分司法主权

美国与暹罗的往来，由 19 世纪 20—30 年代抵达暹罗的美国商人和传

---

① Wendell Blanchard. *Thailand: Its People, Its Society, Its Culture*, New Haven: Hraf Press, 1958, p. 230.
② Russell H. Fifield. *The Diplomacy of Southeast Asia: 1945-1958*, New York: Harper & Brothers Publishers, 1958, p. 230.
③ John Coast, Some Aspects of Siamese Politics, In Likhit Dhiravegin. *Siam and Colonialism (1855-1909): An Analysis of Diplomatic Relations*, Bangkok: Thai Watana Panich Co. Ltd., 1974, p. 80.

教士开启。1833年和1856年,美国效仿1826年《伯尼协定》和1855年英暹条约,同暹罗签订了协定和条约,从暹罗获得了治外法权、贸易权、商品进口低关税、设立领事馆等权利。1879年,美国前总统格兰特周游世界时访问曼谷。1882年,美国驻曼谷领事馆升级为公使馆。1884年,暹罗官方代表团首次访问美国。

由于19世纪美国对外政策的重心是在北美大陆扩张,美国对暹罗既没有领土野心,在暹罗的商业利益也十分有限,它同暹罗的关系较为友好[①]。1902—1949年,共有9位美国法学家担任暹罗政府的外交顾问,其中4位曾为暹罗在20世纪初叶修订不平等条约和收回主权出谋划策[②]。

到20世纪初,由于法国利用1893年条约制造事端,对暹罗的独立构成严重威胁,解决暹法争端成为暹罗外交的当务之急。

1902年11月,暹、法两国经过一年谈判,在曼谷达成协议。主要内容为:①暹罗割让位于湄公河西岸的莫卢波雷、洞里勒普和巴沙,法军撤出尖竹汶,法国承认暹罗有权在1893年条约规定的非军事区重新部署武装警察。②暹罗国王派驻湄公河区域的军队须是暹罗军官指挥的暹罗籍军人;暹罗须同法国协商后才能替换指挥其警察的丹麦人;暹罗须同法国协商后才能在湄公河区域修建港口、运河和铁路。③关于登记问题,法国使领馆登记法国统治或保护的领土上出生的亚洲人,保护其子女,孙辈除外。目前法国使领馆登记的华人继续享有法国的保护。这些人受暹罗法律管辖并由暹罗法院审理,法国使领馆有权派代表参加审理[③]。

在上述协定中,暹罗付出的代价是割让约2万平方千米土地、法国染指暹罗警察管理和交通设施修建等,换取法军撤出尖竹汶与限制法国人及其被保护者的治外法权。换取的这两项权益对于维护暹罗的独立来说意义重大,但它付出的代价尚不足以满足法国殖民扩张派的领土要求。

1903年12月,暹、法两国在巴黎重新谈判。此时暹罗的外交决策者

---

① Russell H. Fifield. *Americans in Southeast Asia: The Roots of Commitment*, New York: Thomas Y. Crowell Company, 1973, p. 14.

② Karl D. Jackson, Wiwat Mungkandi. *United States-Thailand Relations*, Berkeley: Institute of East Asian Studies, University of California, 1986, pp. 6-8; Kenneth T. Young. The Special Role of American Advisers in Thailand, 1902-1949, *Asia*, No. XIV, 1969, pp. 1-31.

③ Patrick Tuck. *The French Wolf and the Siamese Lamb: The French Threat to Siamese Independence, 1858-1907*, Bangkok: White Lotus Press, 1995, pp. 299, 301, 303.

发生重要变化，美国著名外交家和国际法学者爱德华·斯特罗贝尔接替比利时籍外交顾问古斯塔夫·罗兰·雅克曼，协助暹罗公使披耶·素里亚进行谈判。爱德华·斯特罗贝尔对外交事务的处理能力比前任更为灵活。

谈判的焦点是领土问题。除1902年草签协定中割占的土地外，法国还要求割占克腊特，而且在暹方移交它之后法军才撤出尖竹汶。暹方反对，因为此前法国割占的领土主要是非暹罗人居住的地方，但克腊特的居民主要是暹罗人。朱拉隆功国王感到痛心疾首。但是，爱德华·斯特罗贝尔的判断是，值得用它去换取暹法协定。他先推动暹、法两国谈判代表于1904年2月草签协定，返回曼谷后又说服了朱拉隆功国王。

1904年协定的变化是，暹罗在领土上作出新让步，放弃对湄公河西岸琅勃拉邦土地的宗主权，在划定柬埔寨洞萨里湖区和海上边界、移交琅勃拉邦之后，法军撤出尖竹汶；双方同意在柬埔寨暹粒、马德望和诗梳风只维持维护秩序的警察并在当地居民中招募①。这实际上是禁止暹罗向柬埔寨的这些地方派军，地方警察全由法国人指挥的高棉人组成，新建的法国领事馆将尽量把柬埔寨人登记为法国的被保护人，为最后吞并这些地方铺路。法国议会在批准协定时，把吞并上述三地并任命法国人为暹罗军事和财政部顾问作为附加条件。

暹法争端由1907年协定最后解决。

其设计者是1904年成立的暹法划界委员会副主席费尔南·贝尔纳中校。根据地形和战略价值，他提出法国用克腊特和丹赛来换取暹罗控制的马德望、暹粒和诗梳风。由于后三者的总面积、经济和战略价值远大于前两者，他建议加上法国放弃其亚洲公民的治外法权为筹码②。

暹罗官员最初多持反对态度，外交顾问爱德华·斯特罗贝尔再次推动暹方转变立场。1907年初，爱德华·斯特罗贝尔途径巴黎，同法国外交部官员举行讨论，基本上接受了法国方案。3月，暹、法双方在曼谷会谈。爱德华·斯特罗贝尔全力说服暹方官员，尤其是朱拉隆功国王，同时

---

① Patrick Tuck. *The French Wolf and the Siamese Lamb: The French Threat to Siamese Independence, 1858-1907*, Bangkok: White Lotus Press, 1995, pp. 222-223, 305, 307, 309, 311, 313, 225-226.

② Patrick Tuck. *The French Wolf and the Siamese Lamb: The French Threat to Siamese Independence, 1858-1907*, Bangkok: White Lotus Press, 1995, pp. 228-229.

要求法方保证不再有领土要求。通过他的努力，暹、法双方于1907年3月23日签订协定。主要内容为：①暹罗以马德望、暹粒和诗梳风换取丹赛和克腊特。②1904年协定中规定的由法国使领馆登记的所有法国亚洲国民和被保护人，转由暹罗普通法院管辖；暹罗国际法院的管辖权扩大到全国，在暹罗颁布和实施法典之后结束这种安排，把国际法院的职能移交给普通法院；法国的亚洲国民及被保护者享受暹罗国民待遇①。

因此，在爱德华·斯特罗贝尔的推动下，暹罗把湄公河西岸的老挝领土和柬埔寨的马德望、暹粒、诗梳风割让给法国，解决了法国利用1893年条约制造的治外法权问题。

与法国相比，英国自19世纪70年代起在治外法权方面出现松动。到20世纪初，由于爱德华·斯特罗贝尔的推动，暹罗同样以领土来换取英国在治外法权方面的让步。

19世纪60年代以来，有大量英国人在暹罗北部采伐柚木和经商，他们享有治外法权。由于位置偏僻，既远离曼谷，又远离印度或缅甸的英国殖民机构，这些地区法纪松弛，盗抢等刑事案件及民事纠纷不断发生，不受当地司法管辖的英国人难以申诉和获赔。为此，1874年和1883年，英印政府与暹罗就北部三府清迈、拉孔和南蓬奇的司法管辖问题签订了两个协定。

1874年协定规定，暹罗国王敦促清迈府督在萨尔温江西岸设哨所并派驻充足警力，在案发地逮捕的英国人或暹罗人均由当地暹罗法院处理，由胜任的清迈法官审理英国人诉暹罗人、暹罗人诉来自缅甸的英国人的索赔案件。这是1855年以来英国首次同意暹罗法院在刑事案件中审判英国人②。1883年协定规定在以上三府设国际法院，由暹罗法官按照暹罗法律审理英国人之间或英国人作为原告或被告的所有案件，驻清迈的英国领事有权参加审理事宜并提建议，甚至要求将案件移送领事法庭③。也就是

---

① Patrick Tuck. *The French Wolf and the Siamese Lamb: The French Threat to Siamese Independence, 1858-1907*, Bangkok: White Lotus Press, 1995, pp. 233, 235-236, 321, 323.
② Vikrom Koompirochana. *Siam in British Foreign Policy 1855-1938: The Acquisition and the Relinquishment of British Extraterritorial Rights*, PhD. Dissertation of Michigan State University, 1972, pp. 83-85.
③ Vikrom Koompirochana. *Siam in British Foreign Policy 1855-1938: The Acquisition and the Relinquishment of British Extraterritorial Rights*, PhD. Dissertation of Michigan State University, 1972, pp. 102-103; Peter Brian Oblas. *Siam's Efforts to Revise the Unequal Treaty System in the Sixth Region (1910-1925)*, PhD. Dissertation of the University of Michigan, 1974, p. 8.

说，英国在北部三府一定程度上放弃了治外法权。

19世纪末，暹罗几次同英国谈判放弃治外法权和修改财税制度。结果是，1899年11月英国同意放弃对其亚洲国民孙辈的保护①。

1902—1906年，暹、英两国之间协商的问题是，暹罗以英国人有权在全国各地购买和拥有土地，换取英国将国际法院审理的案件移交给当地法院，放弃其亚洲国民的治外法权。爱德华·斯特罗贝尔的理由是，暹罗最初只打算给予缔约国的欧洲白人治外法权，因为他们同暹罗人在宗教、种族、社会和道德等方面存在巨大差异，而外籍亚洲人不存在这些问题，不应享有治外法权。英国方面却认为，以其亚洲国民的治外法权换取土地所有权，代价过高②。

到1907年，有两个因素推动了暹英谈判：一是暹法协定的签订；二是爱德华·斯特罗贝尔力主暹罗割让马来半岛上的藩属国吉兰丹、丁家奴和吉打，以换取英国的让步。爱德华·斯特罗贝尔认为，暹罗对这些藩属国仅拥有名义上的宗主权，却经常因此与英国海峡殖民地发生摩擦。而英国影响的不断扩大，最终会迫使暹罗割让这些藩属国。暹罗不如现在用它们来换取适当的利益，即废除1897年秘密协定，英国像法国一样放弃治外法权，马来联合邦贷款给暹罗修建马来半岛铁路等③。爱德华·斯特罗贝尔再次说服了朱拉隆功国王。

暹英谈判在1907年12月以后进展顺利，次年2月底草签条约，1909年3月正式签约。主要内容为：①暹罗将吉兰丹、丁家奴、吉打、玻璃市及其附近岛屿的一切宗主权、保护权、行政权和控制权移交给英国；②根据1883年条约第8条建立的暹罗国际法院的管辖权，扩大至本条约签订之前在英国领事馆登记的所有英国国民，在暹罗颁布和实施法典后结束该

---

① Vikrom Koompirochana. *Siam in British Foreign Policy 1855-1938：The Acquisition and the Relinquishment of British Extraterritorial Rights*，PhD. Dissertation of Michigan State University，1972，pp. 122-124.

② Vikrom Koompirochana. *Siam in British Foreign Policy 1855-1938：The Acquisition and the Relinquishment of British Extraterritorial Rights*，PhD. Dissertation of Michigan State University，1972，pp. 135，150-152，157，159-160.

③ 1897年4月6日秘密协定规定，暹罗政府承诺，未经事先与英国政府协商，不能向第三国政府或国民赠送、割让或出让北纬11度以南暹罗的贸易或领土的特权或利益。英国政府保证支持暹罗抵制外国控制或在这些地区建立势力范围或保护权的任何企图。参见 Vikrom Koompirochana. *Siam in British Foreign Policy 1855-1938：The Acquisition and the Relinquishment of British Extraterritorial Rights*，PhD. Dissertation of Michigan State University，1972，pp. 168-169，173-175.

制度，国际法院的管辖权将移交给普通法院。根据《司法协议》的规定，其他英国国民将由普通法院管辖，享有暹罗国民待遇和义务①。

与1904年和1907年的暹法协定相比，暹罗在1909年暹英条约中放弃的领土要少得多，代价也要小得多，收回的司法权却更多一些。

总之，在外交顾问爱德华·斯特罗贝尔的推动下，暹罗在20世纪初以领土为代价，从法、英两国收回部分司法主权。此后，暹罗再没有用来同列强讨价还价的土地，民族意识的觉醒也不允许它这么做，它必须另辟蹊径。

二、巴黎和会修约受挫与暹美条约的修订

20世纪初亚洲国家和地区出现民族觉醒，第一次世界大战催生了20世纪民族独立运动的第一次高潮。其在暹罗的表现是，1910年继位的瓦栖拉兀国王不遗余力地铸造以"国王、宗教和国家"为核心的民族主义，利用第一次世界大战来激发民众的爱国精神以及修订不平等条约。

1914年6月第一次世界大战爆发后，暹罗实施"严格而公正的中立"。1917年7月22日，暹罗政府对德宣战并对其侨民和财产采取相应措施。1918年6月，暹罗派遣由1300人、一支救护车队、一个航空中队和一支汽车队组成的远征军赴法参战②。

放弃中立并加入协约国作战，暹罗的首要目标是争取废除或修改不平等条约，正如马希多亲王所说："首先它将确保自己作为独立国家的地位，无须担心更为强大的邻国而自由掌握自己的命运。它将废除目前标志其为劣等文明国家的治外法权。它将被视为世界大家庭的一员。我希望它将争取改革国内关系，这将废除它目前所承担的不平等和不公正的关税协定。"1918年初，瓦栖拉兀国王公开表示，参战"使得我们希望我们能在将来同其他所有国家一起享有平等的权利"③。

---

① Vikrom Koompirochana. *Siam in British Foreign Policy 1855-1938: The Acquisition and the Relinquishment of British Extraterritorial Rights*，PhD. Dissertation of Michigan State University，1972，pp. 191-192.

② Walter F. Vella. *Chaiyo! King Vajiravudh and the Development of Thai Nationalism*，Honolulu: The University Press of Hawaii，1978，p. 114.

③ Walter F. Vella. *Chaiyo! King Vajiravudh and the Development of Thai Nationalism*，Honolulu: The University Press of Hawaii，1978，p. 113.

故而，在1919年1月召开的巴黎和会上，作为战胜国的暹罗代表向英、法、美三国代表递交长篇备忘录，恳请修订新约以便暹罗收回司法和财政主权。首先，备忘录列举了治外法权和低关税带来的问题，如法律和法规迟迟不能实施，各国领事法庭适用法律不一而导致判案混乱，3%的固定关税无法满足暹罗国家发展的需求。其次，备忘录指出，暹罗在朱拉隆功国王的领导下，成功地实施了司法和财政改革。鉴于这些进步，领事移审权、西方法律顾问参加暹罗法院审理、固定低关税率等是不合时宜的。最后，备忘录宣示："既然暹罗已经作为一个独立国家参战，拥有一个国家独立所具备的完全主权就是公平而合理的。"①

然而，巴黎和会的核心目标是缔结对德和约，列强无力他顾。与其他弱小国家一样，暹罗的期望变成了失望。英、法两国对暹罗的修约要求没有积极回应，只有美国的威尔逊总统和兰辛国务卿表示同情。威尔逊在致美国国务院的信中表示"他们的论点非常有力"，愿意"尽量审慎而恰当地满足他们的要求"②。三国均表示在对德媾和之后再处理暹罗的要求。

暹罗取得的唯一成果是，《凡尔赛条约》第135、136和137条规定，德国承认它同暹罗之间签订的所有条约、专约和协定及由此发生之权利、所有权名义或特权，以及领事裁判权，自1917年7月22日起无效③。根据《圣日耳曼条约》和《特里亚农条约》，奥地利亦放弃这些权利。

暹罗在巴黎和会上的最后努力是1919年8月就《凡尔赛条约》第295条照会和会主席。该条款规定禁止鸦片贸易并在各国批准《凡尔赛条约》之后的12个月内生效。暹罗申明，由于鸦片贸易收入占其财政总收入的1/4，要求修改关于司法和财政的不平等条款，增加关税收入。"暹罗有效地履行和约规定的义务，不仅涉及修改各条约中的商业条款，还涉及

---

① Vikrom Koompirochana. *Siam in British Foreign Policy 1855-1938: The Acquisition and the Relinquishment of British Extraterritorial Rights*，PhD. Dissertation of Michigan State University，1972，pp. 207-211；Peter Brian Oblas. *Siam's Efforts to Revise the Unequal Treaty System in the Sixth Region (1910-1925)*，PhD. Dissertation of the University of Michigan，1974，pp. 118-120；FRUS，1919，The Paris Peace Conference，Vol. 2，p. 489.

② Victor Purcell. The Relinquishment by the United States of Extraterritoriality in Siam，In Walter F. Vella. *Chaiyo! King Vajiravudh and the Development of Thai Nationalism*，Honolulu：the University Press of Hawaii，1978，p. 122.

③ FRUS，1919，The Paris Peace Conference，Vol. 13，p. 289；世界知识出版社编辑：《国际条约集（1917—1923）》，北京：世界知识出版社，1961年，第132—133页。

修改这些条约所规定的司法协定。如果不能全面修改这些条约，暹罗面临的局面使它难以履行和约规定的全面义务，然而，它忠实地承诺执行。"①英国外交部的答复是，在治外法权方面，英国在1909年协定中放弃的远比其他国家多，不打算再作新的让步，愿意仔细考虑修改商业条款以改变现有税率②。实际上，英国的形势并不利于修约谈判。

尽管巴黎和会上取得的成果与预期相距甚远，但暹罗达到了参战的最低目标，废除同德国、奥地利的不平等条约，同时争取到美国总统和国务院的同情。1919年9月，暹罗驻欧美国家的公使同外交顾问埃尔登·詹姆斯一起在驻法使馆举行两次会议，决定敦促暹罗政府派埃尔登·詹姆斯赴美谈判③。事实证明了这个决定的正确性。

与英、法两国相比，美国在暹罗的侨民和商业利益都较少，主要从事传教活动，战前已同暹罗开展修约交涉并取得重要进展。美国在第一次世界大战后成为国际舞台上的重要国家，巴黎和会期间同情暹罗的处境。由于英、法两国对修约反应冷淡，暹罗遂把美国作为突破口，期望率先修订暹美条约，并以此推动其他欧洲国家修约。

战前暹美修约交涉始于1907年11月即暹英谈判期间，暹罗外交顾问爱德华·斯特罗贝尔通过美国驻暹公使汉密尔顿·金提出的修约建议得到美国国务院的回应。但是，美国试图以治外法权上的让步来索取商业补偿，坚持在暹罗颁布法律之后再放弃领事裁判权。次年暹英新约草签后，美国国务院同意按商业补偿的原则同暹罗谈判④。1909年春夏之际，继任的美国籍外交顾问延斯·维斯滕格德向美国国务院递交暹罗方案。至1911年，金公使敦促美国国务院改变索取商业补偿的立场，同时延斯·维斯滕格德亲自赴美游说，争取占在暹美国传教士90%的长老会的支

---

① Vikrom Koompirochana. *Siam in British Foreign Policy 1855-1938: The Acquisition and the Relinquishment of British Extraterritorial Rights*，PhD. Dissertation of Michigan State University，1972，pp. 213-215.

② Vikrom Koompirochana. *Siam in British Foreign Policy 1855-1938: The Acquisition and the Relinquishment of British Extraterritorial Rights*，PhD. Dissertation of Michigan State University，1972，pp. 216-217.

③ Peter Brian Oblas. *Siam's Efforts to Revise the Unequal Treaty System in the Sixth Region（1910-1925）*，PhD. Dissertation of the University of Michigan，1974，pp. 129-133，140-141.

④ Peter Brian Oblas. *Siam's Efforts to Revise the Unequal Treaty System in the Sixth Region（1910-1925）*，PhD. Dissertation of the University of Michigan，1974，pp. 30-34.

持,向助理国务卿和远东司司长兰夫特·米勒详述暹罗司法方面取得的进步①。1912年初美国国务院拿出的方案是：美国在暹罗颁布法律后再放弃领事裁判权,根据最惠国待遇的原则承认关税自主。延斯·维斯滕格德支持这个方案,理由是暹罗已经解决了亚洲人治外法权的问题,推迟废除领事裁判权算不上是牺牲,承认关税自主则解决了暹罗发展所需的资金。但暹罗外交部拒绝了,理由是这个方案不利于其他国家在暹罗法律颁布之前放弃领事裁判权②。

从1913年至1914年第一次世界大战爆发,延斯·维斯滕格德与暹罗公使特莱多一起,与刚上台的威尔逊政府继续磋商。不过,美国新任驻暹公使弗雷德·卡彭特主张美国推迟谈判,观望利益更多的国家采取的举措,考虑美国未来在暹罗的商业利益。他表示,对于只有驻曼谷公使馆的美国来说,其公民受暹罗司法管辖是不利的。这个立场得到了美国国务院远东司的支持。延斯·维斯滕格德强调暹罗改革十分成功以及放弃治外法权道义上对暹罗的重要性,成功说服了远东司代理司长P.海因策尔曼和助理司长E.T.威廉斯。P.海因策尔曼意识到,所有国家都将很快放弃治外法权,美国作为首个放弃特权的国家,将赢得暹罗的感激③。

暹美之间的交涉因第一次世界大战而中断。巴黎和会的外交结果推动暹、美两国重启谈判。

1919年秋,暹罗外交顾问埃尔登·詹姆斯和公使巴帕同美国国务院顾问莱斯特·伍尔西多次会谈。莱斯特·伍尔西同意在暹罗法律生效5年后将司法权归还给普通法院,条件是有权在条约被破坏时恢复领事裁判权。埃尔登·詹姆斯以为这与此前方案相比有重大进展。分歧点是美国要求将领事移审权扩展至所有法院并延迟至法律颁布之后。暹罗担心这将致使英、法两国拒绝考虑修约并根据最惠国待遇原则要求相同的特权。

代理国务卿弗兰克·波尔克在向威尔逊总统汇报暹美交涉的进展时,

---

① Peter Brian Oblas. *Siam's Efforts to Revise the Unequal Treaty System in the Sixth Region*（1910-1925）, PhD. Dissertation of the University of Michigan, 1974, pp. 35, 37-40, 42.
② Peter Brian Oblas. *Siam's Efforts to Revise the Unequal Treaty System in the Sixth Region*（1910-1925）, PhD. Dissertation of the University of Michigan, 1974, pp. 66-67, 72-73.
③ Peter Brian Oblas. *Siam's Efforts to Revise the Unequal Treaty System in the Sixth Region*（1910-1925）, PhD. Dissertation of the University of Michigan, 1974, pp. 75-78.

表示现行司法体制成为妨碍暹罗政治进步的"重大障碍",强调暹罗司法改革取得的重要进步,暹罗代表坚决要求美国在明确的期限内结束治外法权。威尔逊表示,他在巴黎和会上同暹罗代表谈过,"感到其理由非常充分","现在我愿意尽量审慎而且能够满足其愿望,我希望你拿出解决方案"。弗兰克·波尔克在1920年2月底呈送威尔逊的方案中建议,暹罗法律颁布5年后美国完全结束领事移审权,或者5年后完全结束此项特权,条件是美国若在合理期限内发现法律的缺陷,暹罗政府将设法补救。该方案获得总统的支持。

在暹罗方面,埃尔登·詹姆斯、巴帕和驻法公使乍伦等强烈要求暹罗外交部接受上述方案。乍伦致函德瓦旺塞外长,认为它体现了暹罗的主要目标,即财政自主和关于司法保证的明确期限,会"大大有助于"暹罗同其他国家的修约谈判,赞赏驻美公使和外交顾问所作的贡献。德瓦旺塞尝试争取美国放弃扩大领事移审权,在失败之后接受了上述方案①。

1920年12月16日,美暹双方在华盛顿签订新约,次年4月27日获美国参议院批准。新约的主要内容有五条:第一,两国国民有权互租土地但不拥有它,有权将货物载运到对方领土上的所有地方、港口和河流。第二,美国承认暹罗进出口关税适用国家主权原则,同意它提高现有关税率,条件是:①应同等对待其他国家;②其他条约国应同意提高现有税率,"无偿地且不要求其他利益补偿或特权"。第三,两国国民在对方国家在专利、商标、商品名、设计和版权方面享有当地国民或最惠国国民的保护。第四,新条约取代所有旧约,有效期10年。第五,附件《司法协定》第1条规定在暹美国公民的治外法权在交换批约之日完全停止,此后所有美国人以及享有美国保护的个人、公司和社团受暹罗法院管辖②。

美国是第一个在财政和司法权上作出重大让步的大国,既赢得了好名声,又加强了暹罗抵制其他国家要求补偿的立场,推动了暹罗废除不平等条约的步伐。由此暹罗的亲美情绪显著增长。1922年元旦,瓦栖拉兀国王在其生日演讲中赞道:"美国在这项条约中承认我国财政自主的完全权

---

① Peter Brian Oblas. *Siam's Efforts to Revise the Unequal Treaty System in the Sixth Region*(1910-1925), PhD. Dissertation of the University of Michigan,1974,pp. 145-147,149-153.
② FRUS,1921,Vol. 2,pp. 877-878,867-876;Vikrom Koompirochana. *Siam in British Foreign Policy 1855-1938:The Acquisition and the Relinquishment of British Extraterritorial Rights*,PhD. Dissertation of Michigan State University,1972,pp. 221-226.

利，而且完全废除了以前所有过时的条约和协定，重新证明了它对我国的诚挚友好。由于对我国政府取得进步的慷慨承认，这项新约实际上是美国给予我们的正式保证，因此标志着我们修改旧约努力的初步胜利，并使我们期望所有大国最终以同样慷慨的精神帮助我们摆脱这些束缚。"①

1922年12月30日，暹、美两国签订逃犯引渡条约②。1933年，暹罗要求修改《友好通商航海条约》中军事征用、垄断、关税和领事特权等条款。经过近四年断断续续的谈判，两国于1937年11月13日签订新约，美国放弃特殊的条约权利③。

三、暹美新约推动下的成功修约

继与美国改订新约之后，1924年3月暹罗与日本订立新约。不过，鉴于英国和法国在暹罗拥有重要利益，废除不平等条约仍然要取决于暹罗同二者的谈判。暹法谈判首先取得突破，并推动英国转变立场。

暹法两国关于修约的磋商始于1918年底。法国外交部指示其公使同暹罗谈判一项类似于1909年暹英协定的新约，条件是索取某些权利，如在暹罗各地的居住权和拥有财产的权利。暹罗要求修改司法和通商条款，法国则拒绝讨论后者④。这种初步磋商因巴黎和会的召开而中断。会后两国恢复磋商。法国关于通商条款的立场没有变化，不愿意先于美国和英国进行讨论。在司法方面，驻法公使乍伦认为，法国不但没有打算结束欧洲法律顾问参加法院审理的制度，反而要求在法律颁布之后将其扩大至1907年3月23日前登记的亚洲人和被保护者，在最高法院安排2名外国法官。这是从1907年暹法协定的立场倒退，遭到了暹罗的拒绝⑤。

暹美改订新约促使法国改变立场。1921年2月，法国外交部秘书长菲利普·贝特洛向乍伦表示，法国外交将以"最开明而友好的方式"研

---

① Vikrom Koompirochana. *Siam in British Foreign Policy 1855-1938: The Acquisition and the Relinquishment of British Extraterritorial Rights*，PhD. Dissertation of Michigan State University，1972，pp. 227-228.
② FRUS，1922，Vol. 2，pp. 907-913.
③ FRUS，1933，Vol. 3，pp. 767-769；FRUS，1937，Vol. 4，p. 888.
④ Peter Brian Oblas. *Siam's Efforts to Revise the Unequal Treaty System in the Sixth Region（1910-1925）*，PhD. Dissertation of the University of Michigan，1974，pp. 110-111.
⑤ Peter Brian Oblas. *Siam's Efforts to Revise the Unequal Treaty System in the Sixth Region（1910-1925）*，PhD. Dissertation of the University of Michigan，1974，pp. 143-144.

究暹方以《暹美条约》为基础谈判的要求。几经修改，1923年10月的法国方案为：同意在暹罗颁布法律后放弃治外法权，保留领事移审权5年；法国公民的管辖权在暹罗法律生效后由国际法院移交给普通法院，国际法院设外国顾问并要求他们副署涉及法国公民的上诉案件。乍伦认为这是暹罗能争取到的最好条款，赞成接受①。

1923年11月，美国法学家弗朗西斯·B.索耶继任暹罗外交顾问，暹法谈判由巴黎移到曼谷，至1924年5月底结束。同年12月弗朗西斯·B.索耶亲赴法国谈判。1925年2月14日暹法双方签订条约，主要内容为：第一，司法方面，法国亚洲国民和被保护者的地位依据1907年协定规定，即之前登记者由国际法院审理，之后登记者由普通法院审理，没有领事移审权；1925年前由领事法庭管辖的法国公民转由国际法院管辖，有领事移审权，在暹罗法律颁布5年后结束。这是在明确的时限内废除治外法权。第二，财政方面，法国承认暹罗财政完全自主，只要其他拥有类似权利的条约国自愿且无偿地达成类似协议，暹罗可对法国商品提高关税②。

与法国相比，英国在巴黎和会后更为消极地对待暹罗修约的要求。暹美签订新约之后，英国外交部助理部长维克多·韦尔斯利表示，英国所保留的领事移审权的范围比美国小，英国外交部对司法权的立场不变，但考虑修改通商条款③。至1923年6月，英国的立场仍然是只愿意商谈1909年协定中的商业条款，暹罗则要求实质性修改现有条约。谈判因此搁置了近一年。

1924年12月，暹法谈判取得的重要进展迫使英国转变立场。英国外交部远东司的一个备忘录指出，鉴于美、法两国同意暹罗收回主权，其他国家订立类似条约只是时间问题，英国再拒绝谈判将危害今后的英暹关系。不过，由于英国人是旅暹最多的外国人，控制着暹罗的进出口贸易，

---

① Peter Brian Oblas. *Siam's Efforts to Revise the Unequal Treaty System in the Sixth Region（1910-1925）*，PhD. Dissertation of the University of Michigan，1974，pp. 191-192.

② Vikrom Koompirochana. *Siam in British Foreign Policy 1855-1938：The Acquisition and the Relinquishment of British Extraterritorial Rights*，PhD. Dissertation of Michigan State University，1972，pp. 236-237.

③ Peter Brian Oblas. *Siam's Efforts to Revise the Unequal Treaty System in the Sixth Region（1910-1925）*，PhD. Dissertation of the University of Michigan，1974，pp. 142，173-174；Vikrom Koompirochana. *Siam in British Foreign Policy 1855-1938：The Acquisition and the Relinquishment of British Extraterritorial Rights*，PhD. Dissertation of Michigan State University，1972，pp. 229-230.

建议设定一个考验期，英国若满意就同意暹罗司法自治，即分阶段放弃治外法权，每个阶段安排适当措施以保证英国的利益。至于关税，由于美、法两国的利益无法同英国相提并论，建议英国暂时把最高关税限定为5%或6%[①]。

1925年2月，弗朗西斯·B.索耶赴英国，同英国外交大臣张伯伦交涉的问题有：①司法方面，英国接受美、日、法等国的立场，放弃在暹罗法院设欧洲顾问，扩大领事移审权，以使在暹罗外国人一视同仁；②关税方面，因担心损害英商利益，张伯伦表示只允许暹罗在一定范围内提高关税。弗朗西斯·B.索耶指出，美、日、法三国承认暹罗财政主权的条件是"其他任何国家无偿地承认"。若暹罗不能从英国争取到财政主权，其他国家会收回。此外，暹罗是一个农业国，依赖国外廉价制成品，无法承受高关税。他建议，英国同意暹罗财政自主，在订新约时签订防止过高关税的补充协议[②]。英国相关部门同意以弗朗西斯·B.索耶的方案为基础进行谈判，即英国同意扩大领事移审权，而暹罗政府保证在胜任的法官主理法院之前，保留英国人在内的欧洲法律顾问并出具书面保证。

同年3月，英暹双方完成条约草案，即英国放弃在暹罗的所有条约特权，承认暹罗在司法和财政自主上的完全权利；暹罗同意在条约生效后的10年内所有棉纺织品、钢铁及其制成品、机器等的进口关税为5%的从价税，暹罗公使签约时申明继续雇佣欧洲法律顾问。1925年7月14日，双方签署新约，次年3月30日在伦敦换文[③]。

1925年6月，暹罗与荷兰改订新约。1926年春，暹罗同比利时、丹麦、意大利、荷兰、挪威、葡萄牙、西班牙和瑞典改订新约。至1926年5月，暹罗废除不平等条约的努力大功告成。

总之，在20世纪初，不平等条约所规定的治外法权和低关税成为暹

---

① Peter Brian Oblas. *Siam's Efforts to Revise the Unequal Treaty System in the Sixth Region*（1910-1925）, PhD. Dissertation of the University of Michigan, 1974, p. 233.

② Vikrom Koompirochana. *Siam in British Foreign Policy 1855-1938: The Acquisition and the Relinquishment of British Extraterritorial Rights*, PhD. Dissertation of Michigan State University, 1972, pp. 239-242.

③ Vikrom Koompirochana. *Siam in British Foreign Policy 1855-1938: The Acquisition and the Relinquishment of British Extraterritorial Rights*, PhD. Dissertation of Michigan State University, 1972, pp. 242-246; Peter Brian Oblas. *Siam's Efforts to Revise the Unequal Treaty System in the Sixth Region*（1910-1925）, PhD. Dissertation of the University of Michigan, 1974, pp. 233-235.

罗维护独立和实施现代化的最大障碍。在美国顾问的帮助下，暹罗以割让领土为代价，从法国和英国手中换回部分司法主权，开启了修订不平等条约、收回主权的外交斗争。在1919年1月召开的巴黎和会上，暹罗试图依靠美国顾问的帮助，向英、法、美等国提出修订不平等条约。20世纪20年代，暹罗率先同美国修约，并以此为蓝本修订所有不平等条约，恢复了国家主权。在此过程中，美国外交顾问发挥了重要作用，同美国修订条约成为暹罗修约斗争取得突破的关键。

第二章
第二次世界大战后泰国与英国、法国的谈判和美国的介入

泰国的东、西两面与法属印度支那和英属缅甸毗邻，南临暹罗湾并与英属马来亚北部相接，成为第二次世界大战期间东南亚战场的战略要地。泰国在战争初期利用法国败降之机，以武力相威胁，在日本的调停下，从维希政府手中收回部分失地。太平洋战争爆发后，泰国与日本结盟，允许日军假道侵略英国殖民地，向英国和美国宣战。战争结束后，泰国必须与英国媾和，与法国解决领土争端。美国介入泰英和泰法谈判，给予泰国大力支持，使它顺利实现了和平。

第一节 第二次世界大战期间泰法领土争端与泰国对英国宣战

一、泰法领土争端与1941年泰法条约的签订

1938年12月披汶·颂堪担任暹罗总理以来，继承了瓦栖拉兀国王关于暹罗民族主义的许多思想，推行民族主义的经济政策和文化政策，宣扬佛教和军国主义。在对外政策上，披汶·颂堪政府要求收复法国割占的领土，宣扬泛泰主义，把国名改为"泰国"，宣称泰国是所有"泰"民族的

天然祖国，企图建立大泰国①。

在与法国谈判互不侵犯条约时，泰国政府要求调整边界。1940年6月，两国签订《互不侵犯条约》，约定根据主航道原则重新划定湄公河河界，该线以西的领土属于泰国，两国组成联合委员会划定边界②。

法国很快在欧洲战争中败降，2/3领土被德军占领，在南部小城维希建立投降政府。日本乘维希政府无力东顾之机，迫使它允许日军进驻印度支那北部。泰国政府也以为有机可乘，不满足于此前泰、法两国关于边界和领土的约定。

1940年9月11日，泰国向维希政府提出批准《互不侵犯条约》的新条件：①以主航道原则划定湄公河河界，解决6月12日交换信件中规定的所有其他重要管理问题；②同意把湄公河作为两国从北到南直至柬埔寨边界的国界，把琅勃拉邦和巴塞对面湄公河右（西）岸的领土归还泰国；③"万一印度支那主权发生变化"，把割让的印度支那领土全部归还泰国。③

维希政府拒绝这些新要求，泰法领土危机爆发。

日趋紧张的亚洲局势，使泰国成为东南亚地区的战略要地。美、英、日等国出于实力对比、战略处境以及在东南亚的利益等考量，对泰法领土争端作出不同反应。

美国尚未参战，力图在远东维持现状，坚决反对泰国的要求，并在1940年10月拒绝交付泰国购买的10架军用飞机④。

英国殖民地缅甸和马来亚均与泰国相邻。泰国的安危，直接关系到这些殖民地的安全，以及英国与澳大利亚、新西兰两个自治领之间的海上交通安全。为拉拢泰国，英国支持其要求。

日本认识到泰国在东南亚的重要战略位置及其丰富的战略资源，支持泰国。

1940年11月，泰、法两国爆发军事冲突，双方在边境线上投入陆、

---

① 〔新〕尼古拉斯·塔林主编：《剑桥东南亚史》第二卷，王士录等译，昆明：云南人民出版社，2003年，第241—242页。

② Charivat Santaputra. *Thai Foreign Policy 1932-1946*，Bangkok：Thai Khadi Research Institute，Thamasat University，1985，p. 188.

③ FRUS，1940，Vol. 4，pp. 117，113.

④ FRUS，1940，Vol. 4，p. 84.

海、空军作战。翌年1月，泰军越过边界，进入柬埔寨和老挝，但在强岛附近的海战中惨败①。在日本的干预下，双方于1941年1月28日全面停火，31日在停泊于西贡河上的日本巡洋舰"名取"号上签订停火协定。

日本和英国都力图通过调停这场冲突来对泰国施加影响。

当时的形势十分有利于日本进行干预。英国独自在欧洲对付德国的侵略，无力在东南亚与日本展开有力竞争。泰国政府为取得日本的支持，承诺"将允许日军通过泰国领土……将考虑提供日军利用其领土所必需的物资……同意向日本供应它需要的原料"②。因此，日本支持泰国，既能向维希政府施压，迫使它在印度支那作出更多让步，同时又能赢得泰国的好感，以便在泰国获取军事基地和原料。

1940年11月21日，日本政府通过《与调解泰国恢复失地相关的对泰及对法属印度支那施策文件》，决定帮助泰国收复失地③。日本向泰国提供飞机和各种武器。由于担心泰国败北和英国调停，1941年1月20日，日本外相松冈洋右向泰、法两国提出调停。

英国完全清楚日本的目的，由于缺乏实力，只好争取美国一起支持泰国的领土要求，争取法国对泰国作出让步，但是收效甚微。

维希政府处境困难，既得不到英、美两国的物质援助，又面临日本的压力。但是，它拒绝向泰国作出实质性让步。维希政府原先是希望美国或英、美两国一起调停这场冲突。日本提出调停后，声称不能"容忍英国牺牲日本来干涉泰国事务"，指责英、法两国试图共同削弱日本在泰国的地位。这样，法国不得不接受日本调停④。

1941年2月7日，泰、法两国在东京举行谈判。泰国以为日本可以帮助它收复全部失地，提出了对老挝和柬埔寨的领土要求，遭到维希政府代表的断然拒绝。双方互不让步。

2月17日，日本提出自己的方案，内容为：①把泰国要求的湄公河

---

① Charivat Santaputra. *Thai Foreign Policy 1932-1946*，Bangkok：Thai Khadi Research Institute，Thamasat University，1985，p. 231.

② Charivat Santaputra. *Thai Foreign Policy 1932-1946*，Bangkok：Thai Khadi Research Institute，Thamasat University，1985，pp. 229-230.

③ 军事科学院军事历史研究部：《第二次世界大战史》第二卷，北京：军事科学出版社，1995年，第590—591页。

④ FRUS，1941，Vol. 5，pp. 3，35.

右（西）岸的琅勃拉邦和巴塞割让给泰国；②割让整个马德望省、2/3 暹粒省和 1/3 磅同省；③泰国付给法国 1000 万泰铢；④建立委员会划定边界并作必要调整。根据该方案，维希政府割让的领土约 7 万平方千米，相当于印度支那面积的 1/10。

维希政府不愿割让如此多的土地，泰国反对付钱，都拒绝了日本的方案。两国在 1941 年 2 月 25 日停火期满前没有达成协议。

为阻止英国插手，松冈外相要求法、泰两国把停火期延长到 3 月 7 日，把稍作修改的日本方案再次交给双方代表，要求 2 月 28 日给予答复。由于日本对维希政府以武力相威胁，英国驻泰公使也敦促维希政府接受泰国的要求，加上德国暗示维希政府"不能有不同意见"，维希政府只得接受日本方案[1]。

1941 年 5 月 9 日，泰法签订条约，泰国大致恢复了 1904 年和 1907 年的东部边界。

综观 1941 年法泰条约签订的全过程，日本的作用至关重要。维希政府孤立无援，在日本的压力下割让印度支那领土，既损害了法国人的自尊心，又成为法国临时政府战后要求泰国归还这些领土的依据。自由法国委员会及法兰西全国解放委员会拒绝承认 1941 年条约。自由法国委员会宣布："维希所同意的任何有关印度支那的条约，自由法国一概视为无效。"[2] 1943 年 12 月 8 日，戴高乐将军代表法兰西全国解放委员会宣告："无视法国主权和利益而签订的条约和割让的土地一概无效。"[3] 1944 年 3 月 18 日，法兰西民族解放委员会外交事务部在致英国驻阿尔及尔办事处代表的信中，首次提出法泰交战的声明，把 1940 年 11 月法泰边界冲突爆发视为两国交战的起始时间[4]。

美国和英国也不承认法国向泰国转让印度支那领土。

1944 年 3 月 12 日，美国战后计划委员会指出："在日本开始侵略以及法国向德国投降后，印度支那领土转让给泰国，不能被视为有效的措

---

[1] FRUS，1941，Vol. 5，pp. 87-88，94，91，99.
[2] 〔法〕戴高乐：《战争回忆录》第一卷，北京编译社译，北京：世界知识出版社，1959 年，第 136 页。
[3] 〔法〕戴高乐：《战争回忆录》第二卷，北京编译社译，北京：世界知识出版社，1959 年，第 626 页；FRUS，1945，Vol. 4，p. 1293.
[4] Charivat Santaputra. *Thai Foreign Policy 1932-1946*，Bangkok：Thai Khadi Research Institute，Thamasat University，1985，p. 356；FRUS，1945，Vol. 4，p. 1295.

施。"10月19日，美国国务卿赫尔在致英国外交大臣艾登的备忘录中表示："我们不承认这些领土（泰国从印度支那、马来亚和缅甸获取的领土）的合法性，同意这些领土实际上必须归还印度支那、马来亚和缅甸。这个声明当然不影响包括泰国在内的任何国家要求并通过有序的和平程序调整边界或转让领土。"①

英国殖民地在第二次世界大战期间也同泰国发生了领土争端，与被割让的法属印度支那领土的命运息息相关。英国因此支持法国临时政府的领土要求②。

二、泰国对英国、美国宣战与英国、美国的回应

太平洋战争爆发前，随着日本对泰国的战争威胁日益明显，英国外交大臣艾登和美国国务卿赫尔都曾公开表示，日本对泰国的威胁影响到了英、美两国的利益③。但两国都是口惠而实不至，并未向泰国提供实质性的援助。日本入侵泰国后，泰国政府吁请英国提供军事援助。丘吉尔的答复是："你们得自己管自己。"④

1941年12月8日，日军从暹罗湾和柬埔寨入侵泰国。在抵抗几个小时之后，泰国与日本签订了允许日军假道泰国的停战协定。21日，泰国进而与日本签订同盟条约，结成战时同盟⑤。

此时，英国对泰国的反日力量寄予期望，"暂时把泰国视为敌占领土"⑥。

泰国驻美公使社尼·巴莫反日亲西方的立场"对于美国在整个战争期间和战后谈判时期的对泰政策有着深刻的影响"⑦。他努力使美国政府相信泰国人民愿意与盟国共同抗日，日泰结盟违背了泰国人民的意志，宣布

---

① FRUS, 1945, Vol. 4, pp. 1277-1278; FRUS, 1944, Vol. 5, pp. 1318-1319.
② FRUS, 1945, Vol. 4, p. 1315.
③ FRUS, 1941, Vol. 5, pp. 264-265.
④ Wiwat Mungkandi. Thai-American Relations in Historical Perspective, In Karl D. Jackson, Wiwat Mungkandi. *United States-Thailand Relations*, Berkeley: Institute of East Asian Studies, University of California, 1986, p. 12.
⑤ Thamsook Numnonda. *Thailand and the Japanese Presence, 1941-1945*, Singapore: Institute of Southeast Asian Studies, 1977, pp. 1-5.
⑥ FRUS, 1941, Vol. 5, pp. 392-393.
⑦ James V. Martin Jr. Thai-American Relatons in World War II, *The Journal of Asian Studies*, Vol. 22, No. 4, 1963, p. 460. 中译文参见〔美〕詹姆士·V. 小马丁：《第二次世界大战期间的泰——美关系》，王云翔译，《南洋问题资料译丛》1964年第1期，第55页。

"只执行我认为体现泰王陛下政府自由意志的命令",提出在美国的支持下组织"自由泰"运动。所以,美国仅把泰国政府的行为视为"不友好",继续把社尼·巴莫视为自由泰国人民在美国的代表而同他来往①。

1942年1月25日,泰国对美、英两国宣战。由于日军经由泰国入侵马来亚、新加坡和缅甸,英国随即对泰国宣战。社尼·巴莫拒绝向美国政府递交宣战书,并宣布泰国人民真诚支持反法西斯盟国。于是,美国对泰国的宣战置之不理,把它视为"敌占区"②。

因此,太平洋战争期间,英国同泰国处于交战状态,美国则不承认与泰国交战。

同时,美、英两国在东南亚的战争目标具有两重性:一方面,两国的共同目标是打败日本,把日军逐出东南亚;另一方面,英国希望恢复在东南亚的殖民统治,美国则高举反殖民的旗帜,排挤英国、法国等老殖民主义者③。

美国、英国对泰国宣战的不同立场以及两国在东南亚追求的不同目标,影响了两国战时和战后的对泰政策。

英国对泰国的宣战和因此遭受的损失愤慨不已。首先,泰国宣战违背了1940年两国签订的互不侵犯条约。其次,战前泰国属于英国的金融和商业势力范围,有大量英国侨民。英国商业利益损失惨重,侨民被关押。最后,日本经由泰国征服马来亚、新加坡和缅甸并威胁印度,泰国在1943年从日本手中接管了4个马来邦和2个掸邦④。

所以,英国把泰国视为敌国,一直考虑战后如何惩罚它。1942年5月,丘吉尔首相提出英国对泰国南部领土克拉地峡地区的打算:"考虑克拉地峡地区某种形式的保护在战后会成为必要……符合新加坡将来的安全利益。"⑤这明显影响了英国政府的对泰政策。1944年,英国三次向美国国务院通报它对战后泰国政策的考虑,即支持泰国独立的条件是"泰国人

---

① FRUS, 1941, Vol. 5, pp. 376-378, 387-388, 390.
② FRUS, 1942, Vol. 1, p. 916.
③ 〔美〕入江昭、孔华润编:《巨大的转变:美国与东亚(1931—1949)》,上海:复旦大学出版社,1991年,第179—184页。
④ Donald E. Nuechterlein. *Thailand and the Struggle for Southeast Asia*, Ithaca: Cornell University Press, 1965, p. 81.
⑤ Christopher Thorne. *Allies of a Kind: The United States, Britain and the War Against Japan, 1941-1945*, Oxford: Oxford University Press, 1978, p. 219.

必须把他们的路走到底","在战后安全体系的框架中可能必须在克拉地峡作一些特殊的战略安排",泰国"必须接受战后国际体系运行所必需的关于安全和经济合作的特殊安排"①。它对战前在泰国的商业投资、战争中泰国的大米储备、泰国南部的马来邦以及战后在泰国建立盟国军政府感兴趣②。

总之,英国打算在泰国谋取的利益包含政治、经济、领土及安全等内容,不但超出战前从泰国获取的利益,而且企图单独控制泰国。为此,它反对在政治上承认泰国抵抗运动,反对泰国抵抗运动在国外建立流亡政府,不希望泰国人采取公开的反日行动。

与英国相比,美国战前在泰国的利益较少,在战争中所受损失也较少。它积极支持社尼·巴莫领导的"自由泰"运动,解冻泰国存在美国银行的约1000万美元,供"自由泰"运动使用,训练在美"自由泰"人士,帮助他们与本土抵抗运动合作,训练和装备一支抵抗部队以配合盟国发动反日起义。泰国抵抗运动积极支援盟国的对日作战行动,成为美国支持泰国战后维护独立的一个重要原因。

另一个重要原因是,泰国是战前东南亚唯一的独立国家,维护其独立成为美国反殖民政策的重要象征。1944年3月,美国向英国申明其对泰政策,即支持泰国重建为主权国家,支持建立代表泰国人民自由意志的政府③。随着战争进程的发展,维护泰国独立对战后美国在东南亚的经济和政治利益具有重要意义。美国国务院官员肯尼思·兰登指出,"独立的泰国作为东南亚唯一没有被殖民关系所牵连的市场,对于美国来说尤其重要",如果泰国"丧失战前的领土或者其主权遭到胜利者的侵犯",那么"美国在整个亚洲的威信将受到严重损害"④。

从以上分析来看,由于美、英两国对东南亚的目标相互矛盾,对泰国宣战的立场和在战争期间遭受的损失不同,两国对泰政策的考虑大相径

---

① FRUS, 1944, Vol. 5, pp. 1312, 1317, 1320.
② Christopher Thorne. *Allies of a Kind: The United States, Britain and the War Against Japan, 1941-1945*, Oxford: Oxford University Press, 1978, p. 462; Nicholas Tarling. *Britain, Southeast Asia and the Onset of the Cold War, 1945-1950*, Cambridge: Cambridge University Press, 1998, pp. 26-27.
③ FRUS, 1944, Vol. 5, p. 1314.
④ Christopher Thorne. *Allies of a Kind: The United States, Britain and the War Against Japan, 1941-1945*, Oxford: Oxford University Press, 1978, p. 615.

庭。英国力图利用交战国的地位,在泰国谋取广泛利益。美国则竭力支持泰国战后独立。

关于泰国政策声明的态度体现了美、英两国的分歧。1942年4月,蒋介石建议美国和英国公开宣布"联合国家对泰国既没有领土意图也不希望侵犯其独立……只有盟国的胜利才能保证泰国的主权和领土完整"。美国支持这个建议,1943年2月和3月,蒋介石和罗斯福先后发表包含上述内容的声明。英国因对克拉地峡的考虑而保持沉默①。直到1944年2月,英国才递交给美国一份声明草案,其中对泰国领土只字不提。美国认为这"无助于鼓励泰国人民抵抗日本","将增加美国、中国和别的国家对英国动机的怀疑",反对发表该声明②。

英国的暧昧态度引起了美国的怀疑。英国驻美外交人员桑瑟姆发回国内的报告指出,华盛顿对英国存在"普遍不信任",泰国事务是"不信任的焦点问题"③。由于美军在东南亚地区的力量有限,为确保对泰国的影响,美国同英国展开竞争,加强美国战略服务处的活动④。同时,美国坚持要求英国明确阐述其对泰政策,力争它与美国保持一致。英国外交大臣艾登对美国的指手画脚表示不满,"对于我们作为暹罗的邻国并与之交战因而拥有重要利益的问题",美国人努力"发挥主导作用"⑤。英国依然我行我素,并不理会美国。

1945年6月,美国国务院向英国通报其对泰总政策。由于美军没有参加盟军在泰国的军事行动,为约束英国在泰国采取单边政策,美国特别

---

① Charivat Santaputra. *Thai Foreign Policy 1932-1946*, Bangkok: Thai Khadi Research Institute, Thamasat University, 1985, p. 313; Richard J. Aldrich. *The Key to the South: Britain, the United States, and Thailand During the Approach of the Pacific War, 1929-1942*, Oxford: Oxford University Press, 1993, p. 366; Nicholas Tarling. *Britain, Southeast Asia and the Onset of the Cold War, 1945-1950*, Cambridge: Cambridge University Press, 1998, p. 23; Christopher Thorne. *Allies of a Kind: The United States, Britain and the War Against Japan, 1941-1945*, Oxford: Oxford University Press, 1978, p. 347;〔苏〕尼·瓦·烈勃里科娃:《泰国现代史纲(1918—1959)》,中国科学院世界历史研究所翻译小组译,北京:商务印书馆,1973年,第156—157页。

② FRUS, 1944, Vol. 5, pp. 1312-1313.

③ Christopher Thorne. *Allies of a Kind: The United States, Britain and the War Against Japan, 1941-1945*, Oxford: Oxford University Press, 1978, p. 616.

④ Christopher Thorne. *Allies of a Kind: The United States, Britain and the War Against Japan, 1941-1945*, Oxford: Oxford University Press, 1978, p. 615.

⑤ Christopher Thorne. *Allies of a Kind: The United States, Britain and the War Against Japan, 1941-1945*, Oxford: Oxford University Press, 1978, p. 617.

指出"有关泰国的所有安全安排是英、美两国政府共同讨论并达成一致意见的问题",要求"事先没有同另一国政府商量并获同意前,两国战后都不在泰国寻求基地或与泰国签订其他安全条约"。它承认泰国政府的条件为:"泰国领土上合法的泰国政府宣布否认前政府(披汶·颂堪政府)的宣战以及同日本签订的协定和条约,对日宣战并开始公开抗日。"①

由于美国对泰政策十分宽容,为抵制英国的苛刻政策,它必然要介入英泰媾和谈判。

第二节　1945年英泰和谈与美国的干预

一、1945年泰英和谈与美国对泰国的强力支持

1944年7月,泰国政局发生重要变化,与日本结盟的披汶·颂堪政府在内外交困中下台,成立了由宽·阿派旺任总理、以"自由泰"人士为核心的政府。为避免泰国在战后被视为战败国,比里·帕侬荣等"自由泰"领导人试图到国外建立流亡政府,发动反日起义,但遭到美、英两国的反对。

1945年8月15日,日本宣布投降,第二次世界大战结束。泰国面临着如何消除与日本结盟带来的不利影响。

从美、英两国战时的对泰政策来看,美国主张宽大对待泰国,支持泰国重建为自由、主权和独立的国家,与泰国政府的努力一致;英国则把泰国视为敌国,主张严厉处置,它是泰国维护独立和主权的主要障碍。

因此,在泰英媾和谈判期间,泰国随时将谈判情况通报美国,同它密切配合,借助其支持来争取最有利的和平条约。同时,美国凭借太平洋战争中的重大贡献和战后的强大地位,进行了有力干预,迫使英国放弃单边控制泰国的企图,使泰国能够以最小的代价恢复和平。

1945年9月初,由于盟军解除日军武装、解救和遣返盟国战俘及被拘押者等军事措施的需要,泰国军事代表团赴设在锡兰(今斯里兰卡)康提的东南亚盟军司令部谈判。

9月4日上午,东南亚盟军司令蒙巴顿将军的政治顾问邓宁把条约草

---

① FRUS, 1945, Vol. 6, pp. 1272-1275.

案交给泰国代表团。条约草案共 21 条，还有 2 个附件，包含军事和政治内容①。泰国如果接受，"英国有可能对暹罗的出口、航运和经过曼谷的商业航空线建立专门的监督权；英国可能获得在暹罗的战略要地驻扎军队、在其领土上建立军事基地的权利"②。

泰国代表团颇感意外，紧急拜访东南亚盟军司令部的美国军官约翰·科格林上校。他建议泰国推迟签字，并把情况发回美国。1945 年 9 月 4 日下午，泰国代表团向英方声称，它只被授权签订军事协定，只能签署其中"基本上只涉及在暹罗消灭亲日的军人集团而不触动国家的主权"的 6 个条款③。蒙巴顿将军给泰国代表团 4 天时间考虑条约，要求 9 月 7 日签约。

美国国务院感到事态严重，一方面由参谋长联席会议和国务院通知英国政府美国不同意部分条款；另一方面指示美国驻英大使拜见英国外交大臣贝文，敦促英国延长第二个条约谈判的时间，如果已签订条约，应在美英联合参谋长会议协调两国立场之前暂时搁置④。

美国的干预，使英国逼迫泰国签订不平等条约的第一次努力失败，英国外交部指示东南亚盟军司令部只谈判军事条约。9 月 8 日，盟军与泰国代表团签订临时军事协定。

9 月下旬，英国要求泰国派代表团赴康提谈判英泰和约。美国事先获悉英国的打算并进行干预。9 月 24 日，美国驻印缅战场政治顾问约斯特向美国国务院报告，英国外交部已指示英国代表邓宁在泰国代表团抵达后，立即把条约草案交给他们并限定在 24 小时内研究条约。泰国人的意见经伦敦定夺后，双方将很快签约。邓宁还将告诉泰国人，英国已经把条约草案通报美国政府⑤。

针对英国再次强迫泰国签约，美国国务院迅速采取三项措施：①9 月 24 日通过英国驻美大使敦促英国外交部指示邓宁推迟签约；②指示约斯特，如果邓宁坚持签约，他就把美国关于条约的观点告诉泰国人；③指示

---

① Direk Jayanama. *Thailand and World War II*, Revised English Edition, Chiang Mai: Silkworm Books, 2008, pp. 210-213.
② 〔苏〕尼·瓦·烈勃里科娃：《泰国现代史纲（1918—1959）》，中国科学院世界历史研究所翻译小组译，北京：商务印书馆，1973 年，第 180 页。
③ 〔苏〕尼·瓦·烈勃里科娃：《泰国现代史纲（1918—1959）》，中国科学院世界历史研究所翻译小组译，北京：商务印书馆，1973 年，第 180 页。
④ FRUS，1945，Vol. 6，pp. 1305-1307.
⑤ FRUS，1945，Vol. 6，pp. 1332-1333.

美国驻英大使同英国外交部交涉①。

三管齐下的措施产生了作用。1945年9月25日，邓宁会见泰国代表团，没有限定其在24小时内考虑条约草案，并把美国反对某些条约内容的态度告诉泰国人，消除了美国国务院对泰国误以为美国支持英国条约草案的担心②。

英国的条约草案反映了其认为泰国得为战争中的行为付出代价的立场。泰国方面认为它比"二十一条"还要苛刻，在美国的支持下泰国采取拖延政策。在免费征用大米的问题上，它提出向联合国善后救济总署免费捐赠大米。遭英方拒绝后，它又提出许多修改意见，利用泰国宪法有关归还领土的条约需要议会批准的规定来对付英国。邓宁十分恼火，10月16日致信泰方，贬低泰国抵抗运动的作用，导致谈判中断③。

由于英泰谈判拖延不决，泰国政府未能迅速同英国签订和平条约、与美国建交以及恢复秩序和经济稳定，国内出现不满情绪。英国试图培植亲英势力取代现政府，宣称："如果建立起令英国满意的政府，条约的实际执行将是温和的。"但泰国政府在11月22日的内阁会议上仍坚持要求英国对条约作某些修改④。

美国在这期间充分利用与泰国建交作为同英国讨价还价的重要手段，因为它不同泰国建交意味着对英国的支持⑤。美国早在6月就提出了同泰国建交的条件。9月19日，美国国务院在致英国的备忘录中再次提出，只要曼谷政府废除披汶·颂堪政府与日本签订的条约和协定，美国就同泰国建交，并派遣驻泰国外交代表。它同时表示"如果英国政府希望的话，美国政府愿意在合理的时间内推迟其行动以便两国能够同时与暹罗恢复外交关系"，使"两国政府的第一任外交代表拥有相同地位"⑥。10月1日，泰国公使通知美国国务院，泰国正式废除披汶·颂堪政府与日本签订的所有条约和协定，扫除了两国建交的障碍⑦。然而，美国应英国的要

---

① FRUS, 1945, Vol. 6, p. 1334.
② FRUS, 1945, Vol. 6, pp. 1340-1341.
③ Charivat Santaputra. *Thai Foreign Policy 1932-1946*, Bangkok: Thai Khadi Research Institute, Thamasat University, 1985, pp. 346-348.
④ FRUS, 1945, Vol. 6, pp. 1374-1375.
⑤ FRUS, 1945, Vol. 6, p. 1374.
⑥ FRUS, 1945, Vol. 6, p. 1330.
⑦ FRUS, 1945, Vol. 6, p. 1348.

求，直至1946年1月5日才与泰国建交。当然，美国的每一次推迟都意味着英国对其意见作出让步并满足其要求。

1945年12月9日，泰、英两国在新加坡重新开始谈判。邓宁的态度十分蛮横，对泰国横加指责，威胁英国的条约草案是不"可商量的文件"，是"英国准备接受的最低条件"，"进一步的讨论没有作用"，"代表团应该返回曼谷以便立即获得暹罗政府是否签字的决定"，要求泰国在当月15日签约①。

美国国务院作出强烈反应，12月13日指示约斯特：①直接向泰国政府建议，泰国在美、英两国关于条约的谈判仍在进行期间不要签约；②如果英国把美国关于条约草案的意见告诉泰国人，他有权把美国对条约的意见告诉泰国政府。美国国务院同时指示美国驻英大使敦促英国外交部指示邓宁改变其态度并撤回马上签约的要求，指出美国舆论批评英国的对泰政策，并威胁将这个问题提交给美国国会②。

与此同时，泰国政府担心再拖延会导致英国的条约更苛刻，便派代表团赴新加坡签约。约斯特12月15日才收到美国国务院的指示，情况十分紧急。美国国务院命美国驻新加坡领事向泰国代表团转达其建议，泰国总理社尼·巴莫立刻指示代表团推迟签字③。

在美国的强大压力下，英国终于作出重要让步，12月18日修改大米条款，21日修改军事条款，为英泰谈判的成功铺平了道路。1946年元旦，英、泰两国签订正式条约。

二、美、英两国关于《协议要点》及其附件《军事协定》的谈判

《协议要点》及其附件《军事协定》是英国向泰国提出的媾和条件。1945年8月20日，英国向美国国务院通报其内容。美国除了对英泰谈判直接施加影响之外，还同英国谈判《协议要点》及其附件。美英谈判早于英泰谈判，而且不对泰国公开。我们在前面已经看到，美国干预英泰谈判时常常威胁英国，要把美国关于《协议要点》的意见告诉泰国人。尽管英

---

① FRUS，1945，Vol. 6，p. 1387.
② FRUS，1945，Vol. 6，pp. 1390，1392-1394.
③ FRUS，1945，Vol. 6，pp. 1397-1398.

泰谈判一波三折，美英谈判却未曾中断过，直到英国基本满足美国的要求。美英谈判的结果直接影响了英泰谈判。

英国在《协议要点》中提出了五个方面的内容：①否定措施，即泰国放弃对英国宣战、日泰联盟、日泰条约以及战争中获取的所有土地；②赔偿措施，除了遣返盟国战俘和被拘押者外，特别提出泰国"保卫、维持和归还未受损的英国在泰国的所有财产权利和利益并赔偿所受损失"；③战后战略合作的措施，即泰国同意英国"对缅甸、马来亚和印度支那的防务以及印度洋和西南太平洋地区安全的重要性"，"事先未正式取得英王陛下政府的同意，不应在泰国领土上修建连接印度洋和泰国湾的运河"；④战后经济合作措施，要求泰国"恢复与相邻的英国领土的进出口贸易，对沿海运输采取并维护睦邻政策"，"尽快谈判新的商业航运条约以及领事及其建立条例"，"不得采取排斥英国工商业利益以及英国专业人士参加泰国经济和贸易的措施"；⑤规范泰国在双边和多边条约中的地位及其国际组织成员资格。

附件《军事协定》共26条，既有军事内容又有经济措施，如要求泰国尽快提供150万吨优质大米。有些措施侵犯了泰国的主权和独立，如"建立由盟军当局任命的军事代表团以便对泰国武装部队的组织、训练和装备提供意见"①。

美、英两国交涉的重点问题为免费征用150万吨大米，泰国对英国和其他盟国的赔偿，以及侵犯泰国主权和独立的政治、经济和军事条款。

征用大米和赔偿英国及盟国的损失具体体现了英国对泰国的惩罚。美、英两国在这两个问题上针锋相对。

英国提出免费征用150万吨大米，主要理由是，泰国是战争中唯一积攒了大米的国家，在战后大米大幅度涨价的情况下，泰国出售大米将大发横财，这是不公正的，要求泰国"捐出其充足的大米以满足其他国家的需要"②。美国反对免费征用大米，认为英国征用的大米数量大大超过了泰国的大米储存量。在反对无效的情况下，它要求英国只征用泰国在战争期间积攒的大米③。两国就战争期间泰国的大米储存量发生争执，美国估计其约为78万吨，英国的估计先是150万吨，最后高达170万吨，悬殊甚

---

① FRUS，1945，Vol. 6，pp. 1284-1290.
② FRUS，1945，Vol. 6，pp. 1311-1312.
③ FRUS，1945，Vol. 6，p. 1301.

大①。美国要求由中立机构来确定泰国的大米储存量，并把征用的大米最高额限制为150万吨②。

关于赔偿问题，美国提出不能要求泰国"赔偿由日本负责的损失和损害"，索赔"必须推迟到关于日本的一般赔偿问题确定下来以后"，因为这种索赔"会加深泰国经济的弊端，有碍于泰国财政和经济的全面恢复，因此影响同东南亚经济福利和稳定有关的所有国家的利益"③。美国还建议建立盟国赔偿委员会，处理索赔申请并确定泰国的支付能力，把征用的大米作为实物赔偿并由盟国赔偿委员会分配④。英国一直反对美国的赔偿建议，甚至针对美国提出，"未交战的政府不能参加盟国赔偿委员会"，"交战国的赔偿要求排在非交战国之前"⑤。

关于其他的政治、经济和军事条款，美、英两国讨论的着重点是关于战后经济合作的D4条和战后战略合作的C1和C2条。

D4条在1945年8月20日英国备忘录中引起争议的内容为："不得采取排斥英国工商业利益以及英国专业人士参加泰国经济和贸易的措施。"美国指出此要求将会削弱泰国的主权和独立，违背《联合国宪章》，造成"对其他联合国家及其国民的歧视"。英国很快在该条款后加上："该条款内容不应视为妨碍授予联合国其他或所有成员国及其国民相同的优惠待遇。"但美国仍然认为该条款意味着英国对泰国经济实施单方面控制⑥。

在军事方面，美国力图使军事条约"严格限于同英美政府反对其共同敌人的战争有关的问题"。C1条的内容为："承认对日战争的战争进程表明泰国对缅甸、马来亚、印度和印度支那的防务以及印度洋和西南太平洋地区安全的重要性。"C2条的内容为："在泰国加入联合国之前，同意执行联合国组织要求的维护国际和平与安全的措施。"美国坚决要求修改C1条，因为"该条款可能在以后被解释为在暹罗采取军事或战略措施的提前承诺，而美国政府坚决反对这种承诺"，要求把它们进行合并⑦。

---

① FRUS，1945，Vol. 6，pp. 1325，1312，1367.
② FRUS，1945，Vol. 6，pp. 1372-1373.
③ FRUS，1945，Vol. 6，pp. 1298-1299.
④ FRUS，1945，Vol. 6，p. 1362.
⑤ FRUS，1945，Vol. 6，p. 1369.
⑥ FRUS，1945，Vol. 6，pp. 1286，1297，1314，1330.
⑦ FRUS，1945，Vol. 6，pp. 1299，1317-1318，1337.

美、英两国三个月内交换了十几个备忘录。起初，英国态度强硬，声称"他们不承认（美国对暹罗的宣战置之不理）美国政府有权要求与暹罗交战的其他政府放弃其权利，或有理由降低交战国准备媾和的条件"，希望"美国政府不要采取行动使这些国家为难或损害它们作为盟友与暹罗交战的立场"。英国认为其条件"对暹罗完全公正"，不能接受"暹罗因暹日联盟获利"，或者"因遭受日本侵略的国家的需要获利"[①]。

从双方谈判的全过程来看，英国虽然力图坚持其要求，却在不断退让，根据美国的意见修改《协议要点》和《军事协定》。最后，1945年12月18日和21日，英国满足了美国对最后两个问题即征用大米和军事条款的要求，美英谈判才结束。

第二次世界大战期间的美、英两国对泰国的宣战采取不同立场，并因在东南亚追求相互矛盾的目标而形成不同的对泰政策，美国的宽大政策与英国严厉的惩罚性政策形成鲜明对比。在1945年英泰和谈中，英国提出的条约草案将给泰国带来沉重的经济负担并侵犯泰国的独立与主权。为迫使泰国就范，英国频频施加压力。美国则支持泰国独立，既直接干预英泰谈判，又同英国磋商对泰条约草案。因此，"长期拖延、乏味而琐碎的谈判与其说是英泰谈判，还不如说是英美谈判"[②]。

第三节 战后初期泰法领土谈判与美国的作用

一、泰国对归还印度支那领土的消极态度

第二次世界大战结束后，泰、法两国对被割占的印度支那领土的立场截然不同。

泰国在战争期间不仅收复了被法国割占的部分领土，还从日本手中接管了英属殖民地。它对英、法两国的领土采取不同措施，归还了英属领土，但保留了太平洋战争爆发前获取的法属印度支那领土。不过，它表示"愿意按照旧金山会议通过的《联合国宪章》规定的程序解决印度支那领

[①] FRUS, 1945, Vol. 6, pp. 1309-1311.
[②] Wiwat Mungkandi, William Warren. *A Century and a Half of Thai-American Relations*, Bangkok: Chulalongkorn University Press, 1982, p. 79.

土问题","愿意接受据联合国规定的原则作出的裁决"①。

法国临时政府坚决要求归还印度支那领土。然而，法国的实力和地位无法与战前相提并论，还要面对印度支那独立斗争的困境。法国无力单独解决同泰国的领土纠纷，只得求助于英、美两国，尤其是美国的支持。

美国积极介入法泰谈判并发挥了重要作用。其原因有两点：

其一，美国对泰、法两国都有重要影响。从美泰关系来看，美国虽在1940年法泰领土危机中反对泰国改变它与法属印度支那之间的领土现状，但其泰国政策在太平洋战争爆发后发生了重大变化，美国对泰国的宣战置之不理，积极支持泰国的抗日力量并与之密切合作，支持泰国战后保持独立和加入联合国。为维护国家独立和争取有利的和平条约，泰国需要美国的支持和帮助。就美法关系而言，两国相互需要。法国由于实力不济，收复印度支那领土的努力需要美国的帮助，而美国战后的全球政策同样需要法国的支持。

其二，美国战后在东南亚地区利益的需要。东南亚各国人民在日本投降后相继掀起了争取国家独立的斗争。在这种形势下，维护战前东南亚唯一的独立国家——泰国的主权和领土完整符合美国在东南亚的利益。如前所述，美国积极干预泰英媾和谈判，反对英国单独控制泰国的企图。1946年初英泰谈判结束后，美国希望尽快解决泰法领土纠纷，扫除泰国加入联合国的最大障碍。

法、泰两国均认识到美国对两国谈判的重要影响，力争美国的支持。美国作为强有力的中间人，为双方传递信息，进行调解，尤其是在1946年7月后有力地影响了泰国政府的立场，推动双方达成最后协议，实际上成为泰法谈判中不可缺少的第三方。

对日作战刚结束，法国临时政府向美国、英国和泰国提出印度支那领土问题，要求泰国政府在举行泰英媾和谈判的同时进行法泰谈判②。美、英两国因不承认1941年法泰条约而支持法国的立场。美国在1945年9月和10月将其关于印度支那领土的立场分别通知泰国和法国③。英国把英泰谈判的进展通知法国，并应法国请求，在同泰国签订条约时不承认泰国获

---

① FRUS, 1945, Vol. 4, p. 1294.
② FRUS, 1945, Vol. 4, pp. 1293, 1347-1348.
③ FRUS, 1945, Vol. 4, pp. 1331, 1346.

取的印度支那领土①。

泰国政府起初坚决反对法国的要求。由于未获美、英两国的支持,其立场在 1945 年 12 月中旬有所改变。12 月 19 日,社尼·巴莫总理表示,在泰英条约签订后立即同法国举行有关印度支那的谈判。他提出的解决措施为:①泰国放弃披汶·颂堪政府在日本的帮助下获取的领土;②把领土问题提交联合国裁决;③在联合国作出裁决前,由联合国或主要盟国组成的委员会指导管理这些领土②。

由于国内强烈反对归还印度支那领土,以及忙于进行更为重要的泰英谈判,泰国对泰法谈判的态度消极。

二、美国的介入与泰法领土争端的解决

进入 1946 年,由于英泰签订媾和条约以及英、美两国与泰国建交,法国希望尽快解决印度支那领土问题,以阻挠泰国加入联合国来施加压力。加入联合国是泰国在战后维护国家独立和恢复国际地位的重要步骤,因为它认为联合国既能为泰国这样的小国提供安全和正义,又能显示泰国的独立③。

至 5 月,泰法谈判不仅没有进展,双方还在边界上发生了两次武装冲突,互有伤亡。泰国通过驻泰的美国代办和英国公使请求美、英两国制止法国的军事行动,以受害者的身份向联合国申诉。比里·帕侬荣总理直接给美国总统杜鲁门写信④。法国则指责泰国应对边界冲突负责,对泰国采取的措施感到"极度震惊和遗憾"⑤。

美国积极斡旋,派美国观察员前往冲突区进行调查,敦促法国防止新的冲突事件,要求比里·帕侬荣总理"全力约束暹罗境内可能威胁和平局面的不法分子"⑥。

7 月,法泰谈判开始取得突破性进展。22 日,法国通知美国国务院,同意将法泰纠纷提交国际法院裁决,提出在争议地区设立临时管理机构,

---

① FRUS,1945,Vol. 4,pp. 1336,1412.
② FRUS,1945,Vol. 4,pp. 1407,1410.
③ Charivat Santaputra. *Thai Foreign Policy 1932-1946*,Bangkok:Thai Khadi Research Institute,Thamasat University,1985,p. 365.
④ FRUS,1946,Vol. 3,pp. 993,996,1002-1005.
⑤ FRUS,1946,Vol. 3,pp. 1012-1013.
⑥ FRUS,1946,Vol. 3,pp. 993,996,999-1000,1004,1016,1009.

由美国充当保证者。在这两个问题达成初步协议后，法国同泰国举行直接谈判，恢复与泰国的正常外交关系，不反对泰国加入联合国。法国请求美国政府充当它和泰国之间的调解人①。美国国务院意识到法国的建议有重大突破，敦促泰国政府给予考虑。美国国务院通过驻泰公使斯坦顿转达法国的建议，详细分析法国建议的利弊得失，建议泰国政府原则上接受法国的方案，在华盛顿举行泰法谈判。泰国政府接受了美国的建议，但仍希望能够保留全部或部分已获得的印度支那领土②。

1946年8月，柬埔寨暹粒发生的冲突事件，再次影响了法泰谈判。8月8日和10日，来自泰国的几百名匪徒袭击柬埔寨暹粒地区的法国机构，造成36人死亡，其中4具尸体被认出是泰国人。法国请求美国暂时中止斡旋，推迟同泰国代表团的谈判，撤回请求国际法院裁决法泰纠纷的提案③。同时，法、泰两国也意识到必须尽快解决印度支那领土问题。

10月1日，泰国代表团成员胡齐·西兰坡博士向美国国务院东南亚事务司司长莫法特表示，泰国将无条件归还1941年从印度支那获取的领土，同法国建立友好关系。

10月2日，法国请求美国充当调解人，向在华盛顿的泰国代表团递交解决法泰纠纷的建议并敦促泰国接受。法国的建议是：第一，泰国政府宣布1941年5月9日条约无效，把泰国占领的印度支那领土交给法国当局以便归还柬埔寨和老挝。第二，两国恢复到1937年12月7日条约和1937年12月9日商业和关税协定规定的关系；泰国从联合国撤回申诉；法国不反对泰国加入联合国。第三，法国同意根据1937年12月7日法泰条约第21条规定，建立由双方的2名代表和3名中立国代表组成的调解委员会，按照1928年9月26日《日内瓦公约》规定的"和平解决国际纠纷"的原则指导委员会的建立和工作。第四，谈判解决两国之间未定的一切问题④。

美国国务院力促泰国原则上接受法国的建议，其在10月4日致泰国代表团的备忘录中指出，法国方案完全同美国政府一贯坚持的立场一致，完全符合国际法原则以及联合国的目标原则，诚望泰国政府接受法国的建

---

① FRUS, 1946, Vol. 3, pp. 1033, 1036-1038, 1040-1041, 1044.
② FRUS, 1946, Vol. 3, pp. 1042, 1046-1049, 1051, 1061.
③ FRUS, 1946, Vol. 3, p. 1070.
④ FRUS, 1946, Vol. 3, pp. 1078-1081, 1084.

议。它同时指示驻泰公使斯坦顿劝说泰国政府①。

美国的立场对泰国产生了重要影响。1946年10月14日,泰国议会举行特别会议,讨论法国的建议以及是否授权政府废除1941年条约并归还印度支那土地。激烈的辩论持续了两天,充满了民族主义情绪。社尼·巴莫的发言成为议会辩论的转折点,他强调泰国应该"牺牲"领土以对世界和平作出贡献,赞扬了美国对泰国的友谊和关心。他的发言"大大降低了反对派其他成员更激昂发言的力度和影响"。议员们反复提到10月4日美国国务院备忘录中的观点,希望美国保证签订公正的条约以及法国给予归还地区人民公正的待遇。10月15日下午,泰国议会授权政府废除1941年条约并归还印度支那领土②。

1946年11月17日,法泰代表在华盛顿签署了《法暹和解协定》和《法暹议定书》。两个文件规定:废除1941年5月9日的东京条约,该条约涉及的印度支那领土移交法国当局;法、泰两国恢复外交关系;泰国从联合国安理会撤回申诉,法国不再反对接纳泰国加入联合国。一个由法国、泰国各1名代表和3名中立国代表组成的调解委员会审查双方为修正边界而提出的种族、地理和经济方面的要求③。战后初期的法泰领土谈判终于落下帷幕。

法泰领土争端久拖不决,根本原因是两国在领土问题上积怨太深,战后法国实力衰落,而泰国政局不稳以及在印度支那领土问题上有强烈的民族主义情绪。美国凭借强大的实力以及对法、泰两国的影响,在谈判中发挥了重要作用。泰法条约的签订扫除了泰国加入联合国的最大障碍。1946年12月15日,泰国成为联合国的第55个成员,是当时东南亚地区唯一加入联合国的国家。

美国在战后初期支持和帮助泰国维护国家独立、加入联合国,使泰国十分感激,因为"如果美国不约束其欧洲盟国的话,泰国战后'返回'国际社会的努力会更加困难。如果英国和法国各行其是的话,泰国无疑会遭受更大的损失"④。美国对泰国的支持和帮助,为冷战期间两国建立密切关系奠定了重要基础。

---

① FRUS, 1946, Vol.3, pp.1086-1089.
② FRUS, 1946, Vol.3, pp.1091-1092.
③ 〔英〕F.C.琼斯、休·博顿、B.R.皮尔恩:《国际事务概览(1939—1946年):1942—1946年的远东》(上册),复旦大学外文系英语教研组译,上海:上海译文出版社,1979年,第359—360页。
④ Donald E. Nuechterlein. *Thailand and the Struggle for Southeast Asia*, Ithaca: Cornell University Press, 1965, p.90.

第三章

美国确立东南亚冷战政策与援助泰国的开始

缘起于欧洲的冷战向亚洲扩展,促使美国改变战后初期忽视东南亚的政策。中华人民共和国建立和朝鲜战争爆发,标志着亚洲冷战格局形成。美国在此过程中确立的东南亚冷战政策,成为冷战期间美、泰两国关系的基础。与此同时,以披汶·颂堪为首的军人集团发动政变,在泰国重新执政。由于披汶·颂堪政府支持美国在东亚推行的反共政策,美国开始向泰国提供经济和军事援助。

第一节 冷战向亚洲扩展与美国插手东南亚民族独立运动

一、冷战向亚洲扩展与美国东亚战略重心的变化

第二次世界大战后的国际格局发生了"巨大而深刻的变化"[①]。战争发动者德国、日本和意大利被彻底打败,英国和法国遭到严重削弱,美国、苏联崛起为平分秋色的两个超级大国。

美、苏两国由于意识形态和国家利益不同,很快由战时的盟友变为对手,在欧洲爆发了以两国对抗为核心的冷战。1946年2月,驻苏临时代

---

① 刘金质:《冷战史》(上),北京:世界知识出版社,2003年,第3页。

办乔治·凯南在致美国国务院的长电报中提出遏制苏联的思想，为美国政府对苏联采取强硬政策提供了理论基础。1947年3月12日，杜鲁门总统在美国国会发表演说，要求国会批准向希腊和土耳其提供军事和经济援助，把世界划分为自由民主和极权主义两个营垒，成为冷战开始的标志。美、苏两国随后在欧洲采取一系列经济、政治和军事对抗措施。1950年4月，美国国家安全委员会出台第68号名为《美国国家安全目标与纲领》的文件，把遏制苏联确立为国家战略。

冷战很快向亚洲扩展。

战后初期，美国东亚战略的重心是中国和日本。杜鲁门总统指出："我们必须完全控制日本和太平洋。我们必须复兴中国，在那里建立一个强有力的中央政府。"①

中国政局的发展态势打破了美国关于远东国际格局的设想。美国支持蒋介石，期望战后的中国能够取代日本，成为美国在东亚的可靠盟友。它同苏联签订《雅尔塔秘密协定》的一个目的就是换取苏联支持蒋介石②。面对国共两党爆发内战的危险，杜鲁门总统派乔治·马歇尔将军赴华调停，指示他"以适当而可行的方式，运用美国的影响"，"尽快地以和平民主的方法达到中国的统一"，"努力说服中国政府，召开一个包括主要党派的代表所组成的全国会议，以获致中国的统一，同时实行停战"③。在全面内战爆发后，美国援蒋反共，向蒋介石派遣军事顾问团和提供近8亿美元租借物资，将美国存放在中国、印度和太平洋17个岛屿上的约9亿美元物资折价转让给蒋介石，通过《1948年援华法》向蒋介石提供4亿美元援助④。

尽管如此，1948年9月中国内战进入战略决战阶段，中国共产党解放全中国已成必然之势，美国不得不考虑如何从中国脱身，并把东亚战略的重心从中国转移到日本。

美国战后初期的对日政策是单独占领日本并铲除军国主义，由美国控

---

① 〔美〕入江昭、孔华润编：《巨大的转变：美国与东亚（1931—1949）》，上海：复旦大学出版社，1991年，第247—248页。
② 资中筠：《追根溯源：战后美国对华政策的缘起与发展（1945—1950）》，上海：上海人民出版社，2000年，第33—36页。
③ 世界知识出版社编：《中美关系资料汇编》第一辑，北京：世界知识出版社，1957年，第626页。
④ FRUS, 1946, Vol. 10, pp. 724-756, 1058-1060; FRUS, 1948, Vol. 8, p. 106.

制的驻日盟军最高司令部为此采取一系列政治和经济措施。欧洲和中国形势的发展促使美国重新考虑它的对日政策。美国需要在亚洲遏制苏联,而中国局势的演变,将导致美国把中国作为其远东政策基石的设想化为泡影。美国的目光转向日本,以日本取代中国在其亚洲政策中的地位和作用。1948年10月出台的美国国家安全委员会第13/2号文件,把削弱日本的政策转为扶植日本经济和防务力量的政策①。

美国因此急需解决日本的经济困难。由于既反对日本同中国开展贸易,又不希望日本参与美国的市场竞争,为了给日本寻找原料和产品市场,美国试图以东南亚取代中国。对于美国来说,东南亚既是它对付中国即将建立的新政权的前沿阵地,又是推动日本经济恢复和发展的原料产地和产品市场,其地位和作用日益突出。美国的东南亚政策出现变化。

二、美国由忽视到关注东南亚地区的转变

太平洋战争爆发前,除泰国外,东南亚各国均是英国、法国、荷兰和美国的殖民地。美国在东南亚不仅拥有菲律宾,还从荷属东印度、英属马来亚和法属印度支那获取锡、橡胶等战略物资。美孚石油公司在荷属东印度群岛生产和销售石油产品,是日本的主要石油供应商之一②。

战争期间,美军主力放在太平洋战场,东南亚地区的战事主要由英国负责。1943年8月,蒙巴顿将军担任新成立的东南亚盟军司令部司令。在1945年7月波茨坦会议上,盟国决定除菲律宾外,中国占领北纬16度以北的印度支那,英国占领东南亚其余地区。

不过,美国一直力主战后东南亚非殖民化。由于1934年通过的《泰丁斯—麦克达菲法案》中已经允诺给予菲律宾独立,它呼吁英、法、荷三国在战后给予它们的东南亚殖民地独立。这项政策能够在政治上反击日本,军事上争取东南亚抗日武装力量的配合,同时向西方盟国施加压力。但是,英、法、荷三国打算重返东南亚,恢复战前的殖民统治。英国代表法国、荷兰与美国周旋,坚决反对美国插手英国事务,反对罗斯福从法国手中剥夺印度支那的计划。所以,从开罗会议、德黑兰会议到雅尔塔会

---

① FRUS,1948,Vol.6,pp.858-862.
② 〔美〕入江昭、孔华润编:《巨大的转变:美国与东亚(1931—1949)》,上海:复旦大学出版社,1991年,第170—172页。

议，罗斯福一直在争取蒋介石和斯大林支持其托管印度支那的立场。

这种立场在战争胜利之际发生了变化。美国此时的战略重心是与苏联争夺欧洲、单独占领日本和避免中国内战，东南亚在美国全球战略中的地位靠后。由于需要英、法、荷等盟国支持其全球政策，美国对它们重建东南亚殖民政权的要求作出让步。1945年8月，杜鲁门向访美的戴高乐将军保证："无论如何，我国政府不反对法国军队和法国当局回到印度支那去。"①

因此，在日本投降后，负责占领东南亚的英国军队不仅重返马来亚、新加坡和缅甸，还帮助荷兰和法国重新进入印度尼西亚和印度支那。美国默认了这些行动。1946年3月初和11月底，英军撤出印度支那和印度尼西亚，两地的形势对法国和荷兰十分有利。

这样，从1945年至1947年，由于美国东亚政策的战略重心是中国和日本，英、法、荷三国继续在东南亚发挥重要影响，加上苏联对外政策的重心在欧洲，无暇顾及东南亚，美国忽视了这个地区。然而，欧洲冷战的发展和东亚国际形势的变化，推动美国从1948年起关注东南亚地区。

日本在太平洋战争期间的占领给东南亚地区带来了重要影响。一方面，西方殖民者在日军的凌厉攻势下丢盔卸甲，连连战败，威信扫地；另一方面，日本为欺骗占领区民众为日军服务，给予缅甸和菲律宾名义独立，允许印度尼西亚民族分子参加政府管理。这些措施在一定程度上鼓舞了东南亚地区的民族主义情绪。同时，日军的严酷统治和疯狂掠夺，严重破坏了占领区的经济，给当地人民带来深重灾难。共产党和民族分子开展抗日武装斗争并获得盟国的支持。因此，日本投降后的东南亚地区形势是，民族主义情绪高涨，印度尼西亚和越南宣布独立，英、法、荷三国却企图重建殖民政权。由于冷战不断升级并向亚洲扩展，东南亚地区蓬勃发展的民族独立运动引起各方关注。

1947年9月25日，苏联代表日丹诺夫在共产党情报局成立会上作关于国际形势的报告，他不仅公开把国际政治力量划分为"帝国主义反民主阵营"和"反帝国主义民主阵营"，而且关注殖民地尤其是东南亚的民族解放斗争。他说："第二次世界大战加剧了殖民制度的危机，这表现在殖

---

① 〔法〕戴高乐：《战争回忆录》第三卷，北京编译社译，北京：世界知识出版社，1981年，第228页。

民地和附属国中强大的民族解放运动的兴起。……用军事力量击破民族解放运动的企图,愈来愈遭到殖民地人民武装抵抗,形成长期的殖民地战争(荷兰之与印尼,法国之与越南)。"①这个报告成为苏联对西方和东南亚政策的分水岭②。

与此相呼应,1948年2月19日至25日,"东南亚青年和学生争取自由和独立大会"在印度加尔各答召开。这次会议由受共产党影响的世界民主青年联盟发起,目的是推动东南亚的反帝民主运动。来自印度尼西亚、越南、缅甸、菲律宾和马来亚以及南亚国家印度、巴基斯坦、锡兰和尼泊尔的39个团体的代表出席会议。朝鲜、澳大利亚、南斯拉夫、法国、加拿大、捷克斯洛伐克和苏联等派出观察员。中国派出6位观察员,后转为正式代表。与会者均为共产党员和民族分子,会议高度评价了中国、印度尼西亚和印度支那的军事斗争③。会后,东南亚地区爆发了一系列共产党武装起义。3月缅甸共产党白旗派起义,6月马来亚共产党起义,8月菲律宾共产党开展反政府斗争,9月印度尼西亚共产党发动茉莉芬起义。

由于这4个事件相继发生,一些学者推测苏联策划并指挥了东南亚共产党起义,对冷战扩展到亚洲发挥了重要作用④。笔者认为,日丹诺夫讲话和加尔各答会议对东南亚各国的共产党武装起义有一定影响,表明苏联开始介入东南亚民族独立运动。

美国的回应是,首先,美国国务院举行远东外交官会议研究东南亚形势。1948年6月21日至26日,美国驻东亚各国外交官在泰国首都曼谷举行会议,讨论苏联和中国在东南亚的目的以及中国与东南亚各国共产党活动的关系。结论是:东南亚地区最严重的问题是共产主义,苏联操纵向东南亚传播共产主义。会议结果对美国国务院具有重要价值⑤。

---

① 《共产党情报局会议文件集》,北京:人民出版社,1954年,第17—18、13页。
② Yonosuke Nagai, Akira Iriye. *The Origins of the Cold War in Asia*, New York, Tokyo: Columbia University Press, University of Tokyo Press, 1977, p. 365.
③ Ruth T. Mcvey. *The Calcutta Conference and the Southeast Asian Uprisings*, New York: Modern Indonesia Project, Southeast Asia Program, Department of Far Eastern Studies, Cornell University, 1958, pp. 1-17, 24.
④ Yonosuke Nagai, Akira Iriye. *The Origins of the Cold War in Asia*, New York, Tokyo: Columbia University Press, University of Tokyo Press, 1977, pp. 362-363.
⑤ Dennis Merrill. *The Emergence of an Asian Pacific Rim in American Foreign Policy: The Philippines, Indochina, Thailand, Burma, Malaya, and Indonesia*, Bethesda: University Publications of America, 2001, pp. 46, 107.

其次，美国国务院通过名为《苏联对远东和东南亚政策的模式》的文件，进一步证实远东外交官会议的立场。1948年10月，美国国务院把1947年底以来对苏联远东政策的思考写成备忘录，发给相关的美国驻外机构。基本判断是，苏联和美国在远东和东南亚展开争夺，苏联对东南亚政策的唯一目标是取代西方国家，牢牢控制该地区。它坚持认为苏联通过中国来指导东南亚的共产主义运动，苏联在泰国建立使馆是为了直接实施其政策，并以印度支那和印度尼西亚为例说明东南亚共产主义运动的发展状况①。

也就是说，美国改变忽视东南亚的政策，开始关注东南亚事务，把东南亚共产党活动与苏联和中国的介入联系起来，断定中国是苏联和东南亚共产党之间的桥梁，担心苏联通过驻泰使馆加强其在东南亚的影响。美国因此介入该地区民族独立运动，推动它朝着有利于自己的方向发展。

三、插手印度尼西亚和印度支那民族独立运动

1945年8月17日，印度尼西亚宣布独立，并建立政府、颁布宪法、组建军队。10月荷兰人随英军返回印度尼西亚，试图推翻印度尼西亚共和国，重建殖民统治，双方的矛盾无法调和。起初，美国通过联合国调解荷印冲突，袒护荷兰，导致1948年1月荷、印两国签订了《伦维尔协定》，十分有利于荷兰维护其殖民权利。同年12月，荷兰采取军事行动，攻占印度尼西亚共和国首都日惹，逮捕苏加诺等领导人。

此时冷战已向亚洲扩展，而1948年9月印度尼西亚共和国政府镇压了共产党领导的茉莉芬起义，宣示了其反共立场。美国赞赏印度尼西亚政府的举措，而且意识到必须满足非共产党民族分子的独立要求，才能抵制共产主义对印度尼西亚的影响。1949年3月美国国务院政策设计司出台的《美国对东南亚政策》（PPS 51文件），把印度尼西亚和印度支那的激进民族主义列为东南亚急需解决的关键问题，建议美国支持印度尼西亚独立，尽快建立非共产党民族分子领导的政府，帮助他们保持对共产党的优势，鼓励引导印度尼西亚政治和经济稳定并与自由世界和谐共处的发展趋势②。美国因此向荷兰施压，支持联合国关于停火、释放政治犯和撤出荷

---

① FRUS, 1948, Vol. 1, Part 2, pp. 640, 643-644.
② FRUS, 1949, Vol. 7, Part 2, pp. 1129-1132.

兰军队的决议，要求荷印双方把美国草拟的方案作为谈判的基础。它甚至以拒绝提供"军事援助项目"规定的援助来威胁荷兰①。

从 1949 年 4 月起，美国通过其在联合国印度尼西亚委员会的代表柯克兰介入荷印谈判，迫使荷兰释放印度尼西亚领导人、重建印度尼西亚政府和停火②。11 月，荷、印两国在荷兰海牙签订《圆桌会议协定》，规定荷兰于 1949 年 12 月 30 日向由印度尼西亚共和国和 15 个邦区组成的印度尼西亚联邦移交主权，结束了荷兰对印度尼西亚长达三个半世纪的殖民统治③。

美国的介入有利于印度尼西亚人民赢得独立斗争的胜利，但它在印度支那却采取完全相反的政策。

第二次世界大战期间，法国殖民当局与日本合作，继续统治印度支那，1945 年 3 月才被日本人推翻。日本投降后，胡志明领导的越南共产党发动"八月革命"，9 月初在北部建立越南民主共和国。但是，法国在英军的帮助下，重新控制越南南部地区。为重新控制越南北部地区，1946 年底法军发动殖民战争。1948 年 6 月 5 日，法国驻印度支那专员爱弥儿·波拉埃与保大签订了《亚龙湾协定》，法国承认"越南"独立，"越南"参加法兰西联邦，允诺尊重法国国民的权利和利益④。1949 年 3 月 8 日，法国总统樊尚·阿里奥尔与保大以换文的形式签订《爱丽舍协定》，表面上给予"越南"独立，实际上仍控制"越南"的国防、外交、财政和海关⑤。6 月 14 日，保大伪政府在西贡成立，"有职无权，有名无实"⑥。

美国最初采取对法国有利的中立政策，向法国提供一些军事援助，如允许法国购买价值 1.6 亿美元的美国剩余物资用于印度支那战争，同意英国人将《租借法案》提供的约 800 辆卡车和吉普年（当时在印度支那）转

---

① Andrew Roadnight. *United States Policy Towards Indonesia in the Truman and Eisenhower Years*, New York: Palgrave Macmillan, 2002, pp. 49-53, 58-69.
② Andrew Roadnight. *United States Policy Towards Indonesia in the Truman and Eisenhower Years*, New York: Palgrave Macmillan, 2002, pp. 70-73.
③ 世界知识出版社编辑：《国际条约集（1948—1949）》，北京：世界知识出版社，1959 年，第 439—465 页。
④ 世界知识出版社编辑：《国际条约集（1948—1949）》，北京：世界知识出版社，1959 年，第 568 页。
⑤ 世界知识出版社编辑：《国际条约集（1948—1949）》，北京：世界知识出版社，1959 年，第 576—588 页。
⑥ Andrew J. Rotter. *The Path to Vietnam: Origins of the American Commitment to Southeast Asia*, Ithaca: Cornell University Press, 1987, p. 92.

交给法国人①。美国尽管拒绝向印度支那出口武器和弹药,但允许向法国自由出口武器,而法国可以将这些武器再运到印度支那②。与此同时,从1945年10月至1946年2月,胡志明给杜鲁门总统和贝尔纳斯国务卿写了8封信,请求美国和联合国干预法国的殖民主义,而美国没有给予任何答复③。

随着冷战向亚洲扩展和美国东亚政策重心的转变,美国开始关注印度支那问题。

首先,敦促法国政府批准《亚龙湾协议》,美国国务院为此"愿意考虑给予支持,公开称赞法国政府的举措是朝着解决印度支那混乱局势和实现越南人民愿望的有远见的措施"。美国国务院认为,美国的称赞将会在实质上有助于加强印度支那民族主义力量反对共产党④。

其次,1948年9月27日,美国国务院发表关于印度支那的政策声明。美国在印度支那的当前目标是协助解决目前的僵局,使法国人和越南人均感到满意,结束目前的战争,而且这个方案将被置于美国安全的框架下。长远目标是尽量消除共产党在印度支那的影响并建立自治政府、鼓励越南与西方国家的交往、提高越南人民的生活水平、阻止中国对印度支那的影响等。为此,美国应继续迫使法国满足越南的基本愿望,准备全力支持法国在印度支那建立真正的民族政府,反对法国完全撤出印度支那,以避免中国填补它留下的政治真空⑤。

由于印度支那是中国通往东南亚的通道,法国在这里进行的殖民战争因作战对象是越南独立同盟会而具有遏制共产主义的性质,其烈度和范围都属于东南亚之最,美国从1949年起把印度支那问题视为处理东亚国际关系的关键⑥。

对于保大伪政权,美国国务院在承认问题上出现分歧。远东事务司官

---

① Russell H. Fifield. *Americans in Southeast Asia: The Roots of Commitment*, New York: Thomas Y. Crowell Company, 1973, p. 117.
② FRUS, 1948, Vol. 6, p. 45.
③ Neil Sheehan. *The Pentagon Papers: As Published by the New York Times, Based on Investigative Reporting by Neil Sheehan*, Toronto, New York, London: Bantam Books, 1971, p. 8.
④ FRUS, 1948, Vol. 6, p. 33.
⑤ FRUS, 1948, Vol. 6, pp. 43-49.
⑥ Andrew J. Rotter. *The Path to Vietnam: Origins of the American Commitment to Southeast Asia*, Ithaca: Cornell University Press, 1987, pp. 84-86.

员主张观望,而欧洲司官员和驻法大使杰弗逊·卡弗里出于对法政策的考虑,主张承认①。美国国务院在1949年5月以后采纳第二种观点,准备在"适当的时间和条件下"承认保大伪政权,并考虑它可能请求美国提供武器和经济援助②。6月21日,美国国务院公开表示保大伪政府的成立是"受欢迎的发展",但为承认保大伪政权设置了前提条件,即法国保证印度支那国家"在法兰西联邦内的独立",说服英国和印度、菲律宾、泰国等亚洲国家与美国一起承认,由法国外交部处理印度支那问题③。

然而,1949年秋国内外形势的发展使美国无暇等待法国满足其条件。中国革命取得全面胜利,苏联第一颗原子弹的试爆打破了美国的核垄断,杜鲁门政府发表的《中国白皮书》遭到反对派的指责,因而印度支那在东南亚遏制共产主义斗争中的作用尤为突出。美国中央情报局的报告指出,胡志明控制的印度支那政府"同共产党中国一起,肯定会大大加强泰国、缅甸和马来亚已有的寻求同共产党中国和解的倾向",因为印度支那"在一定程度上是控制整个中南半岛的关键,它还可能是中国周围的非共产党新月形地带的重要缺口"④。

1950年1月18日和30日,中国和苏联先后承认越南民主共和国。2月7日,美国承认保大伪政权⑤。3月10日,杜鲁门批准向法属印度支那提供军事援助的计划。5月1日,他批准向法国驻印度支那部队提供首批1000万美元的援助。五角大楼文件认为,这是美国在军事上卷入印度支那的第一个"关键性决定",是影响到美国此后20年对越政策的"一个构成分水岭的决定","此后美国便直接卷入正在形成的越南悲剧"⑥。

美国对印度尼西亚和印度支那独立斗争的不同政策,是冷战向亚洲扩展的结果。由于印度尼西亚独立运动的主导力量是非共产党民族分子,而

---

① FRUS,1949,Vol. 7,Part I,pp. 13-14.
② FRUS,1949,Vol. 7,Part I,p. 24.
③ Robert M. Blum. *Drawing the Line: The Origin of the American Containment Policy in East Asia*,New York: W. W. Norton & Company,1982,p. 117; Andrew J. Rotter. *The Path to Vietnam: Origins of the American Commitment to Southeast Asia*,Ithaca: Cornell University Press,1987,p. 167.
④ Andrew J. Rotter. *The Path to Vietnam: Origins of the American Commitment to Southeast Asia*,Ithaca: Cornell University Press,1987,pp. 119-120.
⑤ FRUS,1950,Vol. 6,pp. 716-717.
⑥ Neil Sheehan. *The Pentagon Papers: As Published by the New York Times,Based on Investigative Reporting by Neil Sheehan*,Toronto,New York,London: Bantam Books,1971,p. 10;《关于美国国防部侵越秘密报告材料汇编》,北京:生活·读书·新知三联书店,1973年,第6页。

印度支那的主导力量是以越南共产党为核心的越南独立同盟会,支持印度尼西亚独立和法国的殖民战争,均符合美国在东亚遏制共产主义的需要。

第二节 亚洲冷战形成与美国东南亚冷战政策的确立

一、中华人民共和国成立与美国加强东南亚非共产党力量的举措

中华人民共和国成立后,美国对华政策举棋不定,试图阻止中苏结盟,对于承认中华人民共和国采取"等待尘埃落定"的观望政策[①]。到1950年初,由于中国政府同苏联签订了《中苏友好同盟互助条约》,美国"不承认"中国的政策趋于明朗。朝鲜战争爆发后,美国完全放弃承认中国。与此同时,为巩固和扩大其影响力,美国采取措施加强东南亚的非共产党力量。

美国通过《共同防御援助法》第303条,首次向东南亚提供军事援助。1949年7月28日,杜鲁门向国会提交《共同防御援助法》,目的是"加强自由国家道德和物质的抵抗力","支持亲美的政治军事倾向",鼓励美国和盟国在战时进行军事合作。经过两个月的讨价还价,国会通过该法案。其中,第303条规定向东南亚等地区提供援助。一个月后,国会拨款7500万美元,"成为推动美国在东南亚采取积极政策的催化剂。7500万美元的后果是推动策划并最终开始资助在东南亚的遏制政策"[②]。

根据东亚形势的发展,杜鲁门政府制定了首个综合性东南亚政策。

1949年12月29日,美国国家安全委员会通过名为"美国对亚洲的立场"的文件,即NSC 48/1和48/2号文件,确定在亚洲遏制苏联的方针。其东南亚部分指出,当前东南亚最重要的政治因素是殖民主义与民族独立的冲突,"给颠覆性的共产党活动提供了有利条件",使东南亚成为"由克里姆林宫指挥的协调一致的进攻目标"。认为共产主义席卷东南亚将

---

① Dean Acheson. *Present at Creation: My Years in the State Department*, New York: W. W. Norton & Co., 1969, p. 306.

② Robert M. Blum. *Drawing the Line: The Origin of the American Containment Policy in East Asia*, New York: W. W. Norton & Company, 1982, pp. 127, 129-142, 125.

带来严重后果,"我们将遭受政治上的大溃败,全世界的其他地区都将产生反响,特别是中东和……澳大利亚"。美国的对策是运用其影响"解决殖民主义与民族主义的冲突,满足冲突双方的基本要求",向亚洲国家提供政治、经济和军事援助①。这是美国首次在正式文件中关注东南亚在亚洲冷战中的地位,但政策较为笼统。

三个多月后,杜鲁门政府制定了直接针对东南亚地区的政策。1950年4月18日,美国国家安全委员会通过名为"美国关于印度支那的立场"的文件,即 NSC 64 号文件。它判断"共产党对印度支那的侵略威胁,是预料的攫取整个东南亚的共产党计划的一个阶段",指出越南、老挝和柬埔寨政治不稳,军事力量有限,法国军队"仅能维持现状",中国却可以把武器、物资和军队"自由运往胡志明目前控制的北部东京地区"。要求美国采取一切措施阻止共产党向东南亚进一步扩张,优先考虑保护美国在印度支那安全利益的项目②。也就是说,美国更加重视中国革命胜利对印度支那及东南亚局势的影响。

这些文件遏制的对象虽然是苏联,但美国已经把东南亚视为阻止中国南下的战略要地,为采取进一步反华的措施做好准备。

同时,美国国务院再次举行远东外交官会议,派遣菲力普·杰塞普和R. 艾伦·格里芬率代表团赴远东和东南亚进行实地考察,制订援助计划。

1950年2月12日至15日,美国国务院中国问题顾问菲力普·杰塞普在曼谷主持远东外交官会议,国务院派助理国务卿巴特沃思出席。议题有远东共产主义问题、地区经济、日本局势、地区组织及英联邦的态度、亚洲未来的均势以及美国的情报和教育交流计划。与会者认为,东南亚对美国至关重要,建议紧急援助缅甸、印度支那和泰国,向友好的亚洲国家提供有限的军事和经济援助,同时要求英国、英联邦、法国和荷兰承担相应的责任,迫使法国给予保大伪政权更多权力。会议对于美国是否以武力支持法国对抗中国有分歧,反对把日本和印度培植为远东地区的主导国家,对美国的情报和教育交流计划不满,反对在中华人民共和国保证尊重条

---

① 上海市国际关系学会编:《战后国际关系史料》第1辑,上海:上海市国际关系学会,1983年,第59—60页;刘同舜、姚椿龄主编:《战后世界历史长编(1954)》第九册,上海:上海人民出版社,1994年,第261页;FRUS, 1949, Vol. 7, Part 2, pp. 1215-1220.

② FRUS, 1950, Vol. 6, pp. 744-747.

约权利和国际义务之前承认它①。这次会议为美国国务院协调和制定远东政策提供了重要依据。

1949年12月15日至1950年3月15日,菲力普·杰塞普率考察团考察远东14国,涉及签订对日和约、解决南亚次大陆冲突以及了解中国和东南亚的局势等问题。他指出东南亚岌岌可危,印度支那是关键。他把所访国家的问题归纳为缺乏民主和训练有素的人才、腐败和效率低下、财政困难、军事力量弱小、不信任西方,但认为它们已经出现民主进步,具有经济潜力,开始发展军事力量,并且具有反共、反华、亲美的倾向。他对在东南亚实施"第四点计划"、加强美国在该地区的宣传能力以及协调美国各机构的工作提出建议,结论是:"东亚的局势糟糕但不绝望,不能放弃这个地区。缅甸和印度支那是关键。……我们在这方面的短期努力值得肯定,但必须融入一项全面计划,这更大程度上取决于需要谨慎估计的中国局势。北平的发展没有鼓舞东南亚各国政府,而且其自身困难重重。"②

如果说菲力普·杰塞普考察团涉及的范围较广,那么格里芬考察团的目标只是东南亚。R.艾伦·格里芬是加利福尼亚出版商、共和党人,担任过美国经济合作署中国处副处长,以公使衔率领考察团。美国国务院规定格里芬考察团的任务为:"努力找到立即产生政治影响、适合于第303条资助的合适项目;为有计划但未明确其范围的'第四点计划'奠定基础……同当地政府磋商如何为该计划做最充分的准备,并简要介绍美国国务院目前对'第四点计划'考虑的代表性观点。最后,考察团应该在可利用的时间内尽可能调查地区方方面面的情况以及'第四点计划'的前景,包括建立一个地区组织的需要,尤其是考虑扩大被访国家与日本之间贸易的可能性。"③也就是说,该考察团通过实地调查,须为实施《共同防御援助法》第303条和"第四点计划"提供具体方案。由于美国国会迟迟不讨论实施"第四点计划"的法案,推动国会采取行动成为该考察团的一项重任④。

---

① FRUS,1950,Vol. 6,pp. 18-20,29-30.
② FRUS,1950,Vol. 6,pp. 72-76.
③ Samuel P. Hayes. *The Beginning of American Aid to Southeast Asia: The Griffin Mission of 1950*,Lexington:Heath Lexington Books,1971,p. 12.
④ Samuel P. Hayes. *The Beginning of American Aid to Southeast Asia: The Griffin Mission of 1950*,Lexington:Heath Lexington Books,1971,pp. 14,36-37.

1950年2月27日,格里芬考察团离美。至4月22日,它访问了印度支那、新加坡和马来亚、缅甸、泰国及印度尼西亚,根据这些国家及地区的政治、经济和财政状况,提出了援助建议。援助重点为"立竿见影"的项目,一是农、林、渔业整治耕地、垦荒和水利等领域;二是动力、运输、公路、通信、工业和发展计划领域;三是公共卫生、医疗领域;四是教育领域。援助总额约6600万美元。其中,印度支那2350万美元,马来亚和新加坡450万美元,缅甸1222.8万美元,泰国1142万美元,印度尼西亚1444.5万美元[①]。

在格里芬考察团的推动下,1950年6月5日美国国会通过了《1950年对外经济援助法》。其中,第4条为"第四点计划"拨款3500万美元,向所有"经济尚欠发达的国家"提供技术援助[②]。

总之,中华人民共和国成立后,美国对华政策虽留有余地,但它关注东南亚在可能出现的美中冲突中的战略地位,并采取一系列措施以加强该地区非共产党国家的政权,为朝鲜战争爆发后遏制中国奠定了基础。

二、朝鲜战争爆发与美国东南亚冷战政策的确立

太平洋战争结束后,美国和苏联以北纬38度线为界占领朝鲜半岛南部和北部。美、苏两国在各自占领区的不同政策造成了朝鲜半岛南北对峙的分裂局面。1948年8月15日朝鲜半岛南部成立大韩民国,9月9日朝鲜半岛北部成立朝鲜民主主义人民共和国。1950年6月25日,朝鲜半岛南北部统一国家的军事行动导致内战爆发,朝鲜迅速占据了军事优势。

此前美国低估了韩国的军事战略地位,1949年6月,它撤出了所有美军。1950年1月12日,艾奇逊国务卿在华盛顿全国新闻俱乐部的演说中,把美国在太平洋的"防御圈"划为从阿留申群岛到日本、琉球群岛和

---

① Samuel P. Hayes. *The Beginning of American Aid to Southeast Asia: The Griffin Mission of 1950*, Lexington: Heath Lexington Books,1971,pp. 16,35-38.
② Samuel P. Hayes. *The Beginning of American Aid to Southeast Asia: The Griffin Mission of 1950*, Lexington: Heath Lexington Books,1971,p. 44.

菲律宾，把韩国排除在外，不打算承担保卫它的义务①。

美国在朝鲜内战爆发后作出了强烈反应。杜鲁门总统声称，如果听任朝鲜半岛南部沦丧，那么共产党的领袖们就会越发狂妄地向更靠近其海岸的国家进行侵略。如果容忍共产党人以武力侵入韩国，而不遭到自由世界的反对，那么，就没有一个小国会有勇气来抵抗来自较为强大的共产主义邻邦的威胁和侵略。如果对这种侵略行动不加以制止，那就会爆发第三次世界大战……除非这次对韩国的无理攻击得到制止，否则联合国的基础和原则将受到威胁②。美国国务院情报处的一份报告全面评估了朝鲜战争对日本、中国、东南亚和欧洲的影响以及美国是否介入的后果，断定朝鲜进攻韩国是苏联的行动，朝鲜的胜利将导致美国退出韩国，中国甚至会在亚洲其他地方推进共产主义。对东南亚的影响是，如果美国放弃韩国，该国的领导人将会丧失对美国帮助其抵制共产主义的信心，东南亚华侨的亲共倾向有利于共产主义的传播，同时将粉碎东南亚国家对联合国的期望③。总之，这个报告认为，美国是否干预，将给远东冷战格局带来严重影响。

邹谠在《美国在中国的失败》一书中对美国政府的反应的分析是，杜鲁门总统把朝鲜人的进攻看作日本进攻中国东北地区，墨索里尼进攻埃塞俄比亚，以及希特勒在20世纪30年代的侵略。对于国务卿艾奇逊来说，如果朝鲜的进攻不被击退，整个集体安全体系将会瓦解，而集体安全体系乃是美国安全的基石之一。对于约翰·福斯特·杜勒斯来说，朝鲜的成功将使日本处于"俄国熊的上下颚之间"④。

1950年6月27日，杜鲁门总统宣布美国向韩国提供武力援助，派遣第七舰队到台湾海峡阻止中国统一，加强美国驻菲律宾的部队并加速对菲律宾的军事援助，加速向印度支那的法军提供军事援助并派遣军事使团⑤。

---

① American Foreign Policy, Basic Documents, 1950-1955, Vol. 1, U. S. Government Printing Office, 1957, p. 2318.
② 〔美〕哈里·杜鲁门：《杜鲁门回忆录》第二卷，李石译，北京：生活·读书·新知三联书店，1974年，第394页。
③ FRUS, 1951, Vol. 7, pp. 148-154.
④ 邹谠：《美国在中国的失败》，上海：上海人民出版社，1997年，第482页。
⑤ 〔美〕哈里·杜鲁门：《杜鲁门回忆录》第二卷，李石译，北京：生活·读书·新知三联书店，1974年，第401—402页。

与此同时，美国操纵联合国安理会在两周内通过3项决议。1950年6月25日第82号决议要求朝鲜与韩国立即停止敌对行动，并促请朝鲜立即将其武装部队撤退至"三八线"。两天后的第83号决议，建议联合国成员提供"为击退武装进攻并恢复该地区国际和平与安全所必需的帮助"。7月7日第84号决议要求联合国成员提供军事和其他援助，组成美国指挥的联合国军介入朝鲜战争①。

7月27日，以美军为主的16国部队组成的联合国军在韩国釜山登陆，介入朝鲜战争。1950年9月15日美军在仁川登陆成功后，以美军为首的联合国军不仅帮助韩国收复了失地，还越过了"三八线"，威胁到中国的国家安全。10月下旬，中国人民志愿军入朝作战。到次年5月，中国人民志愿军经过5次战役，把战线稳定在"三八线"附近。1953年7月，朝鲜半岛南北方才实现停战。朝鲜战争推动亚洲冷战格局最终形成，美国构筑了亚太地区军事同盟体系。

美国加快签订对日和约的步伐，构筑包围中国的军事同盟体系。1951年5月，杜鲁门总统批准名为"美国在亚洲的目标、政策和行动方针"的国家安全委员会第48/5号（NSC 48/5）文件，把美国在亚太地区的防御圈扩大为日本—琉球—菲律宾—澳大利亚和新西兰②。1954年8月30日和9月1日，美国先后与菲律宾、澳大利亚和新西兰签订共同防御条约。在同年9月召开的旧金山会上，日本与美、英等49国签订和约，而美国通过与日本签订安全保障条约，使日本成为美国在远东的重要军事基地。1953年10月美国与韩国签订共同防御条约。加上1954年9月签订的《东南亚集体防御条约》，美国在亚洲构筑了包围和遏制中国的完整链条。

美国在东南亚应对朝鲜战争的措施是加强东南亚非共产党国家的防卫能力。除了加快对菲律宾和印度支那的军事援助外，美国国务院、国防部和经济合作署组成联合军事调查团赴东南亚考察。由远东事务助理国务卿约翰·F. 梅尔比任团长，美国第一海军陆战师师长格雷夫斯·B. 厄斯金少将任副团长，联合调查团又称梅尔比—厄斯金调查团。其任务为研究东

---

① 世界知识出版社：《中美关系资料汇编》第二辑，北京：世界知识出版社，1960年，第86、91页；Karel C. Wellen. *Resolutions and Statements of the United Nations Security Council 1946-1989: A Thematic Guide*, Leiden, Boston: Martinus Nijhoff Publishers, 1990, p. 253. 转引自王绳祖主编：《国际关系史》第八卷，北京：世界知识出版社，1995年，第60页。

② FRUS, 1951, Vol. 6, Part 1, pp. 34-39.

南亚共同防御援助计划的政治军事目标和政策、在该地区和每个国家（地区）完成此目标所需的美国军事援助的性质和范围、该地区军事援助计划的优先权、共同防御援助计划的机构等问题①。

朝鲜战争进一步影响了美国的东南亚政策。美国把法国对印度支那的殖民战争视为在亚洲遏制共产主义的另一场战争，这两场战争是相互支援和配合的两条战线，朝鲜战争为在东南亚遏制共产主义赢得了时间。1951年4月11日，杜鲁门总统在宣布解除麦克阿瑟的职务时表示："我们在朝鲜的坚定立场，正在帮助自由部队目前在中南半岛以及世界其他地区国家的战斗。它已经延迟了征服的时间表。"②

美国在朝鲜半岛没有获得预期的辉煌胜利，因而把亚洲遏制共产主义的重心放到东南亚。鲁塞尔·法菲尔德揭示了美国的战略考虑："华盛顿相信，共产党中国的立场直接威胁东北亚和东南亚。……来自苏联的直接威胁被限制在日本和朝鲜。如果美国从东亚撤走……在20世纪50年代末共产党中国有军事能力先征服中南半岛，接着征服东南亚海岛国家、韩国，并在苏联帮助下征服日本。"③

艾森豪威尔当选总统推动了美国东亚政策的转变。1953年7月27日《朝鲜停战协定》签订后，美国把遏制中国的重点转移到了印度支那。

第三节 披汶·颂堪政府的反共外交与美国援助泰国的开始

一、"自由泰"政府的困境、1947年政变与美国承认披汶·颂堪政府

1932年泰国革命后，发动政变的人民党分化为以比里·帕侬荣和披汶·颂堪为首的文人和军人两种政治力量，他们在太平洋战争期间采取不同的对外路线。由披汶·颂堪任总理的政府不仅确立了军人在泰国政治中

---

① FRUS，1950，Vol. 6，p. 114.
② Russell H. Fifield. *Americans in Southeast Asia: The Roots of Commitment*，New York：Thomas Y. Crowell Company，1973，p. 154.
③ Russell H. Fifield. *Americans in Southeast Asia: The Roots of Commitment*，New York：Thomas Y. Crowell Company，1973，pp. 152-153.

的支配性地位，而且同日本结盟，对英、美两国宣战，允许日军经泰国入侵英国殖民地，向日军提供战争物资和服务。比里·帕侬荣等则以政府职务为掩护，领导由泰国内外抵抗力量汇聚而成的"自由泰"抵抗运动，配合盟军的军事行动，营救盟军飞行员，向盟军提供日军情报。

到1944年6月，日本的战败已成定局，为挽救泰国作为战败国的命运，"自由泰"人士运用合法手段迫使披汶·颂堪下台，建立了宽·阿派旺领导的政府，派政治和军事代表赴重庆、华盛顿以及设在锡兰康提并由英国控制的东南亚盟军司令部，宣传"自由泰"抵抗运动，加强与盟国的合作。为划清同披汶·颂堪政府的界线，比里·帕侬荣提出到海外组织"自由泰"临时政府，在1945年5月"自由泰"组织举行反日起义。这些建议因美、英两国不支持而搁浅①。

这两种对外路线，使泰国能够在战争的不同阶段最大限度地维护国家利益。披汶·颂堪的政策使泰国所遭受的战争损失降到最低，"自由泰"运动则为战后和平铺平了道路。1945年8月16日，比里·帕侬荣通过《和平宣言》宣布，披汶·颂堪政府对美、英等国的宣战，违背了泰国人民的意志以及泰国宪法和法律的规定，应视为无效；废止战争期间损害美、英两国利益的法律并赔偿两国的损失；归还英国殖民地②。"自由泰"政府依靠美国的支持，同英国媾和，解决印度支那领土争端，与苏联和中国建交，为维护国家独立和恢复泰国的国际地位作出了重要贡献。

但是，"自由泰"政府在内政方面问题重重。

第一，政府频繁更迭，比里派和宽派不和，既影响政府的工作效率，又削弱了文人政治力量。比里·帕侬荣在战后享有崇高威望，被尊为"资深政治家"，在前台或幕后发挥重要影响。1945年9月归国的社尼·巴莫担任政府总理，核心工作是进行英泰谈判。1946年1月，在泰英和约签订，泰国与美、英两国建交后，社尼·巴莫辞去总理职务，由宽·阿派旺接任。3月，比里·帕侬荣迫使宽·阿派旺辞职，从幕后走上前台，亲自出任总理。宽派和比里派从此势不两立。宽·阿派旺组建了泰国首个政党

---

① Charivat Santaputra. *Thai Foreign Policy 1932-1946*, Bangkok: Thai Khadi Research Institute, Thamasat University, 1985, pp. 330-334; FRUS, 1945, Vol. 6, pp. 1240-1242, 1247-1248, 1252-1253, 1269-1271.

② Thak Chaloemtiarana. *Thai Politics: Extracts and Documents, 1932-1957*, Bangkok: The Social Science Association of Thailand, 1978, pp. 459-460.

"民主党",从事反比里·帕侬荣的斗争。6月9日,刚刚归国的年轻国王阿南多·玛希伦神秘死亡。比里·帕侬荣处置不当,遭到宽·阿派旺、社尼·巴莫等反对派的猛烈攻击,引发了严重的政治危机。8月,比里·帕侬荣被迫下台,由他支持的退役海军上将探隆·那瓦沙瓦继任总理。

第二,"自由泰"政府腐败成风。议员花钱贿选,在当选后利用公职连本带利捞回来。为使议案获得通过,政府需要贿赂议员。为谋取暴利,议员和政府官员勾结起来,倒卖大米出口许可证和走私鸦片。他们还把手伸向政府为民众提供的福利。例如,他们卖掉政府救济穷人的衣物等物品,把钱装进自己的口袋;在政府开设的平价商店,管理者不仅低价从美国、英国商人手里进货,高价卖出,还造成严重亏损①。这些腐败分子大多是比里·帕侬荣的支持者。比里·帕侬荣需要他们在政治上的支持,他们则大肆捞钱。

民主党抨击比里·帕侬荣为这些人撑起保护伞②。《曼谷邮报》编辑亚历山大·麦克唐纳不客气地把"自由泰"政府称为"别克政府"(泰国政府为部长们购买了10辆美国别克牌豪华车),是"一个快乐的骗子集团",是"一群寻欢作乐的政客"③。英国驻泰大使G.汤普森的观察是:"该内阁有十分腐败的成员。它因任命没有管理经验和没有明显公益精神的'自由泰'人士担任重要职务而处境艰难。各种各样的侵吞达到了史无前例的程度。"④

第三,"自由泰"政府接手了一个经济烂摊子。尽管战争给泰国经济造成的破坏远小于邻国,其影响仍然显著。例如,泰国对外贸易骤降,存在伦敦和纽约的外汇被冻结。为弥补向驻泰日军提供泰铢贷款而出现的财政赤字,披汶·颂堪政府发行巨额钞票,造成严重的通货膨胀。1941—1945年,泰铢供应量从3.64亿铢(1泰铢≈0.2元人民币)增至21.57亿铢,同英镑的兑换率由11∶1贬至35∶1,同美元的兑换率由2∶1或者

---

① Jayanta K. Ray. *Portraits of Thai Politics*, New Delhi: Orient Longman, 1972, pp. 116-118; Nigel J. Brailey. *Thailand and the Fall of Singapore*, Boulder: Westview Press, 1986, p. 129.
② Jayanta K. Ray. *Portraits of Thai Politics*, New Delhi: Orient Longman, 1972, p. 117.
③ Nigel J. Brailey. *Thailand and the Fall of Singapore*, Boulder: Westview Press, 1986, p. 130.
④ Paul Preston, Michael Patridge. *British Documents on Foreign Affairs: Reports and Papers From the Foreign Office Confidential Print*, Part 4, Series E, Vol. 6, Bethesda: University Publications of America, 2003, p. 280.

3∶1贬至12.5∶1。因此，战后的生活费是战前的12—14倍，其中白糖为39倍，白棉布衣料为43倍，灰棉纱为29倍，铁条为69倍。而同期政府雇员的工资仅增加了2—3倍①。

战后英国的惩罚性经济政策更是雪上加霜。泰英和约禁止泰国在1947年9月1日前出口主要原料，要求泰国无偿提供150万吨大米。尽管英国在1947年11月放弃免费征用大米，泰国实际提供的免费大米约为30万吨，但已造成了破坏性影响。英国驻泰大使G.汤普森在发回英国的报告中指出："必须得承认，在现在的形势下，我们自己短视的'免费大米'和'廉价大米'政策，对鼓励未曾料到的大规模走私和非法买卖负有很大责任。"②由于战后东亚地区粮食严重短缺，大米走私和非法贸易盛行，导致泰国城市粮食匮乏，物价持续上涨。1945—1947年，泰国人民生活费指数由902点增至1250点。社会盗抢成风，各级政府职员竞相索贿③。

实际上，造成经济困难的是披汶·颂堪政府，其后果却由"自由泰"政府承担。

此外，"自由泰"政府对军人采取高压政策，使之发展为反对派力量的核心④。

泰国军人虽然因披汶·颂堪下台和日本战败而失势，但依然是泰国政治的重要力量。"自由泰"政府对他们采取的压制措施有：把披汶·颂堪作为战犯审判，改组军队，迫使披汶·颂堪的支持者退休，任命"自由泰"人士担任陆军司令和警察局长，削减陆军预算，利用海军、警察和"自由泰"武装力量来制约陆军。1944—1946年，陆军的预算削减了40%，海军的预算则增加了50%。海军的武器装备和军队训练均优于陆

---

① James C. Ingram. *Economic Change in Thailand，1850-1970*，Stanford：Stanford University Press，1971，pp. 163-165，40.

② Paul Preston，Michael Patridge. *British Documents on Foreign Affairs：Reports and Papers From the Foreign Office Confidential Print*，Part 4，Series E，Vol. 6，Bethesda：University Publications of America，2003，pp. 299，280；Nigel J. Brailey. *Thailand and the Fall of Singapore*，Boulder：Westview Press，1986，pp. 127-128.

③ Nigel J. Brailey. *Thailand and the Fall of Singapore*，Boulder：Westview Press，1986，p. 129.

④ 这里指陆军。泰国军队当时由陆军和海军构成，陆军较为强大，海军则支持比里·帕侬荣和"自由泰"政府。

军①。由于陆军不得不克扣士兵的军饷，在曼谷出现了士兵偷盗、抢劫和调戏妇女等现象。军方因此同维持治安的警察发生冲突，国防部长甚至因警察查办违规出行的士兵而辞职②。

不仅如此，"自由泰"政府还以令军方感到屈辱的方式解散北方军。这支部队是披汶·颂堪政府为配合日军侵略缅甸和泰国占领缅甸东北部而组建的。由于装备和后勤保障差、作战条件艰苦，非战斗因素导致北方军损失惨重。泰国在战后归还缅甸领土又令它劳而无功③。"自由泰"政府要求北方军携带武器和装备到曼谷后再解散。然而，由于铁路当局拒绝提供运输服务，北方军官兵不得不步行200—500千米，不少士兵沿途靠抢劫为生。很多军官被迫以半薪提前退休④。

与此形成鲜明对比的是，"自由泰"武装力量继续存在而且装备精良。这支武装力量约万余人，由美国提供装备，武器较为先进。政府不仅保留它，拒绝用它的武器去装备一直未获武器补充的陆军，而且为它在曼谷举行全副武装的大游行。这被军方和反对派视为"自由泰"政府的炫耀和示威。社尼·巴莫指责道："比里·帕侬荣计划在全副武装的'自由泰'运动士兵的帮助下控制政治，看起来是泰国政治进程的倒退。在正规军地位虚弱、士气低落之际，该计划尤其危险。我一直支持一支纪律严明、在政治上保持中立的军队。但比里·帕侬荣的'自由泰'运动士兵似乎是盖世太保，恐吓反对派政治家，严格控制人民。比里·帕侬荣拒绝解除'自由泰'运动士兵的武装，并利用他们使对立的政治家走投无路，似乎正是在泰国建立共产党政权的第一步。"⑤

军人最初只得忍气吞声。1947年春，泰国的政治形势出现重要变化。一方面，"自由泰"政府依然无法解决政治和经济危机，民众的不满情绪逐渐发酵；另一方面，英军撤离泰国，大大缓解了盟军对军方的压力。在这种形势下，以披汶·颂堪为代表的军人势力从3月开始活跃起

---

① Daniel Fineman. *A Special Relationship: The United States and Military Government in Thailand, 1947-1958*, Honolulu: University of Hawaii Press, 1997, pp. 28, 27.
② Jayanta K. Ray. *Portraits of Thai Politics*, New Delhi: Orient Longman, 1972, pp. 111-113.
③ Judith A. Stowe. *Siam Becomes Thailand: A Story of Intrigue*, Honolulu: University of Hawaii Press, 1991, pp. 234-235, 240.
④ Jayanta K. Ray. *Portraits of Thai Politics*, New Delhi: Orient Longman, 1972, pp. 113-114.
⑤ Jayanta K. Ray. *Portraits of Thai Politics*, New Delhi: Orient Longman, 1972, pp. 111, 171.

来。无罪释放的披汶·颂堪在沉寂了一段时间后，宣布要重新担任公职以洗刷叛国和战犯的指控。他组建由不满的军官组成的"右即是力量党"，同宽·阿派旺领导的民主党接触①。

"自由泰"政府的政治危机从5月起加速发展。反对派在议会谴责"自由泰"政府，指责各级官员的腐败。6月，探隆·那瓦沙瓦总理改组政府，虽然挫败了议会的不信任投票，但局势岌岌可危，国内发生了反饥饿的示威游行，政变的谣言四起②。

经过精心准备，加迟颂堪、屏·春哈旺、炮·沙耶暖、沙立·他纳叻等军人于11月8日发动政变。其理由有二：一是经济困难和政府腐败，政府无法解释国王之死；二是政府对军队实行高压政策，如辞退现役军官、公开赞赏"自由泰"武装力量的作用、阻止军官参与政治活动。他们宣称，政变的目的是成立解决经济问题的新政府，维护民族、国王和宗教的神圣性，尊重宪法，支持武装部队的发展，处理国王之死案，消除政府和议会中的共产主义影响③。

披汶夫人称披汶·颂堪没有参与政变计划，为避免流血冲突才支持政变者④。

政变集团兵不血刃地推翻了探隆·那瓦沙瓦政府，比里·帕侬荣在英国、美国使馆的帮助下逃往新加坡。出于争取外交承认的考虑，政变集团没有马上走上政治前台，而是邀请宽·阿派旺组织临时政府⑤。宽派在1948年1月举行的议会选举中大获全胜并建立政府。4月6日，政变集团逼迫宽·阿派旺辞职。次日，泰国摄政委员会任命披汶·颂堪为总理。

---

① Daniel Fineman. *A Special Relationship: The United States and Military Government in Thailand, 1947-1958*, Honolulu: University of Hawaii Press, 1997, p. 21; Paul Preston, Michael Patridge. *British Documents on Foreign Affairs: Reports and Papers From the Foreign Office Confidential Print*, Part 4, Series E, Vol. 6, Bethesda: University Publications of America, 2003, p. 302.

② Nigel J. Brailey. *Thailand and the Fall of Singapore*, Boulder: Westview Press, 1986, p. 130; Paul Preston, Michael Patridge. *British Documents on Foreign Affairs: Reports and Papers From the Foreign Office Confidential Print*, Part 4, Series E, Vol. 6, Bethesda: University Publications of America, p. 281.

③ Thak Chaloemtiarana: *Thai Politics: Extracts and Documents, 1932-1957*, Bangkok: The Social Science Association of Thailand, 1978, p. 503.

④ Jayanta K. Ray. *Portraits of Thai Politics*, New Delhi: Orient Longman, 1972, pp. 209-210.

⑤ Paul Preston, Michael Patridge. *British Documents on Foreign Affairs: Reports and Papers From the Foreign Office Confidential Print*, Part 4, Series E, Vol. 6, Bethesda: University Publications of America, 2003. pp. 281.

美国对泰国的政策，相应地由支持"自由泰"政府，转为承认披汶·颂堪政府。

美国最初与英国一起支持"自由泰"政府，把披汶·颂堪等军人视为战犯，要求泰国政府对其进行审判，明确反对披汶·颂堪重返政坛，密切关注1947年泰国政治危机的发展态势，到1948年3月才承认经选举建立的宽·阿派旺政府。美国试图利用宽派来反对披汶·颂堪重返政坛，利用外交承认来制约政变集团，以巩固宽·阿派旺政权。然而，在泰国三派的政治斗争中，比里派是制约军人势力的一支重要力量，其失势意味着军人力量的增强。英国驻泰大使G.汤普森断言，美国支持宽·阿派旺就是支持披汶·颂堪。比里派被镇压后，宽·阿派旺尽管态度强硬，却无力对抗政变集团[①]。美国的如意算盘落空了。

同时，国际形势的变化促使美国对披汶·颂堪重新执政采取了现实的态度。它与苏联在欧洲的对抗不断升级，蒋介石在中国内战中的处境越来越糟，东南亚多国发生共产党起义，苏联在曼谷建立大使馆等。因此，泰国建立一个对美国友好而且稳定的非共产党政府，符合美国的利益。它放弃了反披汶·颂堪的立场，"冷战的来临立刻促使美国和英国决定于1948年4月承认披汶·颂堪政府"[②]。

1948年4月30日，在披汶·颂堪政府通过泰国议会的信任投票后，美国给予正式承认。

美国对泰政策的变化表明，出于国际形势变化和冷战的需要，美国在泰国文人与军人的政治斗争中选择了曾经与日本合作的军人势力。

二、披汶·颂堪政府的政治危机与美国对泰军事援助的考虑

披汶·颂堪政府虽然得到了美、英、法等国的承认，但国内存在强大的反对势力。反对派包括比里·帕侬荣的支持者、议会中的宽派、海军以及陆军中的反对派。政变集团也没有全力支持他。例如，由于宽派在1948年1月的议会选举中获得多数席位，宽·阿派旺虽然被迫辞去

---

① 关于1947年11月政变至1948年3月宽·阿派旺政府建立期间美、英、法三国对泰国政策的变化，参见Daniel Fineman. *A Special Relationship: The United States and Military Government in Thailand, 1947-1958*, Honolulu: University of Hawaii Press, 1997, pp. 22, 41-49, 53.

② David K. Wyatt. *Thailand: A Short History*, London: Yale University Press, 1984, p. 267.

总理职务，但仍然控制议会，把议会变成反对政府的重要阵地。披汶·颂堪为了通过政府议案，往往"需要采取各种手段才能在议会中维持多数"①。

1948—1951年，披汶·颂堪政府经历了三次政变考验。

1948年10月1日，披汶·颂堪政府镇压了一起陆军未遂政变。这些不满分子由总参谋长内·格玛瑜信少将领导，他们认为政变集团领导人加迟颂堪将军"把军队搞得混乱不堪，赶走有能力的人，使其他人士气低落"，军队领导人"热衷于政治导致陆军效率低下"，"除非军人被阻止参加政治、完全致力于军事任务，否则陆军的效率不可能得到长期提高"②。披汶·颂堪政府镇压了政变，而且乘机清除了陆军中的反对者。

1949年2月，比里·帕侬荣及其支持者发动了"王宫政变"。比里·帕侬荣悄悄返回泰国，在"自由泰"人士和海军的支持下，于2月26日发动政变。政变者占领电台，攻打王宫。海军与陆军发生对峙。陆军于次日平定叛乱，但3月3日才通过谈判解除了与海军的对峙③。

1951年6月29日，海军发动了"'曼哈顿'号叛乱"。披汶·颂堪在主持美国援助泰国的挖泥船"曼哈顿"号的交接仪式时被海军绑架，被囚禁在旗舰"室利阿逾地亚"号上。陆军、空军和警察共同镇压这场叛乱。双方激战三天，囚禁披汶·颂堪的船被炸沉，披汶·颂堪死里逃生，游回岸上。这次政变造成25名军人和警察、103名平民被杀，500余人受伤。海军遭到肢解，从此一蹶不振④。

面对强大的反对势力和极不稳定的政局，披汶·颂堪试图加强军队和警察，以维持其政权。从1947年12月到1948年10月，他多次向美国寻求军事援助和购买武器，都遭到拒绝⑤。

---

① David A. Wilson. *Politics in Thailand*, Ithaca: Cornell University Press, 1962, p. 209.
② Jayanta Kumar Ray. *Portraits of Thai Politics*, New Delhi: Orient Longman, 1972, p. 123.
③ Likhit Dhiravegin. *Demi Democracy: The Evolution of the Thai Political System*, Singapore: Times Academic Press, 1992, p. 131.
④ Likhit Dhiravegin. *Demi Democracy: The Evolution of the Thai Political System*, Singapore: Times Academic Press, 1992, p. 131. 关于伤亡的另一个数字是1200人被杀、1800人受伤。参见 Daniel Fineman. *A Special Relationship: The United States and Military Government in Thailand, 1947-1958*, Honolulu: University of Hawaii Press, 1997, p. 148.
⑤ Daniel Fineman. *A Special Relationship: The United States and Military Government in Thailand, 1947-1958*, Honolulu: University of Hawaii Press, 1997, pp. 69-72.

不过，由于美国开始关注东南亚地区的共产党活动，披汶·颂堪采取反共立场，并利用曼谷的外国报刊和外交官进行宣传，争取到了驻泰美国外交官和美国国务院远东事务司的支持。1949年5月，美国酝酿制定《共同防御援助法》。美国驻泰大使斯坦顿和武官埃利奥特·索普连续提交5份报告，要求美国援泰。然而，艾奇逊国务卿的看法是，"暹罗人可能得出错误的结论，即暹罗反对共产主义的斗争是美国的事而不是它的主要责任，在他们认为合适的时候可以给予某些帮助"①。

美国国务院的政策也在变化，1949年3月美国国务院政策设计司出台的《美国对东南亚政策》指出："我们应该加强暹罗（泰国），帮助维持其政府已经取得的相对稳定，概括地说，把该国培养为东南亚……安定的战略中心。"②5月13日，东南亚事务处助理处长威廉·莱西向查尔斯·S.里德呈交备忘录，认为泰国局势自政变以来日趋恶化，陆军和海军互相猜忌，华人大多同情中国革命，提出"集权手段"是稳定泰国的唯一办法。他把披汶·颂堪作为实施集权措施的唯一人选，"披汶·颂堪……是反共分子，他似乎准备使自己同美国和英国的政策保持一致，渴望重新团结陆、海军"。他建议"我们应该迅速转为加强披汶元帅的政府"③。1949年7月8日，美国国务院政策设计司出台名为"东亚和东南亚行动建议"的文件，为美国应对失去中国后在东亚和东南亚的行动提供对策。其中，关于泰国的措施是：第一，美国应该允许把存放在东京却由曼谷拥有的黄金转交给泰国；第二，美国应该向泰国派遣技术代表团；第三，美国应该给予泰国人少量的军事援助；第四，美国海军应偶尔访问泰国④。

美国国务院开始采取措施。1949年8月，美国国务院批准一个代表团赴泰国帮助它调查自然资源。9月，美国把扣留在日本价值约4300万

---

① Daniel Fineman. *A Special Relationship: The United States and Military Government in Thailand, 1947-1958*, Honolulu: University of Hawaii Press, 1997, pp. 74-75, 84, 86-87; Andrew J. Rotter. *The Path to Vietnam: Origins of the American Commitment to Southeast Asia*, Ithaca: Cornell University Press, 1987, pp. 76-77.

② FRUS, 1949, Vol. 7, pp. 1128-1133.

③ Andrew J. Rotter. *The Path to Vietnam: Origins of the American Commitment to Southeast Asia*, Ithaca: Cornell University Press, 1987, pp. 76-77.

④ Robert M. Blum. *Drawing the Line: The Origin of the American Containment Policy in East Asia*, New York: W. W. Norton & Company, 1982, pp. 90-91; Andrew J. Rotter. *The Path to Vietnam: Origins of the American Commitment to Southeast Asia*, Ithaca: Cornell University Press, 1987, pp. 77-78.

美元的黄金拨给泰国。这批黄金原本是日本用于支付战争期间从泰国获取的物资和劳务服务。美国力排远东委员会中的反对意见，把这笔钱拨还泰国①。美国政府大量购买泰国的橡胶、锡矿石和大米。同时，美国投资者对泰国的兴趣日益增加。一位记者注意到："美国商人无视最近的政治动乱（即1947年11月政变），以1849年涌向美国西部的淘金者一样一往无前的狂热闯入暹罗。"②

在美国国会讨论《共同防御援助法》期间，国务院远东司和斯坦顿大使推动国务院向泰国提供"适量免费军事援助"。他们不支持美国承担保卫泰国的责任，但强调提供援助的心理效果③。远东司的一份备忘录指出了泰国的战略地位以及其在美国亚洲反共政策中的作用。泰国受到国内外共产主义的威胁，如果泰国垮掉了，"不可能守住马来亚。这将意味着美国在从朝鲜半岛到印度的亚洲大陆上没有公开的朋友和盟友"。泰国对美国还具有经济意义。如果丧失泰国和马来亚，美国将失去诸如钨、锡和橡胶等战略原料。"美国支持泰国抵抗共产主义军队具有重大的政治和经济意义"④。《共同防御援助法》第303条的拨款规定，为美国对泰国的军事援助提供了资金。

到1949年12月底，艾奇逊对援助泰国仍然有保留，他在同英国大使的一次讨论中表示，美国将"承担"在日本和菲律宾的"主要责任"，将"援助印度尼西亚"，但在马来亚、缅甸以及"更少程度上在泰国"，"权力中心的自然位置、习惯、知识和环境使该地区主要是英国和英帝国关注的地方"⑤。

美国此间对印度支那政策的转变也影响了援泰立场，是否承认保大伪

---

① Paul Preston, Michael Partridge. *British Documents on Foreign Affairs: Reports and Papers From the Foreign Office Confidential Print*, Part 4, Series E, Vol. 10, Bethesda: University Publications of America, p. 216.

② Andrew J. Rotter. *The Path to Vietnam: Origins of the American Commitment to Southeast Asia*, Ithaca: Cornell University Press, 1987, p. 78;〔苏〕尼·瓦·烈勃里科娃:《泰国现代史纲（1918—1959）》，中国科学院世界历史研究所翻译小组译，北京：商务印书馆，1973年，第205页。

③ Andrew J. Rotter. *The Path to Vietnam: Origins of the American Commitment to Southeast Asia*, Ithaca: Cornell University Press, 1987, p. 78.

④ Andrew J. Rotter. *The Path to Vietnam: Origins of the American Commitment to Southeast Asia*, Ithaca: Cornell University Press, 1987, p. 79.

⑤ Daniel Fineman. *A Special Relationship: The United States and Military Government in Thailand, 1947-1958*, Honolulu: University of Hawaii Press, 1997, p. 97.

政权，成为披汶·颂堪政府获得美国援助的重要因素。

三、承认保大伪政权、参加朝鲜战争与美国援助泰国的开始

战后初期，泰国因印度支那领土争端而强烈反法，积极支持印度支那人民的反法斗争。1947年5月至6月，比里·帕侬荣提出建立以泰国和法属印度支那三国为核心的"东南亚联盟"（Southeast Asian Union）。9月，由越南独立同盟会、老挝伊萨拉和泰国"自由泰"人士组成的"东南亚同盟"（Southeast Asian League）在曼谷成立。披汶·颂堪上台后继续采取反法措施。1948年7月，披汶·颂堪表示越南冲突是民族独立运动而不是共产党叛乱。泰国向印度支那抗法力量提供武器和物资，允许越南独立同盟会、柬埔寨伊萨拉和老挝伊萨拉在曼谷开设办事处，允许印度支那难民在泰国避难[①]。

保大伪政权建立后，泰国和美国在承认该伪政权的问题上出现分歧。泰国认为保大伪政权在越南不得民心，难以立足，拒绝承认。而美国为了显示独立的东南亚国家对法国政策的支持，以援助为武器，迫使泰国承认保大伪政权。

1948年6月21日，美国国务院公开表示在一定程度上支持保大伪政权。同一天，东南亚处主任兰登敦促泰国驻美大使旺·威亚功亲王说服泰国政府发表支持声明，没有得到泰方回应。9月，泰国威瓦他那猜亲王访美，谋求世界银行的贷款。美国国务院远东司司长巴特沃思表示，美国期望泰国以外交表现换取物质援助。兰登则强调保大伪政权的成功对泰国的重要性。对于旺·威亚功亲王想通过《共同防御援助法》获得援助的愿望，国务卿帮办腊斯克的答复是，泰国应签订一项共同防御条约，他需要同旺·威亚功亲王谈泰国的全面外交政策。然而，至11月，披汶·颂堪政府一直拒绝承认或支持保大伪政权[②]。

从1949年底到1950年初，美国政府考虑如何使用将要援助的7500万美元。斯坦顿大使向美国国务院递交了对泰援助1500万美元的申请方

---

① Russell H. Fifield. *The Diplomacy of Southeast Asia: 1945-1958*, New York: Harper & Brothers Publishers, 1958, p. 249; Nigel J. Brailey. *Thailand and the Fall of Singapore*, Boulder: Westview Press, 1986, pp. 122-123.

② FRUS, 1949, Vol. 7, pp. 113, 62-63; Daniel Fineman. *A Special Relationship: The United States and Military Government in Thailand, 1947-1958*, Honolulu: University of Hawaii Press, 1997, pp. 103-105.

案，国防部长约翰逊也支持参谋长联席会议援助泰国1000万美元的建议。1950年2月7日，兰登通知泰国大使旺·威亚功亲王，泰国的援助申请"正获得高官的考虑"。旺·威亚功亲王向泰国政府报告说："他们以积极的态度对待泰国的申请，因为国务卿和国防部长十分关心泰国的需要。"至此，泰国能否获得援助，承认保大伪政权至关重要①。

1950年2月7日，美国正式承认保大伪政权，推动了披汶·颂堪政府承认保大伪政权的步伐。2月13日，尽管泰国议会、报界和政府多数成员，如宽·阿派旺、社尼·巴莫、朴·沙拉信外长等，都表示强烈反对，披汶·颂堪仍然举行内阁会议研究承认保大伪政权的问题。他在一周后举行的第二次会议上才获得多数内阁成员的支持。2月28日，披汶·颂堪政府正式承认法国控制的越南、老挝和柬埔寨政府，使泰国成为承认保大伪政权的第一个亚洲国家②。

披汶·颂堪的果断行动得到了回报。3月9日，艾奇逊国务卿建议杜鲁门总统批准1000万美元的援泰计划，并于次日获批③。

朝鲜战争爆发后，披汶·颂堪政府全力支持美国的立场，不仅主动向韩国提供免费大米，而且在1950年7月3日内阁会议上原则同意向韩国派兵。在7月7日联合国安理会决定派军干涉朝鲜战争之后，泰国内阁一致同意派兵。面对国内各界的指责，披汶·颂堪解释道，"通过派遣少量部队作为我们友谊的象征，我们将获得各种回报"，"如果我们在这项事业中只投资一点，我们会从这些国家获得援助"④。

在朝鲜战争期间，泰国向韩国捐赠了4万吨大米（约436.8万美元），向联合国军司令部派遣了1个步兵营、1个空运队、2艘驱逐舰和1个红十字医疗队。此外，泰国支持美国在联合国的所有主张，谴责中国并对中国实行战略物资禁运，支持联合国大会遣返战俘的决议，等等⑤。

---

① FRUS, 1950, Vol. 6, p. 697; Daniel Fineman. *A Special Relationship: The United States and Military Government in Thailand, 1947-1958*, Honolulu: University of Hawaii Press, 1997, p. 106.
② Daniel Fineman. *A Special Relationship: The United States and Military Government in Thailand, 1947-1958*, Honolulu: University of Hawaii Press, 1997, pp. 110-113.
③ FRUS, 1950, Vol. 6, p. 40.
④ Daniel Fineman. *A Special Relationship: The United States and Military Government in Thailand, 1947-1958*, Honolulu: University of Hawaii Press, 1997, pp. 116-117.
⑤ Russell R. Fifield. *The Diplomacy of Southeast Asia: 1945-1958*, New York: Harper & Brothers Publishers, 1958, p. 265.

美国立即给予回报。1950年8月初，世界银行批准向泰国提供2500万美元发展贷款，这是向亚洲国家提供的第一笔贷款①。8月下旬，美国援助的第一批武器启运。艾奇逊向正在泰国考察的梅尔比解释道，"泰国决心支持联合国抵制共产主义的行动，是泰美关系中至关重要的一项政治决定，表明泰国对我们承诺的信心，即向自助的国家提供军事援助。这种态度对心理战极为重要。与其他东南亚国家相比，泰国更明确地支持美国和联合国的目标。如果泰国得到的军事援助比这些国家晚的话，将会对其士气造成毁灭性打击"②。

美国政府先后派出的格里芬考察团和梅尔比—厄斯金考察团考察了泰国的政治、经济和军事状况，制订了援助泰国的经济和军事方案。

格里芬考察团认为，泰国最大的敌人是中国可能通过大量有势力的华人控制泰国及泰国的剩余大米。该考察团认为泰国财政状况良好，对泰国经济援助的"政治迫切性超过经济性质。作为一个完全支持西方的国家，泰国需要及时的证据表明其伙伴关系是值得的"。该考察团建议向泰国提供1420万美元的经济和技术援助③。

梅尔比—厄斯金考察团出于政治需要，明确建议分配杜鲁门总统在1950年3月批准援助泰国的1000万美元。8月26日该考察团抵达曼谷后，美国国务院和国防部要求它提出一项多年援助计划，以便"建立一支装备精良、训练有素的泰国军队"，能够保卫泰国，使之免遭外来侵略或颠覆。该考察团关于援助泰国的计划方案是：把泰国军队从35 000人扩编为50 000人，总费用为4000万美元；建议美国向泰国空军和海军提供装备和训练。最后的考察报告认为，"我们相信泰国拥有必要的条件，能使之成为东南亚坚不可摧的核心"，建议把泰国援助计划放在仅次于印度支那的优先地位④。

根据格里芬考察团和梅尔比—厄斯金考察团建议的援助计划，从

---

① Daniel Fineman. *A Special Relationship: The United States and Military Government in Thailand, 1947-1958*, Honolulu: University of Hawaii Press, 1997, p. 118.
② FRUS, 1950, Vol. 6, pp. 134-135.
③ Samuel P. Hayes. *The Beginning of American Aid to Southeast Asia: The Griffin Mission of 1950*, Lexington: Heath Lexington Books, 1971, pp. 223-224.
④ Daniel Fineman. *A Special Relationship: The United States and Military Government in Thailand, 1947-1958*, Honolulu: University of Hawaii Press, 1997, p. 132.

1950年7月开始，美国同泰国签订了三个重要协定。

7月，泰国和美国签订《教育交流计划》，即《富布莱特协定》，美国向泰国学生提供赴美留学奖学金，派美国教授赴泰国工作[①]。

9月19日，泰国和美国签订《经济和技术合作协定》。美国在曼谷设立"特殊技术和经济团"，派遣50名技术专家从事农业、水利、运输、通信、商业、教育和公共卫生领域的工作，开始了对泰国的经济援助。

10月17日，泰国与美国签订《共同防御援助协定》，向泰国提供军事援助。美国驻泰大使的声明揭示了该协定的内容："这项协定不是军事联盟，也不是防卫条约。这项协定中没有包括军事、海军和空军基地的规定。泰国政府没有提供这样的基地，美国政府也不曾要求这样的基地或特许权。该协定是根据泰国政府要求提供武器和装备，加强泰国军队以便他们更好地保卫泰国和泰国人民免受可能威胁泰国和平和宁静的侵略。……正是基于这种精神，美国政府回应泰国政府的呼吁，决定提供武器和军事装备以代替泰国武装部队正在使用的旧装备，并派遣美国军官和技术人员以演示训练。"[②]美国对泰国的军事援助的内容是向泰国军队提供武器和军队训练。

美国援助的武器在1951年运抵泰国，包括装备10个陆军营的武器、战斗机及先进的海军舰船。美国在曼谷设立"军事援助顾问团"，负责分配军事援助物资和训练泰国军队[③]。

总之，亚洲冷战的形成和美国东南亚冷战政策的确立，是开启冷战期间美泰关系的关键因素。一方面，为了在东南亚遏制共产主义，美国利用"第四点计划"，开始向东南亚国家提供经济和军事援助；另一方面，通过政变重新执政的披汶·颂堪和军人集团为巩固地位，急需美国的军事援助，在亚洲冷战形成的过程中决定支持美国的反共立场，得偿所愿。

[①] Donald E. Nuechterlein. *Thailand and the Struggle for Southeast Asia*, Ithaca: Cornell University Press, 1965, p. 108.

[②] Russell R. Fifield. *The Diplomacy of Southeast Asia: 1945-1958*, New York: Harper & Brothers Publishers, 1958, pp. 269-270.

[③] R. Sean Randolph. *The United States and Thailand: Alliance Dynamics, 1950-1985*, Berkeley: Institute of East Asian Studies, University of California, 1986, p. 15.

第四章

20 世纪 50 年代美泰结盟与两国关系的波动

泰国在 20 世纪 50 年代前半期坚定地支持美国的印度支那政策，在美国的支持下两次向联合国申诉，通过《东南亚集体防御条约》与美国结盟。到 50 年代中期，东亚及东南亚国际形势出现缓和，尤其是中泰关系在亚非会议后得到改善，对美泰关系造成一定冲击。1958 年，由于泰国政局变化以及中国外交政策的改变，美泰关系恢复如前。

第一节　印度支那战争与泰国向联合国的申诉

一、越南人民军入侵老挝与美国支持的泰国申诉

越南抗法战争在中华人民共和国建立后取得重大进展。中国不仅外交上承认越南民主共和国，而且为其提供巨额物资援助，派军事顾问参与重要作战计划的制订和实施，有力地支持了越南人民军的军事行动。1950 年，越南人民军发展到约 30 万人。1952 年，越南人民军解放的领土占全国领土面积的 2/3，人口为全国的一半。越南劳动党在南方还拥有一批根据地。

1953—1954 年，为打击和牵制法国殖民军，越南人民军三次深入老挝开展军事行动。

1953 年 4 月越南人民军首次深入老挝。4 月 9 日，3 个师的越南人民军兵分三路进攻老挝北部。左路军顺利占领桑怒省，把它交给苏发努冯亲王领导的巴特寮。巴特寮在此成立抗法政府并宣称为全老挝的合法政府。这给日内瓦会议解决老挝问题以及其后老挝历史的发展造成重要影响。右路军从奠边府出发，包围了有 300 人防守的孟夸村，然后一部向老挝王都琅勃拉邦挺进。中路军出发后向琅勃拉邦挺进。26 日，左路军和中路军从东、西两面包围了查尔平原的法军。30 日，右路军包围了琅勃拉邦。至此，越南人民军包围了查尔平原、琅勃拉邦和芒苛，控制了老挝北部。由于补给困难和雨季即将来临，越南人民军于 5 月 7 日撤离①。

　　1953 年 12 月，越南人民军第二次深入老挝。12 月 20 日，越南人民军在老挝中部和南部发起攻势。中部的越南人民军很快占领湄公河沿岸重镇他曲，并于 1954 年 1 月初包围军事要塞塞诺。在南部，越南人民军在巴特寮部队的配合下占领阿速坡，并向北威胁湄公河沿岸重镇巴塞，迫使法军调兵增援②。

　　1954 年 1 月 26 日，为牵制法军实施"纳瓦尔计划"，越南人民军在越南中部高原和老挝北部同时发动进攻，1 个师和 1 个团从奠边府进攻孟夸。2 月 8 日，越南人民军先头部队距琅勃拉邦仅 20 英里（约 32 千米），迫使法军司令纳瓦尔空运 5 个营去增援。23 日，越南人民军返回奠边府准备决战。越南人民军司令武元甲指出，此次军事行动的影响是"纳瓦尔被迫进一步分散其军队"③。

　　越南人民军在老挝的首次军事行动引起了美国和泰国的强烈反应。

　　在承认越南、柬埔寨和老挝为法兰西联邦联系国之后，美国启动了对印度支那的军事援助。朝鲜战争爆发后，美国的援助扩大到技术和经济领域，数量也不断增加。与此同时，国内政治斗争推动美国政府采取强硬的东南亚政策，美国更加重视印度支那。

---

① Martin E. Goldstein. *American Policy Toward Laos*，Rutherford：Fairleigh Dickinson University Press，1973，p. 71；Arthur J. Dommen. *Conflict in Laos：The Politics of Neutralization*，New York： Praeger Publishers，1971，pp. 40-42；Phillip B. Davidson. *Vietnam at War：The History*，*1946-1975*，Novato：Presidio Press，1988，pp. 151-152.

② Phillip B. Davidson. *Vietnam at War：The History*，*1946-1975*，Novato：Presidio Press，1988，p. 211.

③ Phillip B. Davidson. *Vietnam at War：The History*，*1946-1975*，Novato：Presidio Press，1988，p. 213；Martin E. Goldstein. *American Policy Toward Laos*，Rutherford：Fairleigh Dickinson University Press，1973，p. 71.

外交政策成为1952年美国总统大选的重要议题，共和党与民主党就美国的亚洲政策展开激烈辩论。共和党大肆攻击杜鲁门政府，指责它对共产党的立场软弱。因此，新上台的艾森豪威尔政府虽然以尽快结束朝鲜战争为己任，却迫使法国在印度支那采取积极军事行动，敦促法国给予印度支那三国独立。越南人民军入侵老挝事件，为美国的施压提供了契机。杜勒斯国务卿试图乘机使印度支那战争"国际化"，由联合国插手印度支那问题，既向法国施压，又安抚美国国会中的鹰派议员。

对于泰国来说，它与老挝相邻，一直把老挝看作它与越南之间的缓冲地带，因而把越南人民军的行动视为对泰国安全的直接威胁。加上与老挝接壤的泰国东北部局势不稳，约5万越南难民在此居住，泰国宣布泰老边界地区处于紧急状态并加强防御，请求美国提供军事援助。

因此，美、泰两国不仅在军事上开展合作，还在外交上采取联合行动，向联合国申诉。

1953年4月13日，老挝政府发表声明，呼吁自由世界谴责越南独立同盟会（即越南人民军）的侵略，表达了老挝政府、军队和人民在法兰西联邦军队的帮助下抵抗越南独立同盟会侵略的决心[①]。

美国国务院的初步措施是，查明联合国秘书长是否注意到老挝政府的声明，查明法国对于把这个问题提交给联合国的立场，并公开谴责越南独立同盟会的侵略[②]。美国国务院声明，美国政府已经注意到老挝政府的声明，正密切关注事态的发展，同情老挝的危险处境，将继续援助印度支那联系国和法国[③]。

然而，美国国务院的工作重心是让联合国介入此事件，使印度支那问题国际化。根据美国驻西贡代办麦克林托克、联合国事务助理国务卿、美国驻越大使希思等人的观点，法国把这个事件提交联合国安理会讨论的好处有三点。第一，可以把苏联置于两难境地。如果否决安理会决议，苏联就要承担对侵略老挝不作为的责任；如果弃权，它就会打击中国在东南亚的行动。第二，将为美国增加援助提供更加有力的理由，把印度支那列入

---

① American Foreign Policy, Basic Documents, 1950-1955, Vol. 2, p. 2369; FRUS, 1952-1954, Vol. 13, Part I, pp. 468-469.
② FRUS, 1952-1954, Vol. 13, Part I, p. 469.
③ American Foreign Policy, Basic Documents, 1950-1955, Vol. 2, p. 2369; FRUS, 1952-1954, Vol. 13, Part I, p. 471.

国际谈判清单，有利于维护自由世界反侵略的原则。第三，如果安理会通过谴责侵略的决议，将在老挝和越南产生积极影响，有助于把越南人团结到保大伪政权的旗下①。

但是，作为当事者的法国反对美国的做法，因为它担心联合国的非共产党国家并非都支持谴责越南人民军入侵老挝事件，反而会引起有关殖民主义的讨论，令法国的处境尴尬。法国使馆参赞M.皮埃尔·米勒向美国国务院表示，法国政府认为越南人民军入侵老挝事件不应是联合国讨论的问题。法国政府清楚联合国介入这个问题的利弊，愿意根据事态发展再作考虑，老挝政府的声明并非呼吁联合国采取行动②。

美国国务院在1953年4月下旬力促法国改变立场。杜勒斯利用到巴黎参加美、英、法三国外长会议的机会，当面劝说皮杜尔外长和迈耶总理③。杜勒斯又通过美国大使狄龙向皮杜尔转达了美国的考虑。向联合国申诉将令印度支那问题国际化，以迫使共产党必要时在印度支那和解，加深对法国在印度支那行动必要性的理解。否则，共产党和自由世界都会误以为其展示了东南亚的虚弱以及对它漠不关心④。

这些举措未能打动法国人。美国国务院把目光转向泰国，推动泰国以安全受到威胁的邻国身份向联合国申诉。

泰国政府应对越南人民军入侵老挝事件的国内措施有：关闭湄公河沿岸泰老边界地区，禁止泰国人赴老或把货物运过河，只允许携带老挝或法国当局颁发的身份证明者入泰；在湄公河沿岸组织泰国军警联合巡逻及空中巡逻，披汶·颂堪总理访问与万象隔河相对的廊开及泰国东北部地区⑤。

与此同时，泰国争取美国支持它向联合国申诉。披汶·颂堪总理试探美国大使斯坦顿，如果老挝政府同意，泰国向联合国申诉是否符合议事规程。泰国驻美大使朴·沙拉信也奉命向美国国务院表达泰国的忧虑。泰国政府的判断是，敌人暂时不会渡过湄公河采取军事行动，但会对泰国北部和东北部约500万老族人进行冷战宣传，有可能削弱中央政府的影响力，把大量

---

① FRUS，1952-1954，Vol. 13，Part I，pp. 491，524.
② FRUS，1952-1954，Vol. 13，Part I，p. 471.
③ FRUS，1952-1954，Vol. 13，Part I，pp. 505-506，512-513；FRUS，1952-1954，Vol. 5，pp. 391-392.
④ FRUS，1952-1954，Vol. 13，Part I，p. 526.
⑤ FRUS，1952-1954，Vol. 13，Part I，pp. 514-515.

民众吸引到共产党的事业中去。泰国政府支持老挝向联合国申诉①。

1953年5月5日，杜勒斯会见朴·沙拉信并指出，根据《联合国宪章》第34条规定，泰国可以把老挝问题作为预防性措施提交联合国安理会考虑，从而"引起全世界对泰国立场的关注，或许可以对共产党军队起到威慑作用"。次日，杜勒斯又向朴·沙拉信建议，泰国请求联合国安理会根据《联合国宪章》第34条和第35条规定，查明泰国东北部边境局势危及国际和平与安全，派观察员赴泰国边境地区报告关于威胁泰国独立或领土完整的活动②。

美国迅速采取行动，向泰国提供武器援助。杜勒斯敦促国防部长优先向泰国运输武器。美国国家安全委员会第143次会议专门讨论援助泰国的问题，决定派遣一个由美国高级军官领导的军事使团赴泰指导泰国武装部队的训练和作战；加快对泰国的军事援助，向泰国武装部队提供一切可能的物资援助。美国迅速启运泰国要求的小型武器，甚至空运轻型武器③。

同时，在纽约州共和党聚餐会以及国务院新闻发布会上，杜勒斯谈到越南人民军入侵老挝对泰国安全的影响，表示美国将援助法国和老挝军队，并向泰国提供军事援助。他强调，"这些武装侵略者现在还威胁到宁静的泰国。泰国表示相信集体安全，是为联合国在朝鲜半岛的努力作出英勇和重要贡献的国家之一。它这种为其他国家的表现，已经赢得了从其他国家获得帮助的权利"。他表示，美国向法国提供的运输机已于5月5日抵达河内，美国还提供驾机的平民飞行员，援助泰国的"部分弹药已在从太平洋地区空运到曼谷的途中，美国正采取行动加快其他军事物资的运输"④。

泰国则在美国的推动下开展申诉行动。5月8日，朴·沙拉信与美国助理国务卿约翰·D.希克森讨论程序问题，后者保证美国全力支持泰国在联合国的行动⑤。由于越南人民军于5月7日撤离老挝，5月11日泰国外

---

① FRUS，1952-1954，Vol. 13，Part I，pp. 515，532-533.
② FRUS，1952-1954，Vol. 12，Part II，pp. 664-665，671-672.
③ FRUS，1952-1954，Vol. 12，Part II，pp. 665-667，670，672；FRUS，1952-1954，Vol. 13，Part I，p. 549.
④ FRUS，1952-1954，Vol. 12，Part II，pp. 664-665；American Foreign Policy，Basic Documents，1950-1955，Vol. 2，p. 2370.
⑤ FRUS，1952-1954，Vol. 13，Part I，p. 556.

长指示朴·沙拉信推迟递交申诉。美国助理国务卿罗伯逊当即警告，如果泰国人放弃申诉，"美国政府，尤其是国务卿将非常失望"。他把泰国申诉与美国对泰援助联系起来："当它（越南独立同盟会入侵）成为联合国议题之时，美国将能够更好地提供泰国需要的力量援助。"①因此，泰国继续实施申诉行动。

这样，从1953年5月到6月，美国利用泰国的申诉行动同法国博弈。

5月8日，杜勒斯指示狄龙大使通知法国外交部，泰国政府将向联合国递交申诉，美国国务院打算支持泰国的行动，并建议泰国政府事先同法国、老挝协商以便进行配合，美国只回应泰国大使提出的问题。法国的回答是，法国外交部相信目前的形势是弊大于利，强烈希望泰国不要采取行动②。

美、法两国之间进行了一系列交涉。法国大使向美国代理国务卿比德尔·史密斯指出，如果公开美国不仅不支持法国，还怂恿泰国递交法国强烈反对的提案，将会给法国带来严重影响。他向助理国务卿约翰·D.希克森表示，美、泰两国的行动令法国政府"深感不安"③。

尽管如此，代理国务卿比德尔·史密斯指示美国大使向披汶·颂堪总理表示，美国国务院对泰国政府决定向联合国安理会申诉感到满意，保证支持泰国的提案，并以其他方式帮助它准备提案或其他支撑材料④。

泰国的提案要求联合国安理会采取行动，派遣维护和平的观察员。

5月30日，法国大使威胁杜勒斯，泰国的提案在法国引起普遍反感，法国要把印度支那问题全部交给联合国处理，撤出印度支那。杜勒斯只得表示，在法国新政府成立并在与它交换相关意见之前，他会劝说泰国政府推迟行动。在美国的授意下，泰国没有递交提案⑤。

6月中旬，为争取柬埔寨独立的西哈努克国王到泰国避难，并请泰国代表柬埔寨向联合国申诉。这使泰国申诉的问题变得更加复杂。法国要求

---

① Daniel Fineman. *A Special Relationship: The United States and Military Government in Thailand, 1947-1958*, Honolulu: University of Hawaii Press, 1997, pp. 175-176.
② FRUS, 1952-1954, Vol. 13, Part I, pp. 555-556.
③ FRUS, 1952-1954, Vol. 13, Part I, p. 568.
④ FRUS, 1952-1954, Vol. 13, Part I, p. 568.
⑤ FRUS, 1952-1954, Vol. 13, Part I, pp. 588-589.

美国阻止泰国代表柬埔寨申诉。皮杜尔向狄龙大使表示，泰国的申诉将令法国在联合国成为唯一的被告。法国已经为印度支那战事和解决柬埔寨问题而疲于奔命，加上联合国问题，法国就难以忍受了，这会大大加强法国国民议会中要求放弃印度支那的力量。因此，这个问题是对美国支持法国在印度支那立场的重要考验①。于是，杜勒斯在6月22日再次要求泰国推迟申诉②。

到1953年7月，法国新任总理约瑟夫·拉尼埃宣布法国打算通过与印度支那三国的谈判来"完善"其独立，法国在美国的干预下制订了更具进攻性的军事方案"纳瓦尔计划"，并撤换印度支那法军司令，替换者为支持进攻性战略的亨利·纳瓦尔将军，这表明法国愿意将战争继续进行下去并给予印度支那三国独立。美国达到了目的，美、泰两国放弃了申诉行动③。

二、日内瓦会议的僵局与泰国再次向联合国申诉

到1953年，法国对印度支那战争的前景悲观失望，法军和保大伪政权军队士气低落。美国国务院也意识到"打败越南独立同盟会的前景越来越暗淡"，法国"不可能以现在的水平作无限期的努力"④。在美国的推动下，法国实施"纳瓦尔计划"，在军事上作最后拼搏。

与此同时，法国寻求谈判解决印度支那问题。1953年7月13日，在华盛顿举行的美、英、法三国外长会议上，皮杜尔外长表示："法国认为不能接受朝鲜停战而印度支那战争继续打下去的局面。"他建议，在根据《朝鲜停战协定》第4条规定举行的政治会议上考虑印度支那局势。杜勒斯感到"极度吃惊，烦恼不已"。英国外交部也认为，"法国对印度支那的立场，甚至比预计的更具失败主义特征"⑤。

---

① FRUS, 1952-1954, Vol. 13, Part I, pp. 609-610.
② Daniel Fineman. *A Special Relationship: The United States and Military Government in Thailand, 1947-1958*, Honolulu: University of Hawaii Press, 1997, pp. 176-177.
③ Russell R. Fifield. *Americans in Southeast Asia: The Roots of Commitment*, New York: Thomas Y. Crowell Company, 1973, p. 186; FRUS, 1952-1954, Vol. 13, Part I, pp. 639-640.
④ 蔡佳禾：《双重的遏制——艾森豪威尔政府的东亚政策》，南京：南京大学出版社，1999年，第45页。
⑤ James Cable. *The Geneva Conference of 1954 on Indochina*, Houndmills: Macmillan Press, 1986, pp. 21-22.

此后，法国谋求把印度支那问题纳入朝鲜会议议程，或者单独召开解决印度支那问题的国际会议。1953 年 12 月初在百慕大举行的美、英、法三国政府首脑会议上，约瑟夫·拉尼埃总理和皮杜尔外长都表示希望谈判解决印度支那问题，建议召开有印度支那三国参加的五国会议①。

越南民主共和国也释放了和平解决印度支那问题的信号。1953 年 11 月 29 日，胡志明在一家瑞典报纸上声明："如果法国政府愿意停战并通过谈判方式解决越南问题，越南民主共和国人民和政府准备研究法国的建议。"②

因此，美、英、法、苏四国外长在 1954 年 2 月柏林会议上同意："印度支那恢复和平的问题还将在讨论朝鲜问题的会议上进行讨论，美国、法国、英国、苏联、中华人民共和国以及其他相关国家的代表将获邀参加。"③这样，柏林会议确定了在讨论朝鲜问题的日内瓦会议上解决印度支那问题。

实际上，美国不支持法国的和谈立场，认为法国只有实施"纳瓦尔计划"并取得胜利，否则法国在谈判桌上将处于不利地位。在日内瓦会议召开之前，法国在印度支那战场上连连溃败。1954 年 3 月 13 日，越南人民军对被包围的奠边府发起总攻，法军面临全面崩溃的局面。法国向美国寻求更多的军事援助甚至是直接军事干预。艾森豪威尔政府考虑过直接军事干预，即使在日内瓦会议期间也未完全放弃。但是，美国因代价过高而未曾实施。这种矛盾心态的结果是，美国虽然派副国务卿比德尔·史密斯参加日内瓦会议，但其只是作为观察员而非正式代表，以便保留行动自由。

1954 年 5 月 8 日，解决印度支那问题的日内瓦会议召开，6 月陷入僵局。为了向参会各方施加压力，美国再次与泰国合作，呼吁联合国向印度支那和泰国派遣观察员。

日内瓦会议开幕一周之后，杜勒斯提出由泰国向联合国申诉，使联合国介入东南亚，对印度支那地区进行和平观察。实施方案是，泰国向和平观察委员会提出要求，美国设法让安理会通过，挫败苏联的否决，召开联

---

① James Cable. *The Geneva Conference of 1954 on Indochina*，Houndmills：Macmillan Press，1986，p. 38.
② James Cable. *The Geneva Conference of 1954 on Indochina*，Houndmills：Macmillan Press，1986，p. 35.
③ FRUS，1952-1954，Vol. 16，p. 415；James Cable. *The Geneva Conference of 1954 on Indochina*，Houndmills：Macmillan Press，1986，p. 43；Leszek Buszynski. *SEATO：The Failure of Alliance Strategy*，Singapore：Singapore University Press，1983，p. 2.

合国大会紧急会议，任命由巴基斯坦、印度、乌拉圭、新西兰和瑞士组成的和平观察组。联合国小组授权调查的范围为整个印度支那地区，并根据需要向该地区任何一国派观察员。他指示参加会议的美国代表团团长比德尔·史密斯与泰国外长旺·威亚功亲王协商，建议重新实施1953年泰国计划，利用联合国和平观察委员会在印度支那地区进行观察并报告对泰国安全的威胁①。

旺·威亚功亲王虽然原则上同意美国的方案，但指出，由于联合国尚未介入印度支那问题的解决，泰国向联合国申诉的时机不对，没有申诉的理由。比德尔·史密斯却强调，当前的局势比1953年6月更具威胁性，整个地区的紧张不断加剧，没有人知道何时何地会发生攻击，因而明智的举措是让和平观察组事前而不是事后到现场。泰国是要求派和平观察组最合适的国家，因为它是经验丰富且独立的联合国成员。于是，旺·威亚功亲王派朴·沙拉信大使回国向披汶·颂堪总理汇报②。

至于泰方提出的向联合国申诉的时机和理由，杜勒斯认为在老挝和柬埔寨的越南人民军对两国和泰国的威胁正不断增加。柬埔寨向联合国的申诉并没有要求联合国采取行动，因此，泰国可以同柬埔寨、老挝一起申诉或者要求联合国安理会采取行动。杜勒斯因此指示美国大使多诺万同披汶·颂堪总理磋商③。

1954年5月20日，美、泰两国在日内瓦就泰国向联合国申诉达成一致④。5月25日，旺·威亚功亲王通知美国助理国务卿罗伯逊，泰国政府决定向联合国递交关于侵略老挝和柬埔寨的申诉，并且已经指示泰国驻联合国大使与美国驻联合国大使商讨泰国给联合国的信⑤。在给联合国安理会主席的信中，泰国政府提请安理会主席注意"泰国的周边地区发生了大规模战斗，显然存在外国军队直接入侵其领土的可能性"。泰国政府认为，这"不仅意味着对泰国安全的威胁，而且可能危及该地区的国际和平与安全"，要求安理会讨论向该地区派遣和平观察组⑥。

① FRUS，1952-1954，Vol. 16，pp. 790-791.
② FRUS，1952-1954，Vol. 16，pp. 808-809.
③ FRUS，1952-1954，Vol. 16，pp. 851-852.
④ FRUS，1952-1954，Vol. 16，pp. 867-868.
⑤ FRUS，1952-1954，Vol. 16，p. 919.
⑥ FRUS，1952-1954，Vol. 16，pp. 875-876.

5月29日，泰国政府向联合国安理会递交申诉。安理会于6月3日、16日和18日进行讨论。6月18日，安理会应美国代表的要求，对决议草案进行表决。结果是，9票赞成，1票反对，1票弃权。决议草案因苏联的否决而未获通过。苏联代表指出，泰国的要求实际上是美国企图激化印度支那的冲突，为联合国的武装干涉铺路。

1954年7月7日，泰国外长给联合国秘书长写信，要求联合国大会考虑泰国关于和平观察委员会派遣观察员的请求，要求联合国大会第八次会议议程列入名为"泰国请求和平观察委员会领导的观察"的议案。这时，日内瓦会议的僵局早已打破。因此，8月20日泰国外长撤回此信[①]。

第二节 《东南亚集体防御条约》与美泰结盟

一、美国军事干涉印度支那的考虑

1954年初，为挽救法国的失败，美国试图向法国提供更多的援助，甚至考虑进行直接军事干涉。美国国家安全委员会1月出台了NSC 5405号文件，即《美国在东南亚的目标与方针》。该文件建议只要中国军队不干涉印度支那战争，美国就不在该地区使用军事力量，但提出法国退出后美国在印度支那的两种选择，即拒绝派美军，或者让美军一定程度参加印度支那作战[②]。1月8日，参谋长联席会议主席雷德福向国家安全委员会建议，美国通过空军干预奠边府作战[③]。然而，国务院反对美国进行直接军事干涉。1月6日，远东事务助理国务卿罗伯逊在给杜勒斯的报告中警告："美军在印度支那的任何承诺，会导致最终必须不断作出更多的承诺。"[④] 1月16日，美国国家安全委员会研究了干涉印度支那战争的问题[⑤]。3月2日，"总统印度支那问题特别委员会"向总统建议，如果形势严重恶化，美国可能要"考虑采取直接军事行动"[⑥]。

---

① FRUS，1952-1954，Vol. 16，p. 1173；FRUS，1952-1954，Vol. 13，Part II，pp. 1635-1636.
② FRUS，1952-1954，Vol. 13，Part I，pp. 1083-1088.
③ FRUS，1952-1954，Vol. 13，Part I，pp. 947-954.
④ FRUS，1952-1954，Vol. 13，Part I，p. 945.
⑤ FRUS，1952-1954，Vol. 13，Part I，pp. 971-976.
⑥ 蔡佳禾：《双重的遏制——艾森豪威尔政府的东亚政策》，南京：南京大学出版社，1999年，第85页。

至此，美国就是否对印度支那进行军事干涉举棋不定。印度支那问题已经成为美国"最优先"的问题，美国人"既困惑又受挫"，既不能接受共产党统治东南亚的风险，又不能用美国作战部队进行干预[①]。

1954年3月13日，越军发动奠边府战役。面对失败的前景，法国参谋长保罗·伊利将军赴华盛顿求援，约瑟夫·拉尼埃总理请求美国出动海空军帮助法军。

3月25日举行的国家安全委员会第190次会议，讨论了"美国将在什么情况和条件下，支持印度支那联邦国家，以防止印度支那落入共产党之手"。杜勒斯推断中国在日内瓦会议前不可能投入印度支那空战，提出由谁来填补法国崩溃后留下的真空这一问题，并建议1954年5月以后再解决这个问题。艾森豪威尔指出哪些国家可能和美国一起挽救印度支那，特别提及了澳大利亚、新西兰、菲律宾及东南亚自由国家、英国和法国[②]。

3月29日，杜勒斯在纽约美国海外记者俱乐部发表题为"红色亚洲的威胁"的演说。他说："如果共产党部队取得了对印度支那或印度支那任何一个重要部分的绝对控制，那么，他们一定会对这个地区的其他国家的自由人民进行同样的侵略。""在目前的条件下，如果把共产党俄国及其中国共产党盟友的政治制度强行施之于东南亚，不管用的是什么手段，就会构成对整个自由社会的严重威胁。""美国认为，对这种可能性不应该采取消极态度，而应该用联合行动予以对付。这可能引起严重的风险。但是，如果我们今天不敢下定决心，那末再过几年我们所遇到的风险要比这种风险大得多。"[③]杜勒斯明确提出在东南亚采取"联合行动"来遏制中国和苏联。

4月7日，艾森豪威尔总统在记者招待会上正式提出"多米诺骨牌理论"，强调印度支那对东南亚局势的深远影响。他说，印度支那和东南亚的局势类似于多米诺骨牌原理，"一旦印度支那丧失，跟着就是缅甸、泰国、马来半岛和印度尼西亚的丧失，这不仅是物资和资源的丧失，而且是成千上百万人口的丧失。再跟着就是日本、菲律宾近海岛屿防务圈受到威

---

① James Cable. *The Geneva Conference of 1954 on Indochina*，Houndmills：Macmillan Press，1986，pp. 46-47.
② FRUS，1952-1954，Vol. 13，Part I，pp. 1163-1168.
③ 世界知识出版社编辑：《杜勒斯言论选辑》，北京：世界知识出版社，1960年，第88—89页。

胁，再进一步就是向南威胁到澳大利亚和新西兰。在经济方面，日本将不再是西方的重要市场，可能转而以中国为其商品的主要出路"①。肇始于杜鲁门时期的"多米诺骨牌理论"从此成为美国东南亚政策的基本指导思想。

1954年4月3日，杜勒斯和参谋长联席会议主席雷德福与国会领袖会谈。国会反对美国在印度支那采取单方面行动，提出支持美国军事介入印度支那的条件为：①美国的干预必须是有东南亚自由国家、菲律宾和英联邦国家参加的联盟行动的一部分；②法国必须加快实施给予印度支那三个联邦国家独立的计划，以免产生美国支持法国殖民主义的错觉；③如果美国的军事力量介入印度支那，法国不得从战场撤出其部队。②

出于国内政治的考量，"联合行动"成为美国对印度支那进行军事干涉的必要条件。国家安全委员会第192次会议决定美国在日内瓦会议前采取的措施为：①组织美国、英国、法国、印度支那联邦国家、澳大利亚、新西兰、泰国、菲律宾等国参加的地区性集团，以保卫东南亚，反对共产党采取的任何控制该地区的行动；②为了加强美国在这一地区的政策，应争取英国对美国在远东目标的支持；③促使法国加速实现给予印度支那联邦国家独立的计划。③

杜勒斯为此积极开展外交活动。3月30日和4月2日，他两次会见英国大使罗杰·麦金斯，建议英、美两国就印度支那局势采取共同立场以对付法国④。4月4日，艾森豪威尔致函英国首相丘吉尔，呼吁英、美两国共同努力在东南亚建立区域性集团⑤。4月3日，杜勒斯会见法国大使博内，表示如果建立了拟议的东南亚集团，并准备为保卫它们的利益而战斗的话，就有可能在日内瓦进行成功的谈判⑥。4月5日，杜勒斯会见泰国大使朴·沙拉信和菲律宾代办，邀请泰国和菲律宾参加"联合行动"⑦。

然而，英国和法国反对在日内瓦会议召开之前进行联合干涉。

---

① FRUS，1952-1954，Vol. 13，Part I，pp. 1280-1281.
② FRUS，1952-1954，Vol. 13，Part I，pp. 1224-1225.
③ FRUS，1952-1954，Vol. 13，Part I，pp. 1250-1265.
④ FRUS，1952-1954，Vol. 13，Part I，pp. 1187，1215-1216.
⑤ FRUS，1952-1954，Vol. 13，Part I，pp. 1239-1241.
⑥ FRUS，1952-1954，Vol. 13，Part I，p. 1227.
⑦ FRUS，1952-1954，Vol. 12，Part I，pp. 402-404.

早在 2 月 24 日，英国外交部负责亚洲事务的副外交大臣助理丹尼斯·艾伦就表示："在日内瓦会议召开之前，英国不愿意看到，似乎中国干预危险的增加导致战争规模扩大，美国更深地卷入印度支那。"①

1954 年 3 月 5 日，约瑟夫·拉尼埃总理在法国国民议会表示，印度支那问题必须在日内瓦会议一开始就提出来②。3 月 30 日，法国代办拜见美国国务院顾问小道格拉斯·麦克阿瑟，表示法国人民对印度支那战争厌倦了。法国议会和政府中存在着结束战争的压力，进行某种谈判的压力非常大③。

从 1954 年 4 月 11 日至 14 日，杜勒斯访问伦敦和巴黎，敦促英、法两国采取"联合行动"。

艾登表示，英国政府在日内瓦会议召开之前不能承诺，而且怀疑联合干涉只限于海空力量。美英联合公报仅声明："我们准备和其他有关国家一起探讨在《联合国宪章》的范围内建立集体防御的可能性，以便保证东南亚和西太平洋的和平、安全和自由。"④

皮杜尔表示，战争对于法国军队和人民来说是"一个沉重的负担"，法国必须寻求机会进行谈判，以实现光荣的和平。如果日内瓦会议失败，可以考虑集体安全的安排；但在日内瓦会议之前，法国什么事也不能做，否则会授人以柄。美法联合公报称，"我们将和其他有关国家紧密合作，研究在《联合国宪章》的范围内建立集体防御的可能性，以便保证东南亚和西太平洋的和平、安全和自由"⑤。

杜勒斯欧洲之行的成果不多。实际上，在日内瓦会议召开之前，只有泰国和菲律宾支持美国的"联合行动"，泰国是明确表示参加"联合行动"的第一个国家。4 月 9 日，泰国大使朴·沙拉信通知杜勒斯，泰国政府接受邀请，参加反对共产党在东南亚"侵略"的"联合行动"⑥。

由于英、法两国的反对，美国在日内瓦会议前建立东南亚地区集体安全组织、采取"联合行动"干涉印度支那战争的希望落空。美国虽然派代

---

① James Cable. *The Geneva Conference of 1954 on Indochina*, Houndmills: Macmillan Press, 1986, p. 47.
② James Cable. *The Geneva Conference of 1954 on Indochina*, Houndmills: Macmillan Press, 1986, p. 47.
③ FRUS, 1952-1954, Vol. 13, Part I, pp. 1189-1190.
④ James Cable. *The Geneva Conference of 1954 on Indochina*, Houndmills: Macmillan Press, 1986, p. 57.
⑤ FRUS, 1952-1954, Vol. 13, Part I, pp. 1327-1336.
⑥ FRUS, 1952-1954, Vol. 12, Part I, p. 409; Part II, p. 706.

表参加日内瓦会议,关注会议的进展,但是一直在策划成立东南亚集体安全组织和军事干涉印度支那。5月10日,艾森豪威尔总统同杜勒斯、雷德福和国防部长威尔逊举行会议,要求杜勒斯为他起草一份提交国会两院联席会议的文件,他将据此要求国会授权派美军到印度支那①。同时,参加日内瓦会议的比德尔·史密斯得到书面指示,他可以根据情况让美国代表团退出会议②。5月18日,艾森豪威尔命令政府各部门研究美军在武装干涉印度支那条件下的各种需求和问题③。美国政府还一直就美国出兵印度支那的条件与法国举行谈判。

二、1954年《日内瓦协定》与美国的不满

从1954年5月8日至7月21日,美国、法国、英国、苏联、中国、越南民主共和国、老挝王国和柬埔寨王国等在日内瓦举行会议,讨论印度支那问题。英国外交大臣艾登和苏联外长莫洛托夫担任会议主席。会上出现明显的阵线,苏联、中国和越南民主共和国属于东方阵营,其余国家属于西方阵营。除了全体大会,会议还有不公开会议和非正式的私下谈判。

会议讨论中分歧最大的两个问题是越南分治和如何监督最后协定的执行。最初只有英国、苏联和法国同意分治。关于第二个问题,中国外交部部长周恩来在5月22日提出,由中立国家委员会监督并由日内瓦会议参加国保证所有印度支那国家的停火。会议双方在监督委员会的组成问题上又出现分歧。社会主义国家提出由两个社会主义国家波兰和捷克斯洛伐克以及两个非社会主义国家的代表组成监督委员会。艾登则建议从科伦坡国家中挑选④。

会议在6月中旬陷入僵局。艾登在致丘吉尔首相的电报中表示,由于共产党拒不妥协,有必要中止会议,鼓励柬埔寨和老挝向联合国申诉。艾森豪威尔总统通知副国务卿比德尔·史密斯结束会议,同时宣布丘吉尔

---

① Russell R. Fifield. *Americans in Southeast Asia: The Roots of Commitment*, New York: Thomas Y. Crowell Company, 1973, pp. 209-210.
② Neil Sheehan. *The Pentagon Papers: As Published by the New York Times, Based on Investigative Reporting by Neil Sheehan*, Toronto, New York, London: Bantam Books, 1971, pp. 43-44.
③ FRUS, 1952-1954, Vol. 13, p. 1581.
④ James Cable. *The Geneva Conference of 1954 on Indochina*, Houndmills: Macmillan Press, 1986, pp. 82-85.

访美①。

然而，柳暗花明的局面出现了。1954年6月14日，苏联在监督委员会成员的问题上作出让步。6月16日，周恩来通知艾登，他将说服越南人民军从老挝和柬埔寨撤走②。6月18日法国成立了皮埃尔·孟戴斯·弗朗斯领导的法国新政府，新总理保证7月20日在印度支那实现和平，否则辞职。这些情况推动日内瓦谈判打破了僵局。

6月下旬，丘吉尔和艾登访美，与美国协调有关印度支那和东南亚集体安全的政策。

美、英两国达成"七点共识"。主要内容为：①保持老挝和柬埔寨的完整与独立，保证越南人民军从两国撤出。②至少保留越南南部，如果可能，在三角洲保留一块飞地。③对老挝、柬埔寨和保留的越南所作的限制，不能实质性地危害它们维持稳定的非共政权的能力。④不含有可能使剩余地区落入共产党控制的政治规定。⑤不排除通过和平方式最终统一越南的可能性。⑥在国际监督下，向希望从越南的一个地区转移到另一个地区的人提供和平和人道的交通工具。⑦为协定的国际监督提供有效工具。③这是美国接受日内瓦会议最后协定的基本条件。

美英联合公报宣称双方讨论了东南亚尤其是是否签订印度支那协定可能导致的不同情况，双方坚持集体防御计划以应对每种结果。同时威胁道："如果法国政府在日内瓦遇到有碍达成关于印度支那的可接受协定的要求，国际局势将严重恶化。"④美、英两国警告共产党方面不要向法国提出不可接受的要求。

法国也同意美、英两国在华盛顿达成的共识。这样，美国不再为日内瓦会议达成最后协定设置障碍。

7月21日，日内瓦会议结束，总共通过了10个文件，即3个停火协

---

① Leszek Buszynski. *SEATO: The Failure of Alliance Strategy*, Singapore: Singapore University Press, 1983, p. 13; James Cable. *The Geneva Conference of 1954 on Indochina*, Houndmills: Macmillan Press, 1986, p. 93.
② Leszek Buszynski. *SEATO: The Failure of Alliance Strategy*, Singapore: Singapore University Press, 1983, p. 13, James Cable. *The Geneva Conference of 1954 on Indochina*, Houndmills: Macmillan Press, 1986, pp. 96-97.
③ James Cable. *The Geneva Conference of 1954 on Indochina*, Houndmills: Macmillan Press, 1986, p. 145.
④ James Cable. *The Geneva Conference of 1954 on Indochina*, Houndmills: Macmillan Press, 1986, p. 111.

定、6个单边宣言和《日内瓦会议最后宣言》①。

关于越南的停火协定规定：沿北纬 17 度划分临时军事分界线；释放被关押的平民和战俘并帮助他们返回家园，平民可在分界线南北迁移和定居，禁止报复战争期间活动的人员和组织并保证其"民主权利"；外国军队和其他军事人员及战争物资，只能以特殊人员的轮换和替换物资在国际监督的输入地的原则进入越南，禁止在越南建立新的或外国军事基地；停火双方保证不缔结军事同盟，不恢复战争或进一步侵略；建立印度、波兰和加拿大组成的国际委员会监督"恰当实施"停火和物资输入；举行统一越南的选举。

关于老挝的停火协定规定：法军和越南人民军撤出老挝；允许巴特寮战斗部队在老挝各派的政治解决之前在桑怒和丰沙里的重编区集合；禁止增加老挝以外的部队和军事人员；法国维持 1500 人的军队，以训练老挝国家军队，并在塞诺和湄公河上的另一个地方保留 3500 名法军；禁止建立新的军事基地；释放并遣返战俘和被拘押的平民；除了"保卫老挝需要"而指定的规定武器，任何武器不得输入老挝；国际委员会监督停火协定的执行。老挝王国政府同意"一视同仁地把所有臣民联合为一个民族社会"，保证所有臣民作为候选人和选举人自由参加秘密投票大选，保证在选举之前丰沙里和桑怒的政府接纳战争期间不支持王国政府的老挝"特别代表"。

关于柬埔寨的停火协定规定：法军和越南人民军全部撤出，高棉抵抗力量就地解散。其他条款与越南和老挝的停火协定相同。柬埔寨关于选举的保证与老挝的停火协定相同。柬埔寨对外政策的宣言保证其不缔结"不符合《联合国宪章》原则"的军事同盟，"只要其安全不受威胁"，禁止建立外国军事基地。在越南停火和柬埔寨政治问题最后解决期间，"除了有效保卫领土的目的"，柬埔寨不谋求物资、教官或其他人员形式的外国军事援助。

法国同意从越南、老挝和柬埔寨撤军，同意"本着尊重柬埔寨、老挝和越南独立、主权、统一和领土完整的原则解决"与三国"重建和巩固和平"相关的所有问题。

---

① Russell R. Fifield. *Americans in Southeast Asia: The Roots of Commitment*，New York：Thomas Y. Crowell Company，1973，pp. 218-221；世界知识出版社编辑：《日内瓦会议文件汇编》，北京：世界知识出版社，1954 年，第 262—266 页。

《日内瓦会议最后宣言》对越南军事分界线和统一选举作出特别规定。第 6 条确认军事分界线的临时性质，第 7 条规定 1956 年 7 月在国际监督委员会成员国代表组成的国际委员会监督下举行选举，并且从 1955 年 7 月 20 日起南北双方就选举问题举行磋商①。

尽管《日内瓦协定》包含了"七点共识"的主要内容，美国仍然对日内瓦会议的结果不满。在最后一次全体大会的声明中，比德尔·史密斯表示美国政府"不打算参加"《日内瓦会议最后宣言》，申明美国"注意到" 3 个停火协定和《日内瓦会议最后宣言》前 12 条，宣布美国根据《联合国宪章》第 2 条第 4 款的规定，"不威胁或使用武力妨碍它们"，将密切关注违反上述协定的侵略再次发生，并视之为对国际和平和安全的严重威胁②。

艾森豪威尔总统同时在华盛顿记者招待会上表示，美国"一直不是这场战争的交战国。印度支那问题解决的主要责任由参加战争的那些国家决定。……因此，美国本身不是会议的参加者，不受会议决定的约束。……会议协定包括了我们不喜欢的内容，但是一项协定取决于它在实践中如何操作"。美国"不打算参加会议宣言，但是……美国不使用武力干扰协定。我们还认为，我们把共产党的任何重新侵略看作要予以严重关切的问题"③。

1954 年 7 月 23 日，比德尔·史密斯在华盛顿表示，"会议桌上的外交很少能获得战场上得不到或守不住的东西"。杜勒斯在记者招待会上明确地表示，他不欢迎《日内瓦协定》，强调美国不应"哀悼过去"，而是要"抓住将来的机会，以防止因失去越南北方地区所导致的共产主义在整个东南亚和西南太平洋地区进行扩张"④。

美国尤其反对越南分治。参议员威廉·诺兰认为这是"这十年共产党

---

① James Cable. *The Geneva Conference of 1954 on Indochina*, Houndmills: Macmillan Press, 1986, p. 147；世界知识出版社编辑：《日内瓦会议文件汇编》，北京：世界知识出版社，1954 年，第 256—258 页。

② Neil Sheehan. *The Pentagon Papers: As Published by the New York Times, Based on Investigative Reporting by Neil Sheehan*, Toronto, New York, London: Bantam Books, 1971, pp. 52-53.

③ Dwight D. Eisenhower. *The President's News Conference*, http://www.presidency.ucsb.edu/ws/index.php?pid=9950&st=&st1=[1954-07-21].

④ James Cable. *The Geneva Conference of 1954 on Indochina*, Houndmills: Macmillan Press, 1986, p. 124；Russell R. Fifield. *Americans in Southeast Asia: The Roots of Commitment*, New York: Thomas Y. Crowell Company, 1973, p. 223.

最重大的胜利之一"①。1954年8月3日的一份国家情报说，日内瓦会议"给印度支那共产党军事和政治权力以国际承认，给予了该权力明确的地理基地"②。在8月举行的两次会议上，美国国家安全委员会把《日内瓦协定》说成是"灾难"，"完成了导致丧失东南亚的共产主义进攻的重要一步"③。

由于对日内瓦会议结果不满，美国加紧筹划一直在酝酿的东南亚集体防御组织，通过"联合行动"在东南亚遏制共产主义。

三、《东南亚集体防御条约》的签订与美泰结盟

1954年7月22日，即日内瓦会议结束的次日，美国国家安全委员会举行第207次会议，讨论东南亚集体防御计划。杜勒斯表示，从现在开始，严重的问题是美国能否在印度支那保住共产党没有明确控制的地区。美国国务院正就此积极地与英国磋商。他设计的地区性集团为，先成立由一个军事性质的、只有少数亚洲国家参加的较小集团，以此为基础建立一个以促进经济稳定和增长为目的的较大的亚洲国家集团④。7月24日，尼克松、杜勒斯、威尔逊、雷德福、比德尔·史密斯、史塔生和卡特勒等政府高官讨论了缔结东南亚安全条约的问题。杜勒斯指出，其作用是"使总统在万一发生紧急情况时，获得所需要的权力；使我们在不得不采取的任何行动中，获得其他国家的支持，确保我们不会单干"。但是，条约"不应致使其他缔约国期望获得大量美国军事援助，以建立它们的武装部队；也不应在该地区驻扎大量美国和其他国家的部队"。条约"是要划出一条线……允许我们对侵略的策源地进行报复，并在这样做时得到其他成员的支持"。他建议"立即着手与有关国家缔结一项军事条约……包括某些关于经济、文化合作的内容"⑤。

由于东南亚形势在日内瓦会议后发生了变化，印度支那三国实现停

---

① Leszek Buszynski. *SEATO: The Failure of Alliance Strategy*, Singapore: Singapore University Press, 1983, p. 15.
② Leszek Buszynski. *SEATO: The Failure of Alliance Strategy*, Singapore: Singapore University Press, 1983, p. 15.
③ R. Sean Randolph. *The United States and Thailand: Alliance Dynamics, 1950-1985*, Berkeley: Institute of East Asian Studies, University of California, 1986, p. 18.
④ FRUS, 1952-1954, Vol. 12, Part I, pp. 651-652.
⑤ FRUS, 1952-1954, Vol. 12, Part I, pp. 665-670.

火，重大军事对抗已不存在，美国对东南亚集体安全组织的设想发生变化，由政治和军事两重性质，转变为"不驻扎常驻部队，不建立常设军事机构，只是划线威慑，甚至考虑缔结一项经济性的条约"①。

1954年9月6日至8日，在菲律宾首都马尼拉召开了美国、英国、法国、澳大利亚、新西兰、菲律宾、泰国和巴基斯坦参加的会议。会上争论最大的问题是条约的组织形式。

当时美国签订的联盟条约有两种形式。一种是美澳新安全条约模式，即"缔约国设立一个由它们的外交部长或其助理组成的理事会，考虑本条约的实施问题。理事会之组织方式应以能随时举行会议为准"。美澳新理事会由三国外交部长组成，每年开会一次，轮流在三国举行，不设常设机构②。另一种是北大西洋公约模式，规定"各缔约国同意，对于欧洲或北美之一个或数个缔约国之武装攻击，应视为对缔约国全体之攻击。……如此种武装攻击发生，每一缔约国按照联合国宪章第51条所承认之单独或集体自卫权利之行使，应单独并会同其它缔约国采取视之必要之行动，包括武力之使用，协助被攻击之一国或数国以恢复并维持北大西洋区域之安全"③。

美澳新安全条约模式属于松散的联盟，而北大西洋公约模式是真正意义上的军事同盟。菲律宾、泰国和巴基斯坦都支持建立北大西洋公约式组织，澳大利亚和新西兰要求设立军事机构。泰国外长旺·威亚功表示："泰国政府和人民渴望有一个尽可能强大的条约。……我国代表团希望看到一项实质上尽可能接近北大西洋公约组织的承诺。"④然而，美国坚持美澳新安全条约模式，不设任何常设机构。

会议最后采纳了美国的立场，签订了《东南亚集体防御条约》。

条约最重要的内容为第2条、第3条和第4条。第2条把东南亚地区的共产党威胁分为"武装进攻"和"颠覆活动"，要求各缔约方"将个别

---

① 刘同舜、姚椿龄主编：《战后世界历史长编（1954）》第九册，上海：上海人民出版社，1994年，第295—296页。
② 刘同舜、高文凡主编：《战后世界历史长编（1950—1951）》第六册，上海：上海人民出版社，1985年，第326—327页。
③ 《战后世界历史长编》编委会：《战后世界历史长编（1949）》第五册，上海：上海人民出版社，1980年，第118页。
④ Donald E. Nuechterlein. *Thailand and the Struggle for Southeast Asia*, Ithaca: Cornell University Press, 1965, p. 115.

地和共同地以持续的和有效的自助和互助的办法，维持并发展它们个别的和集体的能力"。第3条的目的是满足参加该条约的发展中国家发展经济的要求，"促进经济进步和社会福利"，通过相互合作，"进一步实施包括技术援助在内的经济措施"。第4条规定了"在本条约区域内"对付武力侵略或颠覆的措施。如果发生武力侵略，各缔约方"将按照它的宪法程序采取行动来对付这个共同的危险"，并将采取的措施"立即报告联合国安全理事会"；如果出现颠覆，各缔约国"须立即磋商，以便在为了共同防御而应当采取的措施上达成协议"。条约明确规定，"除非经有关政府的邀请或得到其同意"，否则各缔约方不能采取行动①。

出于对共产党经印度支那三国威胁泰国的担心，泰国坚持把柬埔寨、老挝和越南南方地区纳入《东南亚集体防御条约》的保护范围，单方面向三国提供安全保证②。此立场得到了美国和菲律宾的支持。因此，条约议定书规定：《东南亚集体防御条约》各缔约国为了条约第4条的目的，一致指定柬埔寨、老挝以及越南南方伪政权管辖下的自由领土。各缔约国还同意：上述国家和领土在第3条所规定的经济措施方面将是合格的③。

条约第2条在实践中产生了两个结果：一是东南亚条约组织确立了一致通过决议的原则；二是1962年3月6日美国和泰国共同发表《腊斯克—他纳公报》，进一步结成双边安全同盟。第4条规定只有经有关政府的邀请或同意，东南亚条约组织才能采取行动，使得该组织在应对1960年老挝危机时裹足不前。老挝政府在1961年召开的日内瓦会议上干脆放弃了东南亚条约组织的保护。

西方学者对《东南亚集体防御条约》以及因此而成立的东南亚条约组织所起的作用评价不高。美国政论家沃尔特·李普曼认为，这是"现代第一个为容许外国干涉内政而正式适用的工具"。科拉尔·贝尔和F.C.贝纳

---

① American Foreign Policy, Basic Documents, 1950-1955, Vol. 1, pp. 912-915；刘同舜、姚椿龄主编：《战后世界历史长编（1954）》第九册，上海：上海人民出版社，1994年，第306—310页；〔英〕科拉尔·贝尔：《国际事务概览（1954年）》，云汀、吴元坎、董湘君等译，上海：上海译文出版社，1984年，第106页。

② Donald E. Nuechterlein. *Thailand and the Struggle for Southeast Asia*, Ithaca: Cornell University Press, 1965, pp. 119-120；Daniel Fineman. *A Special Relationship: The United States and Military Government in Thailand, 1947-1958*, Honolulu: University of Hawaii Press, 1997, p. 197.

③ American Foreign Policy, Basic Documents, 1950-1955, Vol. 1, p. 916；刘同舜、姚椿龄主编：《战后世界历史长编（1954）》第九册，上海：上海人民出版社，1994年，第310页。

姆的评价是，它"只是空泛地总的谈了一下经济合作"，"在经济方面，它也不能说有多大作用"；"该军事组织的性质只局限于像顾问局那样的机构"，"东南亚条约组织作为军事合作的工具，可以说是受到限制的"，"没有提及联合军事司令部或联合武装部队"。结论是，"这个东南亚条约组织在宣告成立时活像一只狮子，而后来的表现却完全是一只绵羊"①。拉尔夫·德·贝茨认为东南亚条约组织"或许可以说是纯粹吹牛皮、放大炮"②。约翰·F.卡迪表示，"东南亚条约组织自始至终与其说是一个实体，还不如说是装装门面的东西"③。

科拉尔·贝尔和F.C.贝纳姆重视有关颠覆的条款。他们指出，"对于东南亚政局来说，这一条可能比对付直接侵略更有效。由于该地区的国家并不都能完全控制本国领土或具有守卫自己边界所必需的交通工具和武装力量，所以最可能发生的进攻形式之一就是由'志愿军'从外部渗透，并与国内的不满分子联合制造暴乱"。莱塞克·布斯齐斯基的看法却相反，"东南亚条约组织的作用纯粹是咨询性质的，因为反颠覆显然是成员国政府的责任。东南亚条约组织能够分辨叛乱的威胁，可以提出'在辨认、暴露和反措施方面采取联合行动'。如果一国政府没有觉察到颠覆性的共产党威胁，该组织就没有权力。实际上，国家主权保证东南亚条约组织无法真正处理颠覆问题"④。

泰国对此条约没有军事内容感到遗憾。"暹罗代表的要求可看作是他想取得美国保证自动援助，就像美国在菲律宾那样，提出在暹罗驻扎西方部队。"⑤不过，这是泰、美两国之间签订的第一个安全条约，使两国结成了同盟。因此，泰国相信美国将为其安全提供保证。旺·威亚功在写给朴·沙拉信的信中说："我们必须相信，如果发生什么事，美国将全力支

---

① 〔英〕科拉尔·贝尔：《国际事务概览（1954年）》，云汀、吴元坎、董湘君等译，上海：上海译文出版社，1984年，第110、104、109、99页。
② 〔美〕拉尔夫·德·贝茨：《1933—1973：美国史》下卷，南京大学历史系英美对外关系研究室译，北京：人民出版社，1984年，第159—160页。
③ 〔美〕约翰·卡迪：《战后东南亚史》，姚楠等译，上海：上海译文出版社，1984年，第410页。
④ 〔英〕科拉尔·贝尔：《国际事务概览（1954年）》，云汀、吴元坎、董湘君等译，上海：上海译文出版社，1984年，第110页；Leszek Buszynski. SEATO: The Failure of Alliance Strategy, Singapore: Singapore University Press, 1983, p. 55.
⑤ 〔英〕科拉尔·贝尔：《国际事务概览，（1954年）》，云汀、吴元坎、董湘君等译，上海：上海译文出版社，1984年，第109页。

持泰国，包括美国国会批准派遣军队。"①法恩曼评论道，《东南亚集体防御条约》把美国为泰国而战的承诺写在纸上，披汶·颂堪政府把多边的《东南亚集体防御条约》解释为美国对泰国安全承诺的双边条约，从而巩固其国内政治地位以及反共、亲西方的外交政策②。故而泰国在该条约签订两周后批准它，是第一个批准条约的国家。

可以说，与美国结盟是泰国在亚洲冷战形成后一直追求的目标。莫德尔斯基指出，披汶·颂堪政府1950年以来一直希望同美国签订防御条约，签订《东南亚集体防御条约》是泰国"长期娴熟的外交活动"的结果，泰国"成功地把自己树立为西方保卫东南亚的堡垒"③。

1955年2月23日至25日，首届东南亚条约组织理事会在曼谷举行，会议确立了理事会决定采取一致通过的原则。1956年在巴基斯坦卡拉奇会议上决定成立由6个办事处组成的国际秘书处。1957年在澳大利亚堪培拉会议上确定创立秘书长和副秘书长的职位，创立常设军事机构。首任秘书长是泰国政治家朴·沙拉信。由于美、苏两国为争夺亚洲中立国家，竞相向它们提供经济援助，使中立国家获得的外援比美国的亚洲盟友多，激起了参加该组织亚洲成员国的不满。在1958年东南亚条约组织马尼拉理事会上，为满足亚洲成员国的需要，会议批准了建立东南亚条约组织工程研究生学院、熟练劳动力项目和霍乱研究项目等④。

条约签订之后，美国对泰国的军事和经济援助大为增加。对于披汶·颂堪政府来说，这些援助"进一步间接地巩固了它已经在国内拥有的牢固地位"⑤。但是，东南亚条约组织对泰国的安全保证，在1960—1962年老挝危机中受到了严峻的考验。

---

① Daniel Fineman. *A Special Relationship: The United States and Military Government in Thailand, 1947-1958*, Honolulu: University of Hawaii Press, 1997, p. 198.
② Daniel Fineman. *A Special Relationship: The United States and Military Government in Thailand, 1947-1958*, Honolulu: University of Hawaii Press, 1997, p. 197.
③ George Modelski. *SEATO, Six Studies*, Canberra: F. W. Cheshire Pty Ltd., 1962, pp. 87-88.
④ Leszek Buszynski. *SEATO: The Failure of Alliance Strategy*, Singapore: Singapore University Press, 1983, pp. 45-54.
⑤ Donald E. Nuechterlein. *Thailand and the Struggle for Southeast Asia*, Ithaca: Cornell University Press, 1965, p. 117.

第三节　亚非会议后中泰关系的改善与美泰摩擦

一、亚非会议与中泰关系的改善

在亚洲冷战形成和发展的过程中,美国和泰国逐步结盟,对中泰关系产生了深刻影响。泰国采取反华立场,继续维持与中国台湾地区国民党的关系,拒不承认中华人民共和国,中泰关系处于隔绝状态。然而,国际形势自1953年起趋向缓和,中、泰两国都希望改善双方关系。

1953年7月朝鲜停战后,中国为创造一个有利于经济建设的和平稳定的国际环境,推行和平外交,提出以和平共处五项原则处理中印和中缅关系,积极推动印度支那问题的和平解决,考虑改善与亚洲邻国的关系。关于对泰关系,在1954年7月7日中国共产党中央扩大会议上,毛泽东指出中国在日内瓦要和平,要跟一切愿意和平的人合作,把泰国列为团结对象①。7月22日,周恩来在日内瓦会见印度驻联合国代表梅农,希望"经过印度的协助来推动和改善中、泰关系","经印度的介绍使中、泰驻印度的使节进行接触"②。10月和12月,毛泽东请来访的印度总理尼赫鲁和缅甸总理吴努向泰国转达中国改善两国关系的愿望③。

与此同时,泰国政局的发展从内部推动泰国政府调整对华政策。以总理披汶·颂堪、陆军司令沙立·他纳叻和警察总监炮·沙耶暖为首的政府三派之间的权力斗争,从1955年起不断加剧。炮·沙耶暖得到以美国中央情报局为首的多数美国政府部门的支持,地位最强,企图取代披汶·颂堪,打压沙立·他纳叻。披汶·颂堪欲通过调整内外政策来改变不利处境,对外政策的重心是改善泰中关系。

亚非会议为中、泰两国提供了直接接触和了解的机会。1955年4月18日至24日,由缅甸、锡兰、印度、印度尼西亚和巴基斯坦5国共同发起、29个国家参加的亚非会议在印度尼西亚万隆召开。中国参加亚非会

---

① 中共中央文献研究室编:《毛泽东文集》第六卷,北京:人民出版社,1999年,第334页。
② 中华人民共和国外交部档案馆编:《中华人民共和国外交档案选编·第一集:1954年日内瓦会议》,北京:世界知识出版社,2006年,第479页。
③ 中华人民共和国外交部、中共中央文献研究室编:《毛泽东外交文选》,北京:中央文献出版社,1994年,第168、180—181、190—191页。

议的方针是争取扩大世界和平统一战线，促进民族独立运动，并为建立和加强中国同若干亚非国家的事务和外交关系创造条件。中国对泰国的立场是既"孤立和分化"，又"争取建立接触，产生一定影响"①。披汶·颂堪总理则指示泰国代表团团长旺·威亚功亲王同周恩来接触，了解中国的意图。他个人资助泰国记者团赴会，并表示泰国"向会议表明我们愿意同各方合作，共建世界和平"②。

旺·威亚功亲王在1955年4月19日下午的大会发言中攻击中国。他说泰国担心三件事，即中国在邻近泰国的云南省组织傣族人，泰国境内的300万华侨拥有双重国籍，泰国东北部地区有5万越南人。这些情况迫使泰国面对渗入和颠覆的威胁。周恩来随即进行回应。他在散发的书面发言中表示中国将根据和平共处五项原则改善同泰国、菲律宾等邻国的关系，在大会的补充发言中具体回答了泰国的问题。华侨的双重国籍问题是历史遗留下来的，中国政府准备与有关各国政府解决这个问题。建立傣族自治州是中国根据自己的少数民族政策在中国境内实行民族自治，而不是威胁邻邦。中国决无颠覆邻邦政府的意图，到会的各国代表可以随时到中国参观。4月23日在政治委员会的发言中，周恩来再次保证，中国绝不向泰国和菲律宾进行任何侵略和威胁，并邀请泰国派代表团访问中国云南省尤其是西双版纳傣族自治州③。

周恩来会下向旺·威亚功亲王表示，中国随时准备讨论和解决泰国华侨的双重国籍问题，中国不会利用云南省的西双版纳傣族自治州进行反对泰国的活动。鉴于泰国对侨居的越南难民心存疑虑，他还促成泰国和越南民主共和国的代表举行会谈，达成遣返难民的协议④。

中国通过会上和会下的工作，很大程度上消除了泰国的疑虑和误解。旺·威亚功亲王的态度发生明显转变，不仅接受周恩来的宴请，还同他互

---

① 张伟：《从解密档案看新中国参加万隆会议的准备》，《百年潮》2005年第5期，第65—70页。
② Daniel Fineman. *A Special Relationship: The United States and Military Government in Thailand*, 1947-1958, Honolulu: University of Hawaii Press, 1997, pp. 210-211, 213.
③ 〔美〕鲍大可：《周恩来在万隆——美记者鲍大可记亚非会议》，弓乃文译，北京：中国社会科学出版社，1985年，第45页；世界知识出版社编：《亚非会议文件选辑》，北京：世界知识出版社，1955年，第32、36—37页；中华人民共和国外交部、中共中央文献研究室编：《周恩来外交文选》，北京：中央文献出版社，1990年，第130—131页。
④ 〔美〕鲍大可：《周恩来在万隆——美记者鲍大可记亚非会议》，弓乃文译，北京：中国社会科学出版社，1985年，第17—18页。

赠礼品①。第三者的观察证实了这一点。亲历会议的菲律宾驻美大使卡洛斯·P.罗慕洛对美国国务卿杜勒斯说，旺·威亚功亲王完全被"哄骗"了，相信周恩来的所有保证，在政治委员会会议上不赞成谴责殖民主义，对中国采取不断软化的立场②。

亚非会议不仅促使泰国转变了对华态度，而且推动了东南亚其他国家同中国交往。印度尼西亚、柬埔寨和老挝的总理和首相相继访华，菲律宾与中国开展民间往来并进行贸易，马来亚和新加坡有条件地取消对中国出口橡胶的禁令并同中国开展贸易，等等。这种缓和与中立的地区氛围从外部推动泰国调整对华政策。改善两国关系成为中、泰双方的共同愿望。

从1955年12月至1958年，在泰国政府的默许下，泰国政界、商界、文化界和新闻界的人士秘密或公开访华，成为泰国政府同中国交往的实际渠道。毛泽东和周恩来多次接见泰国客人，反复表达中国的友好立场，理解泰国的处境，体谅它在必要时"对美国说几句好话，对我们说几句坏话"，而且"我们并不指望泰国一下子从美国那里摆脱出来，因为这样将会引起一种副作用，美国的压力将会更大。我们并不要求泰国同中国友好后就不要同美国友好"。中国愿意逐步改善中泰关系，时机成熟时再建交③。

中、泰两国在经济贸易上也取得重要进展。泰国首次访华时签订《中泰贸易会谈纪要》，规定1956年中国从泰国购买50万吨大米、5万吨橡胶，泰国以分期付款方式购买中国的轻工业设备④。由于马来亚和新加坡取消对中国出口橡胶的禁令，泰国政府1956年6月批准向中国出口大米和木材，1957年下半年批准向中国出口橡胶。这些措施促使中泰贸易迅猛增加。中泰贸易额1955年仅为57万美元，1956年跃升为408万美元，1957年为732万美元，1958年为995万美元⑤。

---

① Daniel Fineman. *A Special Relationship: The United States and Military Government in Thailand，1947-1958*，Honolulu: University of Hawaii Press，1997，p. 213.
② FRUS，1955-1957，Vol. 2，p. 104.
③ 中华人民共和国外交部、中共中央文献研究室编：《毛泽东外交文选》，北京：中央文献出版社，1994年，第230—232页；中共中央文献研究室编：《周恩来年谱》（上），北京：中央文献出版社，1997年，第546页；中共中央文献研究室编：《周恩来年谱》（中），北京：中央文献出版社，1997年，第22页。
④ 裴坚章主编：《中华人民共和国外交史（1949—1956）》，北京：世界知识出版社，1994年，第176页。
⑤ 《中国对外经济贸易年鉴》编辑委员会编：《中国对外经济贸易年鉴（1984）》，北京：中国对外经济贸易出版社，1984年，第Ⅳ—27页。

中泰关系的改善无疑对美泰关系造成了巨大冲击。

二、亚非会议后美泰两国之间的摩擦

美国国务院对亚非会议的立场是，为防止中国成为最大的赢家，试图通过"友好国家"来破坏会议。泰国是美国争取的"友好国家"之一①。杜勒斯对亚非会议的结果感到满意，认定"一群相信与西方联盟的亚洲友好国家控制了会议"②。然而，令美国始料未及的是，亚非会议带来的亚洲局势缓和与中泰关系改善冲击了美泰关系。

泰国外交很快出现变化。一方面，1954年4—6月披汶·颂堪总理访问美洲、欧洲、亚洲的"友好国家"，一如既往地发表反共言论。旺·威亚功亲王却在国内不断赞扬中国的友善和周恩来的"非凡和解态度"，称泰国可能"根据一定条件"承认中国。7—8月披汶·颂堪采取进一步行动。他公开表示，如果联合国改变对华立场，泰国将采取相应措施，承认中国。与此同时，披汶·颂堪在内政上采取民主化措施，解除党禁，允许言论和新闻自由，改组政府。其结果"不是产生一个对美国更加友好的政府，而是给反美的左翼分子自由"③。被压制的中派、左派政治力量活跃起来，提倡中立外交，推动政府改善对华关系，拉开与美国的距离。

美国政府察觉到泰国的变化。国务院官员福斯特指责披汶·颂堪和旺·威亚功亲王在国内外各唱各的调，是对美国和西方国家耍两面派④。中央情报局局长艾伦·杜勒斯也观察到泰国改善中泰关系的愿望，但对美泰关系有信心，因为"披汶·颂堪政府仍把美国的援助和《东南亚集体防御条约》视为泰国安全的主要保证，曼谷正积极地寻求美国援助，推动东南亚条约组织的发展"⑤。1956年3月，国务卿杜勒斯参加在巴基斯坦卡拉奇举行的东南亚条约组织理事会会议后访问泰国，向泰国总理、外交部部长等高官申明美国的对华政策不变，不相信泰国改变政策、转变立场的谣传。杜勒斯对访问结果感到满意，向艾森豪威尔总统报告说，"泰国存

---

① FRUS, 1955-1957, Vol. 21, pp. 1-5, 11-16, 23, 50-54.
② FRUS, 1955-1957, Vol. 21, p. 91.
③ Daniel Fineman. *A Special Relationship: The United States and Military Government in Thailand, 1947-1958*, Honolulu: University of Hawaii Press, 1997, pp. 214, 221, 223.
④ FRUS, 1955-1957, Vol. 22, pp. 825-826.
⑤ FRUS, 1955-1957, Vol. 22, pp. 840-841.

在与中国关系更加密切的一些潜在倾向,但被政府所控制","可喜的是我们的关系更加巩固,而且只要他们认为能够信赖我们,我们就可以继续信赖泰国人"①。然而,国务院很快对美泰贸易摩擦引起的问题感到棘手。

朝鲜停战后,世界粮食市场出现过剩,以大米为主的泰国农产品出口形势严峻。泰国大米的出口值,1953 年为 37.47 亿铢,1954 年为 30.87 亿铢,1956 年为 28.61 亿铢②。雪上加霜的是,美国制定《1954 年农产品贸易开发与援助法》,将大量剩余农产品用于对外援助③。1956 年 2 月至 3 月,美国先后与巴基斯坦和印度尼西亚签订粮食援助协定,从中立的缅甸购买了 1 万吨大米援助巴基斯坦,导致两国放弃或减少从泰国购买大米④。

泰国一面同美国交涉,一面打算解除对华贸易禁令,通过对华贸易解决出口难题。1951 年 5 月泰国支持联合国对中国禁运的决议,断绝同中国的经贸往来。现在它要解除对华贸易禁令,自然遭到美国的反对。1956 年 3 月,美国驻泰大使毕晓普公开表示,美国反对泰中贸易,反对解除禁运⑤。6 月泰国政府决定部分解除对华禁运,允许同中国开展大米和木材贸易。尽管泰国反复保证不派贸易代表驻华或承认中国,仍禁止橡胶和锡等战略物资贸易,反共政策不变,等等,美国副大使诺伯特·L.安苏埃茨和助理国务卿罗伯逊均表示遗憾和失望⑥。"为再次强调美国对中国的一贯政策,防止泰国进一步解除禁运,鼓励泰国采取建设性措施以鼓舞老挝领导人的信心",杜勒斯亲自致函披汶·颂堪总理,称美国的亚洲政策仍"坚定地反对中国军事能力的增长并阻止中国国际威望和影响的提高","同决心抵抗共产主义的其他自由国家携手合作"。尽管美国正在日内瓦同中国举行会谈,但绝不考虑同中国和解或承认中国。美国反对解除对华贸易禁令,继续全面禁止对华贸易。其对泰国的举措表示遗憾,迫使它不要

---

① FRUS,1955-1957,Vol. 22,pp. 861-865.
② James C. Ingram. *Economic Change in Thailand, 1850-1970*, Stanford: Stanford University Press, 1971, p. 312.
③ 王慧英:《"剩余品"时代美国的对外粮食援助政策》,《世界历史》2006 年第 2 期,第 12—20 页。
④ FRUS,1955-1957,Vol. 22,pp. 857,868-870.
⑤ Daniel Fineman. *A Special Relationship: The United States and Military Government in Thailand, 1947-1958*, Honolulu: University of Hawaii Press, 1997, p. 229.
⑥ FRUS,1955-1957,Vol. 22,pp. 890,892.

开展对华易货贸易，不要向华输送大米①。披汶·颂堪在回信中首先保证泰国与美国联盟、反华的政策不变。他辩解说，亚洲地区中立化、北大西洋公约国家同共产党国家贸易以及泰国市场缩小等迫使泰国调整政策，最后再次保证与美国结盟、不同中国建交②。

一波才平，一波又起。1957年2月议会选举成为泰国政治的焦点，导致美泰摩擦再次升温。从1956年下半年起，泰国政府三派为争取中翼、左翼力量的支持，进一步采取反美亲华的立场。例如，沙立·他纳叻的报纸大肆炒作9月发生的泰国人和美国兵的斗殴事件，甚至引起美国大使的抗议③。选举的结果是，披汶·颂堪以微弱多数胜出，但其地位不但没有巩固，还因舞弊引发局势动荡。以学生和知识分子为核心的抗议者谴责披汶·颂堪和炮·沙耶暖，指责美国干预选举并为舞弊负责，举行抗议政府、反东南亚条约组织的集会和示威游行④。沙立·他纳叻公开支持抗议者。面对反美亲华情绪的高涨，美国大使馆断定泰国政府正默许或者说采取措施同中国实现最低限度的和解，抑或打算在一定条件下同中国达成妥协⑤。美国国务院不得不多次同披汶·颂堪政府交涉。

1957年5月1日泰国文化代表团启程赴华访问。美国国务卿杜勒斯把这个事件视为严重"挑衅"，判断泰国正努力加强外交政策的灵活性，妨碍并削弱了美国扭转泰国邻国的中立倾向和加强东南亚条约组织的努力⑥。为此，助理国务卿罗伯逊和毕晓普大使分别同泰国大使和披汶·颂堪总理交涉。罗伯逊表达了美国对泰国贸易和文化代表团访华、解除对华禁运、放映中国的宣传电影、某些报纸大肆抨击东南亚条约组织、前总理比里·帕侬荣可能回国等事件的不满和担心。披汶·颂堪向毕晓普承认局势"非常严峻"，指责沙立·他纳叻和炮·沙耶暖的争斗导致国内局势混乱并为共产党和反对派所利用，承认政府对报纸监管不力，但推称不了解外交部部长和警察向访华人士发放护照。由于披汶·颂堪政府已无法控制

---

① FRUS，1955-1957，Vol. 22，pp. 893-894.
② FRUS，1955-1957，Vol. 22，pp. 896-897.
③ Daniel Fineman. *A Special Relationship: The United States and Military Government in Thailand, 1947-1958*, Honolulu: University of Hawaii Press, 1997, pp. 233-234.
④ Daniel Fineman. *A Special Relationship: The United States and Military Government in Thailand, 1947-1958*, Honolulu: University of Hawaii Press, 1997, pp. 236-237.
⑤ FRUS，1955-1957，Vol. 22，p. 916.
⑥ FRUS，1955-1957，Vol. 22，p. 916.

局势，美国的交涉"没有取得预期效果"①。

泰国政局发展的结果是，1957年9月16日沙立·他纳叻发动政变，迫使披汶·颂堪和炮·沙耶暖流亡海外。美国的最初反应是"泰国的政权转移是内部政治发展的结果，理应不会改变美泰合作"。沙立·他纳叻很快向毕晓普保证，泰国将"严格遵循原有的对外政策，支持联合国和东南亚条约组织"，他和国王都期望同美国密切合作。毕晓普再次声明，美国的政策取决于世界问题的影响和立场而不是个人②。1958年10月沙立·他纳叻发动第二次政变，实行独裁，镇压中派、左派人士，敌视中国，完全断绝对华往来。这样，亚非会议后的中泰缓和宣告结束，美泰关系恢复如初。在1960年的老挝危机中，两国在《东南亚集体防御条约》的框架下进一步结为双边同盟，泰国成为美国在东南亚进行冷战的忠实支持者。

在亚非会议后，中泰关系缓和，给美泰关系造成短暂的冲击。不过，泰国把美泰关系作为其安全政策的基石，需要美国提供军事和经济援助。中泰关系的缓和是有限的，它对美泰关系的影响也是有限的。所以，中泰缓和结束后，泰国通过老挝危机与美国结为双边同盟，进一步巩固了泰美关系。

---

① FRUS, 1955-1957, Vol. 22, pp. 919-921, 928-930.
② FRUS, 1955-1957, Vol. 22, pp. 932-933.

第五章

1960年老挝危机与美国对泰国的新保证

老挝是位于中南半岛北部的内陆国家，北与中国云南省接壤，南与柬埔寨相接，东面与越南相邻，西面和西南面与缅甸和泰国交界。历史上，老挝分别是东西两个强邻越南和泰国的属国，是两国之间的缓冲地带。老泰边界长约1120千米，主要以湄公河为界。老挝与越南北方的边界长约640千米。泰国距老挝北部约128千米的地带与中国相邻。

冷战期间，由于老挝所处的重要地理位置，其成为东南亚共产党和非共产党国家之间的缓冲地带，卷入了两次印度支那战争。泰国一直担心中国和越南民主共和国通过老挝入侵自己，把老挝作为抵御共产主义势力扩张的前线。1960年老挝危机及其发展，使老挝成为世界主要大国关注的焦点，造成东南亚条约组织的内部危机，促使美国单独对泰国作出安全保证。

第一节 动荡的老挝政局与1959年危机

一、老挝首届联合政府的失败

第二次世界大战结束后，老挝出现了佩差拉亲王领导的反对法国重返老挝的独立运动，即"老挝伊萨拉"（"自由老挝"）。其中，苏发努冯亲王主张以军事斗争争取老挝独立，得到越南独立同盟会的支持。法国在老挝重建殖民统治后，伊萨拉运动转移到泰国。1949年10月，老挝伊萨拉政府宣布解散，但苏发努冯亲王坚持反法和反老挝王国政府的斗争。1950年8月13日，苏发努冯亲王领导的寮国战斗部队即巴特寮成立。1953年和1954年越南人民军在老挝活动期间，巴特寮与越南人民军合作，到1954年4月已经解放约4万平方千米领土①。

1954年《日内瓦协定》规定在老挝各派政治解决之前，巴特寮部队在桑怒省和丰沙里省集结，老挝王国政府保证举行全体老挝人参加的大选，并在选举前保证巴特寮等反对派参加丰沙里和桑怒的政府。这实际上承认了巴特寮在老挝政治中的合法地位，并使它获得两个根据地。日内瓦会议后，巴特寮成为影响老挝政局的重要力量。

从1955年起，老挝王国政府根据《日内瓦协定》的规定，与巴特寮就建立统一政府进行谈判。

梭发那·富马亲王是老挝政治中立派的代表，他认为巴特寮不是外国代理人而是老挝民族分子，力图建立巴特寮参加的联合政府②。

在1956年举行的一系列谈判中，梭发那·富马亲王领导的老挝王国政府与苏发努冯亲王代表的巴特寮，对巴特寮的地位以及成立联合政府达成了一系列共识③。

1957年11月2日，双方达成正式协议，主要内容为：①成立两名巴特寮领导人参加的中立联合政府，巴特寮交出丰沙里和桑怒；②不同外国缔结军事同盟，不建外国军事基地；③巴特寮军队部分并入政府军，其余解散；④巴特寮所有战略物资上交王国政府；⑤成立老挝爱国战线党代替巴特寮。④12日，双方进而达成在桑怒和丰沙里两省重建王国政府以及巴

---

① Arthur J. Dommen. *Conflict in Laos: The Politics of Neutralization*, New York: Praeger Publishers, 1971, pp. 22-34; Martin E. Goldstein. *American Policy Toward Laos*, Rutherford: Fairleigh Dickinson University Press, 1973, pp. 68-70.

② Martin E. Goldstein. *American Policy Toward Laos*, Rutherford: Fairleigh Dickinson University Press, 1973, p. 119.

③ 世界知识出版社编：《印度支那问题文件汇编》，北京：世界知识出版社，1959年，第315—316、318、321—322、325—328页；Martin E. Goldstein. *American Policy Toward Laos*, Rutherford: Fairleigh Dickinson University Press, 1973, pp. 110-111.

④ 世界知识出版社编：《印度支那问题文件汇编》，北京：世界知识出版社，1959年，第333—335页；Sisouk Na Champassak. *Storm Over Laos: A Contemporary History*, New York: Frederick A. Praeger Publisher, 1961, p. 59.

特寮战斗部队并入王国军队的协定①。

这样，经议会批准，由梭发那·富马任首相、两名巴特寮部长参加的联合政府于1957年11月18日成立。12月，巴特寮交出了桑怒省和丰沙里省。1958年3月1日，国际监督委员会报告说，巴特寮军队的"合并顺利进行"，4000余名巴特寮战士被解散，"完全把前巴特寮军事人员并入老挝国家军队的目标已经达到"②。

至此，老挝基本实现了1954年《日内瓦协定》规定的国内政治目标，成立联合政府，解决了巴特寮的政治地位及其军队合并的问题。如果老挝政局照此发展，有可能建成一个和平、中立的国家。然而在全球以及东南亚冷战的国际环境中，特殊的地缘位置使老挝的国内政治必定要受到国际政治的影响。

巴特寮参加老挝王国政府，引起了泰国和美国的不安。

泰国在联合政府成立后关闭了老泰边界口岸。由于老挝的对外经济联系主要通过泰国中转，这项措施造成了老挝的经济困难③。

美国认为，老挝联合政府的成立是共产党在东南亚的胜利，是美国对老挝政策的失败。美国国务院宣布："老挝在保证其主权和独立的情况下重新统一，将会十分有利。不过，美国认为，同共产党分子的联合是危险的行动路线，因为世界其他地方类似的联合历史表明，联合以共产党分子突破和占领该国而悲惨地结束。因此，老挝局势的演变是美国严重关注的根源，美国一直密切观察该国局势。"④

为平息美国的不满，1958年1月13日至15日，梭发那·富马首相访美。在与艾森豪威尔总统共同发表的联合公报中，他重申老挝是自由世界的成员以及它与西方的传统友好纽带，宣布其政府将保持警惕，加强保卫老挝独立、反对任何外国统治企图的决心。他承认共产主义思想对自由世界的危险，强调扼杀个人尊严和自由的任何制度都不会吸引老挝人民。

---

① Martin E. Goldstein. *American Policy Toward Laos*，Rutherford：Fairleign Dickinson University Press，1973，p. 116.
② Martin E. Goldstein. *American Policy Toward Laos*，Rutherford：Fairleign Dickinson University Press，1973，p. 117.
③ Donald E. Nuechterlein. *Thailand and the Struggle for Southeast Asia*，Ithaca：Cornell University Press，1965，p. 145.
④ Sisouk Na Champassak. *Storm Over Laos：A Contemporary History*，New York：Frederick A. Praeger Publisher，1961，p. 60.

艾森豪威尔总统表示，如果美国的援助能够帮助老挝政府维护其独立，美国愿意在法律程序的范围内向老挝王国提供道义和物质援助①。

1958年5月4日的议会补选打破了老挝政局的短暂平静。老挝在桑怒和丰沙里两省增选21名议员。结果是，老挝爱国战线党赢得9个议席，其他左派人士赢得4个席位②。在总共59名议员的老挝议会中，尽管中派和右翼势力依然占绝对多数，却引起了强烈反应。在美国的敦促下，中派、右翼势力联合成立由梭发那·富马领导的"老挝人民同盟"，目的是"团结全国力量同共产主义和颠覆作不屈不挠的斗争"。同时，一批归国留学生、下级官员和军官组建"保卫国家利益委员会"，目标是反共和反腐败。该组织成为新的右翼势力，获得了美国的大力扶持③。

7月，梭发那·富马被迫辞职，老挝首届联合政府失败。

8月18日成立的培·萨拉尼空政府挤走巴特寮代表，吸收了4名保卫国家利益委员会成员。在内政方面，为减少美国援助带来的政治腐败，培·萨拉尼空政府把老挝货币从35基普（kip）兑1美元贬值为80基普兑1美元，废除进口许可证制度。在对外政策上，培·萨拉尼空政府放弃中立，采取亲西方的立场。培·萨拉尼空首相公开宣称："就和平共处而言，我们清楚地告诉邻国和全世界，我们将只与自由世界共处。我们只信任这些真诚支持我们的国家。"他邀请吴庭艳的弟弟吴庭儒到老挝，把老挝在越南南方的使馆升为大使级别。他同中国台湾地区的国民党当局建立关系④。

二、1959年老挝危机与美国、泰国通过联合国的解决

培·萨拉尼空政府的措施激化了国内外矛盾。

1958年12月20日，越南民主共和国军队跨过越老边界进入老挝南部车邦地区，占领靠近越南南、北方军事分界线的地方并挖掘堑壕，引起

---

① Martin E. Goldstein. *American Policy Toward Laos*，Rutherford：Fairleigh Dickinson University Press，1973，pp. 138-139.

② Martin E. Goldstein. *American Policy Toward Laos*，Rutherford：Fairleigh Dickinson University Press，1973，p. 118.

③ Sisouk Na Champassak. *Storm Over Laos：A Contemporary History*，New York：Frederick A. Praeger Publisher，1961，pp. 63-64.

④ Sisouk Na Champassak. *Storm Over Laos：A Contemporary History*，New York：Frederick A. Praeger Publisher，1961，pp. 65-68；Martin E. Goldstein. *American Policy Toward Laos*，Rutherford：Fairleigh Dickinson University Press，1973，pp. 145-147.

了老挝与越南民主共和国之间的领土纠纷①。

培·萨拉尼空首相采取两项应对措施。

首先，在1959年1月14日要求议会授权他全权处理国家事务并改组政府，"准备应对越南独立同盟会和巴特寮的军事和政治进攻"②。改组后的政府有14名部长，保卫国家利益委员会获5个职位，富米·诺萨万上校首次加入内阁。这样，巴特寮不仅被排挤出政府，在议会中的席位也因休会一年而失去意义③。

其次，公开拒绝国际监督委员会根据《日内瓦协定》的规定行使对老挝的监督权。

1958年5月，梭发那·富马政府认为老挝议会成功补选，已完全实现《日内瓦协定》的规定，要求国际监督委员会停止在老挝的活动。7月18日，国际监督委员会决定无限期休会④。

在与老挝发生领土纠纷后，越南民主共和国要求国际监督委员会"恢复活动以进行违反《日内瓦协定》的调查和审查"，并采取适当和有力的措施以保证尊重和正确执行《日内瓦协定》⑤。

为对付越南民主共和国向国际监督委员会申诉，培·萨拉尼空首相在1959年2月11日宣称，"老挝已经履行在日内瓦会议上签订的停止敌对行动协定"，老挝"作为一个完全独立和主权的国家，绝不允许任何国家干涉自己的内政"，宣布老挝"不能承认除联合国之外的任何国际组织充当牵涉老挝的争端的仲裁者"，否认了国际监督委员会对老挝和越南民主

---

① Sisouk Na Champassak. *Storm Over Laos: A Contemporary History*, New York: Frederick A. Praeger Publisher, 1961, p. 68.
② Donald E. Nuechterlein. *Thailand and the Struggle for Southeast Asia*, Ithaca: Cornell University Press, 1965, p. 148; Ilya V. Gaiduk. *Confronting Vietnam: Soviet Policy Toward Indochina Conflict, 1954-1963*, Stanford: Stanford University Press, 2003, p. 131.
③ Martin E. Goldstein. *American Policy Toward Laos*, Rutherford: Fairleign Dickinson University Press, 1973, p. 147.
④ 世界知识出版社编：《印度支那问题文件汇编》，北京：世界知识出版社，1959年，第342页；Martin E. Goldstein. *American Policy Toward Laos*, Rutherford: Fairleign Dickinson University Press, 1973, p. 145; Ilya V. Gaiduk. *Confronting Vietnam: Soviet Policy Toward Indochina Conflict, 1954-1963*, Stanford: Stanford University Press, 2003, p. 129.
⑤ 世界知识出版社编：《印度支那问题文件汇编》，北京：世界知识出版社，1959年，第347—349页。

共和国领土争端的仲裁权①。

此举遭到苏联、中国和越南民主共和国的反对。三国认为，国际监督委员会是《日内瓦协定》的重要组成部分，是执行该协定的重要保证②。1959年2月19日，中国外交部部长陈毅致信1954年日内瓦会议两主席英国外交大臣和苏联外长，抗议老挝和美国片面毁弃《日内瓦协定》的行为，指责美国国务院支持培·萨拉尼空首相并"派遣大量军事人员和运输武器到老挝"，要求"日内瓦会议两主席国对于这一严重破坏日内瓦协议的行为迅速采取行动，以制止美国对老挝的军事干涉阴谋，维护印度支那地区的和平"③。2月26日和3月21日，苏联两次照会英国，建议两主席国要求国际监督委员会尽快恢复其在老挝的活动④。

英国拒绝了中、苏两国的谴责和建议。此后，恢复国际监督委员会在老挝的活动成为国际上东、西方两个阵营斗争的焦点，是1961—1962年日内瓦会议解决的重要问题之一。

5月，培·萨拉尼空政府对巴特寮采取进一步措施。首先，强行合并巴特寮部队。巴特寮经过整编，此时只剩下2个营共1500人，分别驻在琅勃拉邦南部和查尔平原。驻琅勃拉邦南部的第1营接受合并，但驻查尔平原的第2营全部出走，重新举起反政府大旗。其次，软禁苏发努冯亲王和其他巴特寮领导人，宣布老挝爱国战线党非法⑤。

到7月中旬，巴特寮部队进攻桑怒，老挝内战爆发。培·萨拉尼空政

---

① 世界知识出版社编：《印度支那问题文件汇编》，北京：世界知识出版社，1959年，第362—363页；Sisouk Na Champassak. *Storm Over Laos: A Contemporary History*, New York: Frederick A. Praeger Publisher, 1961, pp. 69-70; Martin E. Goldstein. *American Policy Toward Laos*, Rutherford: Fairleigh Dickinson University Press, 1973, p. 147.

② 世界知识出版社编：《印度支那问题文件汇编》，北京：世界知识出版社，1959年，第361—362、364—365页；Ilya V. Gaiduk. *Confronting Vietnam: Soviet Policy Toward Indochina Conflict, 1954-1963*, Stanford: Stanford University Press, 2003, p. 129.

③ 世界知识出版社编：《印度支那问题文件汇编》，北京：世界知识出版社，1959年，第365—366页；Martin E. Goldstein. *American Policy Toward Laos*, Rutherford: Fairleigh Dickinson University Press, 1973, p. 162.

④ Ilya V. Gaiduk. *Confronting Vietnam: Soviet Policy Toward Indochina Conflict, 1954-1963*, Stanford: Stanford University Press, 2003, p. 133.

⑤ Arthur J. Dommen. *Conflict in Laos: The Politics of Neutralization*, New York: Praeger Publishers, 1971, pp. 117-118; Martin E. Goldstein. *American Policy Toward Laos*, Rutherford: Fairleigh Dickinson University Press, 1973, p. 152.

府指责进攻者"是由越南民主共和国全面武装、装备和训练的新人"①。8月4日,老挝政府致信联合国秘书长哈马舍尔德,请求他"把老挝的严重局势通知联合国所有成员",指责越南民主共和国挑起并介入了老挝内战②。

巴特寮在1959年8月30日发动大规模进攻,威胁琅勃拉邦和万象。9月4日,老挝政府再次致电联合国秘书长,通报老挝王国面临的威胁,请求联合国立即向老挝派兵。"显然,如果进攻者不是来自外国,这些攻击就不会发生;如果进攻者没有获得来自境外的增援、食物供应以及弹药,进攻就无法维持。""老挝特别请求早日派遣紧急部队,阻止侵略并防止其扩大。"③

老挝的形势引起了国际关注。美、英、法、日等西方国家的50余名新闻记者前往老挝进行报道④。东、西方两大阵营就老挝局势展开了激烈交锋。

8月1日,美国发表声明,指责巴特寮及其越南民主共和国的支持者"显然希望破坏这个年轻的小国所需要的平静",从未停止过"谋划和煽动以阻止非共产党中立老挝的巩固","在外部共产党的支持下,叛乱分子可能蓄意在一个主权国家和联合国成员国老挝挑起危机"⑤。

8月17日苏联发表长篇声明,指责培·萨拉尼空政府的内外政策导致了老挝内战爆发,美国干涉老挝内政。"事实无可辩驳地表明,不是越南民主共和国或中华人民共和国,而是美国把军事装备和物资以及军事人员引入老挝。(美国)向老挝王国军队和政府派遣大量军事顾问和人员,

---

① Arthur J. Dommen. *Conflict in Laos: The Politics of Neutralization*,New York:Praeger Publishers,1971,p. 164.
② Sisouk Na Champassak. *Storm Over Laos: A Contemporary History*,New York:Frederick A. Praeger Publisher,1961,p. 92.
③ 世界知识出版社编:《印度支那问题文件汇编》第二集,北京:世界知识出版社,1961年,第194—195页;Sisouk Na Champassak. *Storm Over Laos: A Contemporary History*,New York:Frederick A. Praeger Publisher,1961,p. 97;Martin E. Goldstein. *American Policy Toward Laos*,Rutherford:Fairleign Dickinson University Press,1973,p. 153.
④ Sisouk Na Champassak. *Storm Over Laos: A Contemporary History*,New York:Frederick A. Praeger Publisher,1961,p. 97;Arthur J. Dommen. *Conflict in Laos: The Politics of Neutralization*,New York:Praeger Publishers,1971,p. 123.
⑤ Arthur J. Dommen. *Conflict in Laos: The Politics of Neutralization*,New York:Praeger Publishers,1971,p. 164.

清楚地表明是谁在真正干涉老挝内政。"①

美国反驳道:"我们在老挝没有驻军。我们没有向该国提供任何重型或先进武器。我们在老挝没有基地,也没有机场。"美国的立场是,老挝冲突是巴特寮及老挝爱国战线党"在国外的帮助和指使下发动叛乱。这是共产党指使的破坏老挝和平的行动"②。

英国作为日内瓦会议两主席国之一,自 1959 年 1 月老挝危机开始出现以来,一直坚持维护老挝政府的立场,不支持中国和苏联恢复国际监督委员会在老挝的活动的建议。6 月 9 日,英国政府公开表示,老挝政府并未违反《日内瓦协定》,"违背老挝政府的意愿恢复国际监督委员会,将违反《日内瓦会议最后宣言》规定的义务",然而,"国际监督委员会成员国仍然得决定该委员会是否再次召集,在什么情况下召集"③。

法国根据《日内瓦协定》,在老挝保留了军事、经济和文化利益,但遭到美国排挤。法国军事顾问虽然为老挝王国军队提供训练,但老挝军队的武器和物资都由美国提供。8 月 26 日,美国宣布增加对老挝的军事援助。此后,美援物资大量流进老挝,美国在老挝的影响力增加。因此,法国对老挝冲突持"保留和谨慎的态度"④。法国质疑老挝对越南民主共和国军队入侵的指责,认为老挝没有越南民主共和国入侵的证据,是老挝政府制造危机以便获得更多的美国军事和政治援助⑤。法国虽然支持联合国派调查组赴老挝进行实地调查,但法国驻老挝大使馆武官向联合国调查组表示:"不存在真正的外国对老挝的军事干涉,老挝政府要求联合国干涉的行动,可能是受'可靠的大国'的政治目的驱使。"⑥

中国政府在 1959 年 8 月 12 日声明:"中国政府和人民对于日趋恶化

---

① 世界知识出版社:《印度支那问题文件汇编》第二集,北京:世界知识出版社,1961 年,第 160—161 页;Martin E. Goldstein. *American Policy Toward Laos*, Rutherford: Fairleign Dickinson University Press, 1973, pp. 164-165.
② Martin E. Goldstein. *American Policy Toward Laos*, Rutherford: Fairleign Dickinson University Press, 1973, p. 168.
③ Sisouk Na Champassak. *Storm Over Laos: A Contemporary History*, New York: Frederick A. Praeger Publisher, 1961, p. 104.
④ Sisouk Na Champassak. *Storm Over Laos: A Contemporary History*, New York: Frederick A. Praeger Publisher, 1961, p. 106.
⑤ Donald E. Nuechterlein. *Thailand and the Struggle for Southeast Asia*, Ithaca: Cornell University Press, 1965, p. 151; FRUS, 1958-1960, Vol. 16, p. 621.
⑥ FRUS, 1958-1960, Vol. 16, p. 630.

的老挝局势正予以密切注意,美国政府和老挝当局一切违反日内瓦协议和在印度支那制造紧张局势并进而威胁中国安全的活动,都必然要遭到中国政府和人民的坚决反对。美国政府和老挝当局必须对它们这些活动的后果负完全的责任。"①

自1953年和1954年越南人民军入侵老挝以来,泰国一直警惕越南民主共和国军队再次入侵老挝。1959年老挝内战爆发后,泰国认为越南民主共和国介入了老挝冲突,表明"共产党放弃了与老挝和平共处,因颠覆失败而决定通过外部军事压力迫使老挝改变国家政策"②。泰国官员发表了援助老挝的声明。一家报纸的标题是"泰国准备飞去营救老挝"。副总理兼国防部长他侬·吉滴卡宗宣称:"假如老挝政府请求东南亚条约组织援助,泰国军队已经动员以拯救老挝。"他甚至披露"国防部已经指定需要时能够派往老挝的部队,在那里的局势发展期间,这些部队将一直驻扎(老挝)"。9月13日,泰国政府派一个军事团赴老挝观察局势③。

根据巴特寮和越南民主共和国在老挝的行动,沙立·他纳叻总理所考虑的泰国应对措施是:①"如果丰沙里和桑怒陷落,他会观望'他们'是否向泰国推进";②"如果'他们'向泰国推进,他会把泰国军队调到边界";③"如果'他们'不停下来,他会进入老挝"。④

在这场危机中,美国采取的措施是增加对老挝的军事援助,推动东南亚条约组织和联合国采取行动。泰国则支持美国的强硬政策。

美国加快了对老挝的援助,8月24日决定把老挝军队由25 000人扩至29 000人⑤。至10月,美国项目评估处(Program Evaluation Office)约200人在老挝负责监督分配美国军事援助,另有约100人的训练团为使用美式武器的老挝士兵提供训练。美国还组建了驻日本冲绳的第116特种部

---

① 世界知识出版社编:《印度支那问题文件汇编》第二集,北京:世界知识出版社,1961年,第158页; Arthur J. Dommen. *Conflict in Laos: The Politics of Neutralization*, New York: Praeger Publishers, 1971, p. 137.

② Donald E. Nuechterlein. *Thailand and the Struggle for Southeast Asia*, Ithaca: Cornell University Press, 1965, p. 148.

③ Sisouk Na Champassak. *Storm Over Laos: A Contemporary History*, New York: Frederick A. Praeger Publisher, 1961, p. 109.

④ FRUS, 1958-1960, Vol. 16, p. 111.

⑤ FRUS, 1958-1960, Vol. 16, pp. 568-572.

队，其任务是干涉老挝①。

东南亚条约组织理事会在 1959 年 9 月采取了一系列行动，在曼谷召开了六次会议，美国国务院在华盛顿召集了两次东南亚条约组织成员国外交使团会议。

在 9 月 2 日举行的东南亚条约组织理事会代表特别会议上，美、英、法三国确定首先支持联合国的行动，东南亚条约组织暂不采取行动，仅向各国政府建议关注老挝事件，没有作出决定和发表公报②。

在东南亚条约组织国家外交使团会议上，美国代理国务卿狄龙表示，老挝政府呼吁联合国提供军事援助，但缺乏外部直接援助叛乱的过硬材料。狄龙和英国公使胡德希望联合国在派兵之前，获取关于老挝局势的更多真实情况，希望东南亚条约组织理事会向老挝派遣事实核查团。泰国大使威戍·阿塔瑜提表示，泰国政府密切关注老挝局势，要求东南亚条约组织应老挝政府的请求，尽其所能提供援助。他支持在曼谷召开东南亚条约组织理事会代表特别会议，并向老挝派遣事实调查团③。

9 月 26 日，东南亚条约组织发表强硬声明："如果需要保卫老挝领土完整，反对外来干涉，东南亚条约组织已经做好准备，以便能够在《东南亚集体防御条约》的框架下迅速采取行动。"④

9 月 28 日，东南亚条约组织理事会在华盛顿举行特别会议。泰国外长他纳·科曼表示，泰国政府会履行《东南亚集体防御条约》第 4 条保护老挝的义务，赞成东南亚条约组织秘书长访问万象，完全支持联合国对老挝的措施。会议决定，如果老挝王国政府发出邀请，东南亚条约组织秘书长应接受邀请，有权决定访问的时间，考虑当时的主要情况并通知理事会代表⑤。联合公报声称，东南亚条约组织"不打算影响联合国保证国际和平与安全的责任"，全力支持联合国的行动⑥。

---

① Martin E. Goldstein. *American Policy Toward Laos*, Rutherford: Fairleign Dickinson University Press, 1973，p. 166.
② FRUS，1958-1960，Vol. 16，p. 105.
③ FRUS，1958-1960，Vol. 16，pp. 106，109.
④ Donald E. Nuechterlein. *Thailand and the Struggle for Southeast Asia*, Ithaca: Cornell University Press，1965，p. 149.
⑤ FRUS，1958-1960，Vol. 16，pp. 146-155.
⑥ Leszek Buszynski. *SEATO: The Failure of Alliance Strategy*, Singapore: Singapore University Press, 1983，p. 74.

在美、英、法等国的支持下，联合国在解决1959年老挝危机时发挥了重要作用。

苏联反对把老挝问题列入联合国安理会议程。9月7日，联合国安理会举行关于老挝问题的特别会议，以10∶1的投票赞成美国、法国和英国建议的程序决议，"决定任命由阿根廷、意大利、日本和突尼斯代表组成的小组委员会，指示该小组委员会审查在安理会所作的关于老挝的声明，接受更多的声明和文件，进行它认为必要的调查，尽快向安理会报告"①。联合国派出调查组既解决了东、西方两大阵营关于恢复国际监督委员会的争论，又使东南亚条约组织避免直接介入。

从9月15日至10月14日，由日本、意大利、阿根廷和突尼斯代表组成的联合国调查组在老挝进行调查，核实老挝政府提供的情况。调查组调查了文官、军人、农民、和尚、寡妇以及被俘的巴特寮士兵共42人，访问了琅勃拉邦和万象的27个伤员，察看了据说是从他们身上取下的弹片和子弹。调查组还到老挝北部战斗区进行现场调查，察看了据说是缴获的武器、军服和装备②。

11月5日，联合国调查组公布报告。结论是，自7月16日以来，在桑怒和丰沙里两省反对老挝政府要塞和军队的军事行动增加，8月30日至9月15日达到高潮，9月15日后冲突平息。调查组会见的几乎所有证人都说，越南民主共和国支持巴特寮和边境少数民族叛乱分子，"反对派"没有提供信息和证人③。调查组认为，"提交调查组的所有情况，不能确切地表明越南民主共和国正规军是否多次越过边界"④。

联合国调查组的结论没有支持老挝政府对越南民主共和国入侵的指控。

为了稳定老挝局势，联合国秘书长哈马舍尔德于1959年11月10日访问老挝，同培·萨拉尼空举行会谈，培·萨拉尼空保证老挝坚持中立。哈马舍尔德宣布派遣个人代表到老挝研究联合国对老挝的经济援助问题，

---

① FRUS，1958-1960，Vol.14，p.606.
② Martin E. Goldstein. *American Policy Toward Laos*，Rutherford：Fairleigh Dickinson University Press，1973，p.154；Sisouk Na Champassak. *Storm Over Laos: A Contemporary History*，New York：Frederick A. Praeger Publisher，1961，p.118.
③ FRUS，1958-1960，Vol.16，p.649.
④ Martin E. Goldstein. *American Policy Toward Laos*，Rutherford：Fairleigh Dickinson University Press，1973，p.154.

并派一个联合国技术援助小组到老挝①。

这样，1959 年老挝危机被顺利化解。美国和泰国在这场危机中的立场比较一致。由于巴特寮的力量有限，此次军事冲突的规模不大，很快恢复了平静。泰国对这场危机的顺利解决感到满意。

第二节　1960 年老挝危机与美国和平解决的抉择

一、贡勒政变与老挝内战的爆发

1959 年 12 月，以富米·诺萨万为首的右翼军人在美国的支持下控制了老挝政府。12 月 30 日，富米·诺萨万发动军事政变，迫使培·萨拉尼空首相辞职。1960 年 1 月，国王任命库·阿沛领导看守政府，富米·诺萨万担任国防部长。在 4 月 24 日举行的选举中，保卫国家利益委员会获 32 个议席，老挝人民同盟获 27 席，成立的昭·松萨尼特政府实际由国防部长富米·诺萨万控制②。

新右翼势力控制的政局很快被打破。1960 年 8 月 9 日凌晨，乘政府主要官员赴琅勃拉邦商讨已故国王的葬礼之机，第 2 伞兵营营长贡勒上尉发动政变，引发了长达两年的老挝危机，使老挝再次成为举世瞩目的中心，东、西方两个阵营在小小的老挝再次进行较量。这场危机规模大，持续时间长，对美泰关系的影响远远超过 1959 年老挝危机。

贡勒是一位能干的年轻军官。他认为，美国的军事援助造成了老挝政府官员、军队领导人的腐败以及连续不断的内战，他试图结束政府对巴特寮的军事行动，结束军队、官僚机构和议会的腐败。"必须阻止腐败。……政府和武装部队领导人已经不止一次地宣布那些接受贿赂、依靠他人的劳动过活以及以牺牲人民谋取利益的人将受惩罚。但这些恶棍继续存在。我不喜欢这些人。"他强调实行真正的中立政策，"我的部队和我决

---

① Sisouk Na Champassak. *Storm Over Laos: A Contemporary History*, New York: Frederick A. Praeger Publisher, 1961, p. 127; Donald E. Nuechterlein. *Thailand and the Struggle for Southeast Asia*, Ithaca: Cornell University Press, 1965, p. 150.

② Donald E. Nuechterlein. *Thailand and the Struggle for Southeast Asia*, Ithaca: Cornell University Press, 1965, p. 154; Arthur J. Dommen. *Conflict in Laos: The Politics of Neutralization*, New York: Praeger Publishers, 1971, pp. 129-134.

定牺牲一切,甚至我们的生命,以便给我们的国家带来中立和和平"。"我们将同意与所有国家建立外交关系。我希望政府将领导我们的国家走上中立道路。这意味着一个不倾向自由世界也不倾向共产党世界的政府。"①

贡勒邀请梭发那·富马组织政府。1960年8月18日,梭发那·富马领导的中立派政府成立。富米·诺萨万将军在老挝南部的沙湾拿吉建立反政变委员会。

梭发那·富马首相最初试图建立中立派和右派联合政府,前往沙湾拿吉同富米·诺萨万将军谈判。8月30日,在国王的主持下,两派在琅勃拉邦达成协议,同意组成梭发那·富马任首相、富米·诺萨万任副首相和内政部长的联合政府②。然而,该协议没有得到执行。富米·诺萨万返回沙湾拿吉,成立了文翁亲王领导的革命委员会。

这样,老挝出现了两个政府。东、西方阵营及各自内部对此采取了不同立场。

英国和法国支持中立的梭发那·富马政府。它们认为,老挝作为中国和西方之间的缓冲地带,需要建立拥有广泛基础的老挝联合政府并执行真正的中立政策,梭发那·富马是团结老挝各派的唯一人选。因此,"东南亚条约组织应该支持梭发那·富马建立由所有非共派别组成的联合政府的努力","支持富米·诺萨万将军的干预不仅纯粹是干傻事,而且不合法,因为除非老挝政府要求援助,否则禁止东南亚条约组织干涉老挝"③。

美国政府内部对老挝局势的看法出现了分歧。美国驻老挝大使温思罗普·布朗支持老挝中立派,主张建立由梭发那·富马领导的中立派和右派联合政府。美国国务院和国防部反对老挝共产党参加政府,质疑梭发那·富马是共产党的同情者,贡勒是共产党的工具,支持富米·诺萨万用军事手段解决危机。艾森豪威尔总统代表美国国务院和国防部的观点,他

---

① 世界知识出版社编:《印度支那问题文件汇编》第三集,北京:世界知识出版社,1961年,第62—65页; Donald E. Nuechterlein. *Thailand and the Struggle for Southeast Asia*, Ithaca: Cornell University Press, 1965, p. 157; Arthur J. Dommen. *Conflict in Laos: The Politics of Neutralization*, New York: Praeger Publishers, 1971, p. 145; Martin E. Goldstein. *American Policy Toward Laos*, Rutherford: Fairleigh Dickinson University Press, 1973, p. 205.

② Donald E. Nuechterlein. *Thailand and the Struggle for Southeast Asia*, Ithaca: Cornell University Press, 1965, p. 163.

③ Donald E. Nuechterlein. *Thailand and the Struggle for Southeast Asia*, Ithaca: Cornell University Press, 1965, p. 161.

说:"到 1960 年 10 月,看来梭发那·富马是贡勒上尉的同谋或者俘虏,而贡勒自己是巴特寮的同谋"①。

因此,美国对老挝局势的最初立场比较含糊。1960 年 9 月 10 日,华盛顿首次发表关于老挝局势的公开声明:"美国过去一贯全力支持历届老挝合法政府维护老挝的独立和完整的努力,抵制国内外共产党的蚕食。它对局势感到遗憾,即因暴力摧毁了国家的团结,增加了此种侵犯的危险。美国不愿意干涉老挝内部事务。……不过,它会马上注意到任何其他外国政权或其代理人试图因此利用目前的混乱局势,进行直接或间接干涉。"②美国同时支持老挝的两个政府,既向梭发那·富马政府提供财政援助,又向富米·诺萨万的军队提供军事援助。

泰国拒绝承认梭发那·富马政府,支持富米·诺萨万在沙湾拿吉采取的政治和军事行动。它再次关闭了老泰边界口岸以封锁老挝对外贸易,敦促东南亚条约组织援助富米·诺萨万,反对美国援助梭发那·富马政府③。

9 月 21 日,沙立·他纳叻总理发表声明,表达了泰国对老挝局势的强硬立场。他认为,老挝新政府亲共,共产党已从内部接管了老挝,"丝毫不容怀疑的是,如果情况照此发展,老挝王国将完全落入共产党之手"。沙立·他纳叻宣称,由于泰老关系具有"特殊性",老挝的问题必然会影响泰国,他担心泰国的反政府叛乱加剧。如果老挝的局势威胁到泰国,"我将不得不战斗以保卫它"。他期望"获得自由世界友好国家的帮助与合作,因为(泰国)同共产党作战是为整个自由世界的福祉而战",否则泰国将独自抵制共产党,"泰国得自己作出决定,用一切可能的方式来保卫祖国,而不考虑是否会有任何外来援助","让我们战死,让我们死得像个人。这比死得像个懦夫好"④。

---

① Martin E. Goldstein. *American Policy Toward Laos*, Rutherford: Fairleigh Dickinson University Press, 1973, pp. 209-210.

② Martin E. Goldstein. *American Policy Toward Laos*, Rutherford: Fairleigh Dickinson University Press, 1973, p. 211.

③ Donald E. Nuechterlein. *Thailand and the Struggle for Southeast Asia*, Ithaca: Cornell University Press, 1965, p. 171.

④ Donald E. Nuechterlein. *Thailand and the Struggle for Southeast Asia*, Ithaca: Cornell University Press, 1965, pp. 168-169; Leszek Buszynski. *SEATO: The Failure of Alliance Strategy*, Singapore: Singapore University Press, 1983, p. 74; R. Sean Randolph. *The United States and Thailand: Alliance Dynamics, 1950-1985*, Berkeley: Institute of East Asian Studies, University of California, 1986, p. 37.

在英、法两国的影响下,东南亚条约组织的基本立场是,老挝危机因老挝各派的政治斗争而发生,没有外国对老挝进行军事干涉的证据,反对介入老挝危机①。

泰国极为不满。泰国报纸鼓动东南亚条约组织介入老挝危机:"如果东南亚条约组织继续无所作为,对于泰国来说,老挝的局势会变得日趋危险。……泰国政府向东南亚条约组织提交的建议(即要求东南亚条约组织调解老挝政治争端)应引起它的关注,并应使它认识到,发生在任何国家的危险,自然引起邻国的严重关注和担心。……老挝是自由世界在这一地区防御线上的最弱环节。如果共产党能够渗入该国,他们将能够破坏该地区的和平。一旦共产党占领了整个老挝,亚洲将面临可怕的命运。"②1960年11月下旬,在曼谷举行的东南亚条约组织军事顾问会议上,泰国代表表示,如果东南亚条约组织不支持阻止老挝政局恶化的政策,泰国要求修改该组织一致通过决议的原则,以便让愿意行动的成员国自由行事③。泰国谋求推动美国改变援助梭发那·富马政府的政策。

苏联支持梭发那·富马政府。9月21日,苏联发表声明,指责美国和东南亚条约组织援助叛乱者。"叛乱者正获得大量美国的金钱、武器和弹药供应,而美国的军事顾问控制着叛军。""苏联政府强烈谴责美国及其在侵略性的东南亚条约组织的盟友干涉老挝内政的举措,认为需要警告它们因公然违反1954年《日内瓦协定》而承担严重责任。"④10月7日,苏联与梭发那·富马政府建交。苏联完全支持梭发那·富马政府关于实施中立政策、遵守《日内瓦协定》、"无差别地同所有国家"建立关系以及通过谈判实现老挝和解与团结的内外政策,表示向老挝提供贷款、工业和文化

---

① R. Sean Randolph. *The United States and Thailand: Alliance Dynamics, 1950-1985*, Berkeley: Institute of East Asian Studies, University of California, 1986, p. 37; Donald E. Nuechterlein. *Thailand and the Struggle for Southeast Asia*, Ithaca: Cornell University Press, 1965, p. 167.

② Donald E. Nuechterlein. *Thailand and the Struggle for Southeast Asia*, Ithaca: Cornell University Press, 1965, pp. 167-168.

③ Donald E. Nuechterlein. *Thailand and the Struggle for Southeast Asia*, Ithaca: Cornell University Press, 1965, p. 179.

④ 世界知识出版社编:《印度支那问题文件汇编》第三集,北京:世界知识出版社,1961年,第84—85页; Martin E. Goldstein. *American Policy Toward Laos*, Rutherford: Fairleigh Dickinson University Press, 1973, p. 215.

项目建设、供应食物和货物等援助①。

梭发那·富马政府与苏联建交，从1960年10月11日起与巴特寮举行谈判，这两件事引起了美国的不满。美国在10月初停止对梭发那·富马政府的援助。同时，美国国防部军事援助负责人威灵斯顿·帕尔默将军在越南南方西贡机场宣布，美国因老挝三派的分裂而停止对老挝的援助。10月12日，美国远东事务助理国务卿J.格雷厄姆·帕森斯抵达万象，向梭发那·富马首相提出恢复美国援助的三项条件，即终止与巴特寮的谈判，同富米·诺萨万会谈，迁都到琅勃拉邦。这些无理要求遭到梭发那·富马的拒绝。

此后，美国放弃模糊政策，支持富米·诺萨万武装推翻梭发那·富马政府。为保证向富米·诺萨万提供武器和军事物资，美国于10月17日恢复对梭发那·富马政府的现金援助②。

美国向富米·诺萨万的军队提供了大量武器和物资。从1960年9月起，富米·诺萨万的军队收到了大量没有标志的美国飞机从曼谷运来的军事物资。美洲航空公司的C-46飞机和C-47飞机还为沙湾拿吉和偏远驻地提供往返运输服务。美国将在泰国受训的约200名老挝伞兵交给富米·诺萨万③。中央情报局和泰国还派空中增援警察队、通信和医疗专家到富米·诺萨万的主力营，与美国陆军顾问一起工作④。美国的援助加强了富米·诺萨万的军事实力，增加了老挝内战爆发的危险。

由于泰国封锁老泰边界口岸，梭发那·富马政府难以获得外来物资，出现严重经济困难，迫切需要大米和汽油。梭发那·富马先向美国求援，请求美国为万象空运物资，遭到拒绝。他转而向苏联求援。10月27日，梭发那·富马宣布原则上接受苏联援助。11月16日，梭发那·富马与苏联达成空运协议，苏联将物资经河内运抵万象。12月3日，苏联飞机首

---

① Arkhiv Vneshnei. Politiki Rossiiskoi Federatsii, Fond 0570, Referentura on Laos, op. 6, p. 3, d. 5, ll. 66-69. 转引自 Ilya V. Gaiduk. *Confronting Vietnam: Soviet Policy Toward Indochina Conflict, 1954-1963*, Stanford: Stanford University Press, 2003, pp. 139-140.

② Arthur J. Dommen. *Conflict in Laos: The Politics of Neutralization*, New York: Praeger Publishers, 1971, pp. 158-161.

③ Arthur J. Dommen. *Conflict in Laos: The Politics of Neutralization*, New York: Praeger Publishers, 1971, p. 154.

④ Timothy N. Castle. *At War in the Shadow of Vietnam, U. S. Military Aid to the Royal Lao Government, 1955-1975*, New York: Columbia University Press, 1993, p. 38.

次在万象降落。翌日，苏联开始飞行从河内到万象的定期航班，为梭发那·富马政府空运物资。至 12 月 10 日，11 辆火车厢的武器和 35 辆火车厢的燃油已经运往中苏边界，准备运往老挝①。

据美国情报部门估计，1960 年 12 月 15 日至 1961 年 1 月 2 日，苏联飞机飞到老挝 184 架次。苏联的运输机运来榴弹炮、弹药、汽油、作战配给和其他战争物资，使贡勒和巴特寮的部队能够同富米·诺萨万的军队作战。贡勒在撤退时得到苏联空投物资的支持②。

1960 年 12 月 13 日，在美国和泰国的大力支持下，富米·诺萨万率军进攻万象。梭发那·富马已于 12 月 10 日逃到柬埔寨。经过三天激战，贡勒军撤出万象，向北撤退。

12 月 12 日，出逃到沙湾拿吉的 40 名议员投票通过对梭发那·富马政府的谴责，国王敕令革命委员会暂理王国事务。翌年 1 月 4 日，老挝议会批准富米·诺萨万将军和文翁亲王领导的新政府。美国和泰国立即予以承认。苏联则照会美国，抗议它干涉老挝内政，继续承认梭发那·富马政府。

此后，贡勒的部队与巴特寮军队联合对抗老挝王国政府军。由于两派分别获得东方阵营和美国的军事援助，老挝内战达到了空前规模。

二、肯尼迪政府和平解决老挝危机的抉择

富米·诺萨万占领万象让艾森豪威尔政府兴奋不已。然而，到 1961 年初，中、左翼军队的联合行动实际终结了富米·诺萨万军队在战场上的优势，越南民主共和国、中国和苏联谴责美国的干涉并继续支持梭发那·富马政府，中立国家要求恢复国际监督委员会的活动并召开国际会议，美国的盟友英国敦促它和平解决老挝危机，法国不支持其政策。老挝局势的发展变得难以控制。

艾森豪威尔总统的立场是迫使梭发那·富马辞职，使文翁亲王领导的

---

① Ilya V. Gaiduk. *Confronting Vietnam: Soviet Policy Toward Indochina Conflict, 1954-1963*, Stanford: Stanford University Press, 2003, pp. 140-143; Arthur J. Dommen. *Conflict in Laos: The Politics of Neutralization*, New York: Praeger Publishers, 1971, p. 161.

② Arthur J. Dommen. *Conflict in Laos: The Politics of Neutralization*, New York: Praeger Publishers, 1971, pp. 178, 167; Ilya V. Gaiduk. *Confronting Vietnam: Soviet Policy Toward Indochina Conflict, 1954-1963*, Stanford: Stanford University Press, 2003, p. 144.

政府合法化，寻求英国、法国支持美国的立场，同苏联交涉，同时做好军事干涉的准备。"我们不能让老挝落到共产党手中，哪怕要为之一战，不论我们的盟国合作与否。"①1961年1月2日，艾森豪威尔致信戴高乐总统，指责苏联和越南民主共和国干涉老挝，希望法国支持美国的立场。"美国十分认真地对待东南亚条约组织的条约义务，我们相信你和其他缔约国也会这样做的。我觉得我们应该乘此机会向对方表明：尽管我们时时在策略和方法上有所分歧，我们在面对任何中苏威胁时则是坚定一致的。我希望我们能向全世界表明这种团结。"戴高乐的回复是，承认事态发展"对老挝的未来充满着危险，并且十分肯定是违反日内瓦协议的精神和条款的"，但暗指美国的政策导致梭发那·富马政府垮台和万象激战，暗示继续支持梭发那·富马②。

美国坚持强硬立场。太平洋美军奉命进行戒备。美国国务院宣布美国对共产党在老挝行动的对策是揭露"共产党在老挝意图和行动的真实性质"，"继续清楚地表示美国没有在老挝建立西方军事基地的意图和愿望"，"与其他自由国家一起采取看起来最有希望的措施支持并维护老挝的独立"③。

英、法两国不愿意卷入老挝的军事冲突，影响了东南亚条约组织对老挝局势的立场。该组织主张和平解决老挝问题，反对向老挝派遣观察组。

1961年1月2日，东南亚条约组织理事会代表碰头，秘书长朴·沙拉信声明，"局势非常严重，虽然我们不能肯定其程度，但有地面干涉的证据"。他强调东南亚条约组织希望"政治解决"。1月4日，东南亚条约组织理事会代表再次开会，在公报中宣布"苏联继续介入只会有助于促使老挝的转变和内战，导致不仅会危及老挝王国完整而且会威胁邻国安全的局面"，警告"东南亚条约组织的全体成员国决定继续做好准备，履行《东南亚集体防御条约》规定的义务"。不过，会议决定"全力寻找和平解决方案"④。

---

① 〔美〕德怀特·D. 艾森豪威尔：《缔造和平（1956—1961年）》（二），静海译，北京：生活·读书·新知三联书店，1977年，第690页。
② 〔美〕德怀特·D. 艾森豪威尔：《缔造和平（1956—1961年）》（二），静海译，北京：生活·读书·新知三联书店，1977年，第691页。
③ Donald E. Nuechterlein. *Thailand and the Struggle for Southeast Asia*, Ithaca：Cornell University Press，1965，p. 185.
④ Leszek Buszynski. *SEATO: The Failure of Alliance Strategy*, Singapore：Singapore University Press，1983，pp. 75-76；Donald E. Nuechterlein. *Thailand and the Struggle for Southeast Asia*, Ithaca：Cornell University Press，1965，pp. 184-185.

1961年1月23日,文翁政府通过驻泰大使坎潘要求东南亚条约组织向老挝派遣观察组。美国和泰国支持老挝的要求,但英国和法国反对。由于担心巴特寮报复,文翁政府继而改变立场。教育部长库·阿沛说:"如果东南亚条约组织真的来到老挝,将会发生国际战争,老挝将会成为战场,没有人真希望这样。"①

这样,东南亚条约组织在1961年1月对老挝局势没有采取任何实质性的行动。

1961年1月肯尼迪政府上任。政府的更替促使美国的老挝政策出现变化。

肯尼迪总统认为老挝"不是'值得大国集中注意'的地方,使它变成亲西方的堡垒的努力是荒谬的,只有中立化才是正确的政策"②。但他必须把老挝问题作为对外政策的一个重点,因为他的政府"继承了虽然具有爆炸性却完全混乱而几乎难以解决的老挝问题。不管上届政府对有关老挝的'最后行动'犹豫不决地做了什么,对于新政府来说采取首项措施同样困难"③。2月初,美国成立由助理国务卿帕森斯、助理国务卿帮办约翰·斯蒂夫斯、助理国防部长保罗·H.尼采、国家安全事务处沃尔特·W.罗斯托,以及军方、国务院和中央情报局代表等人员组成的部际特别工作组,研究美国的老挝政策。

苏联一直倡议用外交手段解决老挝问题。1960年12月22日,苏联照会英国政府,指责老挝冲突是"美国和东南亚条约组织的一些成员对老挝内政的粗暴干涉,它们一方面向富米·诺萨万将军对抗梭发那·富马首相领导的合法老挝政府的叛乱提供广泛的军事、物质技术和财政援助;另一方面封锁老挝",建议召开相关国家会议并恢复国际监督委员会在老挝的活动④。

---

① Donald E. Nuechterlein. *Thailand and the Struggle for Southeast Asia*, Ithaca: Cornell University Press, 1965, p.185; Leszek Buszynski. *SEATO: The Failure of Alliance Strategy*, Singapore: Singapore University Press, 1983, pp.77-78.
② 〔美〕小阿瑟·M.施莱辛格:《一千天:约翰·菲·肯尼迪在白宫》,仲宜译,北京:生活·读书·新知三联书店,1981年,第256页。
③ Ilya V. Gaiduk. *Confronting Vietnam: Soviet Policy Toward Indochina Conflict, 1954-1963*, Stanford: Stanford University Press, 2003, p.148.
④ 世界知识出版社编:《印度支那问题文件汇编》第三集,北京:世界知识出版社,1961年,第115—117页; Ilya V. Gaiduk. *Confronting Vietnam: Soviet Policy Toward Indochina Conflict, 1954-1963*, Stanford: Stanford University Press, 2003, pp.144-145; Martin E. Goldstein. *American Policy Toward Laos*, Rutherford: Fairleigh Dickinson University Press, 1973, pp.227-228.

有关国家在这两个问题的先后次序上发生分歧，英国和印度强调停战并重新召集国际监督委员会，苏联、中国和越南民主共和国坚持先召开会议。1961年1月20日，赫鲁晓夫致信英国首相，宣布苏联政府准备召开会议和恢复国际监督委员会在老挝的活动，明确要求先召开会议①。分歧的实质是，老挝内战双方先停火，还是先举行国际谈判。由于中立派和巴特寮的部队一直处于优势地位，先停火对文翁政府和西方国家有利。2月18日，苏联提出临时解决方案，要求国际监督委员会在印度新德里开会，制定出供两主席发布的指示内容。英国认为这是拖延老挝停火，坚持必须先停火的立场②。

肯尼迪政府对老挝局势采取中间立场，建议由中立国家组成的委员会取代召集国际监督委员会调查老挝局势，其中包括缅甸和柬埔寨。美国国务院的理由是："柬埔寨和缅甸尽管中立而且有时令人讨厌，但它们在国内反共，关注共产党威胁，基于自身利益的考虑，希望存在一个非共产党老挝，它们采取的措施同我们的考虑一致。此外，苏联阵营积极争取它们，我们将会发现难以完全拒绝它们为和平作出的努力。"③苏联指责此建议放弃《日内瓦协定》，没有合法依据，怀疑美国企图排斥"社会主义波兰"，指出"所有国家的合作是必要的，而且不强加另一个委员会"④。

到1961年3月下旬，各方对和平解决老挝问题取得共识，加快了解决老挝问题的步伐。

首先，老挝国内出现和解的迹象。2月19日，西萨旺·瓦达纳国王发表讲话，呼吁建立真正中立和独立的老挝，实现国内和解，支持文翁政府接纳其他政治派别，要求外国停止干预老挝事务，请求柬埔寨、马来亚和缅甸派使团赴老挝调查外国干涉⑤。富米·诺萨万将军到金边会晤梭发那·富马，两人同意国王的呼吁有助于恢复老挝的和平与团结。梭发那·富马愿意充当巴特寮和右翼势力之间的调解人。他们同意西哈努克亲

---

① Ilya V. Gaiduk. *Confronting Vietnam: Soviet Policy Toward Indochina Conflict, 1954-1963*, Stanford: Stanford University Press, 2003, pp. 145-146.
② Ilya V. Gaiduk. *Confronting Vietnam: Soviet Policy Toward Indochina Conflict, 1954-1963*, Stanford: Stanford University Press, 2003, p. 147.
③ FRUS, 1961-1963, Vol. 24, pp. 51, 56-58.
④ FRUS, 1961-1963, Vol. 24, pp. 56-58, 64-65.
⑤ Donald E. Nuechterlein. *Thailand and the Struggle for Southeast Asia*, Ithaca: Cornell University Press, 1965, p. 187.

王关于召开保证老挝中立的国际会议的呼吁。但巴特寮反对梭发那·富马与富米·诺萨万达成的协议,没有停止军事行动①。

其次,肯尼迪公开阐述美国的老挝政策。1961年3月23日,肯尼迪总统在电视讲话中表示:"第一,我们强烈而毫无保留地支持中立和独立老挝的目标,即同外国政权没有关联,不威胁任何国家,不受任何控制。……如果过去对于我们支持一个真正中立的老挝的理由产生误解的话,现在应该不再有误解了。第二,如果存在和平解决的办法,必然是停止外部共产党支持的目前的武装进攻。如果这些进攻不停止,支持真正中立的老挝的国家将不得不考虑对策。第三,我们真诚地支持建设性的谈判——有关国家和老挝领导人之间的谈判——这能帮助老挝重返独立和真正中立的道路。我们坚决支持目前英国的建议,即迅速结束战争和迅速谈判。我想向美国人民和全世界清楚表明,我们在老挝所需要的是和平而不是战争——是一个真正中立的政府,而不是冷战的工具——是会议桌而不是战场上签订的协定。"

肯尼迪表明美国重新支持老挝中立,通过谈判解决老挝危机,而且支持英国的解决方案,即先停火后谈判。但他警告:"如果老挝丧失中立性独立,整个东南亚的安全将受到威胁。……老挝自身的安全与我们的安全相关。我们的对策是与盟友以及老挝政府的意愿密切合作。我们将不会被激怒、被围困或者被拖入这个或任何其他局势。但是,我知道每个美国人都要求其国家履行义务,使自由世界和我们自己获得自由和安全。"②

1961年3月23日,英国照会苏联政府,同意苏联召开国际会议以及重建国际监督委员会的方案,建议老挝各派恢复在金边的谈判,"以便同意在拟议召开的会议上建立能够代表老挝的全国政府",坚持"立即停止老挝境内的所有军事行动",建议英、苏两国要求立即停火③。

3月26日,英国首相麦克米伦和肯尼迪总统在美国佛罗里达州的基

---

① Donald E. Nuechterlein. *Thailand and the Struggle for Southeast Asia*, Ithaca: Cornell University Press, 1965, pp. 187-188.
② 〔美〕小阿瑟·M. 施莱辛格:《一千天:约翰·菲·肯尼迪在白宫》,仲宜译,北京:生活·读书·新知三联书店,1981年,第260页;Donald E. Nuechterlein. *Thailand and the Struggle for Southeast Asia*, Ithaca: Cornell University Press, 1965, p. 188;Martin E. Goldstein. *American Policy Toward Laos*, Rutherford: Fairleigh Dickinson University Press, 1973, p. 237;世界知识出版社编:《印度支那问题文件汇编》第三集,北京:世界知识出版社,1961年,第209—211页。
③ American Foreign Policy, Current Documents: 1961, pp. 994-995.

韦斯特举行会晤，发表的联合公报进一步阐述了美、英两国的共同立场。"他们同意不能容许老挝局势恶化下去。他们还同意，最近英国致苏联照会中所包括的建议如果得到实施，将会结束老挝战争，将为老挝成为真正中立的国家铺平道路，这是他们都希望看到的"①。美、英两国的立场影响了东南亚条约组织。

1961年3月26日至27日，东南亚条约组织理事会会议在曼谷召开，议题是老挝危机。沙立·他纳叻总理一开始就警告，除非东南亚条约组织能够找到阻止老挝局势恶化的办法，否则印度支那将出现另一场奠边府战役。各国代表在保证老挝独立的措施上出现严重分歧。泰国、菲律宾和巴基斯坦支持军事干涉，法国反对。英国则在等待苏联对3月23日备忘录的答复。会议发表的最后公报宣称："东南亚条约组织成员决定绝不默许受到外来支持的一小撮武装力量对老挝任何地方的占领。会议一致认为，目前停止敌对状态的各种努力将带来和平谈判，而且它相信，这一提议为老挝走向中立和独立提供了牢固的基础。但如果这些努力没有取得成功，而且继续存在占领老挝的活跃的军事企图，东南亚条约组织成员将做好准备，采取当时情况下可能恰当的一切行动。"②这表明东南亚条约组织对老挝局势的立场是停战与和谈，同时发出干涉威胁。

苏联对肯尼迪的声明感到满意。苏联外交部部长葛罗米柯向肯尼迪保证，苏联将克制在老挝的行动，"以避免激化形势，带来冲突扩大的危险后果"，希望美国方面同样克制③。苏联4月1日答复英国备忘录，建议英、苏两国在发表停火呼吁的同时召开国际会议。苏联建议老挝有关各方谈判有关停火问题，重新召集国际监督委员会。它坚持承认梭发那·富马政府："在老挝存在尊敬的梭发那·富马亲王领导的合法政府，它坚持严守中立的保证并重建国内军队的统一，并得到该国大多数人民的支持。"照会最后指出，东南亚条约组织的干涉威胁"不仅达不到目的，而且使解

---

① Martin E. Goldstein. *American Policy Toward Laos*, Rutherford: Fairleigh Dickinson University Press, 1973, p. 238; Donald E. Nuechterlein. *Thailand and the Struggle for Southeast Asia*, Ithaca: Cornell University Press, 1965, pp. 190-191; Leszek Buszynski. *SEATO: The Failure of Alliance Strategy*, Singapore: Singapore University Press, 1983, p. 80.
② FRUS, 1961-1963, Vol. 24, pp. 105-107.
③ FRUS, 1961-1963, Vol. 24, pp. 105-106.

决老挝问题的整个事件严重复杂化"①。

1961年4月24日,苏联与英国共同发表了关于印度支那日内瓦会议两主席致解决老挝问题国际会议参加国、关于老挝停火和就召集老挝国际监督委员会致印度政府等三项声明,邀请14国参加5月12日在日内瓦召开的国际会议,呼吁老挝两派停战,建议国际监督委员会重新开会。声明说,如果形势继续恶化,"老挝的处境会对东南亚的和平与安全构成严重威胁"。呼吁老挝各派在关于老挝问题的国际会议召开前停火,开始谈判停火协定,同国际监督委员会开展合作。建议老挝国际监督委员会在印度德里开会,讨论在老挝实现停火后该委员会的任务和职权,并向两主席报告。两主席将指示该委员会前往老挝执行监督停火的工作②。

美国积极响应英苏声明,"欢迎此发展,我们希望将带来老挝问题的和平解决"。但它要求在日内瓦会议召开之前,老挝实现停火并由国际监督委员会进行核查。如果实现停火,美国"希望看到会议上出现一个肯尼迪总统3月23日讲话中提到的和平、团结和不结盟的老挝"③。

5月12日,国际监督委员会证实老挝已经实现停火。5月16日,讨论老挝问题的日内瓦会议正式举行。

第三节 美国对泰国的新保证与老挝危机的和平解决

一、泰国寻求美国的安全保证与《腊斯克—他纳公报》的发表

老挝发生贡勒政变后,泰国坚决反对梭发那·富马领导的中立派政府,全力支持以富米·诺萨万为首的右翼势力。泰国对美国向老挝两派都投资的政策不满,对东南亚条约组织的软弱极度失望。鉴于英国和法国支持梭发那·富马亲王成立老挝联合政府的立场,泰国把外交重点放在美国,谋求推动美国全力支持以富米·诺萨万为代表的老挝右翼势力,签订

---

① Donald E. Nuechterlein. *Thailand and the Struggle for Southeast Asia*,Ithaca:Cornell University Press,1965,pp. 193-194.
② 世界知识出版社编:《印度支那问题文件汇编》第三集,北京:世界知识出版社,1961年,第227—229页;Donald E. Nuechterlein. *Thailand and the Struggle for Southeast Asia*,Ithaca:Cornell University Press,1965,p. 204.
③ Donald E. Nuechterlein. *Thailand and the Struggle for Southeast Asia*,Ithaca:Cornell University Press,1965,p. 204.

保卫泰国的双边安全条约。

为促使美国政府改变对老挝两派都投资的立场，泰国加强了同苏联的联系，与苏联驻泰国大使讨论扩大两国贸易并建立文化交流。

外交部部长他纳·科曼表达了泰国的不满情绪："这种情绪正变得非常强烈，即我们得到的待遇不如那些没有义务的国家。我们的需要、请求和安全得到的关注还不如我们自己拥有的。"①

美国驻泰国大使约翰逊在1960年11月3日和4日致国务院的报告中说，新上任的苏联大使于10月31日拜访沙立·他纳叻总理，建议两国建立商业、技术、科学和文化关系。泰国报纸次日极力渲染泰国和苏联加强贸易和文化交流的可能性。他认为，泰国的这些宣传和姿态是发泄对于美国对老挝局势的立场以及援助"中立者"的不满，断定"泰国紧跟美国的政策在（老挝形势）没有进一步恶化时不会改变"，但警告说，在泰国沉默两年的左翼和中立分子可能在泰国政府的鼓励下，"甚至愿意考虑从苏联接受援助并开展学生和文化交流的前景"②。

此时美国已改变对老挝的政策，全力援助以富米·诺萨万为首的右翼势力，虽向梭发那·富马政府提供财政援助，但拒绝为其空运物资。这种变化符合泰国的利益。

为平息泰国的不满，美国在11月3日表示："美国政府向泰国政府保证，如果老挝局势的结果是可证明的外部共产党对老挝或泰国的侵略，美国将最严密地关注老挝局势，并向泰国政府保证，美国将根据《东南亚集体防御条约》规定的义务，采取必要的适当措施以应对局势。"③11月8日，艾森豪威尔总统致信沙立·他纳叻总理："我愿意向阁下保证，维护泰国的独立和完整，对于美国来说一直是最关心和最重要的问题，泰国作为盟友和朋友，在抵制共产党侵略和颠覆时，将得到美国的坚定支持。"④

不过，美国对泰国的安全保证，不愿意超过《东南亚集体防御条约》规定的义务。

泰国希望两国发表如下联合声明："①美国政府和泰国政府之间协商

---

① Donald E. Nuechterlein. *Thailand and the Struggle for Southeast Asia*, Ithaca: Cornell University Press, 1965, pp. 178-179.
② FRUS, 1958-1960, Vol. 15, pp. 1151-1152.
③ FRUS, 1958-1960, Vol. 15, p. 1149.
④ FRUS, 1958-1960, Vol. 15, p. 1153.

并协调其行动,以便把老挝从共产党的影响和控制中拯救出来。事先未经商量和另一方的同意,任何一方不得采取行动。泰国政府将努力提供充足的人员,美国政府将通过物质和财政援助保证任何考虑的行动的成功。美国的援助将不会削弱和减少在该协议之前已经给予泰国的援助。②如果类似于老挝发生的情况发生在泰国,美国政府保证以一切可能的方式援助……泰国政府采取的措施,以便限制并尽早结束这些事件。③万一第1条和第2条规定的措施引发对泰国的侵略,美国政府将视此种侵略或进攻为对美国自身的侵略或进攻,将立即在军事和政治领域采取适当的措施,以制止此类进攻或侵略。"①这实际上是要美国同它缔结双边军事同盟条约,要求美国对泰国的安全承担直接的军事和政治义务。

美国回避了泰国的要求,只同意声明:"总理阁下和美国大使同意:美国政府和泰国政府共同关心老挝目前的局势,共同决定不遗余力地保证老挝免遭共产党统治。为了使他们为此作出的努力取得最好效果,同意充分协调行动,尤其是,如果一致认为该行动对于对付老挝目前局势的共同危险是必要的。如果有此种行动,美国将同泰国政府协商因此可能需要的任何进一步援助。"②

肯尼迪总统就任后,泰国对老挝中立的设想是,由共产党和西方国家保证老挝不会发展为共产党国家,泰国是担保国之一。它坚决反对分割老挝,主张建立由文翁亲王任首相、富米·诺萨万任国防部长、梭发那·富马亲王参加的非共产党联合政府。泰国质疑英、法两国政治解决老挝危机的政策,欢迎肯尼迪总统3月23日讲话中的警告。泰国政府认为,使老挝问题得到合理解决,即成立非共产党联合政府的唯一方式,是美国和东南亚条约组织的相关国家在老挝湄公河沿岸驻扎军队③。

泰国既为老挝的军事态势担忧,又对美国和谈解决的决定不满。

对于1961年4月1日的苏联照会,泰国政府外交发言人威集·瓦达干表示,如果关于老挝的谈判在停火生效之前举行,那么在共产党停止进攻之前,就会失去万象和琅勃拉邦。14国会议是反共国家的失败,因为

---

① FRUS,1958-1960,Vol. 15, pp. 1156-1157.
② FRUS,1958-1960,Vol. 15, p. 1163.
③ Donald E. Nuechterlein. *Thailand and the Struggle for Southeast Asia*, Ithaca: Cornell University Press, 1965, pp. 197-199.

其中 7 个受邀请国不承认文翁政府。泰国可能不接受会议邀请。4 月 10 日，巴特寮军队接近位于老泰边界上的老挝南部城镇他曲。沙立·他纳叻总理召集重要军政顾问商讨对策，致信肯尼迪总统。他向新闻界表示："我们极为关注老挝事态的发展。没有停火，老挝政府随时会垮台。"如果他曲遭到巴特寮进攻，泰国武装部队准备立即行动①。4 月 24 日，富米·诺萨万的军队在孟赛被击溃，巴特寮打开了通向琅勃拉邦之门。泰国此前已在边境地区部署了 2 个步兵营，此时再增兵。不过，尽管富米·诺萨万请求泰国单独援助，沙立·他纳叻总理并没有作出回应②。

泰国对美国举行和谈的决定感到震惊，认为"美国的决定有效地瓦解了东南亚条约组织联盟，使整个东南亚承受共产党的军事压力"③。1961 年 4 月 29 日，他纳·科曼外长宣布泰国参加日内瓦会议的最低条件，即中国和越南民主共和国停止援助巴特寮，由联合国核实停火协议的执行④。

到 1961 年 5 月 13 日，泰国政府虽然已经批准他纳·科曼外长参加日内瓦会议，却对参加会议犹豫不决。他纳·科曼认为，英国人和法国人通过梭发那·富马领导政府的临时安排，有意把老挝让给巴特寮。美国在日内瓦预备会议上接受老挝三方代表出席会议的安排，但担心这"令泰国人更加不安"。腊斯克国务卿为此致信他纳·科曼外长，表达美国对会议进展的担心，敦促泰国参加并提供支持。5 月 16 日至 18 日，副总统林登·约翰逊访泰，同沙立·他纳叻总理举行三次会谈，敦促泰国和老挝代表出席日内瓦会议，并递交了肯尼迪总统致沙立·他纳叻的信。肯尼迪表示，美国正通过外交和军事手段解决老挝问题，设法保证在此次会议上不对共产党让步。为此，"我们迫切需要泰国提供持续而有力的支持，以及阁下的杰出外长在日内瓦提供的智慧和经验"。沙立·他纳叻和他纳·科曼感到满意，他纳·科曼准备在日内瓦与腊斯克密切合作。腊斯克在日内瓦与他纳·科曼会晤时表示，西贡、曼谷和万象代表团出席会议有帮助，

---

① Donald E. Nuechterlein. *Thailand and the Struggle for Southeast Asia*，Ithaca：Cornell University Press，1965，pp. 199-200.

② Arne Kislenko. *Bamboo in the Wind：United States Foreign Policy and Thailand During the Kennedy and Johnson Administrations*，1961-1969，PhD. Dissertation of University of Toronto，2000，p. 81.

③ Donald E. Nuechterlein. *Thailand and the Struggle for Southeast Asia*，Ithaca：Cornell University Press，1965，p. 201.

④ Arne Kislenko. *Bamboo in the Wind：United States Foreign Policy and Thailand During the Kennedy and Johnson Administrations*，1961-1969，PhD. Dissertation of University of Toronto，2000，p. 82.

曼谷和西贡的反应可以理解,但两国都需要面对现实和美国的一贯支持①。

1961年5月和6月上旬,以他纳·科曼外长为首的泰国代表团在日内瓦全体会议上坚持的立场是,泰国只承认文翁政府,反对其他两派出席会议,要求加强停火核查小组的能力和权限,以保证奥地利中立的方式来保证老挝中立,建议邀请马来亚、印度尼西亚和其他东南亚国家出席会议。他纳·科曼外长强调泰国与老挝之间的密切联系,"我们唯一的愿望是看到一个自由、统一和独立的老挝",这样泰国"才能确保其自由和独立免遭来自老挝的威胁"②。为抗议巴东违反停火事件,泰国退出会议,"在老挝代表问题取得令人满意的结果后"才返会③。

日内瓦会议在6月16日之后将讨论实质性问题,美国需要"友好国家"尤其是亚洲"友好国家"的支持,因为"缺了他们,我们可能得不到亚洲国家的支持"。领导美国代表团的艾夫里尔·哈里曼敦促泰国人返会④。

由于对美国的老挝政策不满,泰国谋求美国提供新的安全保证。

1961年10月初,他纳·科曼外长访美,向腊斯克国务卿和肯尼迪总统表达了泰国对东南亚条约组织的不满,即英、法两国不愿在老挝采取军事行动以及该组织一致性表决的原则。泰国认为它既无效又不可靠,担忧自身的安全。他纳·科曼要求修改条约或表决程序。腊斯克和肯尼迪明确反对修约。前者的理由是这需要谈判和参议院批准。后者表达了美国和平解决老挝问题的立场,指出条约本身没有规定一致性原则,而且这个原则没有限制美国的行动或解除了美国的条约义务⑤。

日内瓦会议的进展影响了美国对泰国要求的立场。

到11月,日内瓦会议已经在重大问题上达成协议,解决老挝问题的重心转移到组建老挝联合政府。为和平解决老挝问题,美国国务院在这个问题上的立场发生变化,支持梭发那·富马领导联合政府并保留国防和内

---

① FRUS,1961-1963,Vol. 23,pp. 853-860;FRUS,1961-1963,Vol. 24,pp. 197-198,202-203.
② George Modelski. *International Conference on the Settlement of the Laotian Question 1961-2*,Canberra:The Australian National University,1962,pp. 53-54.
③ George Modelski. *International Conference on the Settlement of the Laotian Question 1961-2*,Canberra:The Australian National University,1962,pp. 66-67.
④ FRUS,1961-1963,Vol. 24,pp. 247-249.
⑤ FRUS,1961-1963,Vol. 23,pp. 885-893.

政两个部长职位。然而，富米·诺萨万坚持要求这两个职位，而且企图进行军事冒险，逼迫美国进行军事干预。泰国反对美国的政策，支持富米·诺萨万的立场。因此，到1962年初，美国力压富米·诺萨万就范，并争取泰国的支持。

1962年1月初，美国大使杨与沙立·他纳叻总理和他纳·科曼外长的多次交涉都没有结果。1月21日，杨大使同沙立·他纳叻和文翁亲王、富米·诺萨万举行会谈，后三者依然坚持文翁政府不能放弃这两个职位①。沙立·他纳叻对老挝问题的态度以及他对富米·诺萨万的支持，令美国国务院十分担忧。美国国务院要杨大使通知沙立·他纳叻总理，如果泰国支持美国立场的话，"如果共产党以武装进攻方式侵略泰国，美国将完全履行《东南亚集体防御条约》第4条第1款规定的我方义务。该条规定的义务无须所有东南亚条约组织成员国事先一致同意"。美国国务院表示，这是美国能够给予泰国政府的最充分承诺，如果需要，将以书面文件加以确认。美国国务院要求杨大使强调，迫切需要沙立·他纳叻告知富米·诺萨万和文翁亲王，泰国政府完全支持老挝和平方案，以及根据日内瓦达成的初步原则建立全国团结政府。美国国务院表示，沙立·他纳叻在这件事上提供的合作，"将大大有助于加深我们之间的关系"②。

然而，泰国人没有被打动。杨大使向美国国务院报告说，沙立·他纳叻和他纳·科曼讨论老挝问题的言语充满敌意，他纳·科曼甚至扬言泰国要在东南亚条约组织之外实行中立政策。即使腊斯克要杨大使转告沙立·他纳叻，给予泰国政府有关《东南亚集体防御条约》的充分保证和解释，"是总统亲自批准的"，后者的态度也没有变化。沙立·他纳叻表示，没有变化的东南亚条约组织是泰国无法接受的安全保证，因为"美国不是东南亚条约组织，而东南亚条约组织不是美国"，"我不喜欢条约要求的行动"③。这样，腊斯克在2月16日致信他纳·科曼，邀请他到华盛顿进行讨论④。

与此同时，肯尼迪总统派司法部长罗伯特·肯尼迪访泰。腊斯克要求

---

① FRUS，1961-1963，Vol. 23，p. 901，Footnote 1.
② FRUS，1961-1963，Vol. 23，pp. 901-903.
③ FRUS，1961-1963，Vol. 23，pp. 906-907.
④ FRUS，1961-1963，Vol. 23，pp. 909-911.

他向泰国人强调:"我们确实关心泰国的安全,我们相信(东南亚集体防御)条约必定意味着我们对此安全的保证,因而我们决定不惜代价地保留条约。"要他再次邀请他纳·科曼到华盛顿进行更为充分的讨论①。

1962年3月1日至6日,他纳·科曼外长访问华盛顿。赴美之前,对于美国和其他国家向文翁政府施加政治压力,迫使它接受巴特寮参加的联合政府的倾向,他纳·科曼仍然表示担忧②。在美期间,他纳·科曼同腊斯克举行了三次会谈,并拜访了肯尼迪总统。

3月6日,腊斯克与他纳·科曼发表联合公报,即著名的《腊斯克—他纳公报》。"国务卿重申,美国认为保持泰国的独立和完整对于美国的国家利益和世界和平至关重要。他表达了美国帮助泰国即其盟友和传统朋友抵抗共产党侵略和颠覆的坚定立场。""国务卿向外长保证,万一发生此种侵略,美国决定全面执行(东南亚集体防御)条约规定的义务,按照其宪法程序采取行动对付共产党的危险。国务卿重申,美国的这个义务不需要条约其他成员国的事先同意,因为该条约义务是个别的以及集体的。"公报其他部分表示,美国努力通过经济和军事援助计划帮助泰国抵抗间接侵略的威胁,两国同意建立"自由、独立和真正中立的老挝"的必要性,承认"持续的经济和社会进步是泰国稳定的关键",泰国将充分利用其资源取得经济和社会进步。美国同意全力支持泰国的自卫努力,但也要求泰国方面作出更大努力以推动其经济和社会进步,使全国团结起来对付内部的共产党威胁③。

《腊斯克—他纳公报》是否加强了美国对泰国的安全保证?

泰国的反应十分热烈。沙立·他纳叻总理亲自到廊曼机场迎接归来的他纳·科曼外长。3月8日,东南亚条约组织秘书长朴·沙拉信表示:"美国使泰国政府和人民重获信心,即充分支持抵抗侵略并实现条约义务。"④3月10日,沙立·他纳叻总理在全国电台和电视台发表讲话,称

---

① FRUS,1961-1963,Vol.23,pp.908-909.
② Donald E. Nuechterlein. *Thailand and the Struggle for Southeast Asia*,Ithaca:Cornell University Press,1965,pp.228-229.
③ American Foreign Policy,Current Docunments,1962,pp.1091-1093.
④ Leszek Buszynski. *SEATO: The Failure of Alliance Strategy*,Singapore:Singapore University Press,1983,p.89.

之为"两国关系史上最有价值的文件之一"①。他宣布这份公报"向我们保证，万一发生对我国的侵略，我们不会孤单，我们肯定会得到来自美国的援助和帮助"。希望这份公报"将成为两国之间长期存在的亲密关系的象征，而且将有助于进一步推动泰美政府和人民之间的更好理解与合作"②。

他纳·科曼在一次电视采访中说，美国的保证加强了东南亚条约组织，提高了泰国对该组织的信心。他侬·吉滴卡宗副总理说："美国愿意不与东南亚条约组织磋商而为我们的利益采取行动，令人满意。东南亚条约组织存在许多混乱，如果发生侵略，我们不能等待。美国的保证使泰国感到更安全。"③

莱萨克·布斯齐斯基对这份公报给予肯定，认为这份公报"完全重新解释了《东南亚集体防御条约》第4条第1款……绕过了一致性原则的否决后果……美国政府现在可以在东南亚地区采取单边行动。大多数成员欢迎该协定，因为它允许美国以该组织的名义自由行动，提供了更多因美国卷入该地区而受益的机会"④。

罗伯特·J.弗林认为它"看来是为满足两国政府需求而精心撰写的文件"，"看来给予了曼谷长期以来追求的东西，即规定美国保卫泰国免遭共产主义侵略并解决法国和英国否决的双边协定"⑤。

阿尔内·基斯连科认为，该公报只是重申了《东南亚集体防御条约》规定的义务，是肯尼迪政府的重大胜利。但泰国人认为其地位仅次于双边联盟。他们实际上很快把它等同于双边同盟⑥。

实际上，在越南战争以及越南入侵柬埔寨期间，美国坚持其对泰国的条约义务由《东南亚集体防御条约》和《腊斯克—他纳公报》所规定，一

---

① Leszek Buszynski. *SEATO：The Failure of Alliance Strategy*，Singapore：Singapore University Press，1983，p. 88.
② Donald E. Nuechterlein. *Thailand and the Struggle for Southeast Asia*，Ithaca：Cornell University Press，1965，pp. 231-232.
③ Donald E. Nuechterlein. *Thailand and the Struggle for Southeast Asia*，Ithaca：Cornell University Press，1965，p. 231.
④ Leszek Buszynski. *SEATO：The Failure of Alliance Strategy*，Singapore：Singapore University Press，1983，p. 88.
⑤ Robert James Flynn. *Preserving the Hub：U. S.-Thai Relations During the Vietnam War*，1961-1976，PhD. Dissertation of University of Kentucky，2001，pp. 72-73.
⑥ Arne Kislenko. *Bamboo in the Wind：United States Foreign Policy and Thailand During the Kennedy and Johnson Administrations*，1961-1969，PhD. Dissertation of University of Toronto，2000，pp. 128-130.

直表示美国一定履行这些义务。

二、南塔失陷与美军进驻泰国

在日内瓦会议期间,中立派和巴特寮的军队与老挝政府军的冲突时断时续。1962年1月25日,巴特寮进攻老挝北部靠近中国的南塔。沙立·他纳叻总理认为,如果南塔陷落,中国将获得从陆上进入泰国的便捷通道,因为那里的湄公河边界将不存在。沙立·他纳叻甚至宣称,中国军队在老挝边界集结,准备援助巴特寮①。2月13日,泰国军队部署在靠近老挝边界的战略地带,因为如果巴特寮成功进攻南塔,"泰国的安全和泰国人民的福祉会受到严重影响"②。4月,老挝军事态势严重恶化。5月初,巴特寮的军队进攻南塔,老挝政府军毫不抵抗,丢盔卸甲,越过湄公河逃到泰国。泰国感到形势危急。

美国迅速作出反应。国防部长麦克拉玛纳和参谋长联席会议主席莱姆尼策5月8日抵达曼谷,同泰国领导人紧急磋商。5月10日,肯尼迪总统召集国家安全委员会会议。5月12日,国家安全委员会再次开会。刚从东南亚返回的麦克拉玛纳和莱姆尼策将军建议派遣少量美军到泰国,改善泰国的通信和供应线,获得肯尼迪总统批准。美国很快同泰国政府达成了关于美军进驻泰国的协议③。

5月15日,泰国和美国分别在曼谷和华盛顿发表美军进驻泰国的声明。

泰国政府声明:"巴特寮分子不仅故意违反停火协定占领芒新和南塔,而且在西南方向朝泰国边境推进。巴特寮不仅谋求夺取和控制老挝,而且希望进一步扩大其统治和影响。这种形势对泰国和泰国人民的安全构成了威胁。考虑到1962年3月6日由美国国务卿和泰国外交部部长发表的联合公报的规定……并根据《东南亚集体防御条约》规定的义务,美国政府和泰国政府同意一些美国军队驻扎泰国,以便与泰国武装部队共同保卫和维护泰国的和平与安全,抵制目前正在向泰国领土前进的亲共产党部

---

① Leszek Buszynski. *SEATO: The Failure of Alliance Strategy*,Singapore:Singapore University Press,1983,pp. 87-88;〔英〕D. C. 瓦特:《国际事务概览(1962年)》,上海市政协编译工作委员会译,上海:上海译文出版社,1983年,第465页。
② Donald E. Nuechterlein. *Thailand and the Struggle for Southeast Asia*,Ithaca:Cornell University Press,1965,p. 227.
③ FRUS,1961-1963,Vol. 23,pp. 927-937.

队的威胁。"①

肯尼迪总统表示："根据美国政府和泰国政府对东南亚形势的共同考虑，以及泰国政府的邀请，我今天已经命令增派地面和空中的美国军队前往泰国并驻留在那里，等待进一步的命令。这些部队将有助于保证这个和平国家的领土完整。向泰国派遣美国军队被视为必要，是因为共产党军队最近在老挝的进攻，而且共产党军队随后向泰国边界前进。美国严重关注泰国受到的威胁。我因此命令某些增派的美国军队到泰国，以便我们能够迅速履行我们根据1954年的《东南亚集体防御条约》……以及国务卿和泰国外交部部长在1962年3月6日联合公报中提到的义务。我强调这是美国方面采取的防御性行动，完全符合《联合国宪章》，它特别规定了各国有采取集体行动保卫自己的天然权利。我们对老挝的政策没有改变，即继续重建有效停火和开展建立民族团结政府的快捷谈判。"②

肯尼迪特别声明美国仍然支持和平解决老挝问题，美国向泰国派军实际上是显示武力，是为了阻止巴特寮军队发动进一步攻势。1962年5月15日，苏联驻美大使多勃雷宁与腊斯克和哈里曼会谈。苏联同意维持老挝停火和举行老挝政治领导人的会谈。5月25日，赫鲁晓夫宣布苏联继续支持建立中立的老挝③。美、苏两国仍然坚持和平解决老挝问题。

为显示盟国的团结，美国要求英国和东南亚条约组织的其他国家派遣象征性的军队到泰国。5月17日，新西兰总理霍利约克表示："泰国有东南亚条约组织盟国的军队，不仅能向泰国人民保证他们在反对侵略威胁时并不是孤立的，还有助于稳定老挝的军事局面，从而推动进一步的政治谈判。"他宣布根据《东南亚集体防御条约》规定的义务，新西兰将向泰国派军。5月23日，澳大利亚宣布根据《东南亚集体防御条约》规定的义务派遣军队。5月24日，英国宣布应泰国的请求，根据《东南亚集体防御条约》的规定，向泰国派遣一支分遣部队④。

---

① American Foreign Policy, Current Documents, 1962, p. 1093.
② American Foreign Policy, Current Documents, 1962, p. 1094.
③ Martin E. Goldstein. *American Policy Toward Laos*, Rutherford: Fairleign Dickinson University Press, 1973, p. 262.
④ Martin E. Goldstein. *American Policy Toward Laos*, Rutherford: Fairleign Dickinson University Press, 1973, p. 260; Leszek Buszynski. *SEATO: The Failure of Alliance Strategy*, Singapore: Singapore University Press, 1983, p. 91; (英) D. C. 瓦特：《国际事务概览（1962年）》，上海市政协编译工作委员会译，上海：上海译文出版社，1983年，第472—473页。

1962年5月17日，美国海军陆战队特遣队1800人在曼谷登陆并空运至泰国东北部距老挝边界仅40千米的乌隆。1000名在4月参加东南亚条约组织国家军事演习的美国陆军作战部队留在泰国东北部的呵叻。加上增派的空军和陆军工兵营，在泰国的美军很快超过了5000人。英国、澳大利亚和新西兰只派遣了少量象征性部队[1]。

由于老挝国内形势缓和并成立联合政府，美军从7月初开始撤离泰国，到11月底全部离开，但在呵叻保留了武器和军事物资储备[2]。

三、泰国支持老挝联合政府的建立与日内瓦会议结束

1961年5月16日，解决老挝问题的国际会议在日内瓦召开。缅甸、柬埔寨、加拿大、中国、越南民主共和国、法国、印度、波兰、泰国、苏联、英国、美国等代表参加会议。会议讨论的问题有：在老挝的有效停火；出席会议的老挝代表；国际监督委员会的责任；保证老挝中立和独立的手段。

6月，日内瓦会议陷入僵局，美国和苏联的态度对会议的结果至关重要。苏联领导人赫鲁晓夫和美国总统肯尼迪在维也纳举行会晤。两国在老挝问题上达成一致意见，支持老挝中立和有效停火。6月4日，两国发表的联合公报称："总统和主席重申，他们支持老挝人民自己选择的政府领导中立和独立的老挝，支持保证中立和独立的国际协定，关于这一点，他们承认有效停火的重要性。"[3] 6月6日，肯尼迪总统向美国人民报告他的欧洲之行，表示"有望立即达成一致意见的一个领域是老挝问题。双方认识到需要消除老挝局势的危险。双方支持赞同十分类似于缅甸或柬埔寨式的中立和独立的老挝的观点。对目前关于老挝的日内瓦会议至关重要的是双方承认了有效停火的重要性"[4]。

---

[1] Donald E. Nuechterlein. *Thailand and the Struggle for Southeast Asia*，Ithaca：Cornell University Press，1965，pp. 239-240；〔英〕D. C. 瓦特：《国际事务概览（1962年）》，上海市政协编译工作委员会译，上海：上海译文出版社，1983年，第472—473页。

[2] R. Sean Randolph. *The United States and Thailand：Alliance Dynamics，1950-1985*，Berkeley：Institute of East Asian Studies，University of California，1986，p. 44.

[3] Donald E. Nuechterlein. *Thailand and the Struggle for Southeast Asia*，Ithaca：Cornell University Press，1965，p. 206；Martin E. Goldstein. *American Policy Toward Laos*，Rutherford：Fairleign Dickinson University Press，1973，p. 250.

[4] Martin E. Goldstein. *American Policy Toward Laos*，Rutherford：Fairleign Dickinson University Press，1973，p. 250.

美、苏两国对处理老挝问题取得的共识，推动了日内瓦会议的谈判。1961年8月，美国代表哈里曼与英、法两国代表达成协议，同意接受梭发那·富马担任首相，条件是巴特寮成员或其同情者不能占有政府的关键职位，国际监督委员会有权调查和监督外国军队的撤离情况①。到1961年底，日内瓦会议基本上达成了解决老挝问题的协议，支持在老挝建立由梭发那·富马担任首相、富米·诺萨万和苏发努冯亲王参加的联合政府。此后的关键问题是老挝三派组成联合政府并派代表参加会议。

1961年6月19日，代表老挝三派的梭发那·富马、苏发努冯和文翁三位亲王在瑞士苏黎世会晤，讨论建立老挝联合政府。三派原则上同意建立由三派参加的全国临时政府，并由该政府任命一位代表参加日内瓦会议。三派同意脱离一切军事联盟的保护。10月，三位亲王在老挝的班欣合再次会晤，决定成立由梭发那·富马领导、有16个部长组成的临时政府。

12月2日，日内瓦会议两主席致信三位亲王，敦促他们"尽最大努力迅速实现苏黎世和班欣合达成的协议，成立全国团结政府并派出老挝联合代表以代表老挝参加日内瓦国际会议"。两主席还要求敌对派别采取适当措施保证严格遵守停火。两周后，两主席紧急呼吁三位亲王，要求他们尽快成立全国团结政府以便结束日内瓦会议②。1961年12月21日，美国代表哈里曼宣布，东南亚条约组织将同意中立的老挝政府完全放弃向该组织求助的声明，支持老挝中立的立场③。

老挝三派的主要分歧是如何分配国防部长和内政部长两个职位。中立派和右派都要求拥有这两个职位。文翁亲王为此拒绝参加定于12月下旬举行的三派会谈。1962年1月5日，日内瓦会议两主席再次敦促三位亲王在日内瓦会晤以解决分歧，遭到文翁亲王的拒绝。美国支持中立派的立场，向老挝右派施加压力。美国国务院1月7日宣布扣留每个月向老挝政府提供的400万美元，但继续提供军事援助。文翁亲王很快接受了两主席的建议，但问题仍没有得到解决。文翁亲王在2月以后又拒绝讨论联合政

---

① FRUS，1961-1963，Vol. 24，pp. 351-353.
② Martin E. Goldstein. *American Policy Toward Laos*，Rutherford：Fairleigh Dickinson University Press，1973，pp. 252-253.
③ Leszek Buszynski. *SEATO：The Failure of Alliance Strategy*，Singapore：Singapore University Press，1983，p. 88.

府或允许中立派占有这两个职位。

美国希望尽快和平解决老挝问题。1962年1月15日，肯尼迪总统在记者招待会上回答记者提问时说："我国的最大利益是努力建立一个中立和独立的老挝。"①他在2月14日的记者招待会上表达了对老挝问题的关切："如果老挝停火中断，我们会面临最严重的决定。"②

力压富米·诺萨万放弃顽固立场，成为1962年上半年美国对老挝政策的工作重点。

美国的困境在于投鼠忌器。美国担心军事制裁会削弱老挝右翼的军事力量，使巴特寮有机可乘，从而造成对美国不利的局面。因此，肯尼迪总统一直反对对文翁政府进行军事制裁，只批准经济制裁。美国从1962年2月开始扣留赠予文翁政府的薪金，但效果不大③。

《腊斯克—他纳公报》发表后，泰国转而支持美国的立场，帮助美国劝说富米·诺萨万。

3月下旬，根据沙立·他纳叻总理的安排，助理国务卿哈里曼赴泰国劝说富米·诺萨万。富米·诺萨万最初拒绝去曼谷见哈里曼，而是要求他去万象或者派特使。由于肯尼迪反对用军事制裁来压制富米·诺萨万，哈里曼尽管在泰国的帮助下在泰国廊开见到富米·诺萨万，但无功而返。他愤懑不已，表示"富米·诺萨万比我想象的更坏，我从未见过这种事"。哈里曼此行唯一的收获是，"沙立·他纳叻支持我方立场的行动"，只能寄希望于沙立·他纳叻去说服文翁政府④。

到4月，尽管已被扣留了三个月薪金，富米·诺萨万仍然没有屈服。富米·诺萨万还扬言要推动建立国王领导的政府，直接威胁梭发那·富马领导联合政府的方案。

哈里曼向肯尼迪总统建议，利用泰国人劝阻富米·诺萨万并说服他恢复三方谈判，而且把最后期限定在5月7日。如果泰国的劝说不成功，美国将实施军事制裁，撤回派到前沿阵地的老挝军中的"白星"小队。这一

---

① American Foreign Policy, Current Documents, 1962, p. 1067.
② American Foreign Policy, Current Documents, 1962, p. 1068.
③ FRUS, 1961-1963, Vol. 24, pp. 635-640, 640-641.
④ FRUS, 1961-1963, Vol. 24, pp. 655, 657, 661-663, 665-669; FRUS, 1961-1963, Vol. 22/24, Microfiche Supplement, Doc. 264.

小队共有 18 个小组（450 人），可以把其中 7 到 8 个小组（100 人）撤到后方①。此建议获得肯尼迪的支持。

1962 年 4 月 24 日，文翁和富米·诺萨万要率团访问泰国。奉美国国务院和国防部的联合指示，杨大使向沙立·他纳叻和他纳·科曼转达美国政府强烈希望他们利用重要影响力，在老挝代表团访问期间说服他们。后者给予积极回应②。

文翁和富米·诺萨万访泰的目的是寻求泰国的支持。泰国的转变令老挝代表团感到震惊和绝望。与沙立·他纳叻举行 3 小时会谈后，他们默然返回宾馆，无法吃下午餐，富米·诺萨万甚至痛哭。沙立·他纳叻根据美国的要求，通过劝说、施加压力乃至威胁等手段，迫使文翁政府转变立场③。

这样，老挝右翼在外交上陷于孤立，在战场上又被巴特寮和中立派军队打得一败涂地，没有任何讨价还价的资本，只得放弃了顽固立场。1962 年 6 月 12 日，老挝三派签订协议。6 月 23 日，梭发那·富马担任首相的联合政府成立。

1962 年 7 月 23 日，14 国代表在日内瓦签署了《老挝中立宣言》和《宣言议定书》。这两个文件规定尊重老挝的中立和独立，从老挝撤出所有军队，不直接或间接干涉老挝内政，老挝不得参加违反中立的军事条约或联盟，禁止任何国家在老挝拥有军事设施或基地，或把老挝作为反对另一个国家的行动基地。老挝同意不向东南亚条约组织寻求保护。签字国同意如果违反该协定，同老挝政府以及它们之间进行磋商，"以便考虑保证遵守当前《老挝中立宣言》的这些原则和其他规定可能证明需要的措施"④。

《日内瓦协定》签订后，美国和泰国继续干涉老挝。美国通过美洲航空公司把援助物资交给右翼军队。1963 年，美洲航空公司每天空投 40 吨物资。美国飞机以泰国为基地，对老挝进行空中侦察。1964 年 6 月，《纽

---

① FRUS，1961-1963，Vol. 24，pp. 692-695.
② FRUS，1961-1963，Vol. 24，pp. 696-697，699-701.
③ FRUS，1961-1963，Vol. 24，pp. 708-710.
④ Donald E. Nuechterlein. *Thailand and the Struggle for Southeast Asia*，Ithaca: Cornell University Press，1965，p. 246.

约时报》披露,美国提供的 T-28 战斗轰炸机在老挝上空执行任务的飞行员是泰国人。美国利用泰国领土训练老挝中派和右翼军事人员。1964 年以后,由于美国在越南的战争全面升级,美国和泰国相应地扩大了对老挝的干涉①。

---

① R. Sean Randolph. *The United States and Thailand: Alliance Dynamics, 1950-1985*, Berkeley: Institute of East Asian Studies, University of California, 1986, pp. 45-46.

第六章

约翰逊政府升级越南战争与泰国的全力支持

1954年《日内瓦协定》规定的统一选举没有实现，越南实际分裂为越南民主共和国（越南北方）和伪越南共和国（越南南方）。美国在越南南方扶植吴庭艳，支持它镇压共产党的武装斗争，不断介入平叛行动。约翰逊政府采取战争升级的政策，由美军全面接手越南南方镇压共产党武装活动的行动。泰国军人政权全力支持美国，使泰国成为侵越战争的重要基地，与美国制订干涉老挝的"第22号计划"，派兵赴越南南方作战。美国也大力支持泰国政府镇压国内共产党的行动。

第一节 日内瓦会议后的越南局势与美国干涉的升级

一、美国支持吴庭艳破坏统一与越南战争的开始

根据1954年《日内瓦会议最后宣言》第6条和第7条的规定，越南的军事分界线是"临时性的界线"，南、北方将于1956年7月在国际委员会的监督下举行统一选举，双方代表从1955年7月20日起"应就此项问题进行协商"①。

---

① 世界知识出版社编：《日内瓦会议文件汇编》，北京：世界知识出版社，1954年，第257页。

然而，在美国的支持下，越南南方吴庭艳蓄意破坏这些规定。

美国对全越选举没有信心。艾森豪威尔总统说过，如果胡志明与保大在1954年竞选，多达80%的越南人会投前者的票①。1954年7月7日，杜勒斯指示参加日内瓦会议的比德尔·史密斯副国务卿力争推迟选举。他说："选举最终意味着胡志明领导的越南统一……选举只应在签订停火协定之后尽可能晚且在不受恐吓的环境中举行，以便给民主派提供最佳机会。……现在不应确定日期，尤其是法国不应接受条件……签订直接或间接妨碍有效的国际监督后果的协议。"②

因此，不仅美国没有在《日内瓦协定》上签字，它扶植的越南南方伪总理吴庭艳也拒绝签字。

1955年1月，吴庭艳公开表示越南南方不受《日内瓦协定》的约束，声称越南南方"在《日内瓦协定》签订时就进行抗议，既没有把自己看作协定的一方，也不受其约束"；"规定1956年选举的条款极其含糊……但规定选举是自由的。现在一切将取决于如何界定自由选举"③。

美国也在考虑如何应对全越选举。在1月27日国家安全委员会第234次会议上，国家安全委员会计划处建议谨慎筹划，以应对1956年7月全越选举的结果。杜勒斯表示，美国不可能与共产党达成取消选举的协议，但是有阻止其实现的手段。国家安全委员会责成国务院在两个月内提交政策建议④。

到5月中旬，国家安全委员会计划处拟就名为《美国对全越选举的政策》（NSC 5519）的文件，明确美国的政策是"维持友好、非共的越南南方……阻止共产党赢得全越选举的胜利"，"即使共产党……赢得选举，美国也必须阻止共产党接管越南南方"。具体措施是，推动越南南方在1955年7月进行选举协商，鼓励越南南方坚决要求遵守《日内瓦协定》的规定，争取自由表达国民意志的所有必要条件，坚持充分保障选举自由以及

---

① Mike Gravel. *The Pentagon Papers: The Defense Department, History of United States Decisionmaking on Vietnam*, Vol. 1, The Senator Gravel Edition, Boston: Beacon Press, 1971, p. 246.
② Mike Gravel. *The Pentagon Papers: The Defense Department, History of United States Decisionmaking on Vietnam*, Vol. 1, The Senator Gravel Edition, Boston: Beacon Press, 1971, pp. 546-547.
③ Mike Gravel. *The Pentagon Papers: The Defense Department, History of United States Decisionmaking on Vietnam*, Vol. 1, The Senator Gravel Edition, Boston: Beacon Press, 1971, p. 245.
④ FRUS, 1955-1957, Vol. 1, pp. 68-69.

监督委员会的充分监督权。美国协助越南南方，把不能确保自由选举的责任推给共产党。最后，如果因此导致共产党方面重启战火，美国应准备用美国武装部队去抵御共产党的攻击，美国将提前与国会磋商，与《东南亚集体防御条约》盟友协商，并在必要时单独行动①。

也就是说，此时美国的态度强硬，主张吴庭艳按规定与北方协商选举，但以共产党方面无法接受的自由选举去阻挠选举的实现并推卸责任，美国准备以武力来对付由此导致的共产党进攻。事态的发展使美国放弃这个立场，转而支持吴庭艳拒绝协商。

随着规定的南、北方协商选举的日期日益临近，吴庭艳反对启动协商，法国和越南北方持相反的立场并获得了印度和英国的支持。

根据美国驻越使馆的报告，吴庭艳的考虑是，越南南方必须否认它与《日内瓦协定》的关系，在越南南方举行选举和召开国民议会之后再考虑协商选举的问题，在举行自由选举前解决驻越法国远征军的地位和责任问题，以便越南南方拥有完全的"主权"②。

因此，1955年5月27日美国国务院指示G.弗雷德里克·莱因哈特大使同吴庭艳讨论协商选举的问题，遭到后者的坚决反对③。不过，与NSC 5519号文件预设的情况相反，美国的态度发生变化。6月8日，杜勒斯向下属表示，美国需要对协商和选举采取灵活的态度④。远东事务助理国务卿帮办威廉·J.西博尔德建议，杜勒斯建议国家安全委员会推迟讨论NSC 5519号文件。次日举行的国家安全委员会第251次会议同意搁置⑤。

此后华盛顿的立场是，美国不是签字国，不应强迫吴庭艳全面遵守《日内瓦协定》的规定，而其方式可能更有效⑥。6月14日，杜勒斯批准名为《越南、协商和选举》的文件，核心是美国同情吴庭艳的立场。美国虽然继续敦促吴庭艳公开支持真正的自由选举，"如果他有合理的理由采取另一条路线并争取到越南（越南南方）的支持，我们将不催促他在7月20日协商"⑦。

---

① FRUS，1955-1957，Vol.1，pp. 411-412.
② FRUS，1955-1957，Vol.1，pp. 436-437.
③ FRUS，1955-1957，Vol.1，p. 437.
④ FRUS，1955-1957，Vol.1，p. 439.
⑤ FRUS，1955-1957，Vol.1，pp. 441-443.
⑥ FRUS，1955-1957，Vol.1，pp. 444-445.
⑦ FRUS，1955-1957，Vol.1，pp. 449-453.

第六章　约翰逊政府升级越南战争与泰国的全力支持

为阻止苏联在美国、英国、法国、苏联日内瓦峰会上提出印度支那问题，美国国务院以及在巴黎的杜勒斯要求越南南方在1955年7月18日前发表声明，以便"我们设法维护越南的立场"，否则，"我们在阻止苏联时面对的任务将更加困难"①。

故而吴庭艳提前两天在西贡电台发表声明，声称"我们没有在《日内瓦协定》上签字。我们绝不受这些违背越南人民意志而达成的协定约束"，"我国的统一是自由统一而非奴隶式的"，"我们不反对把选举原则作为实现此种统一的和平民主方式"。但是，"选举……除非完全自由"，而"我们对于北方能够实现自由选举持怀疑态度"。最后宣布，如果他们不把全国公众的利益放在共产主义利益之前，不放弃恐怖主义和集权手段，不停止违背承诺，"我们不可能研究越南独立同盟会提出的任何方案"②。

吴庭艳的顽固立场，导致《日内瓦协定》规定的全越选举不可能举行。这给越南南方局势的发展态势带来了重大影响。

越南北方曾对统一选举寄予厚望。根据《日内瓦协定》的规定，越南劳动党方面约有90 000名武装人员从南方撤到北方，只留下5000—10 000名武装人员在南方从事政治斗争，为1956年选举做准备③。选举未能如期举行，越南劳动党感到极度失望，但其主要精力依然放在北方的经济建设上，对南方采取温和、克制的路线，强调和平斗争④。

然而，在越南南方，吴庭艳的高压政策迫使越南劳动党等各界人士奋起反抗。

美国在内政方面大力支持吴庭艳。1954年9月，美国国务院开始考虑直接援助越南南方。10月，艾森豪威尔总统致信吴庭艳，表示"我指示我驻越大使与……你一起研究，如何……直接提供明智的美国援助项目，才能帮助越南通过当前的考验"⑤。

美国向越南南方派驻军事援助顾问团，提供大量军事和经济援助。在

---

① FRUS，1955-1957，Vol. 1，pp. 489，Footnote 2；486.
② FRUS，1955-1957，Vol. 1，pp. 489-490.
③ Neil Sheehan. *The Pentagon Papers: As Published by the New York Times, Based on Investigative Reporting by Neil Sheehan*，Toronto，New York，London：Bantam Books，1971，p. 73.
④ 其原因参见时殷弘：《美国在越南的干涉和战争（1954—1968）》，北京：世界知识出版社，1993年，第63—64页。
⑤ FRUS，1952-1954，Vol. 13，Part 2，pp. 2166-2167.

经济援助方面，1955 年为 3.224 亿美元，1957 年为 3.927 亿美元，1958 年、1959 年和 1960 年均为 2.5 亿美元，1961 年为 2.155 亿美元，占越南南方年财政预算的一半以上①。

美国的支持为吴庭艳迅速巩固国内政治地位提供了动力。

吴庭艳首先要对付法国人支持的阮文兴将军，以及高台教、和好教、平宣帮等帮派武装。到 1955 年 5 月，他控制了这些帮派武装。在 1955 年 10 月举行的公民公投中，吴庭艳操纵选举，以 98.2% 的得票当选为伪政权"总统"，废黜了保大。

地位巩固后的吴庭艳实行家族式独裁统治，任人唯亲，对城市居民、农民和少数民族部落采取高压手段，一般市民的自由权被践踏，绝大多数佃农无地的状况没有改变，被强制迁徙和强制集中的少数民族和平原地区农民的利益及传统生活方式遭到损害和破坏②。1959 年 5 月 6 日颁布的法律规定，凡公开从事颠覆活动，背叛国家，侵占财产，以及埋怨物价上涨，渲染经济困难，煽风点火，破坏政府政策，等等，均可作为处以死刑的犯法行为交军事法庭审判③。

吴庭艳从 1955 年夏季开始镇压越南劳动党，以反共的借口关押了 5 万—10 万人④。1956 年 1 月颁布特别法令，批准警方逮捕一切拥护越南劳动党的嫌疑分子⑤。因此，1957 年南方农村地区出现反政府斗争，到 1959 年底遍及大部分南方农村地区。1960 年 3 月，南方一些抗法老战士发表声明，建议建立联合政府以取代吴庭艳，要求美国势力和驻军撤走，贯彻《日内瓦协定》，为全越南统一做好准备。他们还抱怨河内没有大力地支持战斗性的立场⑥。

在南方武装斗争的推动下，越南劳动党在 1959 年和 1960 年改变了对

---

① David Kaizer. *American Tragedy: Kennedy, Johnson, and the Origins of the Vietnam War*, Cambridge: The Belknap Press of Harvard University Press, 2000, p. 60.
② 时殷弘：《美国在越南的干涉和战争（1954—1968）》，北京：世界知识出版社，1993 年，第 54 页。
③ 〔美〕约翰·卡迪：《战后东南亚史》，姚楠等译，上海：上海译文出版社，1984 年，第 297 页。
④ Neil Sheehan. *The Pentagon Papers: As Published by the New York Times, Based on Investigative Reporting by Neil Sheehan*, Toronto, New York, London: Bantam Books, 1971, p. 71.
⑤ 〔美〕约翰·卡迪：《战后东南亚史》，姚楠等译，上海：上海译文出版社，1984 年，第 305 页。
⑥ Neil Sheehan. *The Pentagon Papers: As Published by the New York Times, Based on Investigative Reporting by Neil Sheehan*, Toronto, New York, London: Bantam Books, 1971, pp. 70-78.

南方斗争的政策，逐渐放弃温和路线，转而大力支持和领导南方武装斗争。第二次印度支那战争或越南战争由此开始①。

1959年1月，越南劳动党二届十五中全会决定，政治斗争仍是主要的斗争方式，由"适当程度上"的武装斗争补充，在南方建立武装单位以保护党在那里的生存并辅助政治斗争②。1960年9月召开的越南劳动党第三次全国代表大会进一步确定在南方开展武装斗争。会议确定南方斗争的目标为："南方革命的直接任务是实现全民团结，对侵略和好战的美帝国主义作坚决的斗争，推翻美帝走狗吴庭艳集团的独裁统治，在越南南方建立一个民族民主联合政府，赢得民族独立和……实现祖国的重新统一。"会议要求在南方建立反美、反吴统治的"民族统一阵线"，以工农联盟为基础，团结所有爱国人士为解放南方、统一祖国而奋斗③。

1960年12月20日，越南南方民族解放阵线在平隆省成立，军事组织为越南南方解放武装力量。1962年2月，越南南方民族解放阵线举行第一次代表大会，阮友寿当选为主席。从1959年开始，越南劳动党通过经老挝和柬埔寨东侧的"胡志明小道"向南方输送人员和物资。

二、美国干涉的不断升级与泰国军人政权的支持

面对越南南方各界反抗斗争尤其是越南南方民族解放阵线武装斗争愈演愈烈的形势，1961年1月就任的肯尼迪总统虽然对吴庭艳的独裁专制不满，但仍以军事顾问和支持部队帮助其"平叛"，大大加强了美国在越南南方的干涉力度。肯尼迪在1961年11月决定，除了不派美国作战部队，以其他军事手段，尤其是派支援部队和军事顾问直接帮助吴庭艳作战，争取打败甚至消灭越南南方解放武装力量。到肯尼迪遇刺时，驻越美军已经达到了16 000余人④。

1963年，吴庭艳镇压的重点对象是人多势众的佛教徒，这不仅造成越南南方政局进一步动荡，而且导致美吴关系紧张。11月1日，在美国

---

① 时殷弘:《美国在越南的干涉和战争（1954—1968）》，北京：世界知识出版社，1993年，第66—67页。
② 时殷弘:《美国在越南的干涉和战争（1954—1968）》，北京：世界知识出版社，1993年，第68页。
③ 时殷弘:《美国在越南的干涉和战争（1954—1968）》，北京：世界知识出版社，1993年，第70页。
④ 时殷弘:《美国在越南的干涉和战争（1954—1968）》，北京：世界知识出版社，1993年，第101、117页。

的支持下，越南南方军人推翻吴氏，控制了政局。此后，越南南方局势不仅没有好转，反而因争权夺利和美国的干涉变得更加混乱，有利于越南南方解放武装力量的发展。到1964年，越南北方加强对越南南方民族解放阵线斗争的支持，经"胡志明小道"不断输入武器，甚至还派遣人民军。

同时，美国政府也发生变动。1963年11月22日，肯尼迪总统遇刺身亡，副总统约翰逊继任。约翰逊留用了肯尼迪政府的核心幕僚，全面继承其越南政策，一直考虑如何惩罚越南北方、解救越南南方的危局。美国行动的重点是策划隐蔽活动，破坏敌方的交通运输设备和其他设施，阻挠越南北方加大干涉的力度。美国在越南北方从事由中央情报局负责、代号为"34A行动"的秘密战，由越南南方士兵乘舢板骚扰越南北部沿海地区。美国派驱逐舰到北部湾执行侦察活动[1]。

1964年8月2日，美国驱逐舰"马多克斯"号与越南民主共和国炮艇在北部湾交火，击沉了3艘越南民主共和国鱼雷快艇。次日，"马多克斯"号和另一艘驱逐舰再次驶入北部湾，8月4日遭到越南民主共和国炮艇袭击。美国当晚出动舰载飞机轰炸越南北方沿海地区。8月7日，美国参议院以2票反对、众议院以全票通过"东京湾决议"，"赞成并支持总统决定……采取一切必要措施，以击退对美国部队的任何武装攻击，防止进一步侵略。……美国准备根据总统的决定……使用武装部队去帮助任何要求援助的《东南亚集体防御条约》的成员国或签约国，以保卫这些国家的自由"[2]。此决议为美国政府全面升级越南战争铺平了道路。

获得连任的约翰逊政府制订了扩大越南战争的计划。计划分为两个阶段：第一个阶段预计时间为30天，美国加强对老挝的空中打击以及在越南南方对越南南方解放武装力量的重大行动进行报复性打击；在第二个阶段，美国将分阶段对越南民主共和国施加军事压力，"这一计划主要由循序渐进地施加更严厉的空中打击、按照情况的发展调整力度和进度（也许持续6个月）、适当地部署美国军队以处理任何突发事件所组成"[3]。

---

[1] Mike Gravel. *The Pentagon Papers: The Defense Department, History of United States Decisionmaking on Vietnam*, Vol. 3, The Senator Gravel Edition, Boston: Beacon Press, 1971, pp. 150-151.

[2] Neil Sheehan. *The Pentagon Papers: As Published by the New York Times, Based on Investigative Reporting by Neil Sheehan*, Toronto, New York, London: Bantam Books, 1971, pp. 258-267.

[3] David Kaizer. *American Tragedy: Kennedy, Johnson, and the Origins of the Vietnam War*, Cambridge: The Belknap Press of Harvard University Press, 2000, pp. 373-378.

1965年2月7日，越南南方民族解放阵线游击队袭击了波莱古美军驻地，炸死8名美国人，炸坏5架飞机。2月28日，美国政府发表题为《来自北方的侵略》的白皮书，指责越南北方不断对越南南方进行军事渗透。3月2日，美国实施"滚雷计划"，以泰国和越南南方为基地，持续轰炸越南北方的军事设施和政治经济重地。3月8日，美国海军陆战队在岘港登陆，美国开始向越南南方大规模派遣地面部队。至此，美国升级了侵越战争。

在不断干涉越南的过程中，泰国政局的发展对美国十分有利。

1957年9月，沙立·他纳叻元帅通过政变，推翻披汶·颂堪政府。翌年10月，他再次发动政变，解散议会，禁止政党，暂停宪法，逮捕共产党同情者和报纸编辑，禁止5人以上政治集会，建立军人专制政权[①]。在对外政策方面，沙立·他纳叻政府继承了披汶·颂堪时期泰美之间的密切关系。如前所述，两国在老挝危机期间发生过不愉快，但《腊斯克—他纳公报》为美泰关系提供了新的重要保证。

1963年12月8日，沙立·他纳叻病逝，副总理他侬·吉滴卡宗继任总理。他侬·吉滴卡宗在1958年1月至10月担任过总理，缺乏沙立·他纳叻的个人魅力和强力手腕，但更加宽容和灵活。沙立·他纳叻的另一个副手巴博·窄鲁沙天任副总理兼内政部长。他比他侬·吉滴卡宗更能干，更强硬。他侬·吉滴卡宗的地位起初十分脆弱。但是，两人儿女的婚姻关系，使泰国政局稳定下来。

他侬·吉滴卡宗政府不仅继承了沙立·他纳叻的内外政策，而且因其政治地位脆弱而更加依赖美国的支持。反过来，在美国侵越战争升级期间，他侬·吉滴卡宗政府毫无保留地支持美国，使泰国成为侵越战争的重要基地，且与美国一起干涉老挝，派兵赴越南南方作战。

第二节　泰国成为美国侵越战争的重要基地

一、驻泰美军及其活动

美泰之间军事合作的依据是1954年《东南亚集体防御条约》和1962

---

① Thak Chaloemtiarana. *The Sarit Regime，1957-1963：The Formative Years of Modern Thai Politics*，PhD. Dissertation of Cornell University，1974，pp. 196-197.

年《腊斯克—他纳公报》中规定的义务。

除了东南亚条约组织举行的联合军事演习外，美、泰两国的直接军事合作始于1960年老挝危机期间。1961年3月，肯尼迪政府为显示强硬立场，派遣约250名美国海军陆战队士兵进驻泰国东北部靠近老挝的乌隆，建起为老挝右翼军队运输物资的直升机设施。次年5月初，由于巴特寮部队占领老挝北部的南塔，美国陆续向泰国派遣了5000余名美军①。1963年，美军1个步兵作战大队、1个空降作战大队、1个战术作战中队、1个侦察中队及后勤援助人员共约5000人，参加东南亚条约组织在泰国举行的联合军事演习。在演习结束后，约1700人参加了对老挝边界地区的侦察性袭击②。

（一）驻泰美国空军及其活动

侵越战争期间派驻泰国的美军，主要是对越南北方和老挝作战的空军。

1964年2月，泰国政府批准派驻美军的请求，美国空军开始大规模派驻泰国，到年底约有3000人和75架飞机③。

1965年3月，美国实施轰炸越南北方的"滚雷行动"。根据驻泰大使马丁的报告，美国空军"不受限制地使用泰国基地"，超过50%的飞机从泰国基地执行轰炸任务。由于在越南南方的美国空军基地拥挤不堪，美国军方更多地利用驻泰基地轰炸越南北方以及老挝境内的"胡志明小道"。因此，马丁大使要求美国国务院重新研究对泰军事援助项目，理由是"泰国现今日益成为我们在东南亚军事行动的关键部分"，"我们在老挝和越南南方采取的行动必须越来越依赖泰国"，"泰国成为我们在东南亚军事行动升级的关键因素"④。

1965年访问泰国东北部的《财富》杂志编辑查尔斯·墨菲高度评价了泰国空军基地的作用。他写道："如果没有泰国人及时而考虑周到的帮助，美国大规模干涉越南很可能就来得太迟了。"⑤

驻泰美国空军的规模，1965年底为9000人和200架飞机，1966年跃

---

① 另一种说法为约6400人。参见 FRUS，1964-1968，Vol. 27，p. 580.
② FRUS，1964-1968，Vol. 27，p. 580.
③ R. Sean Randolph. *The United States and Thailand: Alliance Dynamics, 1950-1985*, Berkeley: Institute of East Asian Studies, University of California, 1986, p. 57.
④ FRUS，1964-1968，Vol. 27，pp. 615-618.
⑤ J. Alexander Caldwell. *American Economic Aid to Thailand*, Lexington: Lexington Books, 1974, p. 52.

升至 25 000 人和 400 架飞机，1967 年为 33 369 人和 527 架飞机，1968 年为 33 500 人和 589 架飞机，1969 年为 33 500 人和 600 架飞机①。

驻泰美国空军基地的情况如下②。

（1）乌隆。距老挝约 70 千米，到河内的飞行时间约为 30—40 分钟，主要任务是收集越南和老挝的情报，实施对老挝的游击战，提供支持、训练、空袭、物资与人员运输等。

（2）那空帕农。这是指挥美国在老挝和越南空中行动的电子中心，驻扎的第 56 特别行动联队负责空中打击、侦察、前进空域指挥、照明飞机和搜救等。

（3）乌汶。驻扎的第 8 战术战斗机联队提供武装直升机、照明飞机和心理战飞机等行动。

（4）呵叻。驻扎第 388 战术战斗机联队。

（5）打卡里。驻扎的第 355 战术战斗机联队为电子干扰战、电子情报和地对空导弹预警系统提供飞机。

（6）廊曼。驻扎的第 631 作战支持队向其他基地提供财政、人员、运输和给养服务。

（7）乌塔保。驻扎战略空军司令部第 4258 战略联队和第 635 作战支持大队。前者负责 B-52 飞机的战略轰炸，后者为东南亚美国空军战斗机提供空中加油服务。

（8）南蓬。1972 年 6 月启用，驻扎美国海军陆战队从越南南方岘港撤出的战斗轰炸机。

从 1965 年至 1968 年 11 月 1 日美国单方面停止轰炸越南北方，从呵叻和打卡里实施作战行动的 F-105 战斗轰炸机向越南北方共投掷 90 000 吨炸弹，约占投弹总量的 70%。其间，美国轰炸越南北方的飞机约有 80% 从泰国起飞③。

下面介绍一下乌塔保基地和梭桃邑港。

---

① Symington Hearings, 1971, pp. 615-616, In Surachāt Bamrungsuk. *United States Foreign Policy and Thai Military Rule, 1947-1977*, Bangkok: D. K. Book House, 1988, p. 121.

② Surachāt Bamrungsuk. *United States Foreign Policy and Thai Military Rule, 1947-1977*, Bangkok: D. K. Book House, 1988, pp. 122-123.

③ R. Sean Randolph. *The United States and Thailand: Alliance Dynamics, 1950-1985*, Berkeley: Institute of East Asian Studies, University of California, 1986, p. 59.

乌塔保基地和梭桃邑港是空军基地和海港综合体。经泰国政府批准，美方从1965年扩建机场和其他设施，扩建道路、铁路和输油管枢纽，到1966年7月建成跑道长达3353米、专供巨型飞机使用的基地。

1967年1月，美国向泰国提出在乌塔保基地派驻B-52飞机的要求。为此，在迅速交付军事援助项目物资、对泰国空中防御的一般性保证、1968年军事援助项目为6000万美元、1968年附加项目交付直升机和轻型飞机等方面，美国都满足了泰国的要求①。

3月22日，美国的要求获批。腊斯克致谢道："总统要求我转达他和美国人民对泰国……作出的重大贡献深表感谢。""泰国为盟国的战争努力作出的另一个重要贡献，是美国军队使用泰国的军事设施。……从打卡里、乌隆、呵叻、乌汶和那空帕侬的泰国基地起飞的美国空军飞机，对于抗击越南北方对越南南方的侵略无比重要。乌塔保空军基地的竣工和泰国政府决定允许B-52飞机使用，将大大提高我军空战的效率。"②总统特别顾问罗斯托认为，泰国的决定实属不易，因为这会让泰国遭到共产党方面的沉重打击③。

4月10日，首批3架B-52飞机从关岛飞到乌塔保机场。

对于B-52飞机的作战行动来说，乌塔保基地不仅具有战略价值，还有经济价值。据1967年美国国防部估计，与关岛相比，B-52飞机从乌塔保执行作战任务，节省约6400千米航程，一次往返能节约8000美元④。

美国在与乌塔保空军基地相邻的梭桃邑修建大型深水港和一条公路，运抵梭桃邑的物资可以直接运到呵叻。高峰期每周有3—4艘船抵达梭桃邑，所运物资占运到泰国的美国军用物资的90%以上⑤。

（二）驻泰美国陆军及其活动

驻泰美国陆军主要是为美国空军提供后勤服务的工程部队、通信部队和医疗卫生部队等一般性支持部队。

---

① FRUS, 1964-1968, Vol. 27, pp. 754-757.
② American Foreign Policy, Current Documents, 1967, pp. 809-810.
③ FRUS, 1964-1968, Vol. 27, pp. 760-761.
④ R. Sean Randolph. *The United States and Thailand: Alliance Dynamics, 1950-1985*, Berkeley: Institute of East Asian Studies, University of California, 1986, p. 58.
⑤ R. Sean Randolph. *The United States and Thailand: Alliance Dynamics, 1950-1985*, Berkeley: Institute of East Asian Studies, University of California, 1986, p. 60.

工程建设方面，如20世纪50年代末至60年代初美国对泰援助项目，主要是在东北部修建空军基础设施以及为其服务的道路网，把曼谷与泰国东北部连接起来。

通信方面，美国在泰国东部和东北部建了大量通信和情报设施，如北部清迈、东部普潘山脉的普姆和普乔设有美军情报站。其中，最重要的是位于乌隆的第7野外无线电勘测站，即著名的拉玛逊（Ramasun）。这是美军在东南亚规模最大、最先进的情报基地，负责拦截通信信号，监听共产党部队及其他军事调动。拉玛逊的设施非常先进，它还是唯一一处美、泰两国签有正式使用协定的设施。其他基地设有名义上的泰国司令官，但拉玛逊禁止泰国官员参与多数活动，由美国陆军安全处和国家安全处负责其安全[①]。

驻泰美国陆军人数，1964年约为3300人，1965年约为4700人。1966年建立驻泰美国陆军支持司令部，负责支持美国空军，接收和运输给养、弹药等物资，管理驻泰美国陆军工程兵。到1966年底，陆军人数跃升至8000人，1967年为10 300人，1968年为11 494人[②]。

二、驻泰美军的地位与美国确保泰国基地的对策

1962—1965年，美国向泰国派驻军队，使用泰国基地和设施，是由泰国总理或副总理直接批准的。美国未与泰国外交部磋商，两国没有签订关于驻泰美军地位和行动的协议[③]。

泰国政府的考虑是，根据《东南亚集体防御条约》规定的义务，向东南亚条约组织成员国提供泰国基地，不需要正式协定[④]。

尽管美国花钱购买土地、修建设施，但基地主权属于泰国政府。所有美军基地只升泰国国旗，由象征泰国权力的泰国司令官管理，泰国空军可以使用这些基地。泰国因此否认有美军基地，在1967年3月前一直拒绝承认美国战斗机以泰国为基地轰炸越南北方。从1966年2月起，泰军负

---

① R. Sean Randolph. *The United States and Thailand: Alliance Dynamics, 1950-1985*, Berkeley: Institute of East Asian Studies, University of California, 1986, pp. 60-63.
② Surachāt Bamrungsuk. *United States Foreign Policy and Thai Military Rule, 1947-1977*, Bangkok: D. K. Book House, 1988, pp. 127-128.
③ FRUS, 1964-1968, Vol. 27, pp. 675-676.
④ FRUS, 1964-1968, Vol. 27, p. 757.

责基地美国人员和财产的安全。美国军用物资在泰国的运输亦由泰军负责①。

由于没有使用基地的正式协定,从法律角度来说,美国需泰国政府批准才能使用这些基地实施作战行动。不过,从 20 世纪 60 年代后半期到 70 年代前半期,美国实际上是自由地使用泰国基地。"目前的安排是理想的,我们在让泰国批准我方提出的用途方面从未遇到过困难。同样,没有正式安排,使得我们无须同泰国人协商就可以调动和撤回军队。"②

唯一的例外是拉玛逊的使用。1965 年 1 月 19 日,马丁大使与泰国国防部副部长他威·尊拉塞签订英文版《关于在泰国修建、运行和支持无线电通信研究和发展活动的协议》。内容为:根据两国于 1950 年 10 月 17 日签订的《军事援助协议》和 1964 年 6 月 24 日在曼谷签订的协议,美国政府同意分两次提供 1964 年泰国武装部队安全中心要求的设备,为 4 个信号研究公司提供一般物质支持,必要时提供由 2 名军官和 10 名士兵组成的小组协助训练和咨询,包括搜寻、拦截、寻找方位、翻译、记录和报告敌人的明码电话通信。泰国批准美国政府在泰国实施的无线电通信研究和开发工作,向美国政府提供乌隆附近由泰国政府拥有土地权、不受限制使用的土地,征用私有土地的资金由美国政府提供③。

不过,是否签订基地使用协定成为 1966 年美泰关系中的一个重要问题。

由于不断升级的侵越战争没有达到预期目标,美国舆论和一些国会议员开始指责约翰逊政府的东南亚政策,其中涉及泰国。一些媒体大量刊载指责泰国的文章。富布莱特参议员呼吁关注这些文章,质疑美国对泰国的义务和驻泰美军的有效性,宣称准备举行参议院听证会。而泰国方面驳斥这些文章"不公正","无正当理由","侮辱了泰民族",向美方提出抗议④。这些指责导致泰国要求协商和签订驻泰美军地位协议。

1966 年 6 月,他纳·科曼在澳大利亚堪培拉向腊斯克表示,由于美

---

① R. Sean Randolph. *The United States and Thailand: Alliance Dynamics, 1950-1985*, Berkeley: Institute of East Asian Studies, University of California, 1986, pp. 75-77.
② FRUS, 1964-1968, Vol. 27, p. 757.
③ M. L. BLadahansoon Ladavalya. *Thailand's Foreign Policy Under Kukrit Pramoj: A Study in Decision-making*, PhD. Dissertation of Northern Illinois University, 1980, pp. 364-366.
④ FRUS, 1964-1968, Vol. 27, pp. 699-700.

国媒体的激烈批评，没有驻泰美军地位协议，成为泰国迫切的国家主权问题，2.4 万驻泰美军也需要适当的协议提供保护，要求在曼谷举行谈判①。

9月至10月，他纳·科曼和国家发展部长朴·沙拉信率团访美。他纳·科曼向腊斯克提出美国提供安全保证的要求，向副国务卿帮办 U. 亚历克西斯·约翰逊提出签订美军使用泰国基地的双边协定和规范。他在与后者会谈时言辞激烈，谴责美国媒体和某些参议员对待泰国的态度，对泰国被嘲笑感到愤怒，声称作为盟友的泰国未获公正对待，扬言他侬·吉滴卡宗总理没有批准驻泰美国飞机轰炸越南北方，此举令泰国政府陷入困境。他纳·科曼要求泰美之间建立北大西洋公约式的双边关系，采取措施保证美军的存在符合泰国主权的要求，威胁要推动泰国政府采取相应行动。朴·沙拉信也向 U. 亚历克西斯·约翰逊表示，由于富布莱特参议员担任外交委员会主席，以他的名字命名的奖学金在泰国家喻户晓，其言论对大多数泰国人造成严重伤害并令他们不安，希望美国政府发表驳斥性的声明。朴·沙拉信要求约翰逊总统或腊斯克国务卿访泰时公开撇清美国政府与富布莱特言论的关系②。约翰逊总统对二人进行安抚，表示美国坚持《东南亚集体防御条约》和《腊斯克—他纳公报》中规定的对泰义务，并获得美国人民的充分支持③。

此后，驻泰美军的地位不再成为影响两国关系的重大问题。直到 1975 年"马亚克斯"号事件发生后，两国才就美国撤军和留泰美军的地位举行谈判。最后，由于双方无法就留泰美军的司法管辖权达成一致，美军完全撤出泰国。

为保证美军使用泰国军事基地，美国军方十分关注泰国的政局变化。

1964 年泰国出现巴博·乍鲁沙天发动军事政变的迹象。9 月 23 日，美国参谋长联席会议在致国防部长麦克拉马纳的备忘录中，专门讨论泰国政局变化与美国的关系，以及美国的对策④。

备忘录明确指出，美国的主要目标是"保证泰国保持国家稳定，与美国结盟，可用作美国力量投入东南亚的前进基地"。由于泰国是美国在东

---

① FRUS，1964-1968，Vol. 27，pp. 685-686.
② FRUS，1964-1968，Vol. 27，pp. 701-709，712-717.
③ Department of State Bulletin，October 31，1966，p. 669.
④ FRUS，1964-1968，Vol. 27，pp. 609-610.

南亚地区行动唯一安全的陆上基地,无论政变的性质如何,"美国应该采取措施保证维持现状"。"反共、亲美、合作和稳定的泰国是保持美国在东南亚军事地位的关键。为此,美国应该加强和维护泰国政府。"

备忘录提出美国的对策。如果事先获知警告,美国应设法以适当措施来化解政变。如果发生亲西方政变,美国应保证泰方重申美国在泰国的军事行动权利,泰国继续提供军事合作和支持。如果发生中立和亲共政变,美国应设法恢复被推翻的政府,或者支持建立一个可接受的替代政府,或者是可以达到这个目的的任何有希望的政变集团。如果这些措施均告失败,美国应做好准备,以适当的军事行动来保护美国在该地区的特殊安全利益或者是使亲美的泰国政府重新上台。

总之,为确保泰国政局稳定和采取亲美政策,美国不惜去干涉泰国内政。不仅如此,如本章第五节所述,美国还大力支持泰国政府镇压共产党的武装活动。

第三节　老挝局势的发展与"第22号计划"的出台

一、1962年日内瓦会议后的老挝局势与美、泰两国军事干涉的考虑

在1962年7月日内瓦会议结束后,梭发那·富马领导的联合政府艰难求存。左、中、右三派都拥兵自重,但中立派很快在左、右两派的挤压下发生分裂并衰落。

首先,中立派军队出现供给困难。由于苏联停止物资供应,右翼军队也不愿意分享美国的援助物资,梭发那·富马不得不接受美国提供的食物、配件和通信设备。此举遭到巴特寮的指责。

其次,中立派军队因发生分裂而被逐出查尔平原。1963年2月,亲巴特寮的敦·顺纳叻上校派人刺杀了贡勒的参谋长凯萨纳·冯苏万上校,导致中立派军队分裂。4月初,刚回国的贵宁·奔舍那外长被刺杀,苏发努冯和富米·冯维希逃到康开。中立派军队之间爆发冲突,贡勒因人员劣势而被迫撤离查尔平原,其地盘被巴特寮占领。

到1963年下半年,中立派在政治上和军事上都衰微了。

与此同时，越南民主共和国和美国都违反《日内瓦协定》，在老挝采取针锋相对的行动。越南民主共和国要保卫经老挝境内南下的"胡志明小道"，美国为拦截"胡志明小道"而在老挝北部升级秘密战，因而得到它们支持的老挝各派重启内战。

1964年4月，右翼军人发动政变，逮捕梭发那·富马等中立派人士，解散政府。梭发那·富马政府因美国的强力干预而得以重建。梭发那·富马自任国防部长，企图合并中、右两派军队，遭到巴特寮的谴责，导致几百人转投敦·顺纳叻上校的部队。5月中旬，巴特寮在越南人民军的帮助下，驱走残余的中立派军队，占领整个查尔平原。10月，巴特寮的政治组织老挝爱国战线党与敦·顺纳叻上校领导的爱国中立派正式联合①。

老挝局势的发展对美国不利，它于1964年2月酝酿在泰国部署地面部队，以泰国为基地对付巴特寮在老挝的军事行动。

远东事务助理国务卿希尔斯曼积极推动美军进驻泰国。他在2月15日致腊斯克的备忘录中指出，巴特寮最近在老挝中部发动的新攻势，攻破了中立派和右翼军队的阵地，威胁他曲，建议美国"迅速而坚决地回应共产党在老挝中部的行动"，"应考虑鼓励泰国进一步增援湄公河沿线"，"准备派海军陆战队登陆营和空军进驻泰国以示支持"②。

其立场获得了腊斯克的支持。2月26日，美国国务院、国防部、中央情报局、信息处和国际发展署相关官员在国务院研究东南亚尤其是老挝问题，在回击对美国在东南亚意图的机会主义趋势和中立派方案的可能性、加强美国在泰国的公开军事立场等问题上达成共识。希尔斯曼敦促腊斯克与国防部长麦克拉马纳研究派遣美国地面部队进驻泰国的问题③。2月28日，希尔斯曼告诫腊斯克"不能推迟增派美军到泰国的决定"，因为其他建议无法有效地警告和阻止巴特寮与越南独立同盟会④。

实际上，参谋长联席会议质疑向亚洲派兵的军事有效性。它尤其担心，万一事态危险，美国可能会被迫以不充足的兵力穿越湄公河。不过，参谋长联席会议还是指示太平洋司令部制订向泰国派兵的方案⑤。

---

① Martin Stuart-Fox. *A History of Laos*, Cambridge: Cambridge University Press, 1997, pp. 126-134.
② FRUS, 1964-1968, Vol. 27, p. 8.
③ FRUS, 1964-1968, Vol. 28, pp. 20-21.
④ FRUS, 1964-1968, Vol. 28, p. 22.
⑤ FRUS, 1964-1968, Vol. 27, p. 573.

1964年3月15日希尔斯曼辞职，继任的威廉·P.邦迪依然重视其建议。

泰国最初反对美军"仅作为孤立的威慑措施重新部署到泰国"，拒绝美国增派12架F-100飞机。理由是，部署美国作战部队"不能有效地阻止巴特寮蚕食老挝的策略"①。不过，马丁大使断定，"泰国准备欢迎甚至可能参加对越南北方共产党和共产党占领的老挝地区采取的报复行动。泰国还清楚地认识到，决定采取这些措施，就需要去对付任何可能的共产党反击"②。

事态的发展证实了马丁的判断。5月的老挝形势，推动泰国派军去加强北部边境地区的防御，并向美国建议采取联合军事行动。5月20日，他侬·吉滴卡宗总理依然向马丁大使表示，此时在泰国部署军队没有必要，反而会成为中国采取反击措施、向泰国施压的诱因。然而，5月30日与来访的腊斯克会谈时，泰国领导人多次表示，泰国正在制订在湄公河抵御共产党袭击的军事方案，计划越过边界防御，希望美、泰两国采取联合行动。泰国立场的转变令美国欣慰，腊斯克强烈支持双方举行磋商③。

6月1日至2日，腊斯克、麦克拉马纳等55名美国军政高官在夏威夷州火奴鲁鲁举行越南问题会议，其中讨论了泰国的军事形势。马丁大使介绍了泰国政府的立场，即"依赖《腊斯克—他纳公报》构建的与美国的实际防御联盟"，"非常愿意维持对美国的依赖"，但尚未确定美国是否打算使用武力来实现东南亚政策的目标，因而不愿意提供基地。如果相信美国以武力支持其政策，他们将提供全面合作并与美国一起走到底。泰国已派5个连的兵力到北部边境地区。泰国的能力可以占领湄公河沿岸老挝城镇，但无法作深入老挝的大规模调动。会议决定与泰国谈判联合行动方案④。

二、联合干涉老挝的"第22号计划"

根据泰国的要求，美、泰两国在曼谷举行谈判。

美国参谋长联席会议对联合方案的考虑是，加强两国对实施明确举措

---

① FRUS, 1964-1968, Vol. 28, p. 22; FRUS, 1964-1968, Vol. 27, p. 577.
② FRUS, 1964-1968, Vol. 27, pp. 577-578.
③ FRUS, 1964-1968, Vol. 27, pp. 582, 587-588.
④ FRUS, 1964-1968, Vol. 28, pp. 125-128; FRUS, 1964-1968, Vol. 27, pp. 591-592.

的准备，保证最大限度地利用泰国军事资源来支持两国共同的目标，向泰国人保证并确保其持续合作，展示美国在东南亚的坚定立场。为保卫湄公河，对在老挝的巴特寮和越南独立同盟会军队采取惩罚性行动，对越南民主共和国在南方的行动作出反应，镇压泰国叛乱以及从老挝或缅甸实施的边界侵扰活动。涉及的问题为处置理念、力量投入、指挥关系、需要使用的泰国设施和美国对泰国的后勤支持保证①。

1964年6月8日，马丁大使拜会他侬·吉滴卡宗总理，介绍了火奴鲁鲁会议的决定，表示美国坚定不移地采取一切必要措施去阻止共产党统治东南亚，美国希望迅速谈判有关方案②。

6月18日，美国太平洋司令部参谋部的米尔顿将军率领的美国小组与他威元帅率领的泰国小组举行首次会谈。泰方的立场是，有必要越过湄公河并在老挝进行防御，同时以袭击、空中打击等方式对付越南民主共和国。泰国希望尽快在曼谷制订方案，要求他侬·吉滴卡宗总理担任总司令，接受东南亚条约组织第5号方案的指挥结构，准备投入泰国陆军第2军（1个师）和战术空军③。关于采取联合行动的前提条件，泰方仅表示应断定违反现有局面，强调应在未获老挝政府批准的情况下向老挝派兵④。

6月22日，约翰逊总统批准了美国拟订的草案，代号为"第22号计划"。

为推动谈判，约翰逊总统6月27日致函他侬·吉滴卡宗，表示他一直密切关注这场危机，尤其是老挝事态给泰国造成的影响。美国负有保卫泰国的明确义务。共产党在老挝的攻势，对美国和泰国的安全构成威胁。他期望制订泰美军事方案，以备共产党向泰国边境地区挺进时采取行动⑤。

经参谋长联席会议审查并修改的联合军事方案的主要内容为：①保卫泰国免遭老挝共产党的威胁，为防守湄公河山谷及其主要城市和军事设施而采取军事行动。②涉及美国、泰国及其他友军在老挝保卫湄公河沿岸及其主要城市和设施，对在老挝的共产党军队入侵泰国边境地区、在泰国煽动共产党叛乱等采取防御或惩罚性行动，拦截从越南北方进入老挝的物资

---

① FRUS，1964-1968，Vol. 27，pp. 594-595.
② FRUS，1969-1972，Vol. 20，p. 50.
③ FRUS，1964-1968，Vol. 27，pp. 606-607，599.
④ FRUS，1969-1972，Vol. 20，p. 51.
⑤ FRUS，1964-1968，Vol. 27，pp. 597-598，625.

和增援。方案兼容东南亚条约组织的方案，由泰国武装部队最高司令担任总司令，通过由美国任命的战地指挥官来指挥军事行动。③方案经美、泰两国协商才能实施。④发生重大冲突时，美国向泰军提供后勤援助，泰方则提供空军基地、铁路运输、港口和公路运力，批准越界飞行，提供商业和军事通信资源①。其实质是，由美国实际指挥美泰联军，美国能够充分利用泰国的所有资源去从事印度支那战争，而泰国获得美国提供的直接安全保证。

根据1964年8月11日助理国务卿邦迪给副助理国防部长彼得·索尔伯特的信，美国国务院同意联合计划的条款，认为它"体现了真正的政治和军事优势的可能性"，"期望能够很快启动该方案"②。

美、泰两国在此后几年中不断夯实和完善"第22号计划"。首先，1966年12月，双方签署有关兵力的方案。马丁大使代表约翰逊总统参加签字仪式。他表示，由于美国对泰国的承诺"全面又彻底"，约翰逊总统反复申明"美国履行诺言"，此方案实际上并未进一步坚定美国的决心，但"确实是把有效的行动语言转化为践行我们共同义务的方式"，"在政治上极其重要"。约翰逊总统要求马丁大使转达对完成此项工作的谢意和祝贺。其次，1966年初，由于巴博·窄鲁沙天副总理和他纳·科曼外长指责美国最近的建设计划和派兵与泰国的安全需要无关，美国正在"占领泰国"，马丁大使在给他侬·吉滴卡宗的信中，把美国建设项目与现有协议、东南亚条约组织方案以及"第22号计划"联系在一起。最后，1967年6月双方批准了该计划的空中、海上和非常规作战计划，10月批准地面方案③。

1968年初，由于"第22号计划"工作组的泰方人员遗失相关绝密文件，出于安全考虑，此方案更名为"达信计划"。

"第22号计划"实际发挥的作用不大。R.西恩·伦道夫的评价是，它成为美国"向泰国政府重申美国义务严肃性的一种适当方式"，是"一项例行应急方案，没有规定对美国有约束力的义务"④。基辛格也认为，民

---

① FRUS，1964-1968，Vol. 27，pp. 602-604.
② FRUS，1969-1972，Vol. 20，p. 51.
③ FRUS，1969-1972，Vol. 20，pp. 51-52.
④ R. Sean Randolph. *The United States and Thailand: Alliance Dynamics, 1950-1985*, Berkeley: Institute of East Asian Studies, University of California, 1986, pp. 133-134.

主党政府制订此计划是为了让泰国人相信美国会采取重派美军等必要措施去保卫湄公河;制订这项计划"更多的是我们的倡议而非泰国人的"①。

但是,此计划成为1969年美国参议院外交委员会审查的对象,引起泰国的严重不满。

第四节　泰国派兵赴越南南方参战

一、美国反战运动与泰国首次出兵越南南方

自1965年3月侵越战争升级以来,美国一方面对越南北方实施不断升级的大规模轰炸;另一方面增派大量美军到越南南方"搜剿"越南南方民族解放阵线的武装力量。美军轰炸的越南北方军事目标,很快由北纬19度以南越至北纬20度。1966年春,美军轰炸了河内和海防以南的重要交通线。6月底,美军开始轰炸河内和海防的油库。1967年2月下旬至5月,美军轰炸越南北方发电厂、钢铁厂、水泥厂等设施。7月20日,约翰逊总统批准轰炸河内和海防地区原先禁止轰炸的16个目标。8月9日,约翰逊总统批准轰炸越中边境附近的铁路目标②。

美军飞机轰炸的飞行架次和投弹量,1965年为55 000架次和33 000吨,1966年为148 000架次和128 000吨,1967年为132 700架次和247 000吨③。向越南南方派遣的美军,1965年底为184 300人,1966年底为385 000人,1967年底为485 300人,1968年中为525 000人,1969年1月为542 400人。④

与此相应的是,1965年3月美国开始出现反战运动。大学师生举行

---

① FRUS,1969-1972,Vol. 20,p. 49.

② Neil Sheehan. *The Pentagon Papers: As Published by the New York Times, Based on Investigative Reporting by Neil Sheehan*,Toronto,New York,London:Bantam Books,1971,pp. 428-429,479-480,526,540.

③ Neil Sheehan. *The Pentagon Papers: As Published by the New York Times, Based on Investigative Reporting by Neil Sheehan*,Toronto,New York,London:Bantam Books,1971,pp. 523,544,614-615.

④ Neil Sheehan. *The Pentagon Papers: As Published by the New York Times, Based on Investigative Reporting by Neil Sheehan*,Toronto,New York,London:Bantam Books,1971,pp. 416,539;时殷弘:《美国在越南的干涉和战争(1954—1968)》,北京:世界知识出版社,1993年,第212—214页。

越战讨论会和示威游行。一些著名学者、政论家和主要报纸开始抨击政府的战争政策。国会中出现了反战联盟，如投票反对《东京湾决议》的莫尔斯参议员和格里宁参议员①。在国际上，联合国秘书长吴丹、法国总统戴高乐以及不结盟国家政府都敦促美国和平解决越南问题。随着美国侵越战争不断升级，国内外反战的压力相应增加。

为应对反战压力和批评，表明侵越战争是联合作战，约翰逊政府要求东南亚条约组织中的亚洲成员国参加对越作战，支持美国的战争立场。马丁大使说："泰国派兵到越南，是应越南政府和美国的请求。我认为他们作出这个决定，是充分意识到，美国日益感到不安的是，美国大规模部署美军，而东南亚条约组织的其他伙伴没有派遣适量军队。我认为，除了这些理由，无法相信这些军队实际上如此重要。"②

泰国在正式派兵赴越南南方作战之前，已经向越南南方提供了少量军事援助。1964年7月，泰国与越南南方伪政权签订协定，派遣17名泰国人为越南南方驾驶和维修C-47运输机。泰国空军为24名越南南方飞行员提供驾驶喷气式飞机的短期培训。1965年8月，泰国向越南南方提供2艘船，供越南南方采取反渗透行动并运输物资。实际上，是美国提供了这两艘船并培训了200名泰国人，分别在1966年2月和12月投入使用。泰国还向越南南方提供了由31人组成的空军小分队③。

1966年10月，美国敦促泰国出兵越南南方。10月17日至11月2日，约翰逊总统访问亚太地区6国并参加关于越南问题的马尼拉会议。其中，10月24日至25日参加马尼拉峰会，10月27日至30日访问泰国。约翰逊总统利用这些机会多次敦促泰国领导人出兵。

10月23日，约翰逊总统在马尼拉向他侬·吉滴卡宗总理表示："我想让全世界知道，最靠近……的国家最受关注，最愿意作出必要的牺牲。对于美国人民和全世界来说，认为这是一场美国战争就太糟了。"④

---

① 时殷弘：《美国在越南的干涉和战争（1954—1968）》，北京：世界知识出版社，1993年，第206—207页。

② R. Sean Randolph. *The United States and Thailand: Alliance Dynamics, 1950-1985*, Berkeley: Institute of East Asian Studies, University of California, 1986, p. 78.

③ R. Sean Randolph. *The United States and Thailand: Alliance Dynamics, 1950-1985*, Berkeley: Institute of East Asian Studies, University of California, 1986, p. 78.

④ FRUS, 1964-1968, Vol. 27, p. 738.

10月28日，约翰逊总统在曼谷举行的国宴上发表了题为《泰、美两国同舟共济》的致辞。他说："事实是泰国和美国同舟共济。……今晚，我们作为盟友参与了一项共同的事业。此刻，泰国军队正同美军一起帮助越南南方人民进行抵抗武装侵略的斗争。此刻，你们正提供泰国的设施，这对……集体努力至关重要。你们作出了重大贡献。我们知道我们双方为对付共同危险所冒的风险。……让我向你们保证，泰国在这个问题上可以指望美国履行《东南亚集体防御条约》规定的义务。《东南亚集体防御条约》规定的美国义务不是我国的特定政党或政府的义务，而是美国人民的义务。我向你们重申：美国履行其义务。"①

在马尼拉会议期间，美国了解到泰国愿意向越南南方派遣作战部队。腊斯克指出："如果我们能够以某种方式，专门建议提供1营或者2营泰国海军陆战队同美国海军陆战队并肩作战，这将是有益的贡献。"他指示马丁大使向泰国政府提出这个问题②。

美、泰两国随后讨论派遣泰国作战部队到越南南方作战的问题。12月底，泰国决定派遣2500名作战部队到越南南方，超过了美国最初预计的1100人。泰国只要求美国提供这些部队的装备③。

1967年1月，泰国政府宣布，应越南南方伪政权的请求，派遣作战部队参加盟国在越南的作战。7月，2300名泰国作战部队被派往越南南方④。

泰国首次向越南南方派兵十分顺利。

二、要求泰国增兵与美国付出的代价

1967年，美国升级战争的政策陷入困境。参谋长联席会议与麦克拉玛纳部长在战争继续升级还是降级的问题上发生分歧。国内反战运动日益高涨。4月，纽约和旧金山举行了40万人参加的反战大游行。10月，华盛顿爆发了10万人参加的游行。反战青年抗拒征兵。原先支持战争的许多国会议员，公开反对约翰逊政府的战争政策。国内的反战压力，迫使约

---

① American Foreign Policy, Current Documents, 1966, pp. 734-735.
② FRUS, 1964-1968, Vol. 27, pp. 739-740.
③ FRUS, 1964-1968, Vol. 27, p. 759.
④ FRUS, 1964-1968, Vol. 27, p. 787.

翰逊政府在 1967 年夏天再次要求泰国向越南南方增兵。

1967 年 6 月下旬普密蓬·阿杜德国王访美时，约翰逊总统提出了泰国对越南南方增兵的问题。普密蓬·阿杜德国王保证，泰国在越南南方"将会负起责任，做它该做的事"①。

从 7 月 22 日至 8 月 5 日，总统顾问克拉克·克利福德和马克斯韦尔·泰勒将军奉约翰逊总统之命，到越南南方及泰国、新西兰、韩国，向派兵的国家通报当前和今后美国在越南南方的行动，恳请盟国领导人向越南南方增兵②。他们敦促泰国增派 1 万人③。

泰、美两国就增兵问题进行讨价还价。

克拉克·克里福德和马克斯韦尔·泰勒离开之后，泰国报纸表示，泰、美两国在越南战争问题上有分歧，泰国无法扩大驻越南南方的军队，因为泰军"承担着维持国家安全和镇压恐怖分子的任务"。他纳·科曼外长表示，泰国除了派兵，还有其他为越战作贡献的方式④。这是为提高谈判的筹码做准备。

8 月，美国大使伦纳德·昂格尔与他威元帅启动增兵谈判。泰国建议，算上已派驻越南南方的 2300 人，共派兵 10 800 人，实际增兵 8500 人。要求是，美国提供 1 个营"鹰式"导弹、1 个直升机营、10 000 名"换防部队"的装备、驻越南南方部队的 5000 名换防部队装备、给养和训练费用以及泰国预算的装备、训练和维持驻越南南方部队的所有费用。总费用约为 1.49 亿美元，即每人花费 17 529 美元⑤。

他纳·科曼外长和国家发展部长朴·沙拉信 1967 年 10 月访美，推动了增兵谈判。10 月 6 日，约翰逊总统会见他们，敦促泰国加快增兵。约翰逊总统说："泰国最好的保证是让其军人到越南受训，以便将来他们无须美军的长期存在就能够保卫泰国的自由。"他纳·科曼答道，泰国总理

---

① FRUS, 1964-1968, Vol. 27, p. 778; W. Scott Thompson. *Unequal Partners: Phipippine and Thai Relations With the United States*, 1965-1975, Lexington: D. C. Heath and Company, 1975, p. 83.
② FRUS, 1964-1968, Vol. 5, pp. 632-633.
③ FRUS, 1964-1968, Vol. 27, p. 780.
④ R. Sean Randolph. *The United States and Thailand: Alliance Dynamics, 1950-1985*, Berkeley: Institute of East Asian Studies, University of California, 1986, p. 79; W. Scott Thompson *Unequal Partners: Phipippine and Thai Relations With the United States*, 1965-1975, Lexington: D. C. Heath and Company, 1975, p. 85.
⑤ FRUS, 1964-1968, Vol. 27, pp. 796-797.

令他们向总统转达,泰国准备好承担其责任。约翰逊总统要求泰国增派 1 万人,安排他们与麦克拉玛纳研究具体方案①。

麦克拉马纳向两人宣布了美国的承诺,即提供训练 10 000 名增派部队的费用和装备(泰国政府在泰军撤出越南南方后保留这些装备),10 000 名增派部队的海外津贴,训练期间换防部队的装备(泰国政府在泰军撤出越南南方后保留这些装备),提供 1 个连"鹰式"防空导弹并培训泰国人员,1968 年和 1969 年军事援助计划均由 6000 万美元增至 7500 万美元②。

布莱克本研究了泰国由此获得的利益。一是美国提供的装备。在越南南方服役的泰军,最多时占整个泰军的 14%,加上在泰国受训的数量相同的换防部队,相当于美国要为近 1/3 的泰国武装部队补充新装备。假以时日,美国最终将重新装备整个泰军。二是美国提供的财政奖励与在越南南方服役的泰国士兵的海外津贴。每名士兵的伤残和死亡补助金为 2500—5500 美元,退役补助金为 400 美元;有学历的军官每月获 5—42.5 美元补助;每月军官获 23—76.25 美元、士兵获 10.25—60.25 美元的机票费;每月伞兵补助,列兵为 12.5 美元,军士为 17 美元,军官为 37.5 美元;作战费相当于升 1—2 级薪金,向家属支付医疗费和教育津贴、提供住房和交通优惠。这些海外津贴使每个泰国士兵的薪金涨了 1 倍多。此外,泰军为 12 000 名士兵配备 10 位将军和 11 位上校③。

1967 年 11 月 9 日,美、泰两国签订协议。泰国政府应越南南方伪政权的请求增兵,使在越南南方的作战部队达到 11 000 人。泰军的名称为"泰国王家军队驻越南志愿军"或"黑豹"(Black Panthers),由抽调的泰国正规军军人组成,接受为期 6 个月的特种战术训练。美国特种部队人员参加其训练④。11 月 14 日,美国国务院发表声明,表示美国"满意地注意到泰国政府宣布,决定把目前在越南的军队扩大为 1 个师","这个重要贡献进一步证明了盟国在支持越南南方和东南亚安全上的团结"⑤。

---

① FRUS,1964-1968,Vol. 27,pp. 802-803.
② FRUS,1964-1968,Vol. 27,pp. 807-808.
③ Robert M. Blackburn. *Mercenaries and Lyndon Johnson's "More Flags": The Hiring of Korean, Filipino and Thai Soldiers in the Vietnam War*,Jefferson: McFarland,1994,pp. 112-114.
④ R. Sean Randolph. *The United States and Thailand: Alliance Dynamics,1950-1985*,Berkeley: Institute of East Asian Studies,University of California,1986,pp. 79-80.
⑤ American Foreign Policy,Current Documents,1967,p. 811.

从 1969 年 1 月起，经过训练的泰国部队陆续派驻越南南方，在越南南方服役到 1972 年。

然而，由于美国承担了驻越南南方泰军的所有费用，美国的反战舆论指责这些泰军是美国雇佣军，这令泰国十分不满。

第五节　泰国共产党武装活动与美国对泰国政府"戡乱"的支持

一、泰国共产党的武装活动

泰国共产党的活动肇始于 20 世纪 20 年代后期。1933 年，泰国政府制定反共法，宣布共产党非法。1942 年，泰国共产党成立并参加对日抵抗运动。1946 年，为获苏联支持加入联合国，泰国政府废除 1933 年反共法。重新执政的披汶·颂堪政府采取反共、亲西方的立场，1952 年再度宣布共产党非法。

西方学者普遍认为，泰国因一直保持独立而不像东南亚邻国那样存在强烈的反殖民主义情绪，因民众普遍信仰佛教而十分不利于马克思主义的传播。加上军人统治下的泰国政局稳定，泰国共产党成员以华人华侨以及生活在东北部的越南人和其他少数族裔为主，泰国共产党在 20 世纪 50 年代处于地下状态，活动不多。在 1959 年特拉格主编的论文集《东南亚的马克思主义》中，探讨的问题是泰国为何没有出现共产主义运动[①]。

进入 20 世纪 60 年代，泰国共产党开始活跃起来。1961 年，泰国共产党第三次代表大会通过了在乡村发动武装斗争的策略。1962 年，泰国共产党建立"泰国人民之声"电台，发起宣传攻势。泰国共产党在 1964 年底和 1965 年初成立"泰国独立运动"和"泰国爱国阵线"这两个外围组织。随着 1965 年越南战争的升级，泰国共产党游击队于 1965 年 8 月在那空帕侬府袭击政府军，发动武装斗争。

美国中央情报局、国务院和国防部都认为，泰国共产党发动民族解放战争，以使泰国成为越南和老挝的避难所。由于美国加大以泰国为基地袭

---

① Frank N. Trager. *Marxism in Southeast Asia: A Study of Four Countries*, Stanford: Stanford University Press, 1959.

击老挝和越南北方的行动,共产党对泰国的渗透和活动相应增加。1965年尤其是后半年,泰国共产党游击队对政府官员、警察等进行30余次袭击。1966年1月到5月,东北部发生的冲突事件达750起,约200人死亡。仅5月就发现了6处共产党营地,武装冲突12起,40余人负伤。泰国政府通过安全行动抓获了219名共产党人,劝降903人。估计还有500—1000名武装分子已经建起组织和基地,其活动蔓延到驻有美国空军的打卡里、乌汶、乌隆和呵叻等地。到1967年4月,东北部武装游击队约为1300人,其中1/4有可能在越南北方受过游击战训练,主要活动为暗杀、伏击、武装宣传等①。

根据1968年5月美国国家情报评估NIE 52-68文件的研究,泰国共产党缺乏能干的领导人,加上泰国没有发生令民众严重不满的大问题,它在过去一年中对泰国政局的威胁没有显著增加。文件认为,泰国共产党"叛乱"会继续存在,其烈度在两年内可能增加。东北部仍是关键地区,北部的威胁会更加严重②。

为保证美军基地的安全,防止泰国共产党的活动愈演愈烈,美国敦促并大力支持泰国政府镇压共产党的行动。

二、美国帮助泰国政府"戡乱"的举措

泰国共产党活动的东北部、北部及南部马来府是历史上泰国政府控制力弱、经济落后的地区。根据美国驻泰使馆的报告,1967年泰国人均国民生产总值为135美元,东北部却不到65美元,人均现金不足30美元。东北部稻米产量不到全国平均水平的35%。只有不足9%的五年级适龄人口能够上学。保护村民或者帮助村民改善处境的政府人员严重不足。通信和交通设施、信贷机构等严重不足③。这种状况十分有利于共产党争取当地民众的支持。

为此,泰国政府需要派驻或增加警察,在重点地区派军尤其是特种小队和空降连队以支援警察的工作。泰国政府还建立地区联合安全中心,供府警、边防巡逻警、特种支队、陆军、空军和海岸警察交换和分享情报,

---

① FRUS,1964-1968,Vol. 27,pp. 658,764-765,691.
② FRUS,1964-1968,Vol. 27,pp. 868-869.
③ FRUS,1964-1968,Vol. 27,pp. 819-823.

由位于曼谷的反颠覆行动中心进行协调并提供支持。

对泰国"戡乱"的援助,美国的措施分为民事和军事两个方面。

民事措施的目的是改善偏远地区民众的经济状况和生活条件,以培养他们对泰国政府的支持。主要措施有:

(1)建立并派驻机动发展队(Mobile Development Units),目的是改善政府的服务并体现政府在乡村的存在。1962年沙立·他纳叻总理提出机动发展队方案,1963年获美国军事援助项目资助,1964年获美国行动团的支持。每个队由60—100名平民和军人组成,由泰国国家安全司令部领导,在偏僻的安全敏感地区修建道路、桥梁、图书馆、学校、水井、堤坝等,提供健康等培训和服务。机动发展队最多时有29个队,在23个府活动[①]。

(2)实施加快乡村发展项目(Accelerated Rural Development Program),由泰国内政部负责,美国从1964年开始提供援助。参与人员由65人发展到1万人。泰国政府提供的资金占项目预算的60%,美国援助的资金占40%。加快乡村发展项目起初只在东北部6个府实施,1969年扩至东北部15个府、北部7个府和中西部1个府。此项目的任务是建立和训练乡村管理机构,修建并维护乡村道路、灌溉设施和其他地方公共设施,协调地方发展计划及其实施。美国为加快乡村发展项目培训了101名工作人员,全部在美国获得硕士学位[②]。

(3)发展中的民主项目(Developing Democracy Program),即恢复镇级会议,以便村和镇参与加快乡村发展项目的制订和实施。

美国在军事方面采取的措施有三点:一是敦促泰国政府足额配置"第22号计划"规定的泰军人员,推动泰国政府改进抵御常规侵略的措施;二是对泰国军方和警察进行"戡乱"能力的培训;三是加强美国信息署收集情报的能力,在东北部、南部的敏感地区监听有关泰国安全和发展以及

---

① R. Sean Randolph. *The United States and Thailand: Alliance Dynamics, 1950-1985*, Berkeley: Institute of East Asian Studies, University of California, 1986, pp. 100-101; Robert J. Musca. *Thailand and the United States: Development, Security, and Foreign Aid*, New York: Columbia University Press, 1990, p. 160.

② Robert J. Muscat. *Thailand and the United States: Development, Security, and Foreign Aid*, New York: Columbia University Press, 1990, pp. 160-161, 164; R. Sean Randolph. *The United States and Thailand: Alliance Dynamics, 1950-1985*, Berkeley: Institute of East Asian Studies, University of California, 1986, pp. 102-104; J. Alexander Caldwell. *American Economic Aid to Thailand*, Lexington: Lexington Books, 1974, p. 56.

共产党活动的信息等①。

这些措施的经费来源主要是军事援助项目、国际发展署项目、支持援助项目和技术合作项目等。例如，美国国际开发署提供的经费，1964年为1200万美元，1965年为1900万美元，1966年跃升为4300万美元，全部用于支持与安全相关的项目。规划的1967年支持援助项目为3630万美元，其中1700万美元用于民事警察，1400万美元用于加快乡村发展项目，实际批准了2530万美元②。

其中，美国国防部每年对泰军事援助项目所占的比重最大。关于其额度分配和使用，美国国务院与国防部分别从政治角度和军事角度考量，总要进行一番博弈。

1965年3月，由于泰国为升级越战作出了重大贡献，马丁大使要求增加1965年和1966年对泰军事援助，获美国国务院支持。但是，麦克拉马纳根据泰国国防部副部长他威反映的情况，对美国驻泰使团和泰国政府采取的"戡乱"措施不满，坚持1966年军事援助项目支持"戡乱"和军力的平衡发展，要求泰方提高泰军人数配备水平，尤其要求泰方承诺"第22号计划"规定的泰军人数达到80%的水平③。美国国务院作出妥协，支持国防部的条件并要求泰国接受④。经过反复交涉，两个部门在8月达成一致。国务院指示马丁大使通知他侬·吉滴卡宗总理，增加1966年对泰军事援助项目，条件是泰国人承诺采取有关举措，以更有效地"戡乱"和提高其部队的作战效率⑤。

1966年，在向泰国提供直升机和增加1967年对泰军事援助上，美国国务院和国防部又发生了分歧。

泰国向1966年2月来访的汉弗雷副总统提出，东北部的"戡乱"行动迫切需要直升机运输，要求1966年和1967年军事援助项目提供22架H-34直升机并培训泰国飞行员、12架Bell 47-J-2A直升机、30艘轻型快速河船、20架轻型飞机及M-16步枪，以及训练特种部队等。泰方还要求

---

① FRUS，1964-1968，Vol. 27，pp. 677-678，771-772.
② FRUS，1964-1968，Vol. 27，pp. 770-771.
③ FRUS，1964-1968，Vol. 27，pp. 615-619，625-626，628-631.
④ FRUS，1964-1968，Vol. 27，pp. 632-637.
⑤ FRUS，1964-1968，Vol. 27，pp. 642-643，645-649.

1967年军事援助项目为7070万美元,以便大力推进乡村发展项目①。

马丁大使建议美国国务院在1966年军事援助项目中提供10架CH-34飞机②。国防部承认增派直升机空运的必要性,也意识到拒绝泰方要求将严重影响泰国对美国的支持与合作,但指责泰国对军事援助的利用效率不高。其依据是,由于泰国政府对国防预算投入不足,美国审计总局在1964年报告中提出批评。国务院则指出,泰国目前防御和警察预算项目较1965年增加了27%,预计征兵将迅速扩大,1966年底陆军将由目前的83 860人增至102 365人③。国防部还担心,提供由美国人驾驶的直升机,将令美国陷进"为泰国人作战"的境况,一旦撤回美国飞行员,将造成严重的政治危机④。

为打消国防部的顾虑,美国国务院要求泰国加强"戡乱"行动。1966年6月在堪培拉会晤他纳·科曼外长时,腊斯克表示,泰国应尽最大努力去粉碎东北部的"叛乱"活动。他纳·科曼答道,他将利用国王对巴博·窄鲁沙天的影响,来推动军方加强东北部的镇压行动。美国只要提供适当物资援助,泰军自己能够解决国内问题⑤。

7月,由美国中央情报局与国务院、国防部和国家安全局等部门的情报机构共同准备的国家情报评估NIE 52-66文件以及国防部参谋研究报告都认为,泰国政府重视东北部、北部和南部马来府的威胁,已经采取了政治、经济和安全等方面的措施,兼任内政部长和陆军司令的巴博·窄鲁沙天副总理亲自指挥镇压。国防部报告强调了泰国上半年取得的成就,因执行"戡乱"支持任务而提高了飞机利用率,把"第22号计划"中泰国陆军人数配置的时间表提前了6个月,大幅度增加了国防预算。大为有利的是,泰国希望把美国人的参与和存在都降至最低程度。报告还指出,美国最近对泰国的"叛乱"威胁模棱两可,拖延批准增加直升机的要求,拖延交付军事援助项目物资和提供美国行动团警察顾问,都令泰国不安⑥。国防部报告成为国务院增加1967年对泰军事援助项目的有力证据。

---

① FRUS,1964-1968,Vol. 27,pp. 659-662.
② FRUS,1964-1968,Vol. 27,pp. 670-673.
③ FRUS,1964-1968,Vol. 27,pp. 674-683,718-725.
④ FRUS,1964-1968,Vol. 27,pp. 674-683.
⑤ FRUS,1964-1968,Vol. 27,pp. 683-684.
⑥ FRUS,1964-1968,Vol. 27,pp. 686-687,690-694.

关于1967年对泰军事援助项目，美国国务院的考虑是6000万美元。理由是，根据国防部参谋的研究，泰国正在采取"戡乱"措施并取得重大进展，为美国在越南和老挝的行动提供了非凡合作，泰国政府在国际上给予美国最强有力的支持。同时，泰国因富布莱特参议员等的负面言论而要求与美国签订双边安全条约，美国还要为即将举行的马尼拉会议而向泰国作出保证。腊斯克认为，美国在研究军事援助时必须更重视政治因素。国防部的立场，从军事角度看，合理的额度是3500万—4400万美元。同时，由于国会要大幅度削减军事援助项目，增加对泰项目的资金，相应地要削减其他国家迫切需要的援助。麦克拉马纳依然强调泰国对援助的利用率不高[①]。约翰逊总统最终支持腊斯克的立场。美国国务院指示大使馆向泰方通报总统的决定时强调，1967年全球军事援助项目总额较1966年削减了3.78亿美元，而泰国项目"显然高于1966年"[②]。

此后，如前所述，由于需要泰国提供全方位的支持，美国国防部对泰军事援助项目继续增加。

---

① FRUS，1964-1968，Vol. 27，pp. 694，718-725，730-732.
② FRUS，1964-1968，Vol. 27，p. 732，Footnote 3.

第七章

"越南化"政策与泰国对越南战争的最后支持

1969年尼克松就任美国总统时，全球、亚太地区以及美国的形势都出现了重大变化。尼克松政府对美国的亚洲政策作出重大调整，出台"尼克松主义"，采取战争"越南化"政策并逐步从越南南方撤军。这些政策需要泰国的支持。同时，美国反战运动波及泰国，参议院外交委员会审查美泰关系尤其是两国之间的军事协定。在如此复杂的形势下，泰国军人政权为美国进行的越南战争提供最后的支持。泰国再次成为美国空军的重要基地，并与美国一起扶持柬埔寨朗诺政权，武装干涉老挝的战事。

第一节 "尼克松主义"的出台与美国对泰国的安抚

一、国内外形势的变化与"尼克松主义"的出台

在20世纪60年代末，国际和美国国内形势都发生了重大变化。

在国际方面，西欧国家经济迅速发展，并通过欧洲共同体联合起来。以法国和联邦德国为代表的西欧力图采取独立于美国的外交政策，谋求欧洲缓和，改善与苏联、东欧国家的关系。日本因经济实力增强和国际地位提高，谋求政治大国地位。中、苏两国关系因意识形态分歧，发展到边境军事对抗的程度。同时，中国逐步成为国际上一支独立的政治力量。这

样，第二次世界大战后由美、苏两国主宰的国际政治舞台，发展为美、苏、西欧、日本和中国五个力量中心，美、苏两国需要调整对外战略。

在美国，反战运动空前高涨，这迫使美国政府考虑从越南脱身。1968年1月底至2月初，越南南方解放武装力量在越南南方发动目标为城市的大规模春节攻势，"极大地动员了美国的反战舆论，打垮了美国统治集团和政府打赢战争的意志"①。与此同时，美元危机爆发。西欧各大银行抛售美元，抽走价值近10亿美元的黄金，迫使美国关闭黄金市场。这种形势迫使约翰逊政府采取越南战争降级的政策。3月31日，约翰逊总统宣布，为推动和谈，美国单方面、部分地停止轰炸越南北方，他放弃连任总统竞选②。

如何结束越南战争，成为1968年美国总统选举中的重要议题。共和党总统候选人尼克松向选民保证，他将制订迅速结束越南战争的计划③。

总之，到20世纪60年代末，美国已经丧失战后初期在全球政治、经济和军事上的霸主地位。美国经济发展明显放缓，出现巨额财政赤字和严重通货膨胀，国际收支逆差不断增加，以美元为中心的国际货币体系出现危机。美国在核军事力量方面由战后初期对苏联的优势变为均势，背负着越南战争的沉重包袱。刚就任的尼克松政府从亚洲政策开始，调整美国的全球战略。

1969年7月25日在关岛与记者的非正式谈话中，尼克松宣布了新的亚洲政策。他表示，"我们一定遵守条约义务"，但在内部安全和军事防务方面，将"由亚洲国家自己来处理"，并由它们来承担责任。美国"必须避免采取那样一种政策：它使亚洲国家如此依赖我们，以至于我们被拖入越南冲突"④。

---

① 时殷弘：《美国在越南的干涉和战争（1954—1968）》，北京：世界知识出版社，1993年，第262页。

② Lyndon B. Johnson. *The President's Address to the Nation Announcing Steps To Limit the War in Vietnam and Reporting His Decision Not To Seek Reelection*, http://www.presidency.ucsb.edu/ws/?pid=28772 [1968-03-31].

③ Democratic Party Platforms. *1968 Democratic Party Platform*, http://www.presidency.ucsb.edu/ws/?pid=29604[1968-08-26]; Republican Party Platforms. *Republican Party Platform of 1968*, http://www.presidency.ucsb.edu/ws/?pid=25841[1968-08-05].

④ Richard Nixon. *Informal Remarks in Guam With Newsmen*, http://www.presidency.ucsb.edu/ws/?pid=2140[1969-07-25]；〔美〕亨利·基辛格：《白宫岁月：基辛格回忆录全集》第一册，陈瑶华等译，北京：世界知识出版社，2003年，第282页。

在 1969 年 11 月 3 日《关于越南战争致全国的演说》和翌年 2 月 18 日致国会的《1970 年外交政策报告》中，尼克松进而把关岛讲话提炼为：①"美国将遵守它的一切条约义务。"②"如果一个核国家威胁一个同我们结盟的国家的自由，或者威胁一个我们认为它的生存对我们的安全以及整个地区安全至关重要的国家的自由，我们将提供保护。"③"如果发生其他类型的侵略，我们将在收到请求后，提供适当的军事和经济援助。但是，我们将指望直接受到威胁的国家承担主要责任，以提供其防务所需的人力。"①这就是著名的"尼克松主义"。

也就是说，新的外交方针是，在发生常规战争时，美国对盟国及其他国家的安全只承担有限的义务，而受到直接威胁的国家应担负起自卫的重任。

具体到越南战争，美国实施战争"越南化"政策，逐步从越南脱身。1969 年 6 月 8 日与阮文绍在中途岛会晤时，尼克松宣布美国将于 8 月底前从越南南方撤军 25 000 人。9 月 16 日，美国宣布至 12 月 15 日撤军 40 500 人。翌年 4 月 20 日，美国宣布在 12 个月内撤军 15 万人。至 1972 年 7 月 1 日，绝大部分驻越美军已经撤出，仅剩 49 000 人②。

美国政策的转变和实施，给亚洲局势和美泰关系带来重要影响。尼克松缓和与中国的关系，在亚太地区形成了美国、苏联、中国三足鼎立的形势。美泰关系面临重大调整。对于泰国来说，自美国发动侵越战争以来，它一直坚定地支持美国，不惜与中国和越南民主共和国为敌，为美军提供军事基地，甚至派兵参加越南战争。现在，美国单方面从越南南方撤军，与越南民主共和国在巴黎进行和谈，使泰国对美国的东南亚政策充满疑虑。而美国要实现战争"越南化"与"体面地"结束越南战争，迫切需要泰国在军事基地、设施、人力等方面的支持。为安抚泰国，尼克松在关岛宣布亚洲新政策之后访泰。

---

① Richard Nixon. *Address to the Nation on the War in Vietnam*，http://www.presidency.ucsb.edu/ws/?pid=2303[1969-11-03]；Richard Nixon. *First Annual Report to the Congress on United States Foreign Policy for the 1970's*，http://www.presidency.ucsb.edu/ws/?pid=2835[1970-02-18]；〔美〕亨利·基辛格：《白宫岁月：基辛格回忆录全集》第一册，陈瑶华等译，北京：世界知识出版社，2003 年，第 283 页。

② Richard Nixon. *Remarks Following Initial Meeting With President Thieu at Midway Island*，http://www.presidency.ucsb.edu/ws/?pid=2088[1969-06-08]；资中筠主编：《战后美国外交史——从杜鲁门到里根》下册，北京：世界知识出版社，1994 年，第 612 页。

二、对泰国的安抚与尼克松访泰

此时泰国政局出现一些变化。1968年6月20日，即停止宪法近10年之后，他侬·吉滴卡宗政府颁布新宪法。翌年2月10日，泰国举行议会选举。在下院219个议席中，他侬·吉滴卡宗的泰国人民团结党赢得75席，得到巴博·窄鲁沙天资助的独立候选人赢得72席，民主党赢得57席。一个月后任命的44位参议员，确保了政府的政党控制参议院。根据美国国务院情报研究局第114号情报备忘录的判断，这场选举"加强"了巴博·窄鲁沙天的地位，但他"不会严重威胁他侬·吉滴卡宗的总理地位"，因为除了国王支持他以外，许多泰国人反对他担任总理。在新建政府中，他侬·吉滴卡宗将受到更多限制，国家发展部朴·沙拉信部长和他纳·科曼外长等文职领导人的影响会下降[1]。简而言之，军人依然控制着泰国政府，但其地位有所下降。

他侬·吉滴卡宗政府本来欢迎尼克松的当选，期待他继续推行对越南民主共和国的强硬政策。然而，越南南方形势和美国反战运动令泰国担忧。一方面，由于美国停止轰炸越南北方，以他侬·吉滴卡宗为首的泰国政府感到"东南亚局势恶化了"。泰国希望美国恢复对越南北方的轰炸，派越南南方部队切断越南北方对越南南方的渗透。另一方面，在美国，新闻媒体、年轻人、有影响的国会议员、知识分子等都谴责美国干涉越南南方。这也波及支持美国越南战争政策的泰国。媒体上充斥着对泰国的指责。例如，泰国向越南南方派"雇佣军"，泰国是为"骨头"而替美国效劳的傀儡和小伙伴。参议院外交委员会宣称要审查美国的义务，等等。他纳·科曼外长通过媒体和公开场合多次进行驳斥[2]。

为此，尼克松总统应罗杰斯国务卿的请求，在1969年3月重申了美国对泰国的安全承诺[3]。5月20日在曼谷举行的东南亚条约组织部长理事会会议上，罗杰斯称美国继续恪守《东南亚集体防御条约》以及《腊斯克—他纳公报》对条约第4条的解释，再次重申了美国对泰国的义务。在两天后与他侬·吉滴卡宗总理的会谈中，罗杰斯表达了美国对泰国的深切关心，表示将

---

[1] FRUS, 1969-1972, Vol. 20, pp. 10-11, Footnote 2.
[2] FRUS, 1969-1972, Vol. 20, pp. 14-16, 18.
[3] FRUS, 1969-1972, Vol. 20, pp. 12-13.

尽其所能维持合作和援助①。这两项举措在一定程度上安抚了泰国。

然而，尼克松政府决定与越南民主共和国在巴黎举行谈判、从越南南方撤军，又引起泰国的不满②。泰国把巴黎谈判看作美国示弱的表现，而未与泰国商量就宣布撤军，是不尊重为越南战争作出重要贡献的盟友。美国国务院通报中途岛会晤时，向泰方保证美国的举措不会降低盟军的作战能力，不会妨碍美国达成公平和光荣协议的决心③。尽管如此，泰国无法确定美国在东南亚的意图。

故而在为尼克松访泰准备的材料中，美国国务院指出当前美泰关系中存在五个方面的问题④：

第一，泰国的对外政策"正处于十字路口"。泰国在第二次世界大战后一直采取亲美政策，全面支持美国从事的越南战争。面对美国的反战运动，泰国虽然坚持亲美立场，但考虑调整外交政策，加强地区联系以及与东欧共产党国家的联系等。

第二，泰国人高度关注的问题有巴黎谈判、越南协定中的老挝地位、越南南方伪政权的稳定性和战斗力的提高、美国撤军、后越南时代美国在东南亚的军队结构等，担心美国单方面撤军以及其对亚洲安全的影响。

第三，驻泰美军。他纳·科曼外长多次声明，驻泰美军与越南战争相关，将在战后撤走。美国国务院在1969年2月1日公开回应："大量美军驻泰国同越南的战争有关……在东南亚达成令人满意的解决之后，大量美军显然不会继续驻在泰国，除非有他们必须留下来的理由。而且十分清楚的是，美军只能根据两国政府的协议留下来。"

第四，1968年6月泰国通过新宪法并于次年2月举行众议院选举，表明泰国努力实行民主制。泰国人有效地处理当前问题，正在改进"戡乱"工作，有助于巴黎谈判和美方战争降级的努力。

第五，总统访问并重申美国不惜牺牲自由而坚定地寻求越南的真正和平，有助于维持泰国的信心和稳定，打消其顾虑，即担心美国友谊的持久性以及他们为保证自身安全而继续支持美国目标的可行性。

---

① FRUS，1969-1972，Vol. 20，p. 22，Footnote 2.
② Richard Nixon. *Address to the Nation on Vietnam*, http://www.presidency.ucsb.edu/ws/?pid=2047[1969-05-14].
③ FRUS，1969-1972，Vol. 20，pp. 30-31.
④ FRUS，1969-1972，Vol. 20，pp. 30-35.

为此，1969 年 7 月 25 日关岛谈话在声明美国将信守条约义务时，尼克松以泰国为例，表示美国将根据《东南亚集体防御条约》的规定，信守对泰国的义务①。尼克松随后访问菲律宾、印度尼西亚、泰国、印度和巴基斯坦等亚洲国家。为期两天的访泰目标是声明美国继续担负起保卫泰国的义务，解释美国的新亚洲政策。

1969 年 7 月 28 日尼克松抵达泰国曼谷。在欢迎仪式上发表的演讲中，他称《东南亚集体防御条约》把美、泰两国联结在一起，美方"将履行条约规定的义务"，"不仅是由于我们签订了条约而必须履行，而且是因为我们相信该条约，尤其是因为我们与一个自豪而强大的人民——泰国人民的联系而相信它们"，美国过去、现在和将来都将同泰国一起抗击威胁它的内外势力②。

尼克松在曼谷发表《总统访泰声明》，核心是解释"关岛声明"。他深切地意识到，"泰国特别关心美国履行其在亚洲和太平洋义务的坚定程度"。美国将履行这些义务，原因在于，它们是庄严的义务，美国和东南亚国家对这个地区未来的和平和繁荣都有"至关重要的利害关系"，美国"相信亚洲国家能够而且必须不断地承担起争取该地区和平与进步的责任"。美国要做的是"支持亚洲国家自卫和独立发展的努力"，而不是"试图去承担它们应担起的责任"。他冠冕堂皇地宣称，"对保护者的过多依赖最终会损害其尊严"③。

尼克松与泰国领导人的会谈涉及泰国"戡乱"、巴黎谈判和美国单方面撤军、援助老挝等问题。泰国政府的目标是建立非共产党国家组织，接受物质援助，使用泰国人镇压武装"叛乱"，继续推行经济改革。尼克松的回应是，美国民众会支持物质援助，美国将在发生公开侵略时进行回应。此外，他侬·吉滴卡宗总理发泄了一系列不满，如隐晦地指责美国的越南战争政策犹豫不决，美国的和谈原则未得到对方的回应，担心美国作出过多的单方面让步，希望美国恢复战斗，希望美、泰两国联手援助老

---

① Richard Nixon. *Informal Remarks in Guam With Newsmen*，http://www.presidency.ucsb.edu/ws/?pid=2140[1969-07-25].

② Richard Nixon. *Remarks at a Welcoming Ceremony in Bangkok，Thailand*，http://www.presidency.ucsb.edu/ws/?pid=2151[1969-07-28].

③ Richard Nixon. *Statement on the President's Visit to Thailand*，http://www.presidency.ucsb.edu/ws/?pid=2153[1969-07-28].

挝，要求派驻泰的 B-52 轰炸机支援老挝①。

最后，尼克松在泰国政府举行的宴会上赞道，泰国不仅独立地解决了自己的问题，应对国内颠覆活动，还派兵到越南南方，与越南南方、美国和其他亚洲国家的军队并肩作战。……泰国人民珍视自由，还愿意为其他人的自由而战，表明"为何这个国家对从美国来访的我们和侨居泰国的美国人具有特殊的意义"②。

尼克松的访问让泰国领导人发泄了不满，一定程度上抚慰了泰国。不过，参议院外交委员会对美泰关系的调查，很快让两国关系陷入低谷。

第二节 参议院外交委员会对美泰关系的审查

一、参议院外交委员会审查"达信计划"

实际上，越南战争是美国行政部门未经参议院批准的不宣之战。参议院一直存在质疑和反对战争的声音，成为国内反战运动的重要力量。一些参议员一直指责泰国在越南战争中的作用。1969 年，参议院外交委员会审查行政部门的越南政策。由于担心美国对泰国平叛的支持再引发一场越南式战争，富布莱特参议员要求查看美、泰两国联合干涉老挝的"达信计划"（即"第 22 号计划"）。

富布莱特从 1969 年 6 月开始注意到"达信计划"，目的是了解美国对泰国的义务。助理国务卿小威廉·麦康伯信誓旦旦地声明，美国绝没有承担超出《东南亚集体防御条约》第 4 条第 1 款规定的义务③。富布莱特没有就此放弃。他在给罗杰斯的秘密备忘录中指出，国防部的"COMUSTAF 1-64 计划及其后续方案"（即"达信计划"），会使泰国以为美国有义不容辞的义务，涉及大量使用军队的特定行动。他推测，4 万名美军派驻泰国，表明此方案已经开始实施④。他要求查看"达信计划"副本，而不是国防部提供的简介。

---

① FRUS，1969-1972，Vol. 20，pp. 36-40.
② Richard Nixon. *Remarks at a Reception at Santi Matri Hall，Government House，Bangkok，Thailand*，http://www.presidency.ucsb.edu/ws/?pid=2156[1969-07-29].
③ FRUS，1969-1972，Vol. 20，p. 27，Footnote 5.
④ FRUS，1969-1972，Vol. 20，pp. 27-28.

美国国务院采取拖延战术，它只愿意在1969年7月10日例行新闻发布会上否认"达信计划"的存在，声明美国保卫泰国的义务是根据1954年《东南亚集体防御条约》的规定，1962年《腊斯克—他纳公报》重申了这些义务，此外别无其他义务。同时，国务院指示驻泰大使向泰国领导人解释并保证美国的立场不变①。

国务院的策略没有奏效。7月29日，富布莱特再次索要"达信计划"副本。8月4日国防部的答复依然是拒绝。4天后，富布莱特在参议院的发言中拒绝了国防部的简介。8月19日，尼克松总统只得指示莱尔德部长，让有关参议员在五角大楼阅读这些文件，但只能看泰国计划，"且不能示以他人"②。

不仅如此，罗杰斯和国防部部长莱尔德还在新闻发布会上否认"达信计划"的约束力。罗杰斯声称，这是"一个旧方案"，"根据《东南亚集体防御条约》制订"，"仅仅是作为计划"，"实施前需要两国批准和同意"，"美国总统及所有政府成员都否定其约束力"，泰国总理和外交部部长也否定了。莱尔德表示，现政府既没有参与此项应急计划的制订，也不应对其负责。"我不同意此计划，我反对不与国会协商并在它不知晓的情况下使用美军，我还可以向大家保证，本届政府会遵从国务卿昨天所概述的程序。"③

泰国对富布莱特的要求和尼克松政府的立场十分不满。泰国向昂格尔大使抗议美国国务院发言人的指责，强烈反对富布莱特等参议员查看计划文本，把这看作给泰国的敌人阅读。泰国指责莱尔德的声明不仅否定应急计划，还违背了约翰逊政府所作的承诺④。

在呈报尼克松的备忘录中，中央情报局评估了此事给美泰关系造成的伤害，"不仅严重打消了尼克松总统访问曼谷而产生的良好意愿和利益一致认识，还使泰美关系达到1961—1962年老挝危机以来最紧张的地步"。他纳·科曼外长要求启动裁减驻泰美军的谈判，以此证明驻泰美军只是支持越南战争，美国不能把泰国的支持视为理所当然。泰国担心，国内事务

---

① FRUS，1969-1972，Vol. 20，p. 27.
② FRUS，1969-1972，Vol. 20，p. 28，Footnote 6.
③ Department of State Bulletin，September 8，1969，pp. 205-206；FRUS，1969-1972，Vol. 20，p. 41，Footnote 2.
④ FRUS，1969-1972，Vol. 20，pp. 42-43.

将致使美国无法履行诺言,它得给予泰国保证并在越南南方和老挝采取行动。尼克松重视这个备忘录①。

尼克松政府对1969年9月中旬访美的他纳·科曼外长进行安抚。尼克松、罗杰斯和基辛格等在纽约会见他纳·科曼外长。尼克松谴责参议院和媒体对美国对泰义务、应急计划等的指责,保证美国将根据《东南亚集体防御条约》的规定去帮助泰国抵御外来侵略,继续帮助泰国提高"戡乱"能力,劝说泰国政府对上述指责置之不理,保证美国不会放弃"达信计划"。尼克松和罗杰斯都表示,美国将根据泰国的愿望,安排从泰国撤军的日程。他纳·科曼外长表示,他侬·吉滴卡宗总理要求重申,泰国政府不会要求美国帮助镇压"叛乱",只需要美国维持目前的援助②。

实际上,在11月赛明顿委员会听证期间,国防部派一位海军准将把"达信计划"的副本送到国会山。富布莱特和丘奇当天还回五角大楼。次日,《巴尔的摩太阳报》《纽约时报》等媒体报道说,富布莱特表示:"我确实不需要副本……这个问题解决了。"③

为此,助理国务卿格林会见顺通·宏拉达隆大使,称两位参议员虽然查看了"达信计划",但没有泄露。此举是出于"策略性需要",以防止新的指责,让小组会知道只是一个应急方案。国务院同时指示代办诺曼·B.汉纳通报泰方,将把"达信计划"给选出来的参议员查看④。

他纳·科曼外长深感担忧,认为"达信计划"已经暴露,因为媒体披露这是泰、美两国为回击老挝的威胁而制订的应急方案,已被敌人知晓。诺曼·B.汉纳辩称,美国国务院保证继续支持"达信计划"。他纳·科曼外长则悲观地表示,"过去两三个月中已经产生大量问题",相信参议院在发生紧急情况时不会批准实施⑤。

二、赛明顿委员会关于美泰关系的听证

除了查看"达信计划",由斯图尔特·赛明顿参议员领导的参议院外交委员会小组委员会,1969年9月就"美国国外协定和安全义务"举行

---

① FRUS,1969-1972,Vol. 20,pp. 41-44.
② FRUS,1969-1972,Vol. 20,pp. 59-62.
③ FRUS,1969-1972,Vol. 20,p. 78,Footnote 4.
④ FRUS,1969-1972,Vol. 20,pp. 79,Footnote 6;78,Footnote 2.
⑤ FRUS,1969-1972,Vol. 20,pp. 78-79.

听证会，10—11月调查美国与泰国的关系。

斯图尔特·赛明顿在10月10日通知罗杰斯，参议院外交委员会将就美国对外安全协定和义务举行第三阶段听证会，核心是泰国，内容是调查条约、联合计划方案和演习、泰国在老挝和越南战争中的作用，以及泰国政府和军官控制和经营的泰国公司[①]。

为此，副国务卿帮办约翰逊向顺通大使表示，美国国务院将全力保护与公开发表政策相关的泰国利益，但无法保证委员会不公开美、泰两国政府都希望保密的信息。他辩解道，富布莱特参议员和赛明顿委员会只是担心，美国在老挝和泰国的义务，会导致美国像在越南南方一样直接卷入这两国的事务。他宽慰道，美国政府在泰国和老挝都没有需要抱歉的事，双方应为两国的友谊感到骄傲[②]。

昂格尔大使担心听证会对泰美关系造成影响。他向国务院指出，结束美国情报处在泰国的活动、削减驻泰美军、应急计划的效力、对泰经济援助下滑、美国国会和媒体的不断指责、终止两国在老挝共同实施的西拉·罗密欧（Sierra Romeo）项目等，都会引起泰国的不满和担忧[③]。

赛明顿委员会在11月10日至14日、17日举行关于泰国的听证会。

参议员们尤其是富布莱特和斯图尔特·赛明顿首先表示反对美国的东南亚政策，指责行政部门未向国会充分通报它的举措，对"达信计划"和《腊斯克—他纳公报》进行质询，认为二者超出了《东南亚集体防御条约》规定，是未经授权的行政义务，对美国为"达信计划"以及驻越南南方和老挝的泰军买单不满。斯图尔特·赛明顿指责泰国和其他东南亚条约组织盟友没有适度分担越南南方的作战任务。

关于美国对泰国义务的性质、美国对泰援助以及驻泰美军（以及美国空军以泰国为基地侦察和轰炸老挝）、泰国在越南和老挝的活动及其贡献等问题，听证会记录提供了大量信息。

存在分歧的问题，一是昂格尔大使声称，他未获授权就"达信计划"内容作证，尤其是其规定的美、泰两国在老挝进行干涉的政治影响；二是

[①] FRUS，1969-1972，Vol. 20，p. 67，Footnote 2.
[②] FRUS，1969-1972，Vol. 20，pp. 67-68.
[③] FRUS，1969-1972，Vol. 20，pp. 74-75.

美、泰两国政府达成的向在老挝的泰军行动（尤其是炮兵连）提供财政支持的有关协议①。

赛明顿委员会探讨了与实施"达信方案"相关的"宪法程序"的含义，以及"泰国人对我国如何履行义务有何期望"。有的参议员一直指责美国为驻越南南方的泰军买单，泰国没有合理分担越南战争的重任。富布莱特和斯图尔特·赛明顿质疑的是：由于越南北方和中国的严重威胁，美国在泰国安全项目上支出的合理性。昂格尔和其他作证者则声明，美国在泰国的大量军事存在和花费，是出于越南战争的需要，而非为了泰国的内外安全②。

至于美国是否会因军事援助和"戡乱"项目而卷入隐性义务或泰国国内安全行动，昂格尔和其他作证者表示，委员会的假设没有依据，外交使团和行政部门总是审慎行事，以避免这种风险变为现实③。

至于美泰联合行动是否扩大了《东南亚集体防御条约》规定的美国义务，前驻泰大使马丁表示，在法律上没有，但每个人有自己的判断，即这种忠诚和合作提供的帮助，是否造成了"道义"义务。泰国的表现值得美国提供持续的支持。至于《东南亚集体防御条约》规定的美国对泰义务的性质，马丁认为它"要求美国帮助泰国反对公开的共产党侵略或者外国支持的大规模叛乱，但没有明确规定我们应做什么，或要求我们提供完全针对国内叛乱的作战支持"④。

至于泰国在老挝的干涉和美国对其支持的问题，富布莱特认为中央情报局局长赫尔姆斯擅长于"掩盖秘密"，坚持要求昂格尔作证。昂格尔证词的内容有泰军在老挝的人数、美国财政支持的安排、美国支付泰国飞行员的薪水、提供资金的程序、泰国人在老挝的伤亡情况、死亡抚恤金支付等。这些敏感内容令委员会感到满意，各方同意不作公开记录，美国国务院还指示驻泰使馆不要通报泰方⑤。

委员会的公开记录和新闻发布会都指责参加越南战争的亚洲盟友要求

---

① FRUS，1969-1972，Vol. 20，p. 80.
② FRUS，1969-1972，Vol. 20，p. 81.
③ FRUS，1969-1972，Vol. 20，p. 81.
④ FRUS，1969-1972，Vol. 20，p. 81.
⑤ FRUS，1969-1972，Vol. 20，p. 67，Footnote 2；81-82.

美国援助。国务院辩解道，美国确实提供了装备和物资、训练、海外津贴以及其他形式的支持，理由是这些国家对越南战争作出了贡献。这些国家不能因为获得美国援助而被视为"雇佣军"。它们出于自身的国家利益和安全去支持一项事业。泰、菲、韩三国一直需要军事和经济援助，否则无法在面对大量国内问题的同时向海外派军[1]。

在听证会举行之前，诺曼·B.汉纳给他纳·科曼外长"打预防针"，希望泰国不要受有关听证会负面报道的影响，恳请两国政府"在此困难时期密切合作"[2]。在听证会期间，驻泰使馆向泰国通报了部分内容，如给参议员查阅"达信计划"，审查泰美在越南战争中的合作，国务院解释美国提供给驻越南南方泰军的援助等，同时也隐瞒了一些问题，如听证会贬低泰国在越南的贡献，指责美国支付驻越南南方泰军的花费等。

对于向参议员出示"达信计划"文本，他纳·科曼外长无力阻止，担心它被泄露而变得毫无价值。他威元帅同情国务院的处理方式，理解可能发生的泄密[3]。

他纳·科曼外长对泰军是"雇佣军"的指责尤为不满，他表示，"如果参议员反对泰军在越南南方的存在，我们乐于撤回，而且尽快告知"。诺曼·B.汉纳辩称，由于泰国以多种方式支持美国，这个指责不是指泰国。他纳·科曼外长依然表示，如果参议员不喜欢驻越的"黑豹"，泰国政府可以撤回来[4]。

赛明顿委员会对美泰关系审查的一个结果是，为泰国要求裁减驻泰美军创造了机会。他纳·科曼外长后来指出："如果美军在泰国的存在造成泰美关系紧张，如果美国某些被误导的人士虽有泰美政府的保证，仍然担心美军会在泰国卷入一场越南式的冲突，消除这些紧张和恐惧的最有效的方式，是撤出有问题的军队以消除其根源。"[5]

---

[1] FRUS，1969-1972，Vol. 20，p. 84，Footnote 2.
[2] FRUS，1969-1972，Vol. 20，pp. 77-78，Footnote 2.
[3] FRUS，1969-1972，Vol. 20，p. 83.
[4] FRUS，1969-1972，Vol. 20，pp. 84-85.
[5] R. Sean Randolph. *The United States and Thailand: Alliance Dynamics, 1950-1985*，Berkeley：Institute of East Asian Studies，University of California，1986，pp. 137-138.

第三节 驻泰美军的撤减与泰国再度成为美军的重要基地

一、美国主动裁撤驻泰美军

他侬·吉滴卡宗总理 1968 年 4 月考虑驻泰美国空军撤走的问题，5 月访美时将这一问题提出来，美方同意协商。翌年 2 月 1 日，美国国务院发言人声明，在东南亚达成令人满意的解决方案后，大量美军显然不会继续留驻泰国①。

由于尼克松政府在 1969 年 5—6 月启动从越南南方撤军的计划，昂格尔大使上书尼克松，建议美国与泰国政府对话，了解泰国对驻越泰军和越南停战后驻泰美国军事基地的立场，因为他担心泰国政府决定单方面撤走泰军，担心为保卫越南南方和老挝而驻在泰国的大量美国空军。他建议裁撤部分美军并与泰方协商②。

美国国务院为尼克松访泰准备的资料也涉及驻泰美军。其中提到，驻泰美军由于规模庞大，与泰国人在语言、文化和收入等方面存在巨大差异，给泰国社会带来重要影响。随着泰国政治民主化进程的发展，泰国政府在美军问题上变得敏感③。

9 月中旬，美、泰双方同意首批撤走驻泰美军 6000 人，罗杰斯和他纳·科曼外长在纽约同意同时宣布撤军，到 1970 年 7 月 1 日完成④。

1970 年 2 月，美国国防部和参谋长联席会议研究第二批撤军方案。参谋长联席会议建议 1971 年从泰国撤军约 1 万人，分两批，每批约 5000 人⑤。

撤军方案是，撤走 4 个 F-105 中队和关闭打卡里空军基地，约占撤军量的 40%；1971 年 7 月向越南南方移交 A-1 飞机，其人员约占 15%；侦察机人员约占 15%，陆军工程兵和运输人员约占 15%，其余为各种支持

---

① FRUS，1969-1972，Vol. 20，pp. 30-32.
② FRUS，1969-1972，Vol. 20，pp. 23-24.
③ FRUS，1969-1972，Vol. 20，p. 31.
④ FRUS，1969-1972，Vol. 20，pp. 55，63.
⑤ FRUS，1969-1972，Vol. 20，p. 135.

人员。剩下的 8 个 F-4 中队,加上航空母舰和以越南南方为基地的战术空军,将保证在老挝北部和南部作战的需要。打卡里空军基地因距老挝的目标最远而被关闭,但要维持其运行,以便美军随时重新启用。同时可派 1 艘航空母舰到南海,或派兵到越南南方的空军基地以满足需要。已令空军把 C-130 飞机改装为武装机,供 1972 年旱季使用。已要求昂格尔大使与泰国政府协商增派 AC-130 和 B-57G 飞机,以便更有效地在老挝执行任务。A-1 飞机留驻东南亚,裁减陆军工程兵并不影响在泰国的施工项目,必要时重新启用打卡里基地①。此方案尽力保住美军在老挝的作战能力。

昂格尔对撤军方案提出异议。他向莱尔德部长指出,泰国人完全支持"关岛声明",无须美军参与泰国的国内安全行动,但需要美国的物质援助。裁减 1 万名美军,必将削弱美国在老挝的作战能力和老挝军队的抵抗能力,从而加大对泰国安全的威胁。泰国人只希望裁减 6000 人。他警告说,只有维持泰国对美国目的的信心,美国才能继续使用泰国的基地和设施②。

1970 年 5 月和 6 月,美国国务院和国防部就撤军人数和时间进行协调。国务院认为,美国必须提供充足的时间与泰国政府协商,要求两个部门的工作人员一起审查撤军方案。国防部坚持撤军 1 万人,减少在泰国的空中行动并呈交总统审查和批准,要求尽快启动与泰国政府的协商。到 6 月底,国务院出于政治考量,要求先同泰国政府磋商,国防部则坚持迅速实施撤军方案③。

7 月 3 日,美国国务院和国防部联合指示昂格尔,"就驻泰美军的第二次撤军立即启动与泰国政府的磋商"。然而,国务院很快又要求暂停执行。原因是,此时在东南亚的罗杰斯国务卿认为,尼克松总统的最新指示是,为维持以后在泰国的强大地位而放慢撤军步伐,不希望裁减驻泰美军,况且美国正在推动泰国人在柬埔寨采取行动,因而与泰国协商撤军的时机不对。根据白宫的指示,国务院撤回指令,国防部奉命推迟行动,参

---

① FRUS,1969-1972,Vol. 20,pp. 146-148.
② FRUS,1969-1972,Vol. 20,pp. 130-131. 1970 年 4 月 30 日尼克松在对全国发表的演说中宣称,越南北方人民和越南南方共产党加快了对与越南南方接壤的柬埔寨边境地区的渗透和占领,作为回应,美国和越南南方军队正向柬埔寨推进以消灭他们。参见 Richard Nixon. *Address to the Nation on the Situation in Southeast Asia*,http: //www.presidency.ucsb.edu/ws/index.php?pid=2490&st=&st1=[1972-05-09].
③ FRUS,1969-1972,Vol. 20,pp. 135,Footnote 2;136,142-148.

谋长联席会议也指示太平洋司令部取消重新部署这些军队的措施①。

同时，美国国务院继续完善撤军方案。1970年7月30日，助理国务卿帮办沙利文向基辛格和罗杰斯建议，要有充分的时间磋商和准备方案，即从启动与泰国的磋商到实际撤军，至少要有60天，以容泰国制订相应方案。关闭打卡里基地的时间应与泰国预算的周期一致，即1971年10月1日，而非拟定的6月30日，以免造成约1900名基地工人失业和当地经济萧条，使泰国政府能够有预算和拨款来维持基地的运转②。

8月4日在白宫举行的华盛顿特别行动组会议讨论了从泰国撤走美军的问题。出于把驻越南南方美军撤到泰国的考虑，基辛格要求尽可能保留在泰国的美国军事存在，撤走F-105飞机但维持基地运转，以便在合适的时间返回。会议决定，美国撤走F-105部队，维持打卡里基地的运行至1971年10月，此后由美方继续运行还是移交泰国，到1971年春再决定。第77号国家安全行动备忘录（NSDM 77）批准了关于打卡里基地的决定并规定架次水平③。

这样，驻泰美军在1969年9月约为48 000人，到1970年6月30日降到42 000人，1971年5月31日约为32 100人④。其中，80%是在印度支那从事空战的部队，驻在乌塔保、呵叻、乌隆、乌汶和那空帕侬等5个基地。这样，驻泰美国空军力量为1个战略空军司令部联队（B-52飞机和运输机）、11个战术战斗机中队，主要是F-4飞机和武装飞机，以及多种支持飞机⑤。

不过，驻泰美军的裁减只是暂时的。

二、泰国再度成为美军的重要基地

到1971年下半年，美国从越南南方撤出大部分美军，与越南南、北方的和谈也取得重要进展。同时，为了迫使越南民主共和国在谈判桌上让步，美国把战争扩大到老挝和柬埔寨，企图截断老挝境内的"胡志明小

---

① FRUS，1969-1972，Vol. 20，pp. 148，Footnote 2；157.
② FRUS，1969-1972，Vol. 20，pp. 159-160.
③ FRUS，1969-1972，Vol. 20，pp. 161，166.
④ R. Sean Randolph. *The United States and Thailand: Alliance Dynamics, 1950-1985*, Berkeley: Institute of East Asian Studies, University of California, 1986, pp. 140-141.
⑤ FRUS，1969-1972，Vol. 20，p. 354.

道",消灭柬埔寨境内越南南方解放武装力量的根据地。

1972年4月初,越南北方发动新攻势。尼克松政府认为,越南北方完全抛弃了"人民战争"的伪装,是越过非军事区的大规模侵略,是在破坏"越南化"政策,目的是打击越南南方人民和美国公众的信心,制造有助于谈判地位的军事形势。美国认真应对此攻势,相信越南南方军能够有效地遏制它,同时令美国空军和海军进行增援①。5月8日,美国国家安全委员会决定轰炸越南北方并布雷。尼克松宣布,他已下令通往越南北方港口的所有通道都将布雷,以防船只进入这些港口,并使越南北方海军无法在这些港口开展军事活动。美国武装部队已奉命在越南北方的内海和其所主张的领海采取适当措施,以拦截任何物资供应。美国要最大限度地切断铁路和其他交通。对越南北方军事目标的海上袭击将持续下去②。从5月9日到10月23日,美国共向越南北方实施了41 500架次轰炸③。

为此,美国需要向泰国增兵。尼克松总统批准从美国本土向泰国增派空军(战斗轰炸机)的方案。国务院指示美国大使尽快约见他侬·吉滴卡宗、巴博·窄鲁沙天等泰国领导人,转达尼克松总统对当前越南南方局势的看法和美国的回应④。

此时泰国的政局对美国增兵十分有利。1971年11月17日,他侬·吉滴卡宗、巴博·窄鲁沙天等人发动政变,停止宪法,解散议会和政府,实施戒严令,建立他侬·吉滴卡宗任主席的革命委员会履行政府职责。他侬·吉滴卡宗等最初只向昂格尔大使解释政变的理由,即议会妨碍了政府的有效运行,导致泰国局势恶化,社会秩序失控。政变是保证国内安全和发展的关键举措。他侬·吉滴卡宗等称泰国的对外政策不变,尤其是希望维持与美国密切而友好的关系。昂格尔和基辛格的判断是,政变对美国在泰国的地位没有影响,唯一的受害者是他纳·科曼,其因同中国的接触和支持东南亚中立而受到排挤⑤。新建的他侬·吉滴卡宗政府赶走他

---

① FRUS,1969-1972,Vol. 20,pp. 346-347.
② Rechard Nixon. *Address to the Nation on the Situation in Southeast Asia*, http://www.presidency.ucsb.edu/ws/index.php?pid=3404&st=&st1=[1972-05-09];〔美〕理查德·尼克松:《尼克松回忆录》中册,裴克安等译,北京:商务印书馆,1979年,第305—306页。
③ 资中筠主编:《战后美国外交史——从杜鲁门到里根》下册,北京:世界知识出版社,1994年,第613—617页。
④ FRUS,1969-1972,Vol. 20,pp. 346-347.
⑤ FRUS,1969-1972,Vol. 20,pp. 307-312.

纳·科曼，泰国外交政策的调整陷入停顿。

实际上，1971年2月尼克松政府在撤走驻泰美军的同时，请求泰国政府批准增派9架B-52飞机。这样，美军驻泰国的B-52飞机达到51架①。

根据1972年5月驻泰使馆为副总统阿格纽访泰准备的材料，驻泰美军已增至40 000人，增加了9架B-52飞机、9个F-4中队、许多运输机，以及从越南南方岘港调到泰国的飞机，要求重新使用交还给泰国空军的打卡里基地。另外，需要修建新的行动场所，再增派4000名美军②。

华盛顿特别行动组在5月24日讨论向泰国增派B-52飞机的问题。为便于同泰国政府磋商，国务院要求提供一揽子方案。参谋长联席会议主席托马斯·H.穆勒上将提出，把从岘港撤出的第196旅和F-4飞机派到泰国，将使驻泰美军突破49 000人的上限。他建议向南蓬派驻海军陆战队，增派加油机为F-4飞机服务。会议讨论了总统增派34架B-52飞机的要求，即驻泰B-52飞机达到100架还是66架，因为这涉及增派加油机以及使用廊曼机场设施的政治问题。华盛顿特别行动组在5月30日批准增派66架B-52飞机到关岛。6月1日，托马斯·H.穆勒向特别行动组确认，向泰国派加油机的准备就绪，46架加油机派到乌塔保，20架加油机派到打卡里，13架加油机派到廊曼③。

到5月6日，10个中队F-4战斗轰炸机返回泰国。6月底至7月初，126架飞机和8000人从越南南方转移到泰国。此时，驻泰美国空军为26个作战中队、12个战斗支持中队、58架B-52飞机和86架KC-135运输机。南蓬基地驻扎了2100名海军陆战队队员和3个轰炸机中队。1972年春夏，这里的F-4和A-6飞机昼夜作战，平均每15分钟起飞1架飞机。到1973年8月15日，打卡里基地的F-111作战飞机在印度支那投下了179 000枚炸弹。1972年仲夏，美国在泰国的军事力量几乎恢复到1969年9月的水平，有45 000余名军人和600架飞机④。泰国再次成为美国侵越战争的大本营。

因此，1972年6月底在曼谷举行的东南亚条约组织理事会会议期

---

① FRUS，1969-1972，Vol. 20，pp. 225-226.
② FRUS，1969-1972，Vol. 20，p. 354.
③ FRUS，1969-1972，Vol. 20，pp. 361-364.
④ R. Sean Randolph，*The United States and Thailand：Alliance Dynamics，1950-1985*，Berkeley：Institute of East Asian Studies，University of California，1986，pp. 154-155.

间，罗杰斯向泰方代表朴·沙拉信表示，感谢泰国政府接受增派的美军。朴·沙拉信答道，泰国是在履行《东南亚集体防御条约》规定的义务。但是，这给泰国带来了麻烦，如中立国家的谴责、因共产党敌视而致叛乱增加。泰国政府已向来访的阿格纽副总统提出增加援助，他也表达了对美国援助的要求。罗杰斯坚定地表示，美国履行对盟友和《东南亚集体防御条约》规定的义务，首要的就是对泰国的所有义务，即使是苏联和中国都未曾质疑过①。

第四节　美、泰两国对柬埔寨和老挝的联合干涉

一、美、泰两国对柬埔寨朗诺的支持

就美国与柬埔寨的关系而言，1969年7月两国复交后较为平稳。罗杰斯国务卿在1970年2月的评价是，柬埔寨热诚善待美国代办，柬埔寨军方接受美国提供的越南南方共产党和越南民主共和国活动信息并采取行动，美国军方减少柬埔寨境内的活动，驻金边使馆未派驻中央情报局人员②。柬埔寨局势的发展很快打破了这种平静。

1970年3月18日，柬埔寨议会和王室议会举行特别联席会议，解除西哈努克亲王国家元首的职务，建立朗诺任首相的伪政府。西哈努克亲王在两天后声明，对其职务的解除"绝对非法"，指责中央情报局勾结柬埔寨"卖国集团"制造"动乱"，为越南民主共和国和越南南方共产党在柬埔寨领土上的活动辩解③。西哈努克亲王声明将建立"解放军"和"民族统一阵线"，支持越南、老挝和柬埔寨共产党（红色高棉）的反美斗争。西哈努克亲王与他此前镇压的红色高棉联合，武装对抗朗诺。越南北方和越南南方共产党同时在柬埔寨境内开展一系列军事行动，并从4月中旬得到加强，目的是切断金边与各省的联系，迫使朗诺垮台。处境十分危急的朗诺请求美国提供军事和经济援助，把柬埔寨自由军派回国（长期受泰国

---

① FRUS，1969-1972，Vol. 20，pp. 368-369.
② FRUS，1969-1976，Vol. 6，pp. 563-564.
③〔美〕亨利·基辛格：《白宫岁月：基辛格回忆录全集》（第二册），陈瑶华等译，北京：世界知识出版社，2003年，第597页。

和越南南方支持的反西哈努克武装)①。

尼克松政府认为,越南民主共和国和越南南方共产党在柬埔寨的军事行动,对"越南化"政策造成了严重威胁。为维持朗诺伪政权的存在,它采取了三项措施:一是向朗诺提供武器;二是与越南南方军队一起,从1970年4月底到6月采取越境行动,以拔除柬埔寨境内鹦鹉嘴、鱼钩等地的越南南方共产党根据地②;三是研究泰国能作的贡献。美国国家安全委员会办公厅的霍尔德里奇提出,泰国对朗诺伪政权的帮助,目前是承认两国接壤的柬埔寨边界并放弃军事压力,支持柬埔寨的政治和外交提议。从长远来看,泰国承认朗诺伪政权。他建议,由驻泰使馆推动泰方行动,但不派泰军③。

从1970年5月开始,美、泰两国援助朗诺伪政权的重心,是组建和派遣高棉裔泰军去支持朗诺伪政权。

泰国与西哈努克亲王执政的柬埔寨一直交恶,直至断交。西哈努克亲王被废黜后,泰国立即改变态度,支持朗诺伪政权。泰国的建议是组建2个高棉裔团,共1826人。

柬军参谋长斯雷·沙曼将军访泰时尽管对泰国的方案表示支持,但不愿意采取柬泰联合行动,邀请美国代表全程参与制订方案,行动要秘而不宣,对泰国高棉裔团的支付方式与赴老挝的泰军相似④。这种态度反映了柬方对泰国的提防。

美国的态度最初也不积极。昂格尔大使建议,美国的作用是"提供咨询、技术知识、装备和某些财政支持","不深度参与泰柬项目的实施"。美国国务院的基本立场是,美国特种部队不参与2个团的训练,不考虑以军事援助项目和美国行动团的方式去跟进和监督,美方不参加即将成立的泰柬协调机构,不派地面部队,不帮助陷入困境的泰国高棉裔团⑤。

尼克松总统推动了美方采取行动。在1970年6月15日华盛顿特别行

---

① FRUS,1969-1976,Vol. 6,pp. 834-835.
② 〔美〕亨利·基辛格:《白宫岁月:基辛格回忆录全集》(第二册),陈瑶华等译,北京:世界知识出版社,2003年,第617—619页;FRUS,1969-1976,Vol. 6,pp. 798-799;Richard Nixon. *Address to the Nation on the Situation in Southeast Asia*,http://www.presidency.ucsb.edu/ws/index.php?pid=2490&st=&st1=[1970-04-30].
③ FRUS,1969-1972,Vol. 20,pp. 127-128.
④ FRUS,1969-1972,Vol. 20,p. 132.
⑤ FRUS,1969-1972,Vol. 20,pp. 133-135.

动组会议上，他表示柬埔寨局势不明朗，而美国政府的推进太慢，重申美国的政策是维护柬埔寨的中立和完整，援助柬埔寨将对印度尼西亚、泰国和老挝等国造成重要心理影响，使它们了解美国的坚定立场①。

同时，高棉裔团的经费成为横亘在美、泰两国之间的大问题。泰国的立场是，泰国出人，美国出钱。在美国方面，由于国会收紧对印度支那尤其是老挝和柬埔寨的军事援助项目，它只愿意为泰国高棉裔团提供装备和训练费用，其他人力成本都由泰国承担。

副国务卿约翰逊要求昂格尔大使通知泰国政府，美国准备应柬埔寨的请求，提供3000—4000人的武器、弹药、通信设备和军服，资助2个团在泰国训练期间的食品、住宿和训练费用以及赴柬埔寨的运输费。由泰方支付训练期间的薪水、抵柬埔寨后的薪水和食宿。尼克松总统因此为柬埔寨提供790万美元军事援助项目②。他威副部长的回应是，由于朗诺再次写信向泰国政府求助，泰国政府和国家安全委员会决定派2个团共3600人，由美国提供薪水、食宿等。他威说："你们无法直接帮助柬埔寨，助我们去帮助他们。"国家发展部长朴·沙拉信也向昂格尔表示，泰国政府准备全力援助柬埔寨，国家安全委员会拨款2000万泰铢，需要美国资助赴柬埔寨泰军③。

由于对高棉裔团的费用无法达成一致，两国想到扩大驻越南南方泰国"黑豹"师，再抽派其部队赴柬埔寨。约翰逊指示昂格尔与泰国领导人商谈。泰方也考虑向"黑豹"增派2个团，再抽派其1个营赴柬埔寨④。

1970年7月上旬在马尼拉参加东南亚条约组织理事会会议期间，他纳·科曼向罗杰斯提出，把约4000名驻越"黑豹"部队部署到柬埔寨西部和北部，但强调泰国无力承担进行军事干涉的费用，美国应根据"尼克松主义"提供武器、装备、财政和其他支持⑤。

华盛顿特别行动组在7月10日终于确定了援柬综合方案。其中，高棉裔团装备费为120万美元，由1969年泰国军事援助使用专款和柬埔寨军事援助项目支付；薪水和津贴由国防部资金、国际开发署支持性援助和

---

① FRUS，1969-1976，Vol. 6，p. 143.
② FRUS，1969-1972，Vol. 20，pp. 132-135.
③ FRUS，1969-1972，Vol. 20，pp. 136-138.
④ FRUS，1969-1972，Vol. 20，pp. 138-142.
⑤ FRUS，1969-1972，Vol. 20，pp. 148-150.

应急资金以及中央情报局资金解决。1971 年第 1 季度资金由国防部提供，此后使用国际开发署支持性资金①。8 月 4 日，特别行动组最终决定，国防部为首批 2000 人支付家庭分离津贴，在抵柬后提供第 1 季度薪水和津贴，之后由国际开发署解决②。

尽管美国解决了经费问题，泰国高棉裔团赴柬的计划还是搁置了。问题出在泰国和柬埔寨。基辛格在 1970 年 8 月中旬呈交尼克松的备忘录中列举了这些因素：泰国对美国支持高棉裔团的力度不满，对派兵造成的舆论压力感到担忧，国务院态度消极，6 月以后柬埔寨局势有所改善，雅加达会议呼吁从柬埔寨撤走所有外国军队③。此外，柬埔寨对泰国的提防也是重要因素。它在形势紧迫时向泰国求助，在局势缓和之后又踌躇不前。

随着雨季即将结束，尼克松要求制订预案，使朗诺伪政权能够挺过越南北方在旱季发动的猛烈攻势。10 月下旬，尼克松决定必要时泰国在柬埔寨实施空中和地面行动，下令在泰柬边界地区派驻泰军以备赴柬，泰国对柬埔寨空中支持每月达 900 架次且范围超过 30 千米，适时使用由越南南方撤出的"黑豹"部队，美国为泰军部署提供资金和物质支持。他还指示驻泰和驻柬大使要求泰、柬两国政府高度优先制订应急计划，以便配合美国方案。由于断定柬埔寨形势十分紧迫，他要求相关部门全力考虑援柬问题④。

1970 年 12 月中旬，回国休假的昂格尔大使向基辛格表示，泰军已做好 1970 年旱季赴柬的准备。他依然强调资金问题，他的疑虑是美国支付装备、燃油和泰国人所需的其他物资的资金在哪里，高棉团抵柬后的费用从哪里出⑤。

到 1971 年初，根据昂格尔给莱尔德部长的报告，由于美国支持泰军的保留态度，泰国对越南南方和老挝军事投入以及镇压国内"叛乱"等进行评估，泰军地面作战部队的指挥和控制问题，以及柬埔寨表示目前不需要泰军并限制泰国空军行动，泰国对援柬不积极。美、泰双方一起评估了柬埔寨西部应急方案（即"却克里方案"）及其花费。泰国空军每月 900

---

① FRUS，1969-1972，Vol. 20，pp. 154-156.
② FRUS，1969-1972，Vol. 20，p. 161.
③ FRUS，1969-1972，Vol. 20，pp. 168-171.
④ FRUS，1969-1972，Vol. 20，pp. 196-197.
⑤ FRUS，1969-1972，Vol. 20，pp. 206-210.

架次行动，预备 5 个作战团，启动预备师等，费用约为 3600 万美元，行动和维护以及人员的费用为 160 万美元，一次性人员费用 266 万美元，维持人员费用为每月 180 万美元。把撤回泰国的"黑豹"派到柬埔寨也行不通，因为其中 60%人员回归原部队，40%的志愿者将解散①。

可见，在派泰军支持朗诺伪政权的问题上，经费一直是重要因素。

二、美、泰两国对老挝的联合军事干涉

美、泰两国对老挝的军事干涉，始于 1961 年老挝危机。

根据蒂莫西·N.卡斯尔的研究，两国联手开展了一系列秘密活动②。例如，美国派侦察机从泰国乌隆（距万象约 80 千米）到老挝收集情报，从菲律宾调 F-100 战斗机到曼谷，调派驻冲绳的第 116 特遣队 300 名海军陆战队队员和 16 架海军陆战队 H-34 直升机到乌隆。泰国则为老挝军的预备军官、新兵、炮兵、空军飞行员等提供训练，到 1961 年底训练了 5 个步兵营、2 个炮兵连、100 名预备军官、200 名新兵和 10 余名飞行员。

美、泰两国联合实施的"泰国志愿者项目"，由退役的泰国飞行员、医务人员、无线电操作员、机械师等，以老挝人的身份受雇于美国机构，去老挝担任"文职专家"。到 1962 年 3 月，约有 60 位泰国专家在老挝工作。

此外，由中央情报局训练的泰国警察精英——边界巡逻警被派到富米·诺萨万的军队中服务，协助中央情报局在老挝北部组建和训练苗人游击队等。

根据 1962 年《日内瓦协定》的规定，美军和第三国人员须从老挝撤走。其中约有 100 名泰国人。撤离老挝的美国军事顾问团，在曼谷建立美国对泰军事援助联合顾问团副团部，负责接受和储存美国的军事援助物资，并在泰方协助下转运到老挝③。

由于越南战争升级，美国为拦截"胡志明小道"而与越南民主共和国在老挝较量。如第六章所述，美、泰两国制订了联合干涉老挝的"第 22

---

① FRUS，1969-1972，Vol. 20，pp. 210-211.

② Timothy N. Castle. *At War in the Shadow of Vietnam*，*U. S. Military Aid to the Royal Lao Government*，*1955-1975*，New York：Columbia University Press，1993，pp. 32-33，29-30，36-38.

③ Timothy N. Castle. *At War in the Shadow of Vietnam*，*U. S. Military Aid to the Royal Lao Government*，*1955-1975*，New York：Columbia University Press，1993，pp. 49-50.

号计划"。实际上，泰国还支持美国与巴特寮、越南人民军在老挝的拉锯战。例如，"水泵"计划以泰国乌隆为基地，由T-28飞机组成空中突击队，即美国飞行员组成的"A队"、泰国飞行员组成的"B队"和老挝飞行员组成的"C队"，在老挝执行常规轰炸和侦察任务。1964年6月，由泰国飞行员驾驶的2架T-28飞机，袭击了位于康开的巴特寮司令部①。

除了援助老挝政府军，中央情报局建立了以王保为首的苗人游击队，以对付老挝北部的巴特寮和越南人民军。王保的司令部位于查尔平原西南的龙镇，由美国提供武器和补给。在贡勒军被逐出查尔平原之后，苗人游击队成为美国在这个地区对抗巴特寮和越南人民军的主要力量。代号为"西拉·罗密欧"的泰国炮兵被定期派到老挝，协助王保的苗人游击队进行防御②。

1970年初，越南人民军在老挝北部发动攻势，重新占领川圹。他们在3月初包围龙镇，月底撤回查尔平原。此行动引起美、泰两国政府高度重视。代号为"西拉·罗密欧IX"的泰国炮兵连协助王保的苗人游击队防御。华盛顿特别行动组举行一系列会议进行研究，其中的一个议题是泰军是否增援龙镇和其他地方的友军。

3月22日，他纳·科曼外长经秘密渠道通知基辛格，应老挝政府的呼请，泰国政府准备派1个营，并根据需要再派1个营。泰国要求美国政府提供必要的物资和后勤援助。基辛格的回复是，美方派3架B-52轰炸机支援查尔平原的老挝军，但反对再派泰军，建议泰国把兵调到前沿基地备用。为表示安抚，他称赞泰国炮兵在龙镇的表现以及泰国顾问的贡献③。

由于不愿意"让老挝完蛋"，不愿意"让记载显示他对老挝国王、梭发那·富马和他纳·科曼的呼请置之不理"，尼克松要求美方采取行动。3月25日下午，华盛顿特别行动组经研究，同意泰、老两国要求派遣泰国营的请求，同意派泰国营并提供薪水和津贴。此外，它还研究了宣布泰国派兵的利弊、数量、机制和泰国援助等细节。次日上午，华盛顿特别行动组讨论了基辛格提出的两个方案。一是美方提供1个泰国营（约900人）

---

① Timothy N. Castle. *At War in the Shadow of Vietnam*, *U. S. Military Aid to the Royal Lao Government*, *1955-1975*, New York: Columbia University Press, 1993, pp. 66, 71-72.
② FRUS, 1969-1972, Vol. 20, p. 114, Footnote 3.
③ FRUS, 1969-1972, Vol. 20, pp. 117, Footnote 2; 117-119.

的装备，从乌隆空军基地空运到龙镇，并在 72—96 小时内完成；二是向梭发那·富马和他纳·科曼承诺筹建由 3 个营组成的作战团，根据形势的需要派到老挝。尼克松决定实施方案一①。于是，800 名泰军在 3 月 28 日被空运到龙镇②。到 4 月中旬，尼克松决定再派 1 个泰国营③。

泰国深表感谢，称赞尼克松总统的决定"对加强老挝的防卫以及东南亚地区尤其是泰国的安全大有助益"④。

1970 年 8 月下旬，阿格纽副总统访泰，与泰国领导人研究了美国支持泰国在老挝和柬埔寨行动的相关问题。泰方认为，共产党在老挝和柬埔寨的活跃活动，给老挝沙耶武里和占巴塞对岸的泰国造成威胁。泰国已经在老挝协助王保的苗人游击队，实施骚扰和拦截行动等。梭发那·富马首相还要求立即增派 3 个泰国营。泰国要求美国提供支持。阿格纽却大倒苦水，列举尼克松政府在国内面对的各种困难，恳请盟友理解，而不是一味地抱怨和指责。他表示，尼克松政府将找到支持泰国营的间接方式。泰方不客气地表示，践行"尼克松主义"不需要美国的人力，但需要美国的物质援助⑤。

由于朗诺伪政权决定不需要泰国高棉裔团，在 9 月 10 日的华盛顿特别行动组会议上，副国务卿约翰逊和副国防部长帕卡德赞成把泰国高棉裔团作为特种游击队（Special Guerrilla Unit）派到老挝。会议研究了待遇问题。1 个特种游击队营年花费为 125 万美元，而协防龙镇的 3 个泰国炮兵连和 3 个泰国营年花费约为 2500 万美元。前者的花费少得多。同工不同酬，显然行不通⑥。

泰方同意提供 13 个特种游击队营。美方考虑 8 个营部署在南部，4 个营替换老挝北部的泰国作战团和"西拉·罗密欧 IX"炮兵连，1 个营部署到沙耶武里，通过"老挝南部泰国计划"和"老挝北部泰国计划"两个方案来解决⑦。

---

① FRUS，1969-1972，Vol. 20，pp. 120-126；FRUS，1969-76，Vol. 6，pp. 723-736.
② FRUS，1969-1976，Vol. 20，pp. 125，Footnote 2；125-126.
③ FRUS，1969-1976，Vol. 20，p. 129，Footnote 2.
④ FRUS，1969-1976，Vol. 20，p. 124，Footnote 2.
⑤ FRUS，1969-1972，Vol. 20，pp. 171-176.
⑥ FRUS，1969-1972，Vol. 20，pp. 177-180.
⑦ FRUS，1969-1972，Vol. 20，pp. 183，192.

但是，费用问题十分严峻。对《1971年军事采购拨款法案》进行补充的富布莱特修正案，禁止"使用此类资金支持越南人以及自由世界其他部队执行此类行动，即向柬埔寨和老挝政府提供军事支持和帮助"。参、众两院已经通过该修正案，在总统签署后即生效。助理国务卿格林意识到，这个修正案意在防止美国用国防部预算支持在柬埔寨和老挝的泰军。解决办法是，提交参议院批准国防部资助老挝南部泰军，中央情报局资助老挝北部泰军①。

最后，华盛顿特别行动组在1970年10月16日审议和通过了在老挝南部和北部使用特种游击队的方案（未解密）②。

与此同时，中央情报局赫尔姆斯局长在东南亚进行两周多考察。他与昂格尔大使等研究了泰国局势，与泰国主要领导人进行交流，到龙镇调查泰军的表现和作用。他的结论是，"没有泰国人，龙镇在3月就陷落了"。泰国炮连和泰军的顽强，"对于第2军区的防御至关重要"。"要守住第2军区，就得派泰军。"他在呈交尼克松的报告中指出，泰国领导人十分担心越南战争的结果，尤其关注湄公河对岸老挝沙耶武里、占巴塞和西塔顿等省，越南南方共产党控制这些地区相当于入侵泰国。因此，泰国高棉裔团和特种游击队在老挝的任务就是保卫这些地区③。

11月16日巴博·窄鲁沙天将军批准的特种游击队方案是，泰方招募和协助训练14个特种游击队营（13个步兵营和1个炮兵营），其中2个营是高棉裔团。计划12月中旬派2个营（高棉裔团），6个营于3月初做好准备，炮兵营等剩下的5个营在4月准备就绪。训练期为12周。当时约有2000名志愿者报名，加上1个高棉裔营，可组建6个营。最初因薪水和津贴低而出现招兵难的问题，待遇提高后才解决了这个问题④。

华盛顿特别行动组在11月20日决定，待1971年3月特种游击队训练完成后，再决定是否用特种游击队替换老挝北部的泰国正规军⑤。

美方对特种游击队的表现感到满意。1971年1月14日，尼克松在给他侬·吉滴卡宗的信中表示，"我对正在帮助老挝的泰国人的表现感到震

---

① FRUS，1969-1972，Vol. 20，pp. 191，Footnote 3；193.
② FRUS，1969-1972，Vol. 20，p. 193，Footnote 3.
③ FRUS，1969-1972，Vol. 20，pp. 194，Footnote 2，Footnote 3；194-195.
④ FRUS，1969-1972，Vol. 20，pp. 198，Footnote 2；198-199.
⑤ FRUS，1969-1972，Vol. 20，pp. 201-202.

撼"。他列举了泰军在龙镇、桑通、班纳和班会赛的战绩,尤其称赞特种游击队在班会赛仅损失1人却重创3个营的越南民主共和国正规军的成绩①。3月底。美方批准在沙耶武里省使用特种游击队,并令乌隆基地的武装直升机为老挝北部的医疗撤出提供掩护②。

从1971年2月到3月,越南南方出人,美国提供空中和后勤支持,在老挝北部车邦联合发动"蓝山719"行动。美国既想检验越南南方军的作战能力,又希望截断"胡志明小道"的源头,为朗诺巩固伪政权争取时间。由于越南南方方面抱怨美国支持不力,巴博·窄鲁沙天副总理对美国颇有微词。昂格尔宽慰道,此次行动的目的是破坏物资和弹药供应,而不是占领土地。美方提供了空中和后勤支持,并为柬埔寨人争取到训练和装备军队的时间。到1972年早季,该地区其他友好国家会更强大,即使美军不断地从越南南方撤走,前景也绝不会黯淡③。

1971年5月中下旬,副国务卿约翰·N.欧文赴东南亚考察"尼克松主义"实施的效果。他在给尼克松的报告中高度评价了特种游击队。特种游击队在老挝北部替换泰国正规军,增强了王保苗人游击队的防御能力,在保卫龙镇时与美国空军一起发挥了关键作用。老挝北部部署了10个特种游击队营约3500人,还有4个营在训练④。

2个月后,基辛格到老挝和泰国亲自了解特种游击队的表现。驻老大使乔治·M.戈德利把保住龙镇归功于特种游击队的出色表现,因为他们擅长构筑工事和防御性作战。他称赞保卫班会赛的泰国营只损失了1人,却消灭了138个敌人⑤。这种战绩使巴博·窄鲁沙天副总理能够抱怨,美国在向特种游击队提供支持时居然讨价还价,美国的空中支援和医疗后送都不到位,有些泰国政客要求从老挝撤出泰军,泰国对美国媒体和舆论不满。基辛格承诺道,他回华盛顿后将制订令泰国满意的方案,这也是尼克松总统的要求。基辛格最后表示,美方完全了解泰国的问题,将与尼克松一起核实这些问题⑥。他侬·吉滴卡宗总理表示,泰国已经在老挝部署了

---

① FRUS,1969-1972,Vol.20,p.217,Footnote 2.
② FRUS,1969-1972,Vol.20,p.234.
③ FRUS,1969-1972,Vol.20,pp.235-237.
④ FRUS,1969-1972,Vol.20,pp.259-260.
⑤ FRUS,1969-1972,Vol.20,p.268,Footnote 2.
⑥ FRUS,1969-1972,Vol.20,pp.266-271.

12个特种游击队营，建议考虑再招募36个营、10月前完成24个营的训练。基辛格向他表达了美方对特种游击队行动的大力支持，保证尼克松对泰国的承诺坚定不移，将研究特种游击队和支援泰国防务的措施[1]。

华盛顿特别行动组在1971年8月10日决定支持向老挝派36个特种游击队营，在当年第四季度再建12个特种游击队营[2]。一个月后，美国国务院要求昂格尔把这个决定通知泰国政府，敦促泰方加紧招兵，以期在1971—1972年旱季服役。同时要求昂格尔强调，由于1972年国防采购限制赴老泰国志愿者的修正案已经提出，实施此方案还需立法授权[3]。

美国显然是操之过急。根据昂格尔大使的评估，双方决定在1971年底招募和部署24个营，实际情况却不尽如人意。当前只部署17个营，在册人员约为规定的55%。其中，战斗减员为6%，休假者约为7%。近1/3志愿兵辞职或者开小差。总之，部署在老挝的特种游击队不到4500人，比计划少7000人左右。1970年旱季在老挝有3个营的泰军，加上炮连，共约3000人。派给王保的10个营共约2800人。第2军区面临兵力严重不足的问题。昂格尔建议，先充实24个营的兵力，再考虑扩建36个营。他侬·吉滴卡宗的解决办法是，用奖金来鼓励结束服役的志愿兵再次应征，把受训后的服役时间由15个月减为12个月，美国提供6架武装直升机从事医疗后送工作。泰国政府将设法在1971年底招满24个营，美国则继续筹划增建12个营[4]。

他侬·吉滴卡宗等军人在11月发动政变，军人政权暂时得以巩固，这有利于美、泰两国联合干涉老挝的局势。

特种游击队在12月打了一场硬仗。12月18日，越南人民军在查尔平原发起攻势，在时间上较往年大为提前。越南人民军的重炮提供"十分精准的炮火"，主攻方向是约2700名特种游击队驻守的马斯坦和莱翁基地。泰方损失是：约400人死亡，170人受伤。其中，驻莱翁的609营遭到最猛烈的打击，防御带上一度有200—300具敌尸。12月19日晚，609营撤退的请求被拒。至12月20日晚，它的无线电联系中断，士兵们在战

---

[1] FRUS，1969-1972，Vol. 20，p. 276.
[2] FRUS，1969-1972，Vol. 20，p. 292，Footnote 3.
[3] FRUS，1969-1972，Vol. 20，p. 292，Footnote 2.
[4] FRUS，1969-1972，Vol. 20，pp. 292-296.

场上展开肉搏战。在支持性的苗人阵地陷落之前,这个营守住了阵地。驻守金贡和班塞的606、607和608营从12月20日战斗到21日。结束训练的616、617和618营共1403人被紧急空投到龙镇。中央情报局行动处亚洲室主任威廉·纳尔逊赞道:"泰国人打了一场漂亮仗。他们有序地撤退了。"①

他侬·吉滴卡宗1971年12月20日致函尼克松,要求美国提供紧急空中支持并增加武器援助。尼克松赞扬了特种游击队的英勇顽强,命令美军全力实施空中行动并迅速交付装备尤其是防御大炮②。美国甚至考虑增派泰国正规军,因无法解决薪水而作罢③。

最后,由于特种游击队和美国空军的共同努力,王保的苗人游击队挺过了这场进攻,守住了龙镇等阵地。

1972年特种游击队的规模,到6月下旬部署了22个营,人员达规定的59%。到9月,增建3个营,人员由9000人增至19 000余人。美国方面还考虑1973年由25个营增至30个营。不过,根据1973年援助老挝的预算,30个营至少要超支5500万美元。所以,莱尔德部长支持25个营,而基辛格和尼克松都支持30个营④。

到1973年2月21日《老挝恢复和平与和解协议》签订时,在老挝的泰军约为17 000人。由于老挝已经实现停火,美国在与老、泰两国政府协商后裁减特种游击队,计划7月1日减至17个营,1974年1月减为10个营,至1974年6月30日结束。实际上,1974年4月5日老挝全国临时团结政府成立后,要求所有无外交身份的外国军事人员在60天内撤离。5月22日,特种游击队完全撤出老挝⑤。

---

① FRUS,1969-1972,Vol. 20,p. 320.
② FRUS,1969-1972,Vol. 20,p. 322,Footnote 2.
③ FRUS,1969-1972,Vol. 20,pp. 320-321.
④ FRUS,1969-1972,Vol. 20,pp. 376-377,381-383.
⑤ Timothy N. Castle. *At War in the Shadow of Vietnam*,*U. S. Military Aid to the Royal Lao Government*,*1955-1975*,New York:Columbia University Press,1993,pp. 120-121.

第八章
越南战争后美泰关系的调整与美国的撤军

1973年1月《关于在越南结束战争、恢复和平的协定》的签订以及10月泰国军人政权的垮台,严重影响了美国的东南亚政策和美泰关系。泰国文人政府调整外交政策的需要以及泰国民众强烈的反美情绪,迫使美国逐步裁减驻泰美军。1975年5月,美国无视泰国政府的反对,利用驻泰基地营救被民主柬埔寨政府扣押的"马亚克斯"号船员,引发了美、泰两国之间的严重交涉,推动泰国政府要求美国撤走所有美军。

第一节 越南战争后的美泰关系与美国逐步撤军

一、越南战争结束及其对美国东南亚政策的影响

1973年1月27日,美国与越南各方在巴黎签订《关于在越南结束战争、恢复和平的协定》,美国尊重1954年《日内瓦协定》关于在越南建立独立、主权、统一和完整的国家的规定,从越南南方撤军,尊重越南南方人民的自决权。美国由此结束越南战争,从越南南方脱身。

然而,《关于在越南结束战争、恢复和平的协定》带来的和平十分脆弱。一方面,越南民主共和国和越南南方共和临时革命政府不断向越南南方施加压力,要求解放南方,统一国家;另一方面,越南南方伪政权的生

存，自1954年日内瓦会议以来严重依赖美国的扶植。美国继续提供军事和经济援助，是其存在的前提条件。

美国对越南南方作出一系列承诺。1972年底和1973年初，尼克松总统两次保证，美国在签订停战协定后继续提供援助，将在越南北方违反协定时"全力回应"。1973年1月23日，尼克松宣布结束越南战争，承诺"美国将继续承认越南共和国政府"是越南南方唯一"合法政府"。美国将根据协议规定继续援助越南南方，并支持越南南方人民自己和平解决问题的努力①。4月初阮文绍访美，尼克松承诺提供军事和经济援助，以及必要时提供直接军事支持。双方发表的联合公报宣称，不会容忍越南北方继续违反《关于在越南结束战争、恢复和平的协定》②。

美国的政治斗争让这些承诺变为一纸空文。

首先，尼克松总统很快深陷"水门事件"，威信尽失，疲于应付国会、特别检察官以及联邦法院的调查和诉讼。

其次，国会为限制总统在印度支那行动的权力，采取了三项措施。其一，要求尼克松政府在1973年8月15日以后停止轰炸柬埔寨。其二，通过《战争权力法》，要求总统在48小时内向国会报告美军在世界各地冲突中的行动。其三，大幅度削减对越南南方的军事援助。例如，白宫要求1975年的援助为16亿美元，众议院把它压缩为11.2亿美元，参议院再压到9亿美元③。这些措施致使尼克松和福特政府只能对柬埔寨和越南南方伪政权背信弃义。

---

① 〔美〕塔德·肖尔茨：《和平的幻想——尼克松外交内幕》，邓辛等译，北京：商务印书馆，1982年，第834页；Richard Nixon. *Letter from President Nixon to President Nguyen Van Thieu of the Republic of Vietnam*，http://isc.temple.edu/hist249/course/Documents/letter_from_president_nixon_to_p.htm[1973-01-05]；Richard Nixon. *Address to the Nation Announcing Conclusion of an Agreement on Ending the War and Restoring Peace in Vietnam*，http://www.presidency.ucsb.edu/ws/index.php?pid=3808&st=&st1=[1973-01-23].

② 〔美〕塔德·肖尔茨：《和平的幻想——尼克松外交内幕》，邓辛等译，北京：商务印书馆，1982年，第889页。

③ 〔美〕塔德·肖尔茨：《和平的幻想——尼克松外交内幕》，邓辛等译，北京：商务印书馆，1982年，第996、924—925页；Peters R.，Minot G.，Sanger G. *United States Statutes at Large，Containing the Law and Concurrent Resolutions Enacted During the First Session of the Ninty-Third Congress of the United States of America 1973 and Reorganization Plans and Proclamations*，Washington：United States Government Printing Office，1974，pp. 555-560；Gerald R. Ford. *A Time to Heal：The Autobiography of Gerald R. Ford*，New York：Harper & Row Publishers and the Readers' Digest Association Inc.，1979，p. 249.

1973年12月，美国国务院虽然判断越南民主共和国违反《关于在越南结束战争、恢复和平的协定》"已达到危险的程度"，但应对措施软弱无力，仅建议要让河内遭受国际舆论的压力，并鼓励别国政府对越南民主共和国发挥遏制性影响①。

1974年8月9日，福特总统在继任总统的当天致信阮文绍，重申"美国在过去所作的承诺继续有效，我的政府将全面履行"。但是，国会只拨款7.22亿美元援助越南南方②。

进入1975年，柬埔寨和越南南方形势危殆。1月28日和4月10日，福特要求国会增加对两国的军事援助。他指出，印度支那局势"对东南亚政治稳定的可能性构成威胁"，放弃对两国政府的援助，会损害美国作为盟友的信誉③。然而，国会没有作出回应。4月17日和30日，美国扶植的柬埔寨和越南南方伪政权相继覆灭，相关美国人员仓皇撤离。

越南战争的彻底结束带来了两个后果。

其一，如福特总统所担心的那样，美国在最后关头背信弃义，在东南亚及其他地区盟国中的威信陡降。由于履行国际义务的决心和能力遭到质疑，美国不得不寻找机会挽回威信，重塑形象。福特总统在自传中说："1975年春我们屈辱地从柬埔寨和越南南方撤退后，我们在全世界的盟友开始质疑我们的决心。……我们不会允许我们的撤退成为其他国家浑水摸鱼的许可证。……只有言辞无法使人相信美国会采取坚定立场。他们需要看到我们有决心的证据。"④福特政府挽回威信的机会，即是在"马亚克斯号"事件中采取果断行动。

其二，越南战争的彻底结束改变了东南亚地区的政治格局，迫使亲美或与美结盟的国家重新评估外交政策，思考如何调整与美国的关系，如何

---

① 〔美〕塔德·肖尔茨：《和平的幻想——尼克松外交内幕》，邓辛等译，北京：商务印书馆，1982年，第985—986页。

② John Robert Greene. *The Presidency of Gerald R. Ford*, Lawrence: University Press of Kansas, 1995, pp. 132-133.

③ Gerald R. Ford. *Special Message to the Congress Requesting Supplemental Assistance for the Republic of Vietnam and Cambodia*, http://www.presidency.ucsb.edu/ws/index.php?pid=5216&st=&st1=[1975-01-28]; Gerald R. Ford. *Address Before a Joint Session of the Congress Reporting on United States Foreign Policy*, http://www.fordlibrarymuseum.gov/library/speeches/750179.htm[1975-04-10]; John Robert Greene. *The Presidency of Gerald R. Ford*, Lawrence: University Press of Kansas, 1995, pp. 137-138.

④ Gerald R. Ford. *A Time to Heal: The Autobiography of Gerald R. Ford*, New York: Harper & Row Publishers and the Readers' Digest Association Inc., 1979, p. 275.

与共产党执政的邻国相处。就泰国而言，其外交政策急需拉开与美国的距离，改善与中国和印度支那邻国的关系。撤走数万名驻泰美军，成为泰国实现对外政策转变的关键。

二、泰国军人政权的垮台与美国的逐步撤军

如第七章所述，出于结束越南战争政策的需要，以及泰国军人不愿改变与美国结盟的政策，在1971年11月泰国政变之后，驻泰美军的撤离不仅中止，美国还把大量空军重新派驻泰国，撤出越南南方的空军也移师泰国。

《关于在越南结束战争、恢复和平的协定》签订后，由于驻越南南方美国军事援助司令部解散，美军在泰国那空帕侬成立支持行动队（Support Activity Group），管理和协调印度支那美国空军的行动。这样，泰国成为"名副其实的美国力量在东南亚大陆的最后堡垒"。到1973年4月，驻泰国的美军力量为419架攻击机、56架B-52飞机、43架作战支持飞机及44 000名军人[1]。

继续在泰国维持大量美军，目的是威慑越南民主共和国，确保它遵守《关于在越南结束战争、恢复和平的协定》和老挝停火协议。然而，泰国的舆论和政治氛围，对美国的军事存在十分不利。昂格尔大使向美国国务院报告，泰国媒体和公众人士每天约有17次提到这个问题，是当时美泰关系中最重要和最困难的问题。基辛格访泰时，差猜·春哈旺副外长、他侬·吉滴卡宗等泰国领导人表达了矛盾的心态，既期望美军存在，又担心因此遭到袭击。因此，裁减驻泰美军，成为尼克松政府必须要考虑的问题[2]。

从1973年3月到10月，美、泰双方都在考虑裁军方案。

3月下旬，昂格尔大使向国务院建议，在4月底前裁减驻南蓬的海军陆战队联队。这支部队有3个中队共约2300人和39架作战飞机，约占驻泰美军力量的5%，在2月25日以后没有作战任务，原计划5月底撤走。

---

[1] R. Sean Randolph. *The United States and Thailand: Alliance Dynamics, 1950-1985*, Berkeley: Institute of East Asian Studies, University of California, 1986, p. 156.
[2] FRUS, 1969-1976, ve12, Documents on East and Southeast Asia, 1973-1976, Washington: United States Government Printing Office, 2011, Doc. 363, Doc. 365.

这个建议的好处是，不仅撤走了南蓬基地的所有美军，腾出来的基地还可供从老挝返回的泰国志愿军使用，为美国省下一大笔钱。昂格尔认为，此举既表明美国支持泰国政府的考虑，又不影响美国在泰国的作战姿态[①]。

在美国国会于1973年6月通过8月15日后暂停轰炸柬埔寨的法案之后，泰国政府通过多种渠道要求美国裁军，要求美国通报8月15日后对柬政策、美国对使用泰国空军基地的考虑以及重新装备泰国武装部队的方案[②]。美国分析，泰国政府的动机是平息国内反对派的指责，需要全面调整外交政策，以及让美国为驻军付出更多代价[③]。

为此，美国国务院在1973年7月23日指示昂格尔，与泰国政府协商8月15日后美国的裁军问题。美国的立场是，美国政府正在审查驻泰美军规模，将根据东南亚地区安全形势以及自身经济和效率的考虑，从泰国撤走少量美军，但不希望由此造成河内的误判。美国还将根据地区形势的变化而裁减更多美军。不过，美国认为，在泰国保留一定规模美军，符合双方的利益[④]。

9月下旬，差猜·春哈旺副外长和阿南大使在纽约向罗杰斯表示，泰国希望驻泰美军由目前的38 500人，降为32 000人，即1972年越南北方进攻之前的水平，撤走一些战略部队[⑤]。美国国防部10月提出的方案是，在1974年1月1日或7月1日，把驻泰美军降到32 200人[⑥]。

泰国军人政权的垮台推动了美国的撤军进程。

1958年以来泰国军人一直控制政府。先后执政的沙立·他纳叻和他侬·吉滴卡宗政府维持了20世纪60年代泰国的社会稳定和经济发展。1968年和1969年，他侬·吉滴卡宗政府颁布宪法并举行议会选举，实行了短暂的宪政。1971年11月，以他侬·吉滴卡宗为首的军人政变再次叫停宪法和议会。

与此同时，在世界经济不景气的大背景下，泰国也发生了经济困难。1969年和1970年出现了国际收支赤字。1972年，由于严重的旱灾和洪涝

---

① FRUS，1973-1976，ve12，Doc. 365.
② FRUS，1973-1976，ve12，Doc. 373.
③ FRUS，1973-1976，ve12，Doc. 373.
④ FRUS，1973-1976，ve12，Doc. 373.
⑤ FRUS，1973-1976，ve12，Doc. 374.
⑥ FRUS，1973-1976，ve12，Doc. 378.

灾害，稻米减产10%，玉米减产40%。加上国际市场的需求，1973年国内大米价格猛涨。通货膨胀率在20世纪60年代年均不到5%，1973年达11%，1974年猛涨为23%[①]。经济困难，加上民众对军人独裁和贪污腐败长期积累的不满，泰国发生了一场以学生为核心的民主运动。

泰国大学生因20世纪60年代创办多所大学而大量增加。他们监督1969年议会选举，成功地抵制了政府提高曼谷公共汽车票价的企图，并通过"泰国全国学生中心"组织起来。

1973年5月和6月，政府官员参与国家公园非法打猎的丑闻以及兰坎亨大学开除9名讽刺当局的学生，引发了泰国社会的抗议。大学生要求制定新宪法，消除腐败，采取措施控制物价上涨以及美国撤军。

1973年10月6日，政府逮捕散发制宪宣传单的学生。10月13日，约40万各阶层民众在曼谷举行抗议示威。10月14日，政府对示威群众的镇压引发骚乱。军方拒绝执行派兵镇压的政府命令。国王要求他侬·吉滴卡宗和巴博·窄鲁沙天等国家行政委员会领导人辞职出国，任命前最高法院法官、法政大学校长、国王枢密院成员以及世界佛教联盟副主席讪耶·探玛塞为看守总理。以大学生为核心的抗议斗争取得胜利[②]。

对于泰国政治形势的变化，基辛格最初的判断是，新政府温和并由文人主导，泰国经济将因大米丰收而好转，学生们暂时平静下来，缓减了美国裁军的新压力。同时，泰国近期外交政策不会作重大改变，即与中国关系正常化和支持美国在印度支那的活动，但讪耶·探玛塞政府对学生们的要求会更敏感[③]。美国国家安全委员会因此建议与泰国政府协商撤军方案，以此向泰国民众表明，美国在撤军问题上一直维护泰国的主权和利益[④]。

然而，根据1974年初驻泰使馆的报告，泰国的反美情绪在他侬·吉

---

① Amnuay Viravan. Trends in the Thai Economy, In M. Rajaretnam, Lim So Jean. *Trends in Thailand: Proceedings and Background Paper*, Singapore: Singapore University Press for ISEAS, 1973, pp. 70-72; John L. S. Girling. *Thailand: Society and Politics*, Ithaca: Cornell University Press, 1981, p. 188.

② John L. S. Girling. *Thailand: Society and Politics*, Ithaca: Cornell University Press, 1981, pp. 188-193.

③ FRUS, 1973-1976, ve12, Doc. 375, Doc. 377.

④ FRUS, 1973-1976, ve12, Doc. 378.

滴卡宗政府垮台后迅速高涨①。学生们要求政府实施独立外交，取缔美军基地，而大量美军的存在也成为泰国改善与邻国关系的重大障碍。汕耶·探玛塞政府的一项重任是调整泰国外交战略，大力推动美国撤军②。1974年1月16日，乍鲁潘·伊沙兰恭外长在外国记者俱乐部发表演说，阐述新政府的对美政策。"泰国与美国的未来关系必须调整以适应正在变化的形势。过去10年间，我们与美国关系的特征一直以军事合作为重点。这需要调整以形成更可靠的均衡关系。"③

泰国的政治态势成为1974年美国加快撤军的重要因素。

美国国防部3月提出两个方案：其一，从5月起，在12个月内把美军由36 000人减到32 200人，到1975年结束时再减到24 700人；其二，5月和6月撤走10 000人，但未提及1975年裁军量④。美国国务院通知泰国，美国在5月1日后继续撤军并将与泰国提前协商。由于美国的军事存在很可能成为即将举行的泰国议会选举的重大议题，国务院支持1974年撤军10 000人⑤。

3月23日，尼克松总统批准国家安全决定备忘录第249号文件，规定：①6月1日前撤走EC-121、C-130等非进攻型飞机；②5月15日至12月31日撤走美国作战部队，余留美军为9个空中战术中队、1个AC-130武装直升机中队和17架B-52飞机；③8月31日前裁减泰国军事援助司令部、驻泰美军联合顾问团以及美国陆军支持司令部30%的人员。⑥

因此，美国在3月底宣布从泰国撤军10 000人，到1974年底驻泰美军降为27 000人。根据5月24日国防部长詹姆斯·R.施莱辛格和驻泰大使威廉·R.金特纳的会谈，泰国政府感到满意⑦。

1974年9月中旬，阿南大使向基辛格表示，尽管能够理解军人政权

---

① FRUS，1973-1976，ve12，Doc. 379.
② Karl D. Jackson，Wiwat Mungkandi. *United States-Thailand Relations*，Berkeley：Institute of East Asian Studies，University of California，1986，p. 164；R. Sean Randolph. *The United States and Thailand：Alliance Dynamics，1950-1985*，Berkeley：Institute of East Asian Studies，University of California，1986，p. 176.
③ R. Sean Randolph. *The United States and Thailand：Alliance Dynamics，1950-1985*，Berkeley：Institute of East Asian Studies，University of California，1986，p. 173.
④ FRUS，1973-1976，ve12，Doc. 381.
⑤ FRUS，1973-1976，ve12，Doc. 381.
⑥ FRUS，1973-1976，ve12，Doc. 382.
⑦ FRUS，1973-1976，ve12，Doc. 385.

时期美国与泰国军方的合作，但美军的存在、数量及其入驻方式都有损于泰国主权。泰国即将通过新宪法，1975年将举行议会选举并建立新政府。因此，泰国不希望美军立即全部撤出东南亚，支持美方逐步撤军，但需要双方进行充分协商，而不只是美方通报其方案①。尽管罗杰斯在10月联合国大会期间向乍鲁潘·伊沙兰恭外长保证，美国肯定要与泰国政府协商调整美军规模，但此前美国从泰国撤走F-105中队和650人，连威廉·R.金特纳大使事前都不知道②。

经过近半年研究，美国国防部在1975年2月初提出了美军留驻泰国的5个方案。基辛格向福特总统汇报说，泰国自军人政权垮台后一直要求美国提供关于驻泰美军的长期方案，而泰国议会选举的结果将增加美国的压力。泰国不反对美军的长期存在，但要求低于目前的27 000人的水平。而美国认为，留泰美军应能支持美国在东南亚的利益，裁军的进度要符合威慑河内的目标③。

根据美国国防部方案和基辛格的修改建议，福特总统2月7日批准国家安全决定备忘录第286号文件，规定：①从1975年旱季结束到6月30日，驻泰美军由27 000人减为21 300人；②从1975年7月1日至1976年6月30日，美军由21 300人降为12 000人，剩下的作战能力为6架B-52飞机、2个战斗机中队、1个AC-130中队、6架RF-4飞机、3架USN P-3飞机、4架U-2R飞机和必要的支持飞机；③至1976年12月31日，美军减为10 000人，作战能力为2个战斗机中队、6架RF-4飞机、3架USN P-3飞机、4架U-2R飞机和必要的支持飞机；④1977年保留乌隆基地的临时代理地位；⑤在每个旱季结束后宣布撤军方案。④也就是说，美国政府计划在两年内逐步撤军，1977年在泰国还保留一定的军事存在。

美国的撤军方案跟不上泰国政治形势的发展。泰国1975年1月举行议会选举，2月13日成立了社尼·巴莫领导的新政府。其对外政策是："①不管政治制度如何，泰国希望同一切友好国家保持友好关系；②泰国

---

① FRUS，1973-1976，ve12，Doc.388.
② FRUS，1973-1976，ve12，Doc.390.
③ FRUS，1973-1976，ve12，Doc.396.
④ FRUS，1973-1976，ve12，Doc.396，Doc.397.

将逐步推动与中华人民共和国建立全面关系;③泰美关系在未来由新的永久宪法作出规定;④美军最终全部撤离泰国。"①也就是说,社尼·巴莫政府明确提出了美军全部撤走的目标。

尽管社尼·巴莫政府很快垮台,1975年3月6日新建的克立·巴莫政府还是坚持其政策,3月19日宣布将采取措施,推动所有外国军队在一年内撤出泰国②。美国在"马亚克斯"号事件中的表现,更加坚定了泰国要求美军全部撤离的决心。

第二节 从泰国武力营救"马亚克斯"号船员

一、"马亚克斯"号商船被扣与福特政府武力营救的决定

美国方面关于"马亚克斯"号事件的研究成果颇多,主要内容为当事人的记述和评论、梳理整个事件、探讨福特政府危机处理策略及其影响、研究军事营救行动等,很少涉及美、泰两国的交涉。美国以泰国为基地,武力营救"马亚克斯"号船员,使得正在调整泰美关系、改善与亚洲邻国关系的泰国处境困难,给此时的美泰关系带来重要影响③。

"马亚克斯"号是一艘美国旧集装箱货轮,共有39名船员,为美国国防部运输普通货物。1975年5月12日,它从中国香港驶往泰国梭桃邑

---

① R. Sean Randolph. *The United States and Thailand: Alliance Dynamics, 1950-1985*, Berkeley: Institute of East Asian Studies, University of California, 1986, p. 178.
② R. Sean Randolph. *The United States and Thailand: Alliance Dynamics, 1950-1985*, Berkeley: Institute of East Asian Studies, University of California, 1986, p. 179.
③ 美国方面的研究成果如下。第一,当事人的记述和评论,如 Gerald R. Ford. *A Time to Heal: The Autobiography of Gerald R. Ford*(New York: Harper & Row Publishers and The Reader's Digest Association Inc., 1979);Ron Nessen. *It Sure Looks Different From the Inside*(Chicago: A Playboy Press Book, 1978);Henry Kissinger. *Years of Renewal*(New York: Simon & Schuster, 1999)。第二,梳理"马亚克斯"号事件最早的著作是 Roy Rowan. *The Four Days of Mayaguez*(New York: W. W. Norton & Company Inc., 1975)。第三,探讨福特政府危机处理政策的著作有 Denise M. Bostdorff. *The Presidency and the Rhetoric of Foreign Crisis*(Columbia: University of South Carolina Press, 1994);Richard G. Head, Frisco W. Short, Robert C. McFarland. *Crisis Resolution: Presidential Decision Making in the Mayaguez and Korean Confrontations*(Boulder: Westview Press, 1978)。第四,研究军事营救行动的著作有 Ralph Wetterhahn. *The Last Battle: The Mayaguez Incident and the End of the Vietnam War*(New York: Carroll & Graf Publishers Inc., 2001);John F. Guilmartin Jr. *A Very Short War: The Mayaguez and the Battle of Koh Tang*(College Station: Texas A & M University Press, 1995)。

港。当地时间下午 2 时 10 分左右（华盛顿时间凌晨 3 时 10 分），该船驶经泰国湾，在距柬埔寨西哈努克港约 96 千米的威岛附近被民主柬埔寨政府军方扣留①。

这个事件为急欲重申强硬立场的美国政府提供了机会。在《复兴岁月》中，基辛格承认越南战争后的国际形势对美国处理该事件的影响。他说，由于日本和朝鲜，甚至中国都质疑美国是否永远放弃了国际责任，美国需要通过对"马亚克斯"号事件的处理，"标明其可以容忍的界限"②。同时，由于 1968 年美国处理"普韦布洛"事件的教训，福特政府竭力避免出现因民主柬埔寨政府扣留船员而谈判的局面③。所以，福特政府处理"马亚克斯"号事件的立场强硬，尽管外交和军事手段并用，实际上以后者为主。

华盛顿时间 1975 年 5 月 12 日早上 7 点 40 分左右，福特总统接到"马亚克斯"号被扣的报告。12 时 5—50 分，他召集国家安全委员会会议，作初步反应。中央情报局局长科尔比此时不清楚"马亚克斯"号的具体下落，推测它即将驶抵西哈努克港。国务卿基辛格断言这个事件具有广泛国际影响，美国应采取强硬立场。他说："在某种意义上，美国必须划线。这不是我们对此类形势的最佳考虑。这不是我们的选择。但我们现在必须据此行动，而且行动要坚定。"具体措施是发表强硬声明，通过他国向民主柬埔寨政府递交照会（因为美国和民主柬埔寨政府没有外交关系），武力示威。福特采纳基辛格的建议，指示国务院发表声明并向民主柬埔寨政府递交照会，指示国防部令前往澳大利亚的"珊瑚海"号航空母舰赶往出事水域，在菲律宾苏比克基地集结一支特遣队④。福特政府一开始就确定采取强硬立场。

美国在会后采取三项措施。第一，白宫发表声明，宣布"马亚克斯"号被柬埔寨战舰劫持；福特总统已召集国家安全委员会会议，谴责这是

---

① 柬埔寨和越南均宣称拥有该岛主权。
② Henry Kissinger. *Years of Renewal*, New York: Simon & Schuster, 1999, p. 551.
③ 1968 年 1 月，朝鲜俘获从事情报收集活动的美国间谍船"普韦布洛"号，扣押船员，引起美朝之间历时 11 个月的交涉。在美国"有条件致歉"后，朝鲜释放全部船员。
④ FRUS, 1969-1976, Vol. 10, pp. 977-985; Gerald R. Ford. *A Time to Heal: The Autobiography of Gerald R. Ford*, New York: Harper & Row Publishers and the Readers' Digest Association Inc., 1979, p. 276.

"海盗行为",已指示国务卿要求立即释放该船。声明最后威胁,民主柬埔寨政府如不满足美国的要求,"会导致严重后果"①。第二,当天下午4时30分,美国辗转发出照会。第三,华盛顿时间12日上午10时左右(当地时间晚上9时),1架P-3飞机从泰国乌塔保基地出发,去搜寻"马亚克斯"号。另外2架P-3飞机随后从菲律宾出发参与这项行动。经过一夜搜寻,美国飞机在当地时间13日黎明时分发现"马亚克斯"号停泊在威岛附近,中午时分停靠丹岛,船员被转移到岛上。

华盛顿时间1975年5月13日上午10时22分至11时17分,在得到"马亚克斯"号的确切消息后,福特第二次召集国家安全委员会,确定以军事手段解救"马亚克斯"号。福特命令驻泰国的空军封锁丹岛,调集"霍尔特"号驱逐舰和"珊瑚海"号航空母舰,调遣驻菲律宾和冲绳的海军陆战队到泰国乌塔保②。正在堪萨斯城演说的基辛格试图掩饰福特政府的真正意图。他在记者招待会上强调它正通过外交努力使"马亚克斯"号获释。他说,美国不能容忍在国际航道上骚扰从事和平贸易的美国船只,相信民主柬埔寨政府不会对福特总统的声明"掉以轻心",建议留出时间以容许外交努力获得成功,不考虑采取进一步行动③。

当地时间1975年5月13日,美军驻泰国的F-111、F-4、A-7和AC-130等飞机配合P-3飞机,对"马亚克斯"号进行跟踪和监视,封锁丹岛交通。华盛顿时间13日晚上7时(当地时间14日上午6时),美国飞机发现柬方用船转移船员。根据福特总统的命令,为阻止这些船只离开丹岛,美军飞机击沉3艘船,击坏4艘船。一位飞行员发现一艘渔船上有白人,疑为"马亚克斯"号船员,请示新的行动命令。

华盛顿时间晚上10时40分,福特总统第三次召集国家安全委员会,讨论处理这艘渔船的措施以及军事行动方案。是否击沉渔船,福特十分矛盾:"我必须考虑到,如果这艘渔船把船员载到大陆,对我们营救他们是

---

① United States Congress House. Seizure of the Mayaguez: Hearings Before the Committee on International Relations and Its Subcommittee on International Political and Military Affairs, House of Representatives, Ninety-Fourth Congress, First Session, Part 1, Washington: U. S. Government Printing Office, 1975, p. 61.
② FRUS, 1969-1976, Vol. 10, pp. 991-1000.
③ Kissinger News Conference, Kansas City, May 13, Document Number: 1975STATE112532; Document Source: ADS; Film Number: D750170-0702; Margaret P.Gra.

不利的。但是我担心事情的另一面。如果我们命令飞行员扫射或击沉渔船,我们可能会失去一切。所以,最佳决定看来是放它走,我随后命令飞行员不要击沉或扫射该船。"后来的事实证明,这艘渔船载的是"马亚克斯"号的全部船员。由于美国战机只使用催泪弹,渔船得以脱身,前往西哈努克港。与会者由此断定"马亚克斯"号的部分船员已被转移到柬埔寨本土,其余的船员仍被拘押在丹岛上,并据此制订营救方案。基辛格主张利用这个机会向朝鲜、苏联等国家显示美国的强硬,要求民主柬埔寨政府无条件释放"马亚克斯"号及船员,建议占领丹岛、夺回"马亚克斯"号并轰炸柬埔寨本土,即在实施营救的同时惩罚柬埔寨,用 B-52 飞机轰炸西哈努克港口、机场及其他军事设施。福特支持基辛格。他说:"做点什么至少表明了努力,所以尽管我们成功的可能性不大,我认为采取强硬行动要好得多。这比什么都不做要好得多。"由于"霍尔特"号和"珊瑚海"号 24 小时以后才能参加军事行动,福特决定 15 日黎明时分行动,兵分三路,攻占丹岛、夺回"马亚克斯"号,用 B-52 飞机或"珊瑚海"号舰载机轰炸西哈努克市①。

二、美国从泰国实施的武装营救行动

美国以泰国乌塔保为基地集结兵力,驻泰国那空帕侬的美国第 7 空军暨支持行动团司令部成为现场行动指挥部。当地时间 1975 年 5 月 13 日,驻那空帕侬的 12 架直升机前往乌塔保,为即将实施的军事行动运兵。其中 1 架坠毁,机上 23 人全部罹难。14 日,从菲律宾和冲绳调来的约 1100 名海军陆战队队员陆续抵达乌塔保②。

福特政府在调兵遣将之际,试图表明它仍希望通过外交途径解决问题。华盛顿时间 14 日,美国向联合国秘书长瓦尔德海姆和安理会递交信件,指责柬埔寨当局在国际水域无故、非法劫持"马亚克斯"号商船,对世界和平构成威胁,请秘书长从中斡旋。它同时威胁:"如果柬埔寨当局对我们通过外交渠道吁请尽快行动不作积极回应的话,我国政府保留采取

---

① FRUS,1969-1976,Vol. 10,pp. 1004-1019;Roy Rowan. *The Four Days of Mayaguez*,New York:W. W. Norton & Company Inc.,1975,pp. 142-143.
② John F. Guilmartin Jr. *A very Short War:The Mayaguez and the Battle of Koh Tang*,College Station:Texas A & M University Press,1995,pp. 39-57.

保护美国公民的生命和财产可能需要的措施的权利,这包括《联合国宪章》第 51 条赋予的适当自卫措施。"①瓦尔德海姆反应积极,表示立即同柬埔寨当局联系,并通过中国代表转达呼吁。当晚,瓦尔德海姆公开声明他正在尽一切努力,争取和平解决"马亚克斯"号事件,呼吁双方保持克制,避免武力行动②。美国事实上并没有认真对待联合国的外交,福特总统的态度是"知道联合国采取有效行动的机会不存在",对其结果"完全不抱希望"。继而,福特断言美国"解决危机的外交努力失败"③。

美国的外交努力可以说是装样子,目的是掩护军事行动并为之辩护。基辛格事后辩解道:"这场危机期间没有外交解决的机会。""我们从未收到促使我们寻求外交解决的信函和建议,而且到周三晚上总统命令实施军事行动时,我们仍未收到任何答复。"④

华盛顿时间 1975 年 5 月 14 日下午 3 时 52 分至 5 时 42 分,福特第四次召集国家安全委员会,确定行动方案并下达执行命令。此时驱逐舰"霍尔特"号和"威尔逊"号已到达或即将到达指定水域,"珊瑚海"号已做好战斗准备,B-52 飞机处于战备状态。会议确定在当地时间 15 日 5 时 45 分从泰国乌塔保实施行动,一路海军陆战队由直升机载到"霍尔特"号上以夺取"马亚克斯"号;另一路海军陆战队由直升机载到丹岛,在驻泰战术空军的配合下解救被拘押的船员;第三路是"珊瑚海"号舰载机对西哈努克市的机场、军港和港口等设施进行 4 轮轰炸⑤。

当地时间 15 日上午 6 时 7 分(华盛顿时间 14 日晚 7 时 7 分),美国的营救行动已经开始,民主柬埔寨新闻和宣传大臣、政府发言人符宁发表为时 19 分钟的广播声明。他指责美国自民主柬埔寨政府成立以来,多次而且接连不断地对柬埔寨进行侦察和间谍活动,进行颠覆、破坏和挑衅,企图封锁柬埔寨的海路和港口。"马亚克斯"号是闯入柬埔寨领海的间谍船。他表示民主柬埔寨政府"并不打算无限期扣留它或挑起任何争端",

---

① FRUS,1969-1976,Vol. 10,p. 1020,Footnote 2.
② FRUS,1969-1976,Vol. 10,pp. 1020-1021.
③ Roy Rowan. *The Four Days of Mayaguez*,New York:W. W. Norton & Company Inc.,1975,p. 174;Gerald R. Ford. *A Time to Heal:The Autobiography of Gerald R. Ford*,New York:Harper & Row Publishers and the Readers' Digest Association Inc.,1979,pp. 278-279.
④ Telegram From SecState WASHDC to USLO Peking,Subject:Seizure of Mayaguez.
⑤ FRUS,1969-1976,Vol. 10,pp. 1021-1036.

只想弄明白"这艘船有何意图",警告美国船只今后不可再侵犯柬埔寨领海。民主柬埔寨政府将释放该船①。这是"马亚克斯"号事件发生后民主柬埔寨政府首次公开表态。美国该如何反应,是否停止已开始的军事行动,尤其是轰炸柬埔寨本土?福特总统认为民主柬埔寨政府的声明没有提到船员,命令继续执行行动计划,但表示船员获释就停止轰炸②。

美军顺利攻占"马亚克斯"号,但船上无船员。袭击丹岛的美军没有这么幸运。由于关于岛上守军的情报严重失实,估计只有20—30名游击队员,实际却驻有装备重武器的数百名正规军,执行任务的海军陆战队遭到重创,死亡15人,失踪3人,伤50多人。美军对柬埔寨本土实际实施2轮轰炸。

民主柬埔寨政府在广播声明后释放美国船员。他们在华盛顿时间1975年5月14日晚上10时50分左右被"威尔逊"号救起。晚上11时30分左右,福特总统宣布成功营救"马亚克斯"号及其船员,危机结束。

福特政府通过四次国家安全委员会会议,以有限的外交作掩护,以泰国为基地武力营救"马亚克斯"号,并对柬埔寨本土进行轰炸以示惩罚,以美军41条生命为代价达到目的。美国国内的反应总的来说有利于福特政府,如福特的民意支持率上升。在国际上,苏联媒体的报道"克制且相当公正"③。中国副总理李先念指责美国的军事行动应受国际舆论的强烈谴责。《人民日报》刊载了李先念的讲话、民主柬埔寨政府的广播声明以及题为"赤裸裸的海盗行径"的社论④。美国的盟友,如英国、意大利、韩国等支持美国的军事行动。英国媒体广泛报道美国的军事行动以及对福特有利的美国舆论,称之为"外交政策的一场胜利"。意大利舆论也支持美国的措施,认为美国在重塑国内团结的同时,采取措施重塑了其国际威信⑤。

---

① 符宁:《谴责美帝不断侵犯柬埔寨的挑衅行径》,《人民日报》1975年5月16日,第6版;Roy Rowan. *The Four Days of Mayaguez*, New York: W. W. Norton & Company Inc., 1975, pp. 202-205.
② Seizure of the Mayaguez: Hearings Before the Committee on International Relations and its Subcommittee on International Political and Military Affairs, House of Representatives, Ninety-Fourth Congress, First Session, Part 1, Washington: U. S. Government Printing Office, 1975, p. 70.
③ Telegram From Amembassy Moscow to SecState WASHDC, Suject: Soviet Coverage of "Mayaguez" Incident.
④ 《人民日报》1975年5月16日第1、6版;5月17日第6版。
⑤ Telegram From Amembassy London to SecState WASHDC, Subject: UK Public Reaction to Mayaguez Incident. Telegram From Amembassy Rome to SecState WASHDC, Subject: Italian Reactions to Mayaguez Incident.

泰国的反应在美国的盟友中是例外。美国以泰国为基地营救"马亚克斯"号的行动，引起泰美之间的严重交涉。

第三节　泰美之间的严重交涉与美军撤出泰国

一、泰国政府就营救事件与美国的严重交涉

对于美军营救"马亚克斯"号的行动而言，泰国因距柬埔寨最近，成为不可替代的行动基地。然而，泰国的利益要求它在这场危机中保持中立，反对美国使用其基地。它通过外交、新闻媒体等渠道，反复向美国声明其立场。福特政府召集的四次国家安全委员会会议讨论了是否使用泰国基地以及如何应对泰国的反应。美国出于重申强硬立场的需要，根据越南战争期间使用泰国基地的习惯以及它同泰国军方的特殊关系，无视泰国政府的警告，未经允许使用基地，致使泰国政府作出强烈反应。

1975年5月12日的国家安全委员会会议首次讨论使用泰国基地问题。参谋长联席会议代理主席琼斯将军建议使用美军驻泰国的飞机占领威岛，遭到基辛格的反对。基辛格说，美国可以利用泰国基地进行侦察，但不能采取军事行动，否则"不出一个月我们将离开那里"，而美国的利益要求美军尽可能驻留泰国。至于可否不经泰国同意使用基地，基辛格和国防部长施莱辛格都给予否定回答①。基辛格后来说："如果我们未经允许采取行动，已经存在的赶走我们的强大压力会马上爆发。"②应该说，福特政府的主要成员十分清楚美泰关系的现状以及使用泰国基地的严重后果。

泰国也在密切关注事态的发展，向美国明白无误地表明其立场。当地时间1975年5月13日下午3时，克立·巴莫总理召见美国代办马思特斯并发表公开声明。他对美国武力解救"马亚克斯"号的威胁感到担心，声明泰国的立场是"任何报复行动纯属美国和柬埔寨之间的事，绝不应牵连泰国"。明确反对美国使用泰国的美军设施。马思特斯保证美国使用驻泰飞机实施任何行动之前都会通知泰国政府。他警告美国国务院，美国违反承诺的后果是"我们必将失去泰国政府给予的大量合作，以及丧失使用甚

---

① FRUS，1969-1976，Vol. 10，pp. 977-985.
② Henry Kissinger. *Years of Renewal*，New York：Simon & Schuster，1999，p. 553.

至保留泰国基地的权利"①。

美国政府含糊其词。国务院告诉马思特斯,华盛顿正在讨论这个问题,要求他不要再向泰国政府提起此事②。基辛格在堪萨斯城记者招待会上说:"我尚未获知这已经正式发生。如果已经发生的话……表明印度支那的最近事态严重影响了泰国的立场,即他们同美国保持密切联系的程度,尤其是在主要涉及美国的问题上。"③实际上,从福特总统的记述来看,美国已经决定无视泰国的反应。福特把克立·巴莫总理的公开声明视为"政治辞令",理由是"泰国人清楚我们只能使用乌塔保基地,没有别的选择"。从冲绳和菲律宾调来的海军陆战队"必须利用泰国作为出发地"。他甚至说,在"马亚克斯"号获得安全之前,"毫不在意冒犯他们(指泰国人)的感情"④。

在第二次国家安全委员会会议上,施莱辛格建议使用海军陆战队和驻乌塔保的直升机夺回"马亚克斯"号。总统国家安全事务代理顾问斯考克罗夫特将军提醒在泰国方面有问题,从泰国使用武力会遇到困难,但施莱辛格说:"他们有可能公开抗议,但私下可能同意。"因为"他们以前就是这样做的"⑤。基于这个判断,参谋长联席会议当天中午奉总统之命,令驻菲律宾和冲绳的海军陆战队调往泰国乌塔保。这个判断是错误的,因为印度支那形势已发生重要变化,泰国文人政府和军人政权的对美政策有重大区别。

第三次国家安全委员会会议确定,由集结到乌塔保的海军陆战队实施营救行动,不向泰国政府通报美国的计划。基辛格说:"会上一致同意最好不同泰国政府商量这个计划……正式请求必然会遭到拒绝,而单边行动充其量加速撤军的时间表。我们相信,不管泰国后来提出任何抗议或作出任何反应,泰国领导人尤其是军事领导人会欢迎美国的强硬立场。"他认

---

① Telegram From Amembassy Bangkok to SecState WASHDC, Subject: Thai Unwillingness to Let the U. S. Flex its Thai Based Military Forces in Indochina.
② Telegram From SecState WASHDC to Amembassy Bangkok, Subject: SS Mayaguez.
③ Seizure of the Mayaguez: Hearings Before the Committee on International Relations and its Subcommittee on International Political and Military Affairs, House of Representatives, Ninety-Fourth Congress, First Session, Part 1, Washington: U. S. Government Printing Office, 1975, pp. 67-68.
④ Gerald R. Ford. *A Time to Heal: The Autobiography of Gerald R. Ford*, New York: Harper & Row Publishers and the Readers' Digest Association Inc., 1979, p. 276.
⑤ FRUS, 1969-1976, Vol. 10, pp. 991-1000.

为事后"向他们重申保证"就可以息事宁人①。

当地时间 1975 年 5 月 14 日，由于美国海军陆战队陆续抵达乌塔保，克立·巴莫总理同美国大使馆交涉并公开抗议，指责美国的举措"不符合现有的泰美友好原则"，要求美国"立即撤走这些违背泰国政府意愿调来的军队"，否则会对现有的泰美友好合作关系造成"严重及破坏性后果"②。泰国的抗议已经无法动摇美国的决定。最后一次国家安全委员会会议下令实施营救行动，仅决定行动结束后从泰国撤走这些部队③。

当地时间 1975 年 5 月 15 日上午，由于对美军的行动毫不知情，泰国政府最初宣布，根据泰国最高司令部的情报，否认击沉柬埔寨军舰的美国飞机来自泰国，称部分海军陆战队已撤到"珊瑚海"号航空母舰上，部分还留在乌塔保。泰国外交部很快更正道，美国代办说飞机来自"东南亚地区的各个基地"④。事实很快就清楚了。泰国政府无法掩饰尴尬的境遇，作出强烈反应。泰国外交部向美国大使馆递交克立·巴莫与马思特斯首次会谈的备忘录，要求美国尽快撤走海军陆战队。克立·巴莫总理公开表示："如果美国不理睬抗议，必须采取其他措施。我们无法保持超然，因为事关我国的尊严和声望。"他说已通知美国一年内撤走所有军队，指责美国的行为"极不友好"，"完全不符合朋友之道"，"侵犯了泰国的主权"，支持民众的和平抗议行动。1975 年 5 月 16 日的政府内阁会议决定，令驻美大使向美国政府递交备忘录并召其回国磋商。备忘录指责美国的行为"侵犯了作为友邦的泰国"，泰国政府"将着手对泰美之间的所有关系和义务，一切形式的联系和义务，无论它们涉及经济还是军事事务，或者其他，进行研究和审查，以便纠正这些联系和义务，使之适应目前形势"⑤。

泰国舆论和民众也行动起来。舆论普遍指责美国的行为侵犯了泰国的

---

① FRUS, 1969-1976, Vol. 10, pp. 1004-1019.
② Telegram From Amembassy Bangkok to SecState WASHDC, Subject: RTG Aide Memoire on the U. S. Military Use of Thailand.
③ FRUS, 1969-1976, Vol. 10, pp. 1021-1036.
④ Telegram From Amembassy Bangkok to SecState WASHDC, Subject: Sinking of Cambodian Ships.
⑤ Telegram From Amembassy Bangkok to SecState WASHDC, Subject: First RTG Aide Memoire on Mayaguez Affair; Telegram From Amembassy Bangkok to SecState WASHDC, Subject: Khukrit on the RTG Reaction to the Mayaguez Incident; Telegram From Amembassy Bangkok to SecState WASHDC, Subject: RTG Statement Protesting US Action on the Mayaguez Incident.

主权，无视东南亚和泰美关系的新现实，敦促泰国政府给予坚定回应。《民族》报指出："这个地区的政治地图在过去一个月改变了，几乎世界上所有的国家都设法调整政策以适应新形势——同印度支那国家接壤的泰国尤其如此。值此关键时刻，在印度支那的邻国看来，美国是在设法连累泰国。"《曼谷世界》报谴责美国的行为导致泰国成为"柬埔寨报复的方便目标"，"侮辱了泰国政府和人民"，"对泰美关系的伤害难以愈合"①。从1975年5月15日到21日，泰国民众在曼谷美国大使馆前、南部宋卡及北部清迈的美国领事馆前举行抗议活动，谴责美国的行为，要求美国撤军并向泰国人民道歉，保证不再侵犯泰国主权。

美国政府竭力辩解。在华盛顿的记者招待会上，基辛格声称，根据《东南亚集体防御条约》及同泰国签订的基地协定，以及两国过去数年间在印度支那事务上的互利合作，导致美国判断"使用这些基地的自由度要比东南亚目前形势允许泰国政府去做的多"，对给泰国政府带来的麻烦仅仅"感到遗憾"。不过，"美国有理由或者有权期待那些同美国结盟的国家同情地对待对美国有深远影响的问题"。换言之，泰国应同情而不是抗议美国的营救行动。至于为何事先未同泰国磋商，他说，有时在紧急情况下未经充分协商而采取行动，因而根据传统以为这是可以理解的措施。他安抚泰国：美国准备本着友好与合作的精神，同泰国政府讨论一切问题，并对可能带来的麻烦实在感到遗憾②。这是对美国违反国际关系基本准则的行径强词夺理，轻描淡写。

泰国对基辛格仅表"遗憾"的态度不满。差猜·春哈旺副外长向记者表示："这不是道歉。他只是感到遗憾。"③泰国政府再次递交照会，除继续指责美国严重侵犯泰国主权、无视泰国政府和人民的意愿以外，还通报了泰国政府的进一步决定：①"有必要而且立即重审泰美之间已有的一切合作和义务"；②1976年3月之前美军完全撤出泰国，此举还将涉及美国

---

① Telegram From Amembassy Bangkok to SecState WASHDC, Subject: Editorial Comment on the Dispatch of U. S. Marines to Thailand; Telegram From Amembassy Bangkok to SecState WASHDC, Subject: Editorial Comment on the Dispatch of U. S. Marines to Thailand.

② Seizure of the Mayaguez: Hearings Before the Committee on International Relations and its Subcommittee on International Political and Military Affairs, House of Representatives, Ninety-Fourth Congress, First Session, Part 1, Washington: U. S. Government Printing Office, 1975, pp. 90-94.

③ Telegram From Amembassy Bangkok to SecState WASHDC, Subject: Chatchai on the Mayaguez Incident and on the May 16 Kissinger Press Conference.

使用泰国军事基地和设施的协定。①与前一天相比，泰国政府明确要求美国在1976年3月之前全部撤军。泰国大使阿南向基辛格指出，东南亚的国际局势和泰国国内局势均发生变化，而美国没有完全理解目前的文人政府与先前的军人政权之间的差别。泰国希望泰美关系是全方位的友好关系。

美国终于进行认真回应。首先，基辛格同阿南大使会谈的态度是和解性的。他表示美国将根据泰国的愿望调整两国关系，但以为美泰关系的变化"不符合泰国的利益"，美国在泰国地位的削弱会"削弱泰国讨价还价的地位"。美国将支持泰国，维护两国的传统友谊，派助理国务卿哈比布访泰，美国国务院正在准备答复泰国照会②。其次，当地时间1975年5月19日上午，美国国务院正式答复泰国。它继续为自己辩解，宣称美国制止了"马亚克斯"号事件对"所有国家和全球海洋商务构成的普遍危险"，而情势危急，任何耽搁"都会带来最严重的后果"，对由此引起美泰之间误会、给泰国政府带来麻烦两次表示遗憾，声明美国坚持尊重泰国的主权和独立，不再重演此类事件。美国政府盼望与泰国政府友好、和谐地进行合作。负责递交照会的马思特斯解释道，美国表达的遗憾就是道歉③。

差猜·春哈旺副外长接受了美国的照会和口头解释，态度立刻缓和下来，说召阿南大使回国磋商不应被视为"泰国政府的报复行为"，准备劝说示威者结束抗议活动。他随后举行新闻发布会，表示泰国政府对美国的"道歉信"感到满意，宣布泰美交涉结束，两国将恢复先前的良好关系，应召回国的阿南大使仅暂住几天④。

二、驻泰美军全部撤离

美国为营救"马亚克斯"号船员而引起泰国的严重交涉，其原因如泰

---

① Telegram From Amembassy Bangkok to SecState WASHDC, Subject: RTG Protest Memorandum Over the Mayaguez Affair.
② Telegram From SecState WASHDC to Amembassy Bangkok, Subject: Delivery of Thai Protest Note Over Mayaguez Incident.
③ Telegram From SecState WASHDC to Amembassy Bangkok, Subject: Note to Thai Government Re Mayaguez Incident; Telegram From Amembassy Bangkok to SecState WASHDC, Subject: Note to Thai Government Re Mayaguez Incident.
④ Telegram From Amembassy Bangkok to SecState WASHDC, Subject: Chatchai on the U. S. Note Expressing Regret Over the Mayaguez Incident.

国方面一再指出，是美国忽视已经发生了变化的东南亚局势和泰国国内政治，无视泰国政府的正当要求，低估了其后果。泰国政府更加深刻地认识到，美国的军事存在是泰国调整对外政策的主要障碍，需要重新评估泰美关系。差猜·春哈旺副外长借美国新任大使怀特豪斯拜见之机，重申泰国政府要求美国在一年内撤军，将审查泰美之间的所有协议，尤其是涉及美国军事存在的协议，强调泰美友好关系应更加"公正"，告诫美国现在是同"向议会和人民负责的文人政府打交道"，不能像对待军人政权那样"走捷径"①。这种态度推动美国加快制订撤军方案。

根据美国国家安全决定备忘录第286号文件的规定，美国从泰国撤军的最后期限是1976年12月31日，此后还留驻10 000名美军和部分飞机。在"马亚克斯"号事件之后，美国需要重新制订撤军方案。1975年7月1日，基辛格要求国防部、国务院和中央情报局制订1976年3月31日前撤走全部美军以及保留资产的方案，后者要考虑情报和必要的军事资产②。

1975年9月下旬，国防部根据克立·巴莫总理要求撤走所有美军的声明，提出三个方案，即到1976年3月31日，留泰美军约为3800人、300人和3000人。方案一和方案三另有约1000名后勤支持人员在夏初完成物资回运任务之后撤离。总统国家安全事务助理斯考克罗夫特对这些方案都不满意，还幻想泰国军方会反对，而这种态度将决定泰国政府的决策。10月17日举行的高级审查组会议主要支持方案三，而且中央情报局局长科尔比估计，泰国会在1976年3月后拒绝美国作战部队的存在③。

因此，福特总统在一周之后决定，1976年3月后美国在泰国留驻3000美军，保留（未解密的内容）清迈地震站、U-2R行动、P-3空中监视巡逻队、1架飞机在乌塔保的活动，并争取批准美国飞机再次进驻，争取保留阁卡空间跟踪设施，泰国情报机构与第500军事情报站和第7602空中情报站的联系④。

从1975年11月起，美国驻泰使馆与克立·巴莫政府协商留泰美军问

---

① Telegram From Amembassy Bangkok to SecState WASHDC, Subject: Ambassador's Call on Foreign Minister Chatchai.

② FRUS, 1973-1976, ve12, Doc. 402.

③ FRUS, 1973-1976, ve12, Doc. 405, Doc. 407, Doc. 410.

④ FRUS, 1973-1976, ve12, Doc. 411.

题。双方在泰国对美军的管辖权上陷入僵局。美国要求给予这些留泰美军外交豁免权，而泰国仅同意给予美国联合军事顾问团外交豁免权，其余美军受泰国司法管辖。

至 1976 年 3 月，双方依然互不让步。阿南副外长 3 月 3 日会见怀特豪斯大使，不仅坚持此前立场，还威胁道，如果美国在 3 月 20 日前不接受此原则，美军必须全部从泰国撤走。因此，怀特豪斯认为，克立·巴莫总理和其他泰国官员完全改变了对留泰美军的态度，只愿意保留军事援助顾问团和拉玛逊情报站，对美国军事存在牵制越南民主共和国的价值失去信心。他建议通知阿南，美方将撤出阁卡和清迈，加快撤走乌塔保人员，并只有在给予类似于军事援助顾问团人员特权和豁免权的情况下才保留拉玛逊。然而，国家安全委员会、国防部和中央情报局都不相信怀特豪斯的判断，认为阿南的强硬路线属于个人立场[①]。3 月 5 日，基辛格在与相关部门人员研究后，无法接受泰国的条件，要求怀特豪斯大使再次拜见克立·巴莫总理[②]。

1976 年 3 月 20 日，克立·巴莫总理宣布，美军必须在 4 个月内即 1976 年 7 月 20 日前全部撤走。同时，美国国务院、国防部、中央情报局、国家安全局和国家安全委员会举行会议，建议美国满足泰国的愿望，在 3 月 20 日关闭所有基地，撤运价值约 6000 万美元的弹药，撤走综合通信系统，不修改已提交国会的 1976 年和 1977 年对泰军事援助计划，削减美国联合军事顾问团人员（泰国同意 270 人，美方决定到年底由当时的 161 人减为 60 人）[③]。

此后，尽管克立·巴莫总理在 4 月 4 日议会选举中失败，美国驻泰使馆认为，新政府不会改变要求美国撤军的决定，否则将在曼谷引发激烈的示威活动。即使发生军事政变并建立军人政府，美国撤军也难以逆转[④]。

这样，到 1976 年 7 月 20 日，美国按计划撤走了全部驻泰美军。

---

① FRUS，1973-1976，ve12，Doc. 415.
② FRUS，1973-1976，ve12，Doc. 416.
③ FRUS，1973-1976，ve12，Doc. 417.
④ FRUS，1973-1976，ve12，Doc. 420.

第九章

越南侵柬期间美国与泰国的安全与经济合作

东南亚地区在越南战争结束后的态势是,美国退出去,苏联挤进来。泰国在美国亚洲和东南亚政策中的地位大幅度下降,双方都放弃安全结盟的政策。泰国与中国建交,改善与印度支那邻国的关系。美国也把泰国作为东南亚国家联盟成员国对待。两国关系的重心转为发展贸易与科技合作。越南侵略柬埔寨,对地区和平与稳定尤其是泰国的安全构成严重威胁。美国以支持东盟解决柬埔寨问题的立场的形式来支持泰国,向泰国提供军事援助,帮助泰国解决印度支那难民带来的巨大压力,但是没有直接介入这场冲突。

第一节 东南亚地区形势与泰、美两国对外政策的调整

一、东南亚地区的美国、苏联、中国三角关系

美国、苏联和中国是20世纪70年代影响亚太地区的重要国家,三国的亚太政策及它们之间的关系直接影响了亚太国际关系。尼克松、福特和卡特等美国总统,在全球与苏联缓和,在亚太地区与中国关系正常化,在

中东、南亚和非洲又同苏联展开激烈争夺。美、苏、中三国在亚太地区形成战略性三角关系。东南亚地区态势的发展体现了这种三角关系。

美国为越南战争付出了高昂的代价,死亡和失踪达 58 718 人,直接战争费用为 1120 亿—1550 亿美元,总的经济损失估计为 9250 亿美元[①]。

1975 年 4 月,越南南方的伪西贡政权覆灭,柬埔寨建立红色高棉执政的民主柬埔寨政府。12 月,人民革命党领导的老挝人民民主共和国成立。1976 年 6 月,越南实现南北统一。这些变化意味着此前美国的印度支那政策以及它扶植的"政权"彻底失败。

对于美国来说,越南战争的后果是国内民心涣散,政府威信尽失,总统与国会关系恶化,在国际上十分孤立。美国出现了越南战争后遗症,即尽量不再去干涉东南亚事务。即使越南在苏联的支持下入侵柬埔寨,美国也未直接干预。

与美国相反,苏联在对美缓和的同时采取进攻性外交,与美国在全球展开争夺。勃列日涅夫在苏共二十五大的政治报告中称:"目前在制定我们的对外政策的时候,也许地球上没有哪一个角落的情况是不以某种方式加以考虑的。"[②]

越南的地区野心膨胀,企图建立霸权。出于与美国争霸和遏制中国的考量,苏联全力支持越南。1978 年 6 月,越南加入经济互助委员会。11 月 3 日,两国签订具有军事同盟性质的《苏越友好互助条约》。苏联向越南派遣大批军事顾问,提供大量武器装备和经济援助,同时获得金兰湾等越南军事基地的使用权。苏越结盟成为东南亚地区最主要的不稳定因素。

中、苏两国的分歧在 20 世纪 60 年代由意识形态领域扩大到两国关系,直至发生边境军事对抗。70 年代初,中国恢复了联合国的合法席位,开启了与美国关系正常化的进程。越南战争结束后,中国积极改善与东南亚国家的关系,在 70 年代中期与马来西亚、菲律宾和泰国建交,改善了与新加坡和印度尼西亚的关系。

因此,20 世纪 70 年代中后期东南亚地区的态势是,美国退出去,苏

---

① 资中筠主编:《战后美国外交史——从杜鲁门到里根》下册,北京:世界知识出版社,1994 年,第 760 页。
② 辛华编译:《苏联共产党第二十五次代表大会主要文件汇编》,北京:生活・读书・新知三联书店,1977 年,第 14 页。

联挤进来，中国成为维护东南亚地区和平与稳定的重要力量。

二、泰国改善与中国和印度支那邻国的关系

在亚太和东南亚地区形势变化之际，泰国进行了短暂的民主实验。1974年制定并通过新宪法，1975年1月和1976年4月举行议会选举并建立民主政府。1976年8月至9月，学生们抗议流亡在外的巴博·窄鲁沙天和他侬·吉滴卡宗回国。10月6日，警察包围举行示威集会的法政大学并向学生开枪。军方乘机宣布成立由军人组成的"国家管理改革委员会"，逮捕学生和左翼分子，软禁社尼·巴莫总理，废止1974年宪法，取缔一切政党，进行新闻审查，等等。最高法院法官他宁·盖威钦在军人的支持下组建政府。1977年10月20日，军方发动政变，成立了"国家管理改革委员会"秘书长江萨·差玛南将军领导的政府。

国内政局的变动并未影响泰国政府调整外交战略的步伐。美军全部撤走是泰国政府成功调整对外政策的一个重要标志。另一个重要标志是与中国建交[①]。

泰国首先释放出善意。从1969年初开始，他纳·科曼外长在国内外多次谈到，有必要采取更加灵活的外交政策并与中国逐步改善关系。不过，以巴博·窄鲁沙天副总理代表的军方持反对立场。因此，军人控制的泰国政府对改善对华关系持审慎的立场。1971年联合国大会讨论恢复中国在联合国的席位时，泰国支持"两个中国"的立场。军人政权甚至通过11月政变，赶走了步伐迈得过快的他纳·科曼。

中国方面则在1972年开展"乒乓外交"。4月，中国邀请泰国乒乓球队参加9月在北京举行的亚洲乒乓球锦标赛。泰国政府作出积极回应，希望"借此机会跟中国政府的领袖们建立关系"，"考察或试探中华人民共和国政府对泰国和泰国政府的立场和看法如何"[②]。

1972年8月27日，泰国乒乓球队在警察总监春蓬·洛哈差拉和国家行政委员会经济、财政和工业署副主任巴实·干乍那越（许敦茂）的率领

[①] M. L. BLadahansoon Ladavalya 的博士学位论文对泰中建交的过程进行了梳理。参见 M. L. BLadahansoon Ladavalya. *Thailand's Foreign Policy Under Kukrit Pramoj: A Study in Decision-making*, PhD. Dissertation of Northern Illinois University, 1980, pp. 271-298.

[②] 杨行、李灵：《泰国基辛格——许敦茂》，曼谷：泰国盘谷银行，1997年，第117—118页。

下，赴北京参赛。巴实·干乍那越实则代表泰国政府与中国进行接触。他与周恩来总理等人就两国关心的问题交换了意见。这次访华"敲响起两国友谊钟声的一次历史性的政治试探"①。

1972年10月，巴实·干乍那越以商务部长的身份，率17名官员和企业家组成的代表团出席第36届广州出口商品交易会。代表团在归国后主张与中国开展直接贸易并建交，理由是泰国对华贸易不会出现逆差，泰国可以节省外汇，有助于增加出口收入和降低商品价格，有助于增进两国之间的了解并缓和两国之间的紧张关系②。

军人政权垮台后，泰国政府改善对华关系的政策没有动摇。讪耶·探玛塞总理表示："泰国将采取措施促进与所有对泰国友好国家的良好关系，包括具有不同政治理念的国家，并将增进和加强与邻国的友好关系和理解。"③

泰、中两国的经济和政治往来迅速增加。1972年12月下旬，差猜·春哈旺副外长率泰国贸易代表团访华。此时，泰国因世界石油危机发生石油短缺，而中国政府以优惠价格出售了50 000吨轻柴油。1974年2月，泰国国防部长他威·尊拉塞以泰国奥林匹克委员会主席的身份访华。12月，泰国解除了进口中国商品的禁令，消除两国之间的贸易障碍。从1974年12月到1975年1月，商务部长巴颂、副部长素坤和副外长差猜·春哈旺相继访华，中国再次提供75 000吨轻柴油④。

1975年3月成立的克立·巴莫政府把承认中华人民共和国、与中国建交作为对外政策的重点。克立·巴莫总理召回驻联合国大使阿南·班雅拉春，命他主持起草与中国建交的文件。

1975年6月30日，克立·巴莫总理访华。7月1日，两国宣布正式建交。在中泰联合公报中，双方反对并谴责"一切外国侵略和颠覆以及任何国家控制别国或干涉别国内政的一切企图"，反对"任何国家或国家集团在世界上任何地区建立霸权和势力范围的图谋"。对于泰方关心的华侨

---

① 杨行、李灵：《泰国基辛格——许敦茂》，曼谷：泰国盘谷银行，1997年，第99页。
② 杨行、李灵：《泰国基辛格——许敦茂》，曼谷：泰国盘谷银行，1997年，第99—100页。
③ Clark D. Neher, Wiwat Mungkandi. *U. S.-Thailand Relations in a New International Era*, Berkeley: Institute of East Asian Studies, University of California, 1990, p. 19.
④ R. Sean Randolph. *The United States and Thailand: Alliance Dynamics, 1950-1985*, Berkeley: Institute of East Asian Studies, University of California, 1986, pp. 170-171；谢显益主编：《中国外交史：中华人民共和国时期，1949—1979》，郑州：河南人民出版社，1988年，第486—487页。

问题，中方申明不承认双重国籍，取得泰国国籍的华人自动丧失中国国籍，要求保留中国国籍的侨民遵守泰国法律并尊重泰国习俗，其正当权利和利益将得到中国政府的保护和泰国政府的尊重。在台湾问题上，泰方承诺承认"只有一个中国""台湾是中国领土不可分割的一部分"的原则，在公报签字后一个月内从中国台湾地区撤走一切官方代表机构①。泰中建交成为两国关系新的里程碑。

此外，泰国政府还改善了与社会主义国家以及印度支那邻国的关系。

1974年，泰国与蒙古国、波兰、捷克斯洛伐克、南斯拉夫、民主德国和保加利亚等国建交，与苏联签订文化交流协定。

1973年3月底，泰国终止美国经泰国向柬埔寨朗诺"政权"提供物资，切断了朗诺"政权"的生命线②。1974年11月乍鲁潘外长访问老挝。

泰国从1974年开始与越南民主共和国进行接触。越南民主共和国政府提出的建交条件是美军全部撤离泰国。1975年4月越南南方伪政权崩溃之际，越南南方飞行员驾驶175架飞机逃到泰国的美军基地。由于美国和越南民主共和国都声称拥有这些飞机，这个事件影响了泰越关系的改善③。1976年8月，泰越两国终于建交④。1978年1月，泰国与越南签订航空协定，越南同意泰国国际航空公司飞到胡志明市⑤。5月，越南总理范文同访泰，保证不支持泰国的"直接或间接"叛乱⑥。

故而，到20世纪70年代中后期，泰国实现了外交政策的调整，改变了50年代以来向美国"一边倒"的政策，与中国建交，改善了与社会主义国家和印度支那邻国的关系。由于即将发生越南侵略柬埔寨事件，这些变化对泰国维护国家安全极为重要。

---

① 中华人民共和国驻泰王国大使馆：《中华人民共和国和泰王国关于建立外交关系的联合公报》，http://www.fmprc.gov.cn/ce/ceth/chn/ztgx/sbwx/t86118.htm［2004-04-21］。
② Karl D. Jackson, Wiwat Mungkandi. *United States-Thailand Relations*, Berkeley: Institute of East Asian Studies, University of California, 1986, p. 164.
③ R. Sean Randolph. *The United States and Thailand: Alliance Dynamics, 1950-1985*, Berkeley: Institute of East Asian Studies, University of California, 1986, pp. 171-172.
④ R. Sean Randolph. *The United States and Thailand: Alliance Dynamics, 1950-1985*, Berkeley: Institute of East Asian Studies, University of California, 1986, p. 173.
⑤ Karl D. Jackson, Wiwat Mungkandi. *United States-Thailand Relations*, Berkeley: Institute of East Asian Studies, University of California, 1986, p. 167.
⑥ R. Sean Randolph. *The United States and Thailand: Alliance Dynamics, 1950-1985*, Berkeley: Institute of East Asian Studies, University of California, 1986, p. 209.

三、美国对东南亚和泰国政策的调整

实际上,美国在越南南方伪政权覆灭后无法履行保卫泰国的诺言,"马亚克斯"号事件导致两国关系一度陷入低谷。

美国参议院多数党领袖迈克·曼斯菲尔德在 1975 年 10 月访问缅甸、泰国和菲律宾,提出废除《东南亚集体防御条约》和《腊斯克—他纳公报》。他指责后者把多边条约变成了美泰双边条约,而"《东南亚集体防御条约》是因过去的对华立场而签订的,现在的对华立场已经改变"。他认为,尽管《东南亚集体防御条约》与当前美国在亚洲的利益无关,暂时不起作用,但是"会成为潜在的纠纷和麻烦的根源"。他要求"立即慎重地重新审查该条约以便终止它"[①]。

这两个文件是冷战期间美泰两国关系的基石,如今迈克·曼斯菲尔德参议员要求废除,表明美国倾向于大幅度调整两国关系,大大降低泰国在美国对外政策中的作用。

1975 年 12 月 7 日,在访问中国、印度尼西亚和菲律宾,参加珍珠港被袭 34 周年纪念活动之后,福特总统在夏威夷大学东西研究中心发表演说,宣布"太平洋主义",即"赞成与所有人和平相处,对谁都不怀敌意",美国首要的政策目标是维护亚洲朋友与盟友的主权与独立,强调美日伙伴关系是柱石,要与中国关系正常化,"对东南亚的稳定和安全有着长期利害关系",以及解决亚洲突出的政治冲突、实行经济合作等。关于东南亚,福特总统强调美国与东南亚国家联盟五国拥有共同的重要政治和经济关切,所有成员国都是美国的朋友,美国必须继续帮助它们。美国将根据印度支那国家新政权对其立场来确定政策。美国与东盟五国关系的标志是"不断增长的成熟性和双方更加合理和现实的期望",东盟更加期望美国提供新的贸易机会,以及更加公平的科学技术转让安排[②]。

"太平洋主义"表明,美国把东盟五国视为一体,没有列出菲律宾、泰国等国,今后双方关系的重心将由安全合作转为发展贸易和技术合作。这是美国东南亚冷战政策的重大转变。

---

① Mike Mansfield. *Winds of Change: Evolving Relations and Interests in Southeast Asia*, Washington: U.S. Government Printing Office, 1975, pp. 10-11.

② Gerald Ford. *Address at the University of Hawaii*, http://www.presidency.ucsb.edu/ws/?pid=5423[1975-12-07].

第九章 越南侵柬期间美国与泰国的安全与经济合作

在卡特时期,美国东南亚政策的重点是推行人权外交、同越南关系正常化和支持东盟。

1977年,美国国务院评估了泰国、印度尼西亚和菲律宾的人权状况。在3月、6月和10月,负责东亚和太平洋事务的助理国务卿理查德·C.霍尔布鲁克和助理国务卿帮办罗伯特·B.奥克利在众议院国际关系委员会作证①。

在6月30日作证中,罗伯特·B.奥克利把泰国人权问题归结为1976年10月政变的后果。在概述1973—1976年民主实验失败、1976年10月政变以及他宁政府建立之后,他从健全的个人权利、基本物质需求和政治自由等方面评估泰国的人权现状。泰国政府为民众提供了基本食物、住所、健康保险和教育,但戒严法损害了法律规定的应有程序和个人自由,现政府未经选举,政党被解散。他表示,美国已经向泰国政府转达了卡特政府的人权观点,指出紧急状况不能作为违反人权的正当理由。泰国政府正在作出改进,更加重视乡村发展,释放大批被关押者。此外,他把泰国的不民主归咎于印度支那邻国对泰国的长期安全威胁。由于在近两年接纳了约12万印度支那难民,泰国还对邻国民众的人权作出了贡献。

由此可见,人权外交对美泰关系的影响十分有限。

1978年4月底至5月上旬,蒙代尔副总统访问了菲律宾、泰国、印度尼西亚、澳大利亚和新西兰,他在夏威夷火奴鲁鲁演说时阐述了卡特政府的东南亚政策②。此行的目的是帮助确定美国在东南亚和太平洋地区的作用。由于1975年4月以来美国在东南亚的军事存在衰减,对该地区的援助下降,鲜有高官访问,该地区国家担心美国放弃东南亚地区。它们希望美国维持存在,加强经济联系,积极开展外交活动。因此,他向每个国家声明美国决定履行多边和双边安全义务,在太平洋地区维持均衡而灵活的军事态势。他向印度尼西亚和泰国保证提供防御武器,分别交付A-4飞机和F-5飞机。他向亚洲国家领导人强调,美国不干涉东南亚国家内部事务,卡特总统愿意支持他们的自助努力,尤其是开发经济潜力。双方的共同愿望是深化经济合作。美国将继续推动东盟的团结,加强与东盟各国及东盟组织的关系。

---

① Department of State Bulletin, April 4, 1977, pp. 322-326; April 11, 1977, pp. 342-344; Aug. 15, 1977, pp. 210-213; December 12, 1977, pp. 848-852.

② Department of State Bulletin, July 1978, pp. 22-25.

此外，蒙代尔访问时还意识到，当前东南亚人权问题体现为"迅速而日益增加的印度支那难民的涌入"。

从 1975 年起，政局的变化导致逃离印度支那国家的难民越来越多。1978 年难民数量剧增。每月出逃的难民，由年初时不足 1500 人，至年底时超过 2 万人。就泰国而言，到 1979 年初，从陆路抵达泰国的难民总数超过 45 万人，其中 18 万人在泰国等待安置，有的人在难民营已经待了 4 年多①。这些难民给泰国的经济和安全带来了巨大压力。

因此，蒙代尔在演说时表示，美国及其他国家"低估了难民问题的规模"，越南的邻国正承受着解决大量涌入的"船民"和陆上难民的重压。他特别指出泰国所面对的严重难民问题，任何国家都无法独自解决。"鉴于我们卷入越南的遗产"，美国对此负有特殊责任，必须带头发动更为广泛的国际努力。他向东南亚国家领导人表示，美国每年接纳 25 000 名印度支那难民，推动处理赴美难民申请，在曼谷增派移民与归化服务人员。"我向泰国当局提出提供约 200 万美元，以支援他们为解决印度支那难民制订更长期的方案。我还表示，一旦制订了此类方案，美国将准备同其他国家一道提供更多物质帮助，以资助在泰国和别的地方的难民的永久性安置。总之，我们尽力为这些难民寻找永久的家园。我们将敦促其他国家尽力。"②

总之，20 世纪 70 年代中后期美国对东南亚和泰国的政策发生重大变化，把东盟五国视为一体，双方关系的重心是发展贸易和技术合作。卡特政府的人权外交对美国与泰国等东南亚国家的关系的影响不大，卡特政府还把泰国等东南亚国家出现的难民问题纳入人权问题，准备协助其解决。

第二节　越南侵柬与美国在东南亚国家联盟框架下对泰国的支持

一、越南侵略柬埔寨与美国支持东南亚国家联盟反对越南的霸权

在近现代历史上，柬埔寨一直是泰国和越南之间的缓冲地带。在越南

---

① Department of State Bulletin，December 1979，pp. 14-15.

② Department of State Bulletin，July 1978，pp. 22-25.

抗美战争期间，与越南南方接壤的柬埔寨领土鹦鹉嘴、鱼钩等地，成为越南南方解放武装力量抗美的重要根据地。战争结束后，越南声称这些地方属于其领土范围之内，致使它与民主柬埔寨政府的关系恶化。1977年，越南对柬埔寨发起的多次军事挑衅均受挫。两国在年底断交。1978年12月25日，越南出动约20万地面部队和约500辆坦克、装甲车及数百门大炮，发动侵柬战争。1979年1月7日，越军占领柬埔寨首都金边。1月10日，越南扶植以韩桑林为首的伪"柬埔寨人民共和国"，并得到苏联等国的承认①。

对于刚结束越南战争的东南亚地区来说，越南侵略并占领柬埔寨，严重地威胁了地区尤其是泰国的安全，不但使地区和平化为乌有，而且使地区局势变得十分复杂，苏、美、中三国及东盟国家都卷入其中。

苏联支持越南的侵略行动，并通过军事和经济援助而获得越南海、空军基地的使用权，在东南亚地区与美国驻菲律宾等地的军事力量直接对峙，打开了美国西太平洋"岛屿锁链"的缺口，威胁着西方至印度洋和太平洋的通道，并从南翼包围中国。因此，苏联支持越南侵柬和1979年12月苏联直接侵略阿富汗，"构成了苏联南下战略的两个重要环节"②。

中国坚决反对越南侵柬，支持民主柬埔寨政府的抵抗斗争，支持东盟组织在柬埔寨问题上的立场，向泰国提供安全保证。

1979年1月7日和14日，中国政府两度发表声明，谴责越南的侵略，支持民主柬埔寨政府的抗越斗争，拒不承认韩桑林伪政权，呼吁"一切关心东南亚、亚洲和世界和平与稳定的国家和人民，采取各种可能的措施，制止越南当局对一个主权国家的野蛮侵略"③。中国的立场间接支持了柬埔寨的抗越斗争，阻止越南向泰国施加军事压力④。

美国与民主柬埔寨政府的关系较为特殊。如第八章所述，"马亚克斯"号事件导致美柬关系交恶。此后，民主柬埔寨政府推行极端措施，严重侵犯了柬埔寨民众的基本人权，既成为越南侵柬的一个重要借口，又使卡特政府极为反感。1978年4月21日，卡特总统发表声明，指责柬埔寨

---

① 王绳祖主编：《国际关系史》第十卷，北京：世界知识出版社，1995年，第160页。
② 王绳祖主编：《国际关系史》第十卷，北京：世界知识出版社，1995年，第161页。
③ 《人民日报》1979年1月8日，第1版；1月15日第1版。
④ Karl D. Jackson, Wiwat Mungkandi. *United States-Thailand Relations*, Berkeley: Institute of East Asian Studies, University of California, 1986, p. 173.

政府为当今世界最为严重的人权违反者，谴责柬埔寨发生的侵犯人权的行为，呼吁国际社会进行抗议①。因此，在越南侵柬之后，美国不是直接去援柬，而是支持东盟和中国反对越南侵略，保证泰国的安全并支持它反击越南的挑衅。

1967年8月成立的东南亚国家联盟由印度尼西亚、泰国、菲律宾、新加坡和马来西亚组成，20世纪70年代在国际和地区事务中日益活跃。美国重视与东南亚国家联盟的关系，重点发展与东南亚国家联盟五国的经济合作，1977年9月和1978年8月在马尼拉和华盛顿举行美国与东南亚国家联盟部长经济会议②。

侵柬事件发生后，东南亚国家联盟作出迅速反应。1979年1月12日至13日，东南亚国家联盟外长在曼谷举行特别会议，讨论越南侵略柬埔寨的问题，对越南武装干涉柬埔寨的独立、主权和领土完整深表遗憾，要求外国军队从柬埔寨撤走③。

1979年7月1日，东南亚国家联盟外长在印度尼西亚巴厘举行会议。会议公报重申"支持柬埔寨人民自决以及不受外国势力干预和影响的权利"，"呼吁外国军队立即全面撤出柬埔寨领土"，"促请国际社会支持柬埔寨的自决权，以及不受干预、颠覆或压迫地继续生存的权利"。警告柬埔寨战事升级或者外国军队侵入泰国，将直接影响东南亚国家联盟成员国的安全，并将威胁整个地区的和平与安宁。公报最后表示，东盟国家"坚决支持和声援泰国或任何其他国家政府和人民维护独立、国家主权和领土完整的事业"④。

塞勒斯·万斯国务卿在陪同卡特总统访问日本和韩国后，参加了上述巴厘会议以及会后的记者招待会。他表示，美国把它与东南亚国家联盟的合作"视为东南亚和平、繁荣和稳定的核心"，美国有道义及条约义务去支持东盟国家，美国已经向有关各方并对苏联和越南直接表达了此立场。他重申1978年2月卡特总统对泰国江萨·差玛南总理表达的立场，即美

---

① American Foreign Policy, Basic Documents, 1977-1980, p. 1045.
② Department of State Bulletin, October 31, 1977, pp. 595-599; September 1978, pp. 19-25.
③ 成都军区政治部联络部、云南省社科院东南亚所编：《柬埔寨问题资料选编（1975—1986）》，1987年，内部资料，第283页。
④ 成都军区政治部联络部、云南省社科院东南亚所编：《柬埔寨问题资料选编（1975—1986）》，1987年，内部资料，第283页。

国支持泰国的完整并确认《东南亚集体防御条约》所规定的美国义务的长期有效性，美国增加并加快对东盟各国的军事援助。他谴责到，侵略和占领柬埔寨"对该地区造成日益严重的危险"，由此引起的军事行动扩大和升级，加剧了地区紧张，造成新的人道主义灾难①。

这两次会议体现了东南亚国家联盟解决柬埔寨问题的基本立场，即反对越南侵略柬埔寨，要求越南撤军，支持泰国抵御越南的侵略，并为此在国际舞台上开展外交斗争。

1979 年 1 月 11 日，应民主柬埔寨政府的要求，联合国安理会讨论越南侵略问题，提出了要求一切外国军队撤出柬埔寨的决议，遭到苏联否决。东南亚国家联盟五国把外交斗争转移到联合国大会。

在东南亚国家联盟的推动下，首先，联合国大会在 1979 年 11 月、1980 年 10 月和 1981 年 10 月通过第 34/22 号、第 35/6 号和第 36/5 号决议，要求从柬埔寨撤走一切外国军队，恢复和维护柬埔寨的独立、主权和领土完整以及柬埔寨人民的自决权，任何国家不得干涉其国内事务②。其次，关于民主柬埔寨政府在联合国代表的资格问题上，从 1979 年到 1982 年四次联合国大会表决都支持东南亚国家联盟的立场，保留民主柬埔寨政府代表的席位，否定越南扶植的韩桑林伪政权的合法性。1981 年 9 月，联合国大会表决出现压倒性支持，79 票支持，36 票反对，31 票弃权③。1983 年，联合国大会无须表决，承认了民主柬埔寨联合政府的代表权④。

美国则给予东南亚国家联盟全力支持。

首先，美国配合东南亚国家联盟在联合国的斗争。1981 年 10 月 19 日，美国驻联合国大使珍妮·J.柯克帕特里克在联合国大会的发言中，谴责苏联支持越南侵略柬埔寨，敦促两国遵守联合国决议，谈判解决柬埔寨问题，恢复柬埔寨的主权和东南亚的和平与稳定⑤。三天后，助理国务卿霍尔德里奇在美国众议院外事委员会作证时表示，美国的首要原则是支持

---

① Department of State Bulletin，September 1979，pp. 35-39；American Foreign Policy，Basic Documents，1977-1980，pp. 933-936.
② American Foreign Policy，Basic Documents，1977-1980，pp. 1052-1053；American Foreign Policy，Current Documents，1981，pp. 1016，1030-1031.
③ Department of State Bulletin，December 1981，pp. 41-42.
④ 成都军区政治部联络部、云南省社科院东南亚所编：《柬埔寨问题资料选编（1975—1986）》，1987 年，内部资料，第 205 页。
⑤ Department of State Bulletin，January 1982，pp. 78-80.

东南亚国家联盟采取的战略。里根政府继承前任政府的政策，全力支持东南亚国家联盟所支持的解决柬埔寨问题的联合国大会决议，把它作为解决柬埔寨问题的基础①。

其次，美国通过东南亚国家联盟部长会议、东南亚国家联盟部长后会议、美国与东南亚国家联盟部长对话会议等平台表达对东南亚国家联盟立场的支持②。1981年6月，黑格国务卿在马尼拉东南亚国家联盟外长会议上表示，里根政府坚定地支持反对越南占领的国家，支持东南亚国家联盟所支持的解决柬埔寨问题的联合国大会决议，美国做好准备，与各方共同努力去制订建设性方案。美国强烈支持即将召开的柬埔寨问题国际会议，而且黑格国务卿将亲自参加，敦促包括越南的所有各方参会。他强调，美国不会与占领柬埔寨的越南关系正常化，反对向越南提供经济援助③。

根据联合国大会第35/6号决议，在东南亚国家联盟的推动和中、美等国的支持下，1981年7月13日至17日在联合国总部召开柬埔寨问题国际会议。93个国家出席，代表了联合国2/3成员国和大多数非结盟国家。越南拒绝参加，韩桑林伪政权被禁止与会。许多代表谴责越南的侵略行径，以及越南拒不执行要求它撤军的两届联合国大会决议。会议通过了《柬埔寨问题宣言》，要求外国军队尽快撤出柬埔寨，尊重柬埔寨的独立、主权、领土完整和中立地位，其他国家保证不以任何方式直接或间接干涉柬埔寨内政。会议决定成立由日本、马来西亚、尼日利亚、塞内加尔、斯里兰卡、苏丹和泰国等国组成的柬埔寨问题国际会议专门委员会，协助国际会议根据联合国大会第35/6号决议，寻求柬埔寨问题的全面政治解决，并向联合国秘书长提供咨询意见④。

此次国际会议落实了全面政治解决柬埔寨问题的政策和措施。美国国务卿黑格在1981年7月13日的发言中表示，美国在解决柬埔寨问题上将继续与东南亚国家联盟密切合作，指责越南侵略对泰国造成直接的安全威

---

① Department of State Bulletin, December 1981, pp. 41-42.
② 东南亚国家联盟部长后会议创始于1979年，是东南亚国家联盟与美国、日本、加拿大、新西兰、澳大利亚以及欧洲共同体等国家和组织的对话机制，表现为东南亚国家联盟五国外长与代表对话伙伴的六方外长会议、东南亚国家联盟五国外长与每个对话伙伴的个别对话。
③ American Foreign Policy, Current Documents, 1981, p. 923.
④ Department of State Bulletin, August 1981, pp. 87-88；成都军区政治部联络部、云南省社科院东南亚所编：《柬埔寨问题资料选编（1975—1986）》，1987年，内部资料，第84—85页。

胁,破坏该地区稳定,是全球形势紧张的根源。他要求执行联合国大会第35/6号决议,恢复柬埔寨的主权、自决权并维护其中立,消除东南亚地区冲突的根源。他明确表示,只要越南占领柬埔寨,美越关系就不会正常化,美国不会向越南提供经济援助①。

东南亚国家联盟国家解决柬埔寨问题的立场以及美国的支持,有助于泰国的外交活动。越南侵略并占领柬埔寨,使泰国长期的担心变为现实,被迫与越南直接对峙,并面临越南侵略的威胁。因此,泰国坚定不移地反对越南侵柬,坚决回击越南在泰柬边境上的军事挑衅。在此过程中,泰国成功调整的外交政策发挥了十分重要的作用。泰国充分依靠中国提供的安全保证,通过东南亚国家联盟开展外交斗争,积极寻求美国的支持。

二、美国对泰国的直接支持

在越南侵柬期间,美国对泰国的支持表现为公开保证履行《东南亚集体防御条约》规定的义务,向泰国提供武器援助、协助泰国解决印度支那难民问题,支持泰国坚决回击越南的军事挑衅。然而,美国始终没有在泰国采取直接军事行动。

1979年初,卡特政府采取了一系列支持泰国的举措。

在1月17日的新闻发布会上,卡特总统表示,美国"与几乎所有联合国成员一起谴责越南军队入侵柬埔寨","极为关切地注意到泰国的完整得到保护,泰国的边界不受在柬埔寨的越南军队损害甚至威胁"。美国政府将向即将访美的泰国江萨·差玛南总理当面保证,美国关心泰国的稳定、安全和平静,将提供用于防御的军事武器。……美国等联合国成员,已经警告越南人以及支持和援助他们的苏联人不要威胁泰国②。

2月4日至16日江萨·差玛南总理访美。在两国发表的联合公报中,卡特总统和江萨·差玛南总理同意柬埔寨独立对东南亚地区稳定的重要性,美国支持泰国的完整并肯定其在地区和平与团结中发挥的重要作用。卡特确认《东南亚集体防御条约》规定的美国义务长期有效,表示要加快交

---

① Department of State Bulletin, August 1981, p. 86.
② Jimmy Carter. *The President's News Conference*, http://www.presidency.ucsb.edu/ws/?pid=32324[1979-01-17].

付泰国订购的军事装备、增加军事贷款、争取免费转让储存在泰国的美国弹药等,承诺美国将在印度支那难民问题上制订长期而系统的安置计划①。

1981年1月继任的里根政府继承了卡特政府的立场。3月,东亚和太平洋事务副助理国务卿帮办迈克尔·阿马科斯特在众议院作证时宣布:"泰国保持独立、领土完整和稳定是东南亚稳定和东南亚国家联盟团结的核心。我们根据《东南亚集体防御条约》对泰国作出的承诺,已经得到包括里根总统在内的美国领导人的反复重申。我们愿意提供美国关心东南亚国家联盟的'前线国家'——泰国的明确证据,泰国及其东南亚国家联盟同伴以及其他国家将会视之为美国信誉的重要表示。"②10月上旬,里根总统在华盛顿会见了来访的泰国总理炳·廷素拉暖,里根总统在白宫举行的午宴致辞中保证"美国准备去帮助你们以及东南亚国家联盟为维护独立而反对共产党侵略的斗争","根据1962年我们联合发表公报的解释,《东南亚集体防御条约》是依然有效的文件","我们将履行其规定的义务"③。

对于越军向泰国采取的军事挑衅,美国坚定地支持泰国的自卫立场。

1980年6月23日,越南军队侵犯泰国领土。当天一早,数百名越军袭击泰国巴真府暖马蒙村,企图包围村子东面约2万人的难民营。一路封锁村子北面,一路封锁村子南面,中路军袭击难民和泰国村子。泰军的反击遭受重创。随后,泰军在炮火和空中力量的支持下,迫使越军在下午撤退。另有一些战斗持续到24日。此后双方炮火又打了一天。越军的行动是有预谋的,但行动范围有限,没有使用装甲车和飞机,并非一场大行动。据泰方估计,泰军伤亡22人;越军被杀86人,被俘1人。柬埔寨难民被杀约百人,伤数百人,有数千人被迫逃回柬埔寨内地。美国驻泰大使的判断是,越南人无视泰国的主权去破坏难民营④。

在6月28日至29日吉隆坡举行的第13届东南亚国家联盟外长会议上,东南亚国家联盟各国外长对这个事件表示"严重关切",谴责这种不

---

① Jimmy Carter. *Visit of Prime Minister Kriangsak of Thailand Joint Press Statement*, http://www.presidency.ucsb.edu/ws/?pid=31801[1979-02-07].
② R. Sean Randolph. *The United States and Thailand: Alliance Dynamics, 1950-1985*, Berkeley: Institute of East Asian Studies, University of California, 1986, p. 224.
③ Department of State Bulletin, December 1981, P. 43.
④ American Foreign Policy, Basic Documents, 1977-1980, pp. 1093-1097; Department of State Bulletin, October 1980, pp. 24-27;成都军区政治部联络部、云南省社科院东南亚所编:《柬埔寨问题资料选编(1975—1986)》,1987年,内部资料,第362页。

负责任的危险行动"将会产生影响深远的严重后果，对泰国和东南亚地区的安全造成严重和直接的威胁"，完全支持泰国的自卫行动以及其在联合国采取的步骤，要求联合国秘书长在泰柬边界的泰国一侧派驻联合国观察组。他们宣称，外国军队进入泰国的任何侵略行动，"都直接影响东盟各成员国的安全，危及整个地区的和平与安全"，坚决支持和声援泰国政府和人民采取的行动①。

埃德蒙·马斯基国务卿谴责越南并支持泰国，美国加快交付泰国购买的武器并及时向曼谷空运武器，与泰国保持密切磋商以防止越南的新侵犯并加强泰国防御。

1980年6月25日埃德蒙·马斯基发表声明，强烈谴责越南对泰国领土的军事进攻，指责"越南违反泰国的领土完整"，"威胁了整个地区的和平、安全和稳定"。他要求越南"不要再采取威胁泰国安全和完整或者损害边界地带难民营非战斗人员的福利和安全的侵略行动"，要求苏联利用其影响来结束当前冲突。他表示，"美国同泰国密切磋商"，"我们将履行对泰国的承诺"②。

埃德蒙·马斯基随后出席东南亚国家联盟外长会议，1980年6月28日发言时再次谴责越南侵犯泰国领土。他表示，美国支持泰国的独立、安全和领土完整，安全的泰国是地区和平与团结的力量。自越南侵柬以来，美国加强了对泰国的安全援助，加快交付泰国为应对边境威胁急需的装备。由于泰柬边境地区刚发生的事件，他保证加快对泰国的援助以及直接交付泰国迫切需要的军事装备，增加军事贷款以减轻泰国的经济负担，向泰国政府提供直接援助以缓解此冲突受害者的痛苦。他声明，美国强烈支持1979年11月的联合国大会决议，要求外国军队撤出柬埔寨并建立具有代表性且中立的柬埔寨政府③。

1980年7月1日，白宫宣布，应泰国的紧急要求，卡特总统批准美国立即向泰国空运军事装备，使用美国军用飞机把美国陆军武器库的小武器和大炮运到泰国。预计花费约100万美元，运输M-16步枪、106毫米无后坐力枪和105毫米榴弹炮④。

---

① 成都军区政治部联络部、云南省社科院东南亚所编：《柬埔寨问题资料选编（1975—1986）》，1987年，内部资料，第362—363页。
② Department of State Bulletin，August 1980，p. 53.
③ American Foreign Policy，Basic Documents，1977-1980，pp. 936-938.
④ American Foreign Policy，Basic Documents，1977-1980，p. 1093.

泰国政府欢迎美国的这些举措①。

在越南侵柬期间，美国不仅加强对泰军事援助，还与泰国举行联合军事演习。

美国向泰国提供的军事援助直线上升，1979年为3210万美元，1980年为3730万美元，1981年为5460万美元，1982年为8070万美元，1983年为9620万美元，1984年为10 120万美元，1985年为10 230万美元②。不过，军事援助的内容出现显著变化，绝大部分为军事销售贷款。

1985年10月，美国国防部长温伯格和炳·廷素拉暖总理签订后勤谅解备忘录，以改善两国在和平时期以及未来危机中的后勤合作。1986年，美国向泰国提供1个F-16战斗机中队、空中防御系统、M-48坦克、装甲运输车、105和155毫米榴弹炮、陶氏和龙式反坦克导弹以及UH-1多功能直升机。1987年1月，美国和泰国签订建立后方作战物资储备的协定，双方贡献相同数量的弹药和其他高耗作战物资，以提高泰国军队在任何威胁全国的冲突中的持续作战能力，阻止越南对泰国的潜在侵略。美国仅同北大西洋公约组织和韩国签订过类似的协定③。

美、泰两国增加了联合军事演习。1987年7月至8月，两国举行了代号为"86金眼镜蛇"的联合军事演习，地点为泰国东海岸，靠近泰柬边界，目的是演练美国第七舰队两栖登陆和泰国地空联合作战的能力。泰美军事人员还进行了布雷和扫雷、爆炸器材处理以及特种战争行动的演习。共有9300名美国军人和3500名泰国军人参加演习④。

三、美国支持泰国等东南亚国家联盟国家解决难民问题

印度支那难民问题于1975年共产党在老挝、柬埔寨和越南南方建立政权之后出现。最初的难民是前政府人员、亲美和反对新政权者。1978年，由于越南政府对华人等采取迫害性措施，逃离印度支那国家的人显著

---

① American Foreign Policy, Basic Documents, 1977-1980, pp. 1093-1097; Department of State Bulletin, October 1980, pp. 24-27.
② Robert J. Muscat. Thailand and the United States: Development, Security, and Foreign Aid, New York: Columbia University Press, 1990, p. 329.
③ Ansil Ramsay, Wiwat Mungkandi. Thailand-U. S. Relations: Changing Political, Strategic, and Economic Factors, Berkeley: Institute of East Asian Studies, University of California, 1988, pp. 118-119.
④ Ansil Ramsay, Wiwat Mungkandi. Thailand-U. S. Relations: Changing Political, Strategic, and Economic Factors, Berkeley: Institute of East Asian Studies, University of California, 1988, p. 119.

增加。从 1978 年 8 月起，每月难民人数达 6000 人。在越南侵略和占领柬埔寨等事件之后，逃到东南亚非社会主义国家的印度支那难民剧增，1979 年 5 月高达 65 000 人。由于 7 月关于印度支那难民的日内瓦会议召开，8 月难民数降为约 12 000 人。此外，估计 30%—60% 的逃难者死于逃亡途中。

这样，印度支那难民成为急需解决的大问题。在越南侵柬之前，在东盟国家难民营等待重新安置的难民超过 20 万人，其中约 7.5 万人获得重新安置。从 1979 年初开始，约 24 万难民涌入东盟国家，这些难民主要是从陆上抵达泰国、从海上抵达印度尼西亚和马来西亚。如此众多的难民涌入，给这些国家的经济和国内安全造成巨大压力。5 月和 6 月，由于难民的急剧涌入和国际社会反应迟钝，这些国家拒绝接收新抵达的难民，甚至威胁要驱逐联合国难民营中的难民[①]。

因此，1979 年 6 月 28 日，在东京召开的七国首脑会议发表关于印度支那难民的联合声明，认为印度支那难民的困境是历史性的人道主义问题，给东南亚地区的和平与稳定带来了威胁。因此，一方面联合声明要求越南和印度支那其他国家采取措施消除当前的人道主义灾难，立即停止难民无序外流；另一方面，七国政府表示将提供更多资金并接纳更多难民，以大力推动印度支那难民的救济和重新安置。此外，联合声明要求和支持联合国秘书长尽快召开相关会议，呼吁所有国家参加解决印度支那难民问题[②]。

难民问题也是巴厘会议的一个重要议题。

因此，1979 年 7 月 20—21 日，根据英国首相撒切尔夫人的建议，联合国秘书长瓦尔德海姆在日内瓦召开 72 个国家参加的印度支那难民特别会议。蒙代尔副总统率美国代表团参会并作重要发言。

蒙代尔表示，美国已经接纳 20 余万印度支那人，准备 1980 年再接纳 16.8 万人。他要求印度支那当局尤其是越南政府负起责任，敦促第一避难国为所有难民提供临时庇护，其他国家保证在合理期限内为难民找到新家，所有国家承诺增加对难民的重新安置，所有国家向联合国难民署提供救济资金，宣布美国政府将要求国会拨款 1.05 亿美元，准备派高素质的

---

① Department of State Bulletin, October 1979, p. 1.
② Department of State Bulletin, August 1979, p. 5.

和平志愿队到东南亚的难民营工作。他提出增建容纳25万人的难民处理中心，美国政府为此将要求国会拨款2000余万美元。同时他建议建立国际难民安置基金，总额为2亿美元，美国政府将要求国会第一年捐赠2000万美元。此外，他提出美国军舰将救助难民①。

此次会议取得三项重要成果：一是安置的难民大幅度提高，东京七国首脑会议承诺为12.5万人，此次会议承诺为26.5万人；二是向联合国难民事务高级专员专署捐赠2亿美元，日本另赠预算资金的一半；三是菲律宾政府提供增建容纳5万难民的场地。亟待解决的问题是，越南根据《联合国宪章》的要求和《人权宣言》的规定，为其民众提供人权和生活保障，在柬埔寨寻求政治而非军事解决②。

至1979年10月，美国政府一直担心的柬埔寨饥馑大爆发。3.5万柬埔寨人住在泰国沙缴新建的收留中心，2万人在边境上扎营，不少人逃到柬埔寨内地并将在越南的压力下逃到泰国。新一波难民潮可能有30万—40万人。泰国和联合国难民署为此做好准备。为接纳柬埔寨难民，泰国制订了应急方案，并与有关政府和国家组织合作。然而，由于已经接纳了15万难民，泰国将不堪重负。为此，卡特总统10月24日宣布，美国将提供6900万美元，其中3000万美元现金和物资专门救济柬埔寨民众，要求国会再拨3000万美元救济款，900万美元用于照顾在泰国的难民。从10月19日至26日，三位参议员亲赴东南亚考察泰国和柬埔寨的难民情况。11月5日，为募集救济柬埔寨难民的2.1亿美元现金和物资，联合国秘书长瓦尔德海姆举行捐赠会。万斯在发言时赞扬泰国准许大量逃荒者入泰的举措，指出这也给泰国政府造成巨大负担，要求国际社会不仅要赞赏泰国，还要全力支持它。他再次重申了卡特总统的承诺③。

到1980年3月，在泰国的联合国难民署收留中心有15余万柬埔寨人。泰柬边界上还有大量等待形势好转和前来领取食物的柬埔寨人，每月需发放约1.5万吨食物。除了上述捐赠，美国向联合国难民署捐赠3000万美元用于照顾和维持抵达初次避难国的印度支那难民④。

---

① Department of State Bulletin，October 1979，pp. 1-3.
② Department of State Bulletin，October 1979，p. 8.
③ Department of State Bulletin，December 1979，pp. 1-3，7-11.
④ American Foreign Policy，Basic Documents，1977-1980，pp. 946-950.

关于难民重新安置，从1975年至1979年7月，非共产党国家安置约31.5万印度支那人，其中，美国接纳约21万人。此后，第三国安置率翻了1倍多，在1980年前5个月，美国接纳7万人，其他国家接纳约6万人。到1980年3月，非共产党第三国安置的印度支那人总计约20万，中国安置了25万来自越南的华人华侨，东南亚难民营中的人数虽然下降了约13万，但仍高达24.3万人。预计每月会有1.5万难民流入，以每月1.4万人的安置率，到1980年10月难民营中还会有15万人①。

因此，到1980年3月，印度支那难民尤其是柬埔寨难民的救济和重新安置所需物资，超过了国际社会提供的资源。

1980年6月越军侵犯泰国边境事件，造成位于泰国的几个难民营的救济中断。这不仅影响了前往泰国边境领取食物、稻种和其他救济物资的柬埔寨人的生存，还影响到他们种植新一季庄稼。因此，7月9日美国国务院发表声明，呼吁保证把救济物资分配给所有有需要的柬埔寨民众，并向难民营中的难民提供充足的服务，敦促越南和柬埔寨有关当局为柬埔寨境内配发食物和救济物资的工作提供便利，呼吁有关国际组织、志愿机构和政府采取必要措施以提供食物。声明特别提到，此时泰国承担了向近30万印度支那难民提供避难的重担，其支持是维持相当部分柬埔寨人和其他印度支那人生存的关键。在柬埔寨的救济问题上，1979年美国政府耗资1 425 000美元，至1980年7月1日耗资108 810 500美元②。

到1988年初，泰国已经为近百万印度支那难民提供了避难所。其中，西方国家已经安置57.5万人，美国安置来自泰国的难民超过40万人。泰国还要为40余万难民提供庇护。其中，泰柬边界有28.8万失去家园的柬埔寨人，联合国支持的难民营有11.2万人，约6.9万人已在泰国滞留3年多③。

至1989年6月，美国为照顾和支持印度支那难民提供了超过5亿美元的资金④。

---

① American Foreign Policy，Basic Documents，1977-1980，pp. 946-950.
② Department of State Bulletin，October 1980，pp. 28，26-27.
③ American Foreign Policy，Current Documents，1988，p. 590.
④ American Foreign Policy，Current Documents，1989，p. 487.

四、支持民主柬埔寨联合政府与柬埔寨问题的最后解决

越南侵柬后，柬埔寨出现了三股抵抗力量，即宋双领导的"高棉人民全国解放阵线"、西哈努克亲王领导的"高棉民族主义者联盟"以及从事游击战争的民主柬埔寨政府。由于政治积怨较深，三派互不信任。

在东南亚国家联盟国家的推动下，1979年11月，宋双开始与民主柬埔寨政府接触。1981年2月，西哈努克亲王发表声明和谈话，表示"我们必须承认红色高棉，这是一种需要"，愿意"领导一个由红色高棉参加的联合阵线"①。同年9月初，西哈努克亲王、宋双和乔森潘在新加坡会谈，发表了联合声明，同意组成民主柬埔寨联合政府，设立一个特别委员会研究联合政府的原则和形式，"完全支持关于柬埔寨问题的国际会议所通过的宣言和决议，以及联合国大会就柬埔寨问题所作的其他有关决议"；同意避免抗越各派的冲突，不把他们之间的分歧公开②。

美国政府支持民主柬埔寨联合政府的建立。在1981年4月29日国务院例行新闻发布会上，发言人迪安·费舍尔表示，美国驻北京代办刚与西哈努克亲王交换意见，美国支持高棉民族主义者加强对占柬越南人的抵抗，欢迎柬埔寨抗越各派的团结，正谨慎观察他们为建立联合政府进行的谈判，美国向高棉抵抗力量提供道义支持，参加救济高棉人的国际项目，但未给予军事援助③。

1982年6月22日，西哈努克亲王、乔森潘和宋双在马来西亚吉隆坡发表联合声明，宣布成立联合政府，西哈努克亲王任主席，乔森潘任副主席并负责外交，宋双任总理。民主柬埔寨联合政府的宗旨是"动员一切力量，共同斗争，把柬埔寨从越南侵略者手里解放出来，以便恢复祖国作为一个主权和独立的国家"，"实施柬埔寨问题国际会议的宣言和联合国大会有关的其他决议"④。

东南亚国家联盟国家为此欢呼，国际社会给予积极回应。美国国务院

---

① 成都军区政治部联络部、云南省社科院东南亚所编：《柬埔寨问题资料选编（1975—1986）》，1987年，内部资料，第51—52页。
② 《柬爱国力量三方领导人签署联合声明》，《人民日报》1981年9月5日；American Foreign Policy, Current Documents, 1981, p. 1026.
③ American Foreign Policy, Current Documents, 1981, p. 1019.
④ 成都军区政治部联络部、云南省社科院东南亚所编：《柬埔寨问题资料选编（1975—1986）》，1987年，内部资料，第52、56—58页；American Foreign Policy, Current Documents, 1982, p. 1090.

的反应是，美国尽管没有参加谈判活动，但欢迎这个协议，视之为走向《柬埔寨宣言》所预见的柬埔寨政治和平解决的一个步骤。重申美国向柬埔寨非共产党抵抗力量提供政治和道义支持，并与东南亚国家联盟磋商如何进一步援柬，但不打算提供军事援助，拒绝向红色高棉提供任何支持。9月15日助理国务卿霍尔德里奇在众议院作证，一再强调民主柬埔寨联合政府成立的意义，美国欢迎和支持它，美国完全支持东南亚国家联盟的战略并尊重东南亚国家联盟的地区领导作用，强烈支持柬埔寨问题的全面政治解决。10月上旬，布什副总统和舒尔茨国务卿会见了访美的西哈努克亲王和宋双总理[1]。

1984年底至1985年初，越南对沿泰国边境地区建立的柬埔寨抵抗力量基地发动大规模攻势，红色高棉、宋双以及西哈努克的大部分基地被摧毁，三方的人员损失达上万人[2]。越南的军事行动促使东南亚国家联盟国家和美国加强援助柬埔寨抵抗力量。1985年2月11日至12日，东南亚国家联盟国家外长在曼谷举行的会议上，呼吁国际社会加强援助柬埔寨人民，甚至提供直接军事援助。1986年12月19日美国国会批准向柬埔寨非共产党抵抗派提供500万美元军事和经济援助，经总统签署生效。这是越南侵柬以来美国国会首次为柬埔寨非共产党抵抗力量划拨安全援助资金[3]。

1986年，亚太地区的形势出现了有利于政治解决柬埔寨问题的变化。

首先，到1986年，越南在柬埔寨的处境越来越困难，民主柬埔寨联合政府三方的力量明显增强。红色高棉的军队约为35 000人，西哈努克领导的国民军为9000—12 000人，宋双领导的抵抗力量约8000人[4]。

其次，1986年3月17日，民主柬埔寨联合政府在北京宣布了政治解决柬埔寨问题的"八点"建议。主要内容为：通过民主柬埔寨联合政府与越南谈判达成越军两个阶段撤军协定；撤军协定达成后实现停火；联合国

---

[1] Department of State Bulletin, October 1982, p. 30; American Foreign Policy, Current Documents, 1982, pp. 1090, 1091-1094, 1095.

[2] Christopher Brady. *United States Foreign Policy Towards Cambodia, 1977-92: A Question of Realities*, London: Palgrave Macmillan, 1999, p. 129.

[3] American Foreign Policy, Current Documents, 1986, p. 515.

[4] Ansil Ramsay, Wiwat Mungkandi. *Thailand-U.S. Relations: Changing Political, Strategic, and Economic Factors*, Berkeley: Institute of East Asian Studies, University of California, 1988, p. 121. 另一种说法是，红色高棉7万多人，西哈努克派为1.5万人，宋双派为2万多人。参见中国国际关系学会主编：《国际关系史（1980—1989）》第十一卷，北京：世界知识出版社，2004年，第259页。

观察小组直接监督越南撤军和停火；在越军第一阶段撤军完成后，民主柬埔寨联合政府三方与韩桑林举行谈判，筹建以西哈努克亲王为主席、宋双为总理的柬埔寨四方临时联合政府；举行联合国观察员监督的自由选举；把柬埔寨恢复为拥有民主政府的独立、和平、中立和不结盟国家，联合国保证柬埔寨的中立，派观察组在柬埔寨驻留2—3年；欢迎所有国家帮助柬埔寨建设；与越南签订互不侵犯条约①。该建议得到中国、东南亚国家联盟和美国的支持。

最后，中苏关系的解冻为柬埔寨问题的解决创造了重要条件。中国提出中苏关系正常化的三个条件是："苏联从阿富汗撤军；在中苏边境地区减少军事对峙，包括苏联从蒙古人民共和国撤军；苏联促使越南从柬埔寨撤军。"②1986年7月28日，戈尔巴乔夫在苏联远东城市海参崴发表讲话，其中谈到了东南亚和柬埔寨问题。他说："同东南亚其他一些问题一样，这里［柬埔寨］的许多事情取决于中越关系正常化。……我们只能表示自己的这种关心：使这两个社会主义国家之间的边界再次成为和平与睦邻的边界，恢复同志式的对话，消除不必要的怀疑和不信任。现在好像是个良好的时机，整个亚洲都需要这一点。"③戈尔巴乔夫虽然没有明确促使越南从柬埔寨撤军，但苏联关于东南亚和柬埔寨政策的变化直接影响了越南的立场。

这些变化推动了柬埔寨问题的解决。1987年3月，苏联外长谢瓦尔德纳泽访问东南亚，推动越南对柬埔寨问题采取灵活政策。7月，印度尼西亚建议开展"鸡尾酒外交"，即柬埔寨各方在雅加达举行会晤。8月初，美国参谋长联席会议主席约翰·维西作为美国总统特使访问河内。9月，东南亚国家联盟建议先由柬埔寨四方举行会谈，越南和东南亚国家再加入。1987年12月和1988年1月，西哈努克与金边代表洪森举行了两次会谈，得到国际社会支持。1988年7月25日，柬埔寨问

---

① 《民柬联合政府提出政治解决柬问题建议》，《人民日报》1986年3月18日，第6版。
② 谢益显主编：《中国外交史（中华人民共和国时期（1979—1994））》，郑州：河南人民出版社，1995年，第36页；田曾佩主编：《改革开放以来的中国外交》，北京：世界知识出版社，1993年，第292页。
③ 塔斯社：《戈尔巴乔夫在给海参崴市授勋大会上的讲话（摘录）》，《参考资料》1986年7月30日，转引自成都军区政治部联络部、云南省社科院东南亚所编：《柬埔寨问题资料选编（1975—1986）》，1987年，内部资料，第295页。

题非正式会议在印度尼西亚的茂物举行，柬埔寨四方首次开展面对面会谈①。

1989年7月30日至8月28日，在法国巴黎召开了柬埔寨问题国际会议。柬埔寨四方、越南、老挝、东南亚国家联盟六国（印度尼西亚、泰国、新加坡、菲律宾、马来西亚、文莱）、联合国安理会五个常任理事国、澳大利亚、加拿大、日本、印度、不结盟运动主席国津巴布韦以及联合国秘书长共19国23方代表参加会议。会议达成了一些共识，如建立国际监督、国际保证、难民和柬埔寨重建委员会，成立研究和实施柬埔寨民族和解及建立以西哈努克为首的四方临时政府问题的特别委员会等②。9月26日，越南完全从柬埔寨撤军。1991年10月23日，各方在第二次巴黎国际和平会议上达成了和平协定。1991年11月20日，联合国大会通过第46/18号决议，充分支持《柬埔寨冲突全面政治解决协定》，并根据这个协定设立一个有效的柬埔寨过渡时期联合国权力机构③。1993年柬埔寨举行大选，成立了较为稳定的政府。

从柬埔寨问题解决的过程来看，美泰安全关系在20世纪80年代发生重大变化。从20世纪50年代到越南战争结束，美、泰两国一直维持着亲密的军事同盟关系。与此前相比，越南侵略柬埔寨，对泰国的安全构成直接威胁，甚至发生边境冲突事件。美国始终没有直接卷入这场冲突，而是以间接方式反击越南的侵略，向泰国提供以军事销售贷款为主的军事援助，协助泰国解决印度支那难民问题。由于东南亚国家联盟充分表达了泰国在柬埔寨问题上的立场，美国与东南亚国家联盟、中国在解决柬埔寨问题上的合作，也体现了美国对泰国的支持。由于恢复了全方位的灵活外交政策，泰国能够通过中国、东南亚国家联盟和美国等多种渠道抵御越南侵略，保障自身安全。

---

① Christopher Brady. *United States Foreign Policy Towards Cambodia，1977-92：A Question of Realities*，London：Palgrave Macmillan，1999，p.131；中国国际关系学会主编：《国际关系史（1980—1989）》第十一卷，北京：世界知识出版社，2004年，第264页。

② 中国国际关系学会主编：《国际关系史（1980—1989）》第十一卷，北京：世界知识出版社，2004年，第265页。

③ 《柬埔寨局势》，A/RES/46/18，http：//www.un.org/zh/documents/view_doc.asp?symbol=A/RES/46/18。

第三节 20世纪80年代美泰之间的经贸合作与摩擦

一、经贸合作成为20世纪80年代美泰关系的重要内容

进入20世纪80年代，和平与发展成为国际主题，亚太地区和平与稳定的趋势显著增强。一方面，美苏争霸的战略态势发生变化，苏联因政治、经济和社会的全面停滞而处于劣势。1985年3月担任苏共总书记的戈尔巴乔夫提出外交新思维，全面调整苏联的外交政策，推进与美国的关系，谋求与中国的关系正常化。大国的竞争由军事领域转向综合国力。经济成为综合国力最重要的一项内容，其发展离不开和平与稳定的地区和国际环境。另一方面，1978年以来中国对内改革，对外开放，推行独立自主的和平外交政策，发展与美国的友好关系，争取与苏联关系正常化，推动亚太局势和平与稳定。因此，如本章第二节所述，国际社会努力以政治手段去解决越南占领柬埔寨问题。

在这样的形势下，美泰关系的内容也发生了重要变化。越南侵柬对泰国安全造成的威胁是这个时期美泰关系的一个重要内容。另一个重要内容是两国的经济关系。1985年2月，在美国众议院外事委员会为1986年援助东亚和太平洋地区计划作证时，助理国务卿保罗·D.沃尔福威茨表示，"在与泰国政府密切合作时，我们的项目重心已经随着泰国经济的变化而改变。现在，我们的项目着重于两个新领域，这就是发展小型工业企业以便为乡村地区创造就业机会，以及科技领域的援助"[①]。

美国经济在20世纪70年代深陷"滞胀"，80年代打破这种现象，实现低通货膨胀下的经济增长。然而，国内正在进行产业结构调整，国际上又面对日本、西欧和亚洲新兴工业化国家的竞争，美国的预算赤字和贸易逆差都在增加，由世界最大的债权国变为债务国。贸易保护主义在美国抬头，与西欧、日本等的贸易摩擦不断。

泰国经济在战后平稳发展。在20世纪60年代，泰国国民生产总值年均增长率达7%，而通货膨胀率不到2%。进入70年代，石油危机严重影响了世界经济的发展，泰国的通货膨胀率上涨了4倍。由于政府推行鼓励

---

① Department of State Bulletin, May 1985, p. 67.

出口的政策，泰国经济在 70 年代中期迅速恢复，国民生产总值年均增长率达到 6.6%。不过，更加开放的经济也使泰国对国际市场更加敏感。在 80 年代初，泰国出现国民生产总值增长率低、失业率高的现象，进口成本增加，出口增长放慢，贸易和支付赤字扩大。到 80 年代中后期，泰国经济再获发展，1987 年国民生产总值增长率为 7%，1988 年达 11%①。同时，泰国经济出现多元化发展趋势。1985 年，工业制成品的价值首次超过农产品。1987 年，旅游业成为创汇最多的行业。泰国的人均国民年收入在 50 年代不到 100 美元，1986 年超过 800 美元，进入世界银行划定的中等收入国家行列②。

美、泰两国经济的变化，使它们在经济领域的合作相应增加。

首先，两国在美国与东南亚国家联盟框架下开展合作。1977 年 9 月，美国与东南亚国家联盟在马尼拉举行首次对话会议，副国务卿理查德·N.库珀、菲律宾外长罗慕洛以及东南亚国家联盟五国财政部长或经济部长参加，以地区形式促进双方的共同利益和关系。会议强调了世界经济相互依存的性质，讨论了南北对话、商品问题和政策、贸易问题、投资和发展合作等一般性问题。会议同意抵制贸易保护主义，改进东南亚国家联盟产品到美国市场的渠道，强调多边贸易谈判的重要性，改进普遍特惠制等，同意定期举行协商③。此次对话会议表明，经济合作成为美国与东南亚国家联盟关系的核心内容。

1978 年 8 月在华盛顿举行的第 2 届对话会议，进一步巩固了美国与东南亚国家联盟之间的经济合作关系。万斯国务卿在演说中表示，这是双方间级别最高的会议，为今后的长期合作提供了动力。卡特总统会见了五国部长，重申美国支持东南亚国家联盟的目标和愿望，称赞东南亚国家联盟通过合作为地区稳定、经济增长和社会进步作出的贡献，为沟通发达国家与发展中国家、寻求获得更好的卫生和教育、更多受雇机会以及增加农业和工业产品等所作的努力，承诺美国将提供合作，以推动东南亚国家联

---

① Robert J. Muscat. *Thailand and the United States: Development, Security, and Foreign Aid*, New York: Columbia University Press, 1990, pp. 45-47.

② Clark D. Neher, Wiwat Mungkandi. *U.S.-Thailand Relations in a New International Era*, Berkeley: Institute of East Asian Studies, University of California, 1990, p. 62; Robert J. Muscat. *Thailand and the United States: Development, Security, and Foreign Aid*, New York: Columbia University Press, 1990, pp. 47, 1-2.

③ Department of State Bulletin, October 31, 1977, pp. 604-605.

盟五国的经济实力、团结和协作①。

此后，美国与东南亚国家联盟几乎每年都轮流办会，以研究双方的经济合作及存在的问题。

其次，两国加强了科学和技术方面的合作。1984年4月13日，两国签订了《科学与技术合作协定》，通过鼓励和方便政府机构、大学、研究中心以及私人公司和企业之间开展项目合作、交流人员和信息，加强两国的科技合作，涉及从农业到空间的领域，重点是生物科学和生物技术、材料技术和应用电子技术②。

然而，两国在20世纪80年代中期开始发生贸易摩擦。

二、美、泰两国之间的贸易摩擦

泰国经济政策的一个重心是扩大出口，而美国是泰国商品的重要市场。出口到美国的商品为服装、纺织品、罐装金枪鱼、集成电路、罐装菠萝和果汁、珠宝和宝石、橡胶、锡、烟叶、花卉、冷冻海产品等。从美国进口的商品为棉花、烟草、小麦和其他农产品、化肥、机器、化学制品和办公设备。美国是泰国最大的外国投资者，对泰私人投资约为40多亿美元。其中，约一半为石油和汽油的生产与销售，1/4为银行和金融业，其余为生产和贸易。但是，两国之间的经济关系不对称。美国对泰投资不到其对外投资总额的2%，泰国对美出口商品仅占美国进口总值的1.2%，却占泰国出口产品总量的20%左右，即30%纺织品和服装、1/3钢铁产品以及50%加工海产品、水果和蔬菜。美国成为泰国最大的贸易伙伴。泰国对美出口商品，1983年为10亿美元，1985年增为15亿美元。而美国出现持续赤字。1983年尚有2800万美元顺差，1985年为7亿美元逆差，1986年逆差增至10亿美元，1987年为8.43亿美元③。

---

① Department of State Bulletin, September 1978, pp. 19-25.
② Karl D. Jackson, Wiwat Mungkandi. *United States-Thailand Relations*, Berkeley: Institute of East Asian Studies, University of California, 1986, pp. 10, 83-84.
③ Robert J. Muscat. *Thailand and the United States: Development, Security, and Foreign Aid*, New York: Columbia University Press, 1990, pp. 17-18; Clark D. Neher, Wiwat Mungkandi. *U.S.-Thailand Relations in a New International Era*, Berkeley: Institute of East Asian Studies, University of California, 1990, p. 68; Ansil Ramsay, Wiwat Mungkandi. *Thailand-U.S. Relations: Changing Political, Strategic, and Economic Factors*, Berkeley: Institute of East Asian Studies, University of California, 1988, pp. 268-269.

对于美国庞大的对外贸易赤字来说，这些对泰贸易逆差微不足道，但是美国祭起了贸易保护伞。由于对美贸易的重要性，泰国对此格外敏感，也十分不满。"地缘经济似乎支配地缘政治变化中的国际环境，泰国人显然认为，对其经济福利和增长的任何威胁，就是对其安全的威胁。"①

摩擦最多的是 1985 年美国《农场法》（即《食品安全法》）的制定，美国要求泰国保护知识产权并利用普惠制来迫使泰国就范。

在 20 世纪 80 年代初世界大米市场的份额中，美国由约 23%降到 17%，泰国则由 25%升至约 40%②。

为帮助大米种植者，美国政府在 1985 年制定《农场法》，向大米出口者提供巨额补贴，以加强美国大米在中东、拉美等市场的竞争力。

此政策增加了美国大米的出口，导致国际市场的大米价格下跌，泰国农民的收入由此大为减少。"大量大米涌入市场的前景使世界大米价格下跌。实际上，1985 年 4 月 15 日（法案生效之日）前大米价格已经下跌……因为消费者估计有机会低价购买大米，需求下降。泰国政府对泰国市场的干预减缓了泰铢价格的下跌。但是，到 5 月，曼谷大米价格跌至 10 年来最低点，使泰国农民遭受重大损失。"③

泰国新闻媒体给予高度关注。泰国指责美国政府为数千美国农场主的利益，去伤害数百万泰国农民的利益。1987 年，世界大米减产，大米价格回升，由此美泰矛盾才解决。

为保护美国企业拥有的先进技术，美国要求泰国实行严格的知识产权保护。

美、泰两国对知识产权所包含内容的理解不同。泰国在 1931 年实行商标法，1978 年实行版权法，1979 年实行专利法，自 1931 年以来一直是《保护文学艺术作品伯尔尼公约》成员国。泰国自认为很好地进行了知识产权保护。美国要求把制药和化学合成物、计算机软件、半导体芯片及录

---

① Clark D. Neher, Wiwat Mungkandi. *U. S.-Thailand Relations in a New International Era*, Berkeley: Institute of East Asian Studies, University of California, 1990, p. 66.

② Ansil Ramsay, Wiwat Mungkandi. *Thailand-U. S. Relations: Changing Political, Strategic, and Economic Factors*, Berkeley: Institute of East Asian Studies, University of California, 1988, p. 276.

③ Robert J. Muscat. *Thailand and the United States: Development, Security, and Foreign Aid*, New York: Columbia University Press, 1990, p. 75.

像带等列入保护范围,引起泰国的不满①。

普惠制是为支持发展中国家的经济发展,发达国家向它们提供的优惠税率制度,使发展中国家商品以低税或免税出口到发达国家。

泰国在美国普惠制名单上列第10位,很多商品获得免税待遇,促进了某些商品对美出口以及市场占有率②。

1984年美国制定的《贸易和关税法案》第5条对普惠制进行限制,规定总统在授予普惠制时应附加条件,即受惠国为美国商品和服务提供合理的市场渠道,限制不合理的出口业务,为美国知识产权提供充分保护③。

此后,美国把泰国保护知识产权与授予它普惠制联系在一起。1987年1月初,里根总统宣布撤销对泰国出口的4类商品的最高限额,使之可获益1600万美元,条件是泰国政府承诺改善特殊知识产权保护和市场渠道④。里根总统离任时否决从泰国进口约16 500万美元的免税商品,理由是泰国没有充分保护美国的知识产权⑤。泰国认为,这是遭到"保护主义大潮不加区别的"打击⑥。

总之,两国在贸易上存在明显分歧。美国要求所谓的公平贸易,认为泰国的"不公平贸易"威胁到许多美国工人和农场主的生活。泰国则把美国的要求看作被大国"挤压且无怨言的"政策⑦。

---

① Ansil Ramsay, Wiwat Mungkandi. *Thailand-U. S. Relations: Changing Political, Strategic, and Economic Factors*, Berkeley: Institute of East Asian Studies, University of California, 1988, p. 289.
② Ansil Ramsay, Wiwat Mungkandi. *Thailand-U. S. Relations: Changing Political, Strategic, and Economic Factors*, Berkeley: Institute of East Asian Studies, University of California, 1988, pp. 273-274.
③ Ansil Ramsay, Wiwat Mungkandi. *Thailand-U. S. Relations: Changing Political, Strategic, and Economic Factors*, Berkeley: Institute of East Asian Studies, University of California, 1988, p. 289.
④ Ansil Ramsay, Wiwat Mungkandi. *Thailand-U. S. Relations: Changing Political, Strategic, and Economic Factors*, Berkeley: Institute of East Asian Studies, University of California, 1988, p. 274.
⑤ Clark D. Neher, Wiwat Mungkandi. *U. S.-Thailand Relations in a New International Era*, Berkeley: Institute of East Asian Studies, University of California, 1990, p. 72.
⑥ Clark D. Neher, Wiwat Mungkandi. *U. S.-Thailand Relations in a New International Era*, Berkeley: Institute of East Asian Studies, University of California, 1990, p. 70.
⑦ Clark D. Neher, Wiwat Mungkandi. *U. S.-Thailand Relations in a New International Era*, Berkeley: Institute of East Asian Studies, University of California, 1990, pp. 69-70.

结　语

美国与泰国，一个是位于北美大陆的新兴大国，另一个是位于亚洲东南部、历史悠久的小国，彼此相距甚远。从19世纪30年代至20世纪80年代，长达一个半世纪的两国关系以和平、友好为特征，展现了美国如何在20世纪崛起为亚洲和太平洋地区的大国和强国，泰国如何在变幻莫测的地区局势中利用外交来维护国家独立和国家利益。

一个半世纪的美泰关系可分为19世纪30年代至19世纪末、20世纪初至20世纪20年代、第二次世界大战期间及战后初期，以及20世纪50至80年代等阶段。

在19世纪30—50年代，美国效仿英暹之间签订的《伯尼协定》和《鲍林条约》，同暹罗签订协定和条约，获得治外法权、贸易权、商品进口低关税、设立领事馆等权利。不过，到19世纪末，美暹官方往来不多，两国的交往主要是美国人在暹罗的传教和经商活动。暹罗人一直铭记美国传教士开办的医院和学校。

从20世纪初到20世纪20年代，在暹罗修改不平等条约、收回主权的斗争中，一方面是4位担任暹罗政府外交顾问的美国法学家出谋划策并参与谈判；另一方面是美国政府同情暹罗的立场，率先放弃不平等条约，为暹罗的修约斗争作出了重要贡献。

第二次世界大战期间，泰国与日本结盟，对美、英两国宣战，成为日本侵略英属缅甸、马来亚和新加坡的通道。泰国从法属印度支那收回部分失地，从日本手中接管了缅甸和马来亚的一些领土。美国在战后初期介入泰英和泰法谈判，帮助泰国成功地维护了国家独立和国际地位。

从 20 世纪 50 年代到 80 年代的冷战时期,是美、泰两国关系最为密切的时期。

在亚洲冷战格局中,泰国军人政权采取亲美反共的立场,选择了以美国为首的西方阵营,争取美国的军事和经济援助,继而通过《东南亚集体防御条约》与美国结成安全同盟。虽然亚洲地区在亚非会议后的缓和形势对美泰关系造成了短暂的冲击,但是 1960—1962 年老挝危机才是对两国关系的重大考验。《腊斯克—他纳公报》的发表化解了这场危机。美国在《东南亚集体防御条约》的框架下单独向泰国提供安全保证,进一步加强了两国之间的盟友关系。

总体而言,在越南战争期间,从约翰逊政府升级战争,到签订停战的《关于在越南结束战争、恢复和平的协定》,泰国军人政权全面支持美国的政策,成为美国侵越战争的重要基地,应美国的要求派泰军赴越南南方作战,伙同美国军事干涉老挝并支持柬埔寨朗诺伪政权。尽管美国的反战舆论直指泰国,美国参议院审查美泰关系,泰国质疑尼克松的战争"越南化"政策以及同越南北方在巴黎举行的谈判,泰国军人政权依然向美国提供了最后的支持。在 1975 年"马亚克斯"号事件引发两国之间的严重交涉后,美军才从泰国全部撤走。

也就是说,在冷战期间,除了菲律宾,泰国是美国在东南亚最坚定和最忠实的盟友。这似乎背离了近代以来泰国灵活外交的传统。因此,泰国与美国结盟的动因,成为学者们关注的问题。

主流观点认为,泰国与美国结盟,是出于国家安全的考量。两国都认为,共产主义在东南亚地区的扩张将产生"多米诺骨牌效应",共产主义将征服和统治东南亚所有国家,威胁到泰国的国家安全。两国结盟的目的,即是阻止共产主义在东南亚的扩张。由于作为超级大国的美国利益是全球性的,身处东南亚的泰国更关心越南、老挝和柬埔寨尤其是后两者局势的变化,美泰关系以密切合作为主,但也存在分歧和摩擦。从 20 世纪 60 年代中期弗兰克·达林、唐纳德·努切莱等的著作,到 80 年代中期 R. 西恩·伦道夫的著作,都体现了这种观点。

随着反越战运动的发展,斯科特·汤普森、罗伯特·布莱克本等从经济学视角考察美泰关系。他们关注的问题是,约翰逊政府要求泰国向越南南方派兵时,两国为泰军的费用与美国对泰援助进行的谈判,以及泰国最终获取的物质利益。他们认为，泰国是出于获取大量美国军事和经济援助的考量而与美国结盟的，美国的援助反过来加强了泰国军人的执政地位。

丹尼尔·法恩曼从泰国政局态势与其对外政策互动的视角，研究1947—1958年美泰特殊关系。他分析了以披汶·颂堪为首的政变集团重新执政后面临的政治困境，以及为巩固政权去寻求美国的军事援助。由于亚洲冷战正在形成，美国利用援助来笼络追随者，促使披汶·颂堪政府采取亲美反共的外交立场。披汶·颂堪政府由此争取到美国的经济和军事援助，巩固了其国内政治地位。遗憾的是，他研究的时间截至1958年。

笔者认为，冷战期间的美泰关系，既未背离泰国的外交传统，又受制于亚洲冷战态势的演变。

第一，亲西方和反共是近代以来的泰国传统。

泰国在开放国门之后，在它与西方列强的关系中尽管有痛苦和屈辱的经历，但一直效仿西方，推进现代化改革。1932年革命后，泰国选择西方式君主立宪政体，制定反共法，甚至迫使激进的人民党领袖比里·帕侬荣暂时出国。第二次世界大战后，泰国无须像邻国一样经历民族独立斗争的洗礼，不存在滋长反西方的强烈民族主义情绪的土壤。

至于与其他大国的关系，泰国接触最多的是作为亚洲强国的日本。在19世纪50年代终止对中国的朝贡后，泰国中断了与中国官方的关系。第二次世界大战结束后，泰国才与中国、苏联建交。

第二，近代以来泰国的外交传统是依靠强国来维护国家独立和国家利益。

在19世纪后半叶，泰国依赖英国制衡法国领土扩张的野心。泰国能够成为东南亚地区保住独立的唯一国家，前提条件是英、法两国把它视为两国在印度支那扩张的缓冲地带。在第二次世界大战以前，英国一直对泰国的政治和经济拥有重要影响。

第二次世界大战期间，泰国既与日本结盟，又在美、英两国的支持下从事抵抗运动。这既使泰国免遭战争的蹂躏，又为战后赢得美国的支持奠定了基础。

第二次世界大战结束时，作为为反法西斯战争胜利作出重大贡献的国家，美国既享有极高的国际威望，其综合国力又独占世界的鳌头。美国大力支持泰国维护国家独立的努力，加上丹尼尔·法恩曼所分析的泰国政治因素，泰国在冷战期间选择亲美反共、站在西方阵营的立场，就不难理解了。

第三，在亚洲冷战格局下，泰国与美国结盟，是以国家安全考量为主，以获取美国援助的考量为辅的。例如，泰国通过多边的《东南亚集体防御条约》与美国结盟，在老挝危机期间争取到美国对泰国作出的新安全保证。它一直关注老挝政局的态势，敦促美国进行干预，积极参与两大阵营在老挝的较量。在泰国看来，这些都是事关国家安全的举措。不可否认，泰国获得的大量美国援助对巩固军人政权大有裨益。因此，在尼克松采取"越南化"政策，泰国急需调整外交战略之际，军人政权出于惯性，还是向美国提供最后的支持。

越南战争的结束使亚洲形势大为缓和，同时意味着泰美结盟的最主要动因消失。美、泰两国大幅度调整各自的外交战略，大大降低了对方在自己对外政策中的地位。即使在亚洲冷战的最后阶段——越南侵略柬埔寨期间，泰国多年的梦魇变为现实，不得不与越南进行直接对峙，美、泰两国的关系也未恢复到越南战争期间的密切状态。

第四，关于《东南亚集体防御条约》和《腊斯克—他纳公报》的评价。就美泰关系而言，这两个文件是冷战期间两国结盟的基石。但是，如本书第四章所述，西方学者对它们的评价不高。笔者以为，应根据它们实际发挥的作用来进行评价。美国政府在国内各种场合承认的对泰义务，就是这两个文件规定的义务。在国际场合以及泰国，美国一直承诺履行这两个文件规定的美国对泰义务。尽管东南亚条约组织在1977年6月解散，美国在越南侵柬期间一直向泰国表示，这两个文件依然有效，美国将履行其规定的保卫泰国的义务。除了没有派驻美军，美国尽其所能地支持和帮助泰国抵御越南的侵略。因此，笔者认为，不应低估这两个文件的价值。对于美泰关系来说，这两个文件的作用并非是虚幻的。

第五，冷战期间的美泰、中泰以及中美关系呈现出互动的态势。泰国隔老挝和柬埔寨与中国和越南相邻，对于中、美两国在印度支那的较量具有特殊地位。在20世纪50年代到70年代初的中美对抗中，泰国的抉择是与美国结盟，与中国为敌。在中美关系缓和并开启正常化进程之后，泰国积极调整对美和对华政策，推动泰中关系正常化。泰中建交与两国关系的友好发展，大大加强了越南侵柬期间泰国的国家安全。

参考文献

〔美〕鲍大可:《周恩来在万隆——美记者鲍大可记亚非会议》,弓乃文译,北京:中国社会科学出版社,1985年。

北京大学历史系编:《亚非现代史参考资料》,1962年。

蔡佳禾:《双重的遏制——艾森豪威尔政府的东亚政策》,南京:南京大学出版社,1999年。

成都军区政治部联络部、云南省社科院东南亚所编:《柬埔寨问题资料选编(1975—1986)》,1987年,内部资料。

崔丕主编:《冷战时期美国对外政策史探微》,北京:中华书局,2002年。

〔美〕戴维·霍罗威茨:《美国冷战时期的外交政策:从雅尔塔到越南》,上海市"五·七"干校六连翻译组译,上海:上海人民出版社,1974年。

〔美〕德怀特·D.艾森豪威尔:《艾森豪威尔回忆录:白宫岁月》,静海译,北京:生活·读书·新知三联书店,1978年。

段立生:《泰国通史》,上海:上海社会科学院出版社,2014年。

方连庆、王炳元、刘金质主编:《战后国际关系史(1941—1995)》,北京:北京大学出版社,1999年。

〔美〕哈里·杜鲁门:《杜鲁门回忆录》第二卷,李石译,北京:生活·读书·新知三联书店,1974年。

何平:《东南亚民族史》,昆明:云南大学出版社,2012年。

贺圣达:《东南亚文化史》,昆明:云南人民出版社,1995年。

贺圣达主编:《当代泰国》,成都:四川人民出版社,1994年。

贺圣达、王文良、何平:《战后东南亚历史发展,1945—1994》,昆明:云南大学出版社,1995年。

〔美〕亨利·基辛格:《大外交》,顾淑馨、林添贵译,海口:海南出版社,1998年。

〔美〕亨利·基辛格:《白宫岁月:基辛格回忆录全集》第一册,陈瑶华等译,北京：世界知识出版社，2003年。

〔美〕亨利·基辛格：《动乱年代：基辛格回忆录》，张志明译，北京：世界知识出版社，1983年。

〔美〕亨利·欧文主编：《七十年代的美国对外政策》，齐沛合译，北京：生活·读书·新知三联书店，1975年。

〔美〕吉米·卡特：《保持信心：吉米·卡特总统回忆录》，裘克安等译，北京：世界知识出版社，1983年。

〔英〕杰弗里·巴勒克拉夫、雷切尔·F.沃尔：《国际事务概览（1955—1956年）》，陆英、普修、伟民等译，上海：上海译文出版社，1985年。

〔英〕科拉尔·贝尔：《国际事务概览（1954年）》，云汀、吴元坎、董湘君等译，上海：上海译文出版社，1984年。

李晨阳、祝湘辉主编：《〈剑桥东南亚史〉评述与中国东南亚史研究》，广州：广东世界图书出版公司，2010年。

李慎之、张彦：《亚非会议日记——日内瓦会议通讯》，北京：中国新闻出版社，1986年。

〔美〕理查德·尼克松：《尼克松1973年对外政策报告》，上海人民出版社译，上海：上海人民出版社，1973年。

〔美〕理查德·尼克松：《尼克松回忆录》中册，裘克安等译，北京：商务印书馆，1979年。

梁英明：《东南亚史》，北京：人民出版社，2010年。

梁英明、梁志明、周南京等：《近现代东南亚（1511—1992）》，北京：北京大学出版社，1993年。

梁源灵：《泰国对外关系》，南宁：广西人民出版社，1998年。

梁志明主编：《殖民主义史·东南亚卷》，北京：北京大学出版社，1999年。

刘金质：《冷战史》（上），北京：世界知识出版社，2003年。

刘绪贻、杨生茂主编：《美国通史》第六卷，北京：人民出版社，2002年。

〔美〕鲁塞尔·法菲尔德：《美国政策中的东南亚》，群力译，北京：世界知识出版社，1965年。

马晋强主编：《当代东南亚国际关系》，北京：世界知识出版社，2000年。

〔美〕马士、宓亨利：《远东国际关系史》，姚曾廙等译，上海：上海书店出版社，1998年。

〔泰〕姆·耳·马尼奇·琼赛：《老挝史》，厦门大学外文系翻译小组译，福州：福建人民出版社，1974年。

〔苏〕尼·瓦·烈勃里科娃：《现代泰国史纲（1918—1959）》，中国科学院世界历史研究所翻译小组译，北京：商务印书馆，1973年。

〔苏〕尼·瓦·烈勃里科娃：《泰国近代史纲（1768—1917）》，王易今、裘辉、康春林译，北京：商务印书馆，1974年。

〔新〕尼古拉斯·塔林主编：《剑桥东南亚史》第二卷，王士录等译，昆明：云南人民出版社，2003年。

聂德宁：《近现代中国与东南亚经贸关系史研究》，厦门：厦门大学出版社，2001年。

〔美〕欧内斯特·梅、小詹姆斯·汤姆逊编：《美中关系史论》，齐文颖等译，北京：中国社会科学出版社，1991年。

任东来：《争吵不休的伙伴——美援与中美抗日同盟》，桂林：广西师范大学出版社，1995年。

任一雄：《东亚模式中的威权政治：泰国个案研究》，北京：北京大学出版社，2002年。

〔美〕入江昭、孔华润编：《巨大的转变：美国与东亚（1931—1949）》，上海：复旦大学出版社，1991年。

时殷弘：《美国在越南的干涉和战争（1954—1968）》，北京：世界知识出版社，1993年。

世界知识出版社编：《解决老挝问题的扩大的日内瓦会议文件汇编》，北京：世界知识出版社，1962年。

世界知识出版社编：《日内瓦会议文件汇编》，北京：世界知识出版社，1954年。

世界知识出版社编：《亚非会议文件选辑》，北京：世界知识出版社，1955年。

世界知识出版社编：《印度支那问题文件汇编》第1—5集，北京：世界知识出版社，1959—1965年。

世界知识出版社编：《杜勒斯言论选辑》，北京：世界知识出版社，1960年。

〔苏〕斯米尔诺夫、索芬斯基：《东南亚条约组织——殖民主义国家的侵略集团》，方林、丹梅译，北京：世界知识出版社，1958年。

〔美〕塔德·肖尔茨：《和平的幻想——尼克松外交内幕》，邓辛等译，北京：商务印书馆，1982年。

〔美〕泰勒·丹涅特：《美国人在东亚》，姚曾廙译，北京：商务印书馆，1959年。

覃主元等：《战后东南亚经济史》，北京：民族出版社，2007年。

唐小松：《遏制的困境——肯尼迪和约翰逊政府的对华政策（1961—1968）》，广州：中山大学出版社，2002年。

陶文钊：《中美关系史（1911—1950）》，重庆：重庆出版社，1993年。

陶文钊：《中美关系史（1949—1972）》，上海：上海人民出版社，1999年。

〔美〕托马斯·帕特森等：《美国外交政策》，李庆余译，北京：中国社会科学出版社，1989年。

王绳祖主编：《国际关系史》，北京：世界知识出版社，1995年。

王士录、王国平：《从东盟到大东盟——东盟30年发展研究》，北京：世界知识出版社，1998年。

温广益：《二战后东南亚华侨华人史》，广州：中山大学出版社，2000年。

吴木生主编：《东亚国际关系格局（1894—1945）》，天津：天津社会科学出版社，2001年。

〔美〕小阿瑟·M.施莱辛格：《一千天——约翰·菲·肯尼迪在白宫》，仲宜译，北京：生活·读书·新知三联书店，1981年。

谢益显主编：《中国外交史：中华人民共和国时期（1949—1979）》，郑州：河南人民出版社，1988年。

谢益显主编：《中国外交史：中华人民共和国时期（1979—1994）》，郑州：河南人民出版社，1995年。

杨行、李灵：《泰国基辛格——许敦茂》，曼谷：泰国盘谷银行，1997年。

余定邦：《东南亚近代史》，贵阳：贵州人民出版社，2003年。

余定邦、陈树森：《中泰关系史》，北京：中华书局，2009年。

〔美〕约翰·F.卡迪：《东南亚历史发展》，姚楠、马宁译，上海：上海译文出版社，1988年。

〔美〕约翰·卡迪：《战后东南亚史》，姚楠等译，上海：上海译文出版社，1984年。

云南省东南亚研究会、云南省东南亚研究所：《越南柬埔寨问题讨论会文集》，1986年，内部资料。

张锡镇：《当代东南亚政治》，南宁：广西人民出版社，1995年。

赵学功：《巨大的转变：战后美国对东亚的政策》，天津：天津人民出版社，2002年。

中共中央文献研究室编：《周恩来年谱》，北京：中央文献出版社，1997年。

中共中央文献研究室编：《毛泽东文集》第六卷，北京：人民出版社，1999年。

中国国际关系学会主编：《国际关系史（1980—1989）》第十一卷，北京：世界知识出版社，2004年。

中华人民共和国外交部档案馆编：《中华人民共和国外交档案选编·第一集：1954年日内瓦会议》，北京：世界知识出版社，2006年。

中华人民共和国外交部档案馆编：《中华人民共和国外交档案选编·第二集：中国代表团出席1955年亚非会议》，北京：世界知识出版社，2007年。

中华人民共和国外交部外交史研究室编：《周恩来外交活动大事记》，北京：世界知识出版社，1993年。

中华人民共和国外交部、中共中央文献研究室编：《周恩来外交文选》，北京：中央文献出版社，1990年。

中华人民共和国外交部、中共中央文献研究室编：《毛泽东外交文选》，北京：中央文献出版社、世界知识出版社，1994年。

中美关系史丛书编辑委员会、复旦大学历史系编：《中美关系史论文集》第2

辑，重庆：重庆出版社，1988年。

中山大学东南亚史研究所编：《泰国史》，广州：广东人民出版社，1987年。

周方冶：《王权·威权·金权——泰国政治现代化进程》，北京：社会科学文献出版社，2011年。

资中筠主编：《战后美国外交史——从杜鲁门到里根》下册，北京：世界知识出版社，1994年。

资中筠：《追根溯源——战后美国对华政策的缘起与发展（1945—1950）》，上海：上海人民出版社，2000年。

生活·读书·新知三联书店编辑：《关于美国国防部侵越秘密报告材料汇编》，北京：生活·读书·新知三联书店，1973年。

何慧译：《美国对亚洲的外交政策——美国康伦公司研究报告》，北京：世界知识出版社，1963年。

刘同舜、姚椿龄主编：《战后世界历史长编（1954）》第九册，上海：上海人民出版社，1994年。

〔英〕D. C. 瓦特：《国际事务概览（1962年）》，上海市政协编译工作委员会译，上海：上海译文出版社，1983年。

〔英〕D. G. E. 霍尔：《东南亚史》，中山大学东南亚历史研究所译，北京：商务印书馆，1982年。

〔英〕F. C. 琼斯、休·博顿、B. R. 皮尔恩：《国际事务概览（1939—1946年）：1942—1946年的远东》（上册），复旦大学外文系英语教研组译，上海：上海译文出版社，1979年。

〔美〕J. 斯帕尼尔：《第二次世界大战后美国的外交政策》，段若石译，北京：商务印书馆，1992年。

〔美〕M. 贝科威茨等：《美国对外政策的政治背景》，张禾译，北京：商务印书馆，1979年。

Adulyasak Soonthornrojana. *The Rise of United States-Thai Relations*，1945-1975，PhD. Dissertation of the University of Akron，1986.

Akira Iriye. *Across the Pacific: An Inner History of American-East Asian Relations*，New York：Harcout，Brace & World，1967.

Alan Levine Jr. *The United States and the Struggle for Southeast Asia*，1945-1975，New York：Praeger Publisher，1995.

Alfred W. McCoy. *Southeast Asia Under Japanese Occupation*，New Haven：Yale University Southeast Asia Studies，1980.

Andrew J. Rotter. *The Path to Vietnam: Origins of the American Commitment to Southeast Asia*，Ithaca：Cornell University Press，1987.

Ansil Ramsay，Wiwat Mungkandi. *Thailand-U. S. Relations: Changing Political*，

Strategic, and Economic Factors, Berkeley: Institute of East Asian Studies, University of California, 1988.

Apichart Chinwanno. *Thailand's Search for Protection: The Making of the Alliance With the United States, 1947-1954*, PhD. Dissertation of University of Oxford, 1985.

Arlene Becker Neher. *Prelude to Alliance: The Expansion of American Economic Interest in Thailand During the 1940s*, PhD. Dissertation of Northern Illinois University, 1980.

Arne Kislenko. *Bamboo in the Wind: United States Foreign Policy and Thailand During the Kennedy and Johnson Administrations, 1961-1969*, PhD. Dissertation of University of Toronto, 2000.

Arnold R. Isaacs. *Pawns of War: Cambodia and Laos*, Boston: Boston Pub. Co., 1987.

Arthur J. Dommen. *Conflict in Laos: The Politics of Neutralization*, New York: Praeger Publishers, 1971.

Benjamin A. Batson. *The End of the Absolute Monarchy in Siam*, Oxford: Oxford University Press, 1984.

Bilveer Singh. *Soviet Relations With ASEAN, 1967-88*, Singapore: Singapore University Press, 1989.

Brian Crozier. *South-East Asia in Turmoil*, Baltimore: Penguin, 1965.

Carl Berger. *The United States Air Force in Southeast Asia, 1961-1973: An Illustrated Account*, Washington: Office of Air Force History, United States Air Force, 1984.

Chaianan Samudavanija. *From Armed Suppression to Political Offensive: Attitudinal Transformation of Thai Military Officers Since 1976*, Bangkok: Institute of Security and International Studies, Faculty of Political Science, Chulalongkorn University, 1990.

Chak Wing David Tsui. *China and the Communist Armed Struggle in Thailand*, London: Sangam Books, 1995.

Charivat Santaputra. *Thai Foreign Policy 1932-1946*, Bangkok: Thai Khadi Research Institute, Thamasat University, 1985.

Charles B. Mclane. *Soviet Stratiges in Southeast Asia: An Exploration of Eastern Policy Under Lenin and Stalin*, Princeton: Princeton University Press, 1966.

Charles E. Morrison, Astri Suhrke. *Strategies of Survival: The Foreign Policy Dilemmas of Smaller Asian States*, St Lucia: University of Queensland Press, 1978.

Chatri Ritharom. *The Making of the Thai-U. S. Military Alliance and the SEATO Treaty of 1954: A Study in Thai Decision-Making*, PhD. Dissertation of Claremont Graduate School, 1976.

Christopher Brady. *United States Foreign Policy Toward Cambodia, 1977-1992: A*

Question of Realities, London: Palgrave Macmillan, 1999.

Christopher Thorne. *Allies of a Kind: The United States, Britain and the War Against Japan, 1941-1945*, Oxford: Oxford University Press, 1978.

Čhulālongkǭn Mahāwitthayālai, Khrōngkān Indočhīnsuksā. *The Kampuchean Problem in Thai Perspective: Positions and Viewpoints Held by Foreign Ministry Officials and Thai Academics*, Bangkok: Institute of Asian Studies, Chulalongkorn University, 1985.

Clark D. Neher, Wiwat Mungkandi. *U. S.-Thailand Relations in a New International Era*, Berkeley: Institute of East Asian Studies, University of California, 1990.

Clive J. Christie. *A Modern History of Southeast Asia: Decolonization, Nationalism and Separatism*, London: Tauris Academic Studies, 1996.

Corrine Phuangkasem. *Thailand Foreign Relations, 1964-1980*, Singapore: Institute of Southeast Asian Studies, 1984.

D. Insor. *Thailand: A Political, Social, and Economic Analysis*, New York: Frederick A. Praeger Publisher, 1963.

Daniel Fineman. *A Special Relationship: The United States and Military Government in Thailand, 1947-1958*, Honolulu: University of Hawaii Press, 1997.

David A. Wilson. *The United States and the Future of Thailand*, New York: Praege Publishers, 1970.

David Elliott. *Thailand: Origins of Military Rule*, London: Zed Press, 1978.

David J. Steinburg, David K. Wyatt. *In Search of Southeast Asia: A Modern History*, London: Pall Mall, 1977.

David K. Wyatt. *Thailand: A Short History*, London: Yale University Press, 1984.

David Kaiser. *American Tragedy: Kennedy, Johnson, and the Origins of the Vietnam War*, Cambridge: Belknap Press of Harvard University Press, 2000.

David Van Praagh. *Thailand's Struggle for Democracy: The Life and Times of M. R. Seni Pramoj*, New York: Holmes & Meier, 1996.

David W. P. Elliott. *The Third Indochina Conflict*, Boulder: Westview Press, 1981.

Dean Rusk. *As I Saw It*, New York: W. W. Norton & Company Inc., 1990.

Denise M. Bostdorff. *The Presidency and the Rhetoric of Foreign Crisis*, Columbia: University of South Carolina Press, 1994.

Dennis Merrill. *The Emergence of an Asian Pacific Rim in American Foreign Policy: The Philippines, Indochina, Thailand, Burma, Malaya, and Indonesia*, Bethesda: University Publications of America, 2001.

Departmen of State Bulletin.

Department of State, American Foreign Policy, Basic Documents.

Department of State, American Foreign Policy, Current Documents.

Dhanasarit Satawedin. *Thai-American Alliance During the Laotian Crisis*, *1959-1962: A Case Study of the Bargaining Power of a Small State*, PhD. Dissertation of Northern Illinois University, 1984.

Direk Jayanama. *Thailand and World War II*, Revised English Edition, Chiang Mai: Silkworm Books, 2008.

Donald E. Nuechterlein. *Thailand and the Struggle for Southeast Asia*, Ithaca: Cornell University Press, 1965.

Donald Kirk. *Wider War: The Struggle for Cambodia, Thailand, and Laos*, New York: Praeger, 1971.

Dorothy Borg, Waldo Herinrichs. *Uncertain Years: Chinese-American Relations, 1947-1950*, New York: Columbia University Press, 1980.

Douglas Allen, Ngô Vĩnh Long. *Coming to Terms: Indochina, the United States, and the War*, Boulder: Westview Press, 1991.

Douglas S. Blaufarb. *The Counterinsurgency Era: U. S. Doctrine and Performance, 1950 to the Present*, New York: Free Press, 1977.

E. Bruce Reynolds. *Thailand and Japan's Southern Advance, 1940-1945*, Houndmills: The Macmillan Press Ltd., 1994.

Edwin W. Martin. *Southeast Asia and China: The End of Containment*, Boulder: Westview Press, 1977.

Evelyn S. Colbert. *Southeast Asia in International Politics, 1941-1956*, Ithaca: Cornell University Press, 1977.

Francis Bowes Sayre. The Passing of Extraterritoriality in Siam, *American Journal of International Law*, Vol. 22, No. 1, 1928.

Frank C. Darling. British and American Influence in Post-war Thailand, *Journal of Southeast Asian History*, Vol. 4, No. 1, 1963.

Frank Darling. *Thailand and the United States*, Washington: Public Affairs Press, 1965.

Fred W. Riggs. *Thailand: The Modernization of a Bureaucratic Polity*, Honolulu: East-West Center Press, 1966.

Frederica M. Bunge. *Thailand, A Country Study*, Arlington: United States Department of the Army, 5th ed., 1981.

Ganganath Jha. *Foreign Policy of Thailand*, New Delhi: Radiant Publishers, 1979.

Gary R. Hess. *The United States' Emergence as a Southeast Asian Power, 1940-1950*, New York: Columbia University Press, 1987.

George K. Tanham. *Trial in Thailand*, New York: Crane-Russak, 1974.

George Modelski. *International Conference on the Settlement of the Laotian Question*

1961-2, Canberra: The Australian National University, 1962.

George Modelski. *SEATO: Six Studies*, Canberra: F. W. Cheshire Pty Ltd., 1962.

Gerald R. Ford. *A Time to Heal: The Autobiography of Gerald R. Ford*, New York: Harper & Row Publishers and The Reader's Digest Association Inc., 1979.

Henry Kissinger. *Years of Renewal*, New York: Simon & Schuster, 1999.

Hong Lysa. *Thailand in the Nineteenth Century: Evolution of the Economy and Society*, Singapore: Institute of Southeast Asian Studies, 1984.

Ilya V. Gaiduk. *Confronting Vietnam: Soviet Policy Toward the Indochina Conflict, 1954-1963*, Stanford: Stanford University Press, 2003.

J. Alexander Caldwell. *American Economic Aid to Thailand*, Lexington: Lexington Books, 1974.

James C. Ingram. *Economic Change in Thailand, 1850-1970*, Stanford: Stanford University Press, 1971.

James Cable. *The Geneva Conference of 1954 on Indochina*, Houndmills: Macmillan Press, 1986.

James G. Hersburg. *The Cold War in Asia*, Washington: Woodrow Wilson International Center for Scholars, 1996.

James R. Arnold. *The First Domino: Eisenhower, the Military, and America's Intervention in Vietnam*, New York: William Morrow and Co. Inc., 1991.

James V. Martin Jr. Thai-American Relations in World War II, *The Journal of Asian Studies*, Vol. 22, No. 4, 1963.

Jayanta Kumar Ray. *Portraits of Thai Politics*, New Delhi: Orient Longman, 1972.

John B. Haseman. *The Thai Resistance Movement During World War II*, Chiang Mai: Silkwrom Books, 2002.

John Bastin, Harry J. Benda. *A History of Modern Southeast Asia: Colonialism, Nationalism, and Decolonization*, Sydney: Prentice-Hall of Australia Pty Ltd., 1977.

John F. Guilmartin Jr. *A Very Short War: The Mayaguez and the Battle of Koh Tang*, College Station: Texas A & M University Press, 1995.

John L. S. Girling. *America and the Third World: Revolution and Intervention*, London: Routledge & Kegan Paul, 1980.

John L. S. Girling. *Thailand: Society and Politics*, Ithaca: Cornell University Press, 1981.

Judith A. Stowe. *Siam Becomes Thailand: A Story of Intrigue*, Honolulu: University of Hawaii Press, 1991.

Karl D. Jackson, Wiwat Mungkandi. *United States-Thailand Relations*, Berkeley: Institute of East Asian Studies, University of California, 1986.

Kenneth Bourne, D. Cameron Watt, Michael Partridge. *British Documents on Foreign Affairs: Reports and Papers From the Foreign Office Confidential Print*, Part 1, Vol. 27, Bethesda: University Publications of America, 1995.

Kenneth Perry Landon. *Siam in Transition: A Brief Survey of Cultural Trends in Five Years Since the Revolution of 1932*, New York: Greenwood Press Publishers, 1968.

Kenneth T. Young. The Special Role of American Advisers in Thailand, 1902~1949, Asia, XIV, 1969.

Kevin Hewison. *Political Change in Thailand: Democracy and Participation*, London, New York: Routledge, 1997.

Kobkua Suwannathat-Pian. *Thailand's Durable Premier: Phibun Through Three Decades, 1932-1957*, Oxford: Oxford University Press, 1995.

Leszek Buszynski. *SEATO: The Failure of Alliance Strategy*, Singapore: Singapore University Press, 1983.

Leszek Buszynski. *Soviet Foreign Policy and Southeast Asia*, London: Croom Helm, 1986.

Likhit Dhiravegin. *Demi Democracy: The Evolution of the Thai Political System*, Singapore: Times Academic Press, 1992.

Likhit Dhiravegin. *Siam and Colonialism (1855-1909): An Analysis of Diplomatic Relation*, Bangkok: Thai Watana Panich Co. Ltd., 1974.

Lloyd C. Gardner. *Approaching Vietnam: From World War II Through Dienbienphu, 1941-1954*, New York: W. W. Norton & Co., 1988.

Lucian W. Pye. *Redefining American Policy in Southeast Asia*, Washington: American Enterprise Institute for Public Policy Research, 1982.

M. A. Rong Syamananda. *A History of Thailand*, Bangkok: Thai Watana Panich Co. Ltd., 2nd ed., 1973.

M. L. BLadahansoon Ladavalya. *Thailand's Foreign Policy Under Kukrit Pramoj: A Study in Decision-making*, PhD. Dissertation of Northern Illinois University, 1980.

M. L. Manich Jumsai. *History of Anglo-Thai Relations*, Bangkok: Chalermnit, 1970.

M. Rajaretnam, Lim So. *Trends in Thailand: Proceedings and Background Paper*, Singapore: Singapore University Press for ISEAS, 1973.

MacAlister Brown. *Apprentice Revolutionaries: The Communist Movement in Laos, 1930-1985*, Stanford: Hoover Institution Press, 1986.

Martin E. Goldstein. *American Policy Toward Laos*, Rutherford: Fairleign Dickinson University Press, 1973.

Michael Schaller. *The American Occupation of Japan: The Origins of the Cold War in Asia*, Oxford: Oxford University Press, 1985.

Mike Gravel. *The Pentagon Papers: The Defense Department, History of United States Decisionmaking on Vietnam*, The Senator Gravel Edition, Boston: Beacon Press, 1971.

Mike Mansfield. *Winds of Change: Evolving Relations and Interests in Southeast Asia*, Washington: U. S. Government Printing Office, 1975.

Namngern Boonpiam. *Anglo-Thai Relations, 1825-1855: A Study in Changing of Foreign Policies*, PhD. Dissertation of the University of Nebraska, 1979.

Neil Sheehan. *The Pentagon Papers: As Published by the New York Times, Based on Investigative Reporting by Neil Sheehan*, Toronto, New York, London: Bantam Books, 1971.

Nicholas Tarling. *A Sudden Rampage: The Japanese Occupation of Southeast Asia, 1941-1945*, London: Hurst & Company, 1988.

Nicholas Tarling. *Britain, Southeast Asia and the Onset of the Cold War, 1945—1950*, Cambridge: Cambridge University Press, 1998.

Nicholas Tarling. *The Fall of Imperial Britain in South-East Asia*, Oxford: Oxford University Press, 1993.

Nigel J. Brailey. *Thailand and the Fall of Singapore*, Boulder: Westview Press, 1986.

Norman B. Hannah. *The Key to Failure: Laos and the Vietnam War*, Lanham: Madison Books, 1987.

Oliver E. Clubb Jr. *The United States and the Sino-Soviet Bloc in Southeast Asia*, Washington: The Brookings Institution, 1962.

Patrick Tuck. *The French Wolf and the Siamese Lamb: The French Threat to Siamese Independence, 1858-1907*, Bangkok: White Lotus Press, 1995.

Paul Haggie. *Britannia at Bay: The Defense of the British Empire Against Japan, 1931-1941*, Oxford: Claredon Press, 1981.

Paul Preston, Michael Patridge. *British Documents on Foreign Affairs: Reports and Papers From the Foreign Office Confidential Print*, Part 4, Series E, Vol. 6, Bethesda: University Publications of America, 2003.

Peter Brian Oblas. *Siam's Efforts to Revise the Unequal Treaty System in the Sixth Region (1910-1925)*, PhD. Dissertation of the University of Michigan, 1974.

Phillip B. Davidson. *Vietnam at War: The History, 1946-1975*, Novato: Presidio Press, 1988.

Prachoom Chomchai. *Chulalongkorn The Great*, Tokyo: The Centre for East Asian Cultural Studies, 1965.

R. A. Longmire. *Soviet Relations With Southeast Asia: A Historical Survey*, New

York: Kegan Paul International, 1989.

R. B. Smith. *An International History of the Vietnam War*, Basingstoke: Macmillan Press, 1985.

R. Sean Randolph. The Limits of Influence: American to Thailand, 1965-1970, *Asian Affairs*, Vol. 6, No. 4, 1979.

R. Sean Randolph. *The United States and Thailand: Alliance Dynamics, 1950-1985*, Berkeley: Institute of East Asian Studies, University of California, 1986.

Ralph N. Clough. *East Asia and U. S. Security*, Washington: The Brookings Institution, 1975.

Ralph Wetterhahn. *The Last Battle: The Mayaguez Incident and the End of the Vietnam War*, New York: Carroll & Graf Publishers Inc., 2001.

Richard G. Head, Frisco W. Short, Robert C. McFarland. *Crisis Resolution: Presidential Decision Making in the Mayaguez and Korean Confrontations*, Boulder: Westview Press, 1978.

Richard J. Aldrich. *The Key to the South: Britain, the United States, and Thailand During the Approach of the Pacific War, 1929-1942*, Oxford: Oxford University Press, 1993.

Richard Shaw Stetson. *Siam's Diplomacy of Independence, 1855-1909: In the Context of Anglo-French Interests*, PhD. Dissertation of New York University, 1969.

Robert A. Fearey. *The Occupation of Japan, Second Phrase: 1948-1950*, New York: The Macmillan Company, 1950.

Robert J. Muscat. *Thailand and the United States: Development, Security, and Foreign Aid*, New York: Columbia University Press, 1990.

Robert James Flynn. *Preserving the Hub: U. S.-Thai Relations During the Vietnam War, 1961-1976*, PhD. Dissertation of University of Kentucky, 2001.

Robert M. Blackburn. *Mercenaries and Lyndon Johnson's "More Flags": The Hiring of Korean, Filipino and Thai Soldiers in the Vietnam War*, Jefferson: McFarland, 1994.

Robert M. Blum. *Drawing the Line: The Origin of the American Containment Policy in East Asia*, New York: W. W. Norton & Company, 1982.

Robert Slagter, Harold R. Kerbo. *Modern Thailand*, Boston: McGraw-Hill, 2000.

Roger Hilsman. *To Move a Nation: The Politics of Foreign Policy in the Administration of John F. Kennedy*, New York: Dell Publishing Co. Inc. Doubleday, 1967.

Ron Nessen. *It Sure Looks Different From the Inside*, Chicago: A Playboy Press Book, 1978.

Ross Prizzia. *Thailand in Transition: The Role of Oppositional Forces*, Honolulu:

University of Hawaii Press, 1985.

Roy Rowan. *The Four Days of Mayaguez*, New York: W. W. Norton & Company Inc., 1975.

Russell H. Fifield. *The Diplomacy of Southeast Asia: 1945-1958*, New York: Harper & Brothers Publishers, 1958.

Russell H. Fifield. *Americans in Southeast Asia: The Roots of Commitment*, New York: Thomas Y. Crowell Company, 1973.

Samuel P. Hayes. *The Beginning of American Aid to Southeast Asia: The Griffin Mission of 1950*, Lexington: Heath Lexington Books, 1971.

Sisouk Na Champassak. *Storm Over Laos: A Contemporary History*, New York: Frederick A. Praeger Publisher, 1961.

Smairob Suthiwart-Narueput. *A Strategy for Survival of Thailand: Reappraisal and Readjustment in Her Alliance (1969-1976)*, PhD. Dissertation of the University of Oklahoma, 1980.

Somsakdi Xuto. *Government and Politics of Thailand*, Singapore: Oxford University Press, 1987.

Souphanouvong. *Serious Bankruptcy of Nixon Doctrine in Laos*, S. l.: The Neo Lao Haksat Pr., 1971.

Sukhumbhand Paribatra. *From Enmity to Alignment: Thailand's Evolving Relations With China*, Bangkok: Institute of Security and International Studies, Chulalongkorn University, 1987.

Surachai Sirikrai. *Thai-American Relations in the Laotian Crisis of 1960-1962*, PhD. Dissertation of State University of New York at Binghamton, 1979.

Surachart Banrungsuk. *United States Foreign Policy and Thai Military Rule, 1947-1977*, Bangkok: D. K. Book House, 1988.

Surin Maisrikrod. *Understanding Thai-U. S. Trade Disputes: A Case Study of the Disputes on International Preoperty Rights Protection, 1985-1990*, PhD. Dissertation of University of Hawaii, 1991.

Thak Chaloemtiarana. *The Sarit Regime, 1957-1963: The Formative Years of Modern Thai Politics*, PhD. Dissertation of Cornell University, 1974.

Thamsook Numnonda. *Thailand and the Japanese Presence, 1941-1945*, Singapore: Institute of Southeast Asian Studies, 1977.

Thaveesilp Subwattana. *The United States and Thailand, 1833-1940*, Master Dissertation of Illinois State University, 1987.

Thomas Lobe. *United States National Security Policy and Aid to the Thailand Police*, Denver: University of Denver, 1977.

Timothy N. Castle. *At War in the Shadow of Vietnam, U. S. Military Aid to the Royal Lao Government, 1955-1975*, New York: Columbia University Press, 1993.

Townsend Hoopes. *The Devil and John Foster Dulles*, Boston: Brown Little, 1973.

United States Department of State. *Papers Relating to the Foreign Relations of the United States*. Washington: Government Printing Office, 1893.

Vanida Trongyounggoon Tuttle. *Thai-American Relations, 1950-1954*, PhD. Dissertation of Washington State University, 1982.

Vikrom Koompirochana. *Siam in British Foreign Policy 1855-1938: The Acquisition and the Relinquishment of British Extraterritorial Rights*, PhD. Dissertation of Michigan State University, 1972.

Viraphol Sarasin. *Directions in Thai Foreign Policy*, Singapore: Institute of Southeast Asian Studies, 1976.

W. Scott Thompson. *Unequal Partners: Phipippine and Thai Relations With the United States, 1965-1975*, Lexington: D. C. Heath and Company, 1975.

Walter E. J. Tips. *Siam's Struggle for Survival: The Gunboat Incident at Paknam and the Franco-Siamese Treaty of October 1893*, Bangkok: White Lotus Press, 1996.

Walter F. Vella. *The Impact of the West on Government in Thailand*, Berkeley, Los Angeles: University of California Press, 1955.

Walter F. Vella. *Chaiyo! King Vajiravudh and the Development of Thai Nationalism*, Honolulu: The University Press of Hawaii, 1978.

Warren I. Cohen, Akira Iriye. *The Great Powers in East Asia 1953-1960*, New York: Columbia University Press, 1990.

Wendell Blanchard. *Thailand: Its People, Its Society, Its Culture*, New Haven: Hraf Press, 1958.

William Lee Baldwin. *The Role of Foreign Financial Assistance to Thailand in the 1980's*, Lexington: Lexington Books, 1975.

Wiwat Mungkandi, William Warren. *A Century and a Half of Thai-American Relations*, Bangkok: Chulalongkorn University Press, 1982.

Wm. Roger Louis. *Imperialism at Bay, 1941-1945: The United States and the Decolonization of the British Empire*, Oxford: Clarendon Press, 1977.

Wongduen Narasuj. *Siamese-American Relations in the Nineteenth Century*, Master Dissertation of Illinois State University, 1988.

Yonosuke Nagai, Akira Iriye. *The Origins of the Cold War in Asia*, New York, Tokyo: Columbia University Press, University of Tokyo Press, 1977.